AF307393

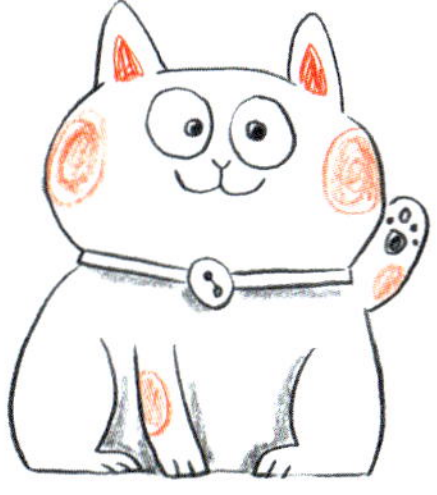

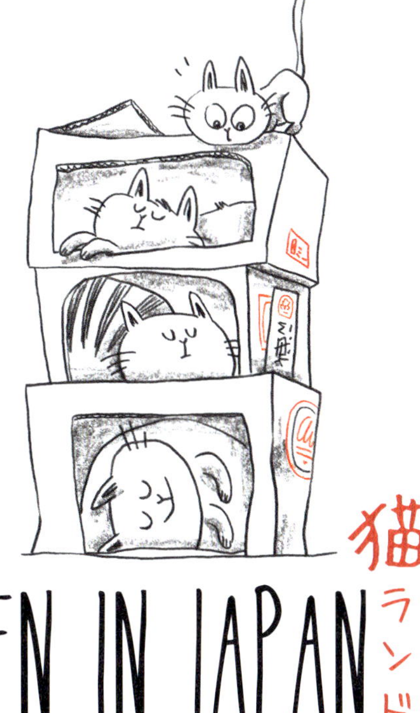

KATZEN IN JAPAN 猫ランド

Eine Reise durchs Land der Schmusetiger

Text & Fotografie: Alexandre Bonnefoy
Illustrationen: Delphine Vaufrey

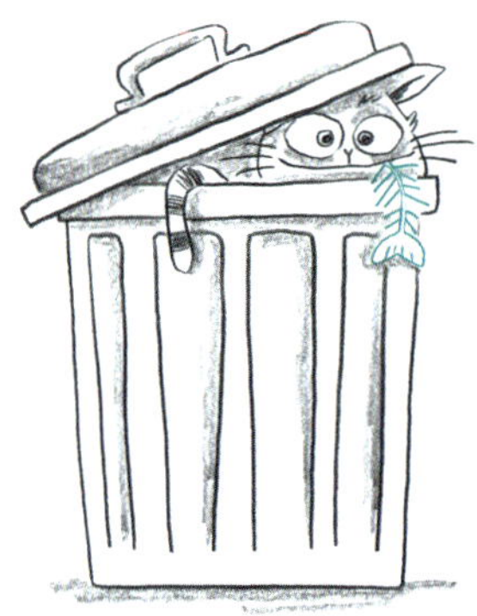

野良猫 NORA NEKO
(STREUNER-KATZE)

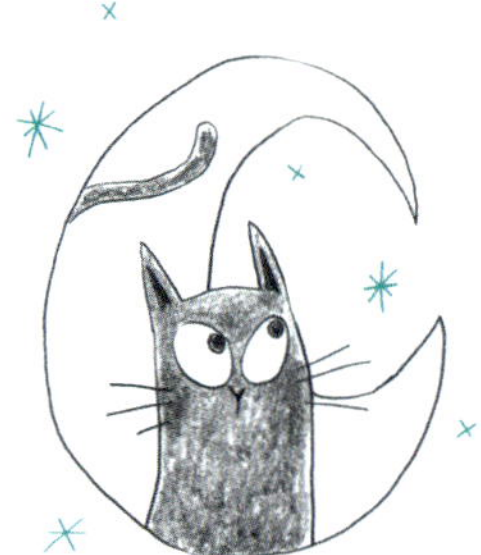

夜猫 YORU NEKO
(NACHT-KATZE)

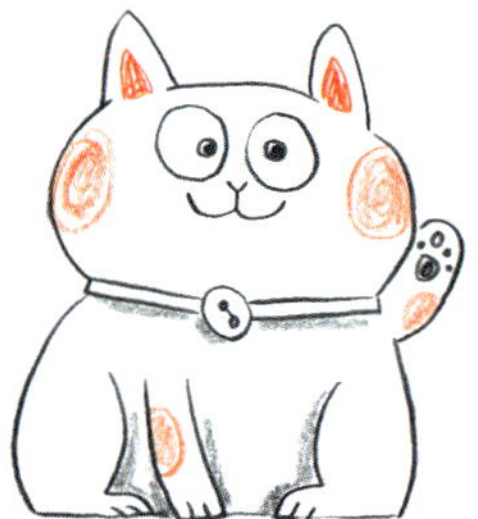

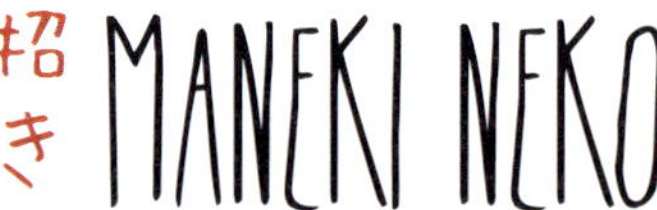

招き猫 MANEKI NEKO
(WINKER-KATZE)

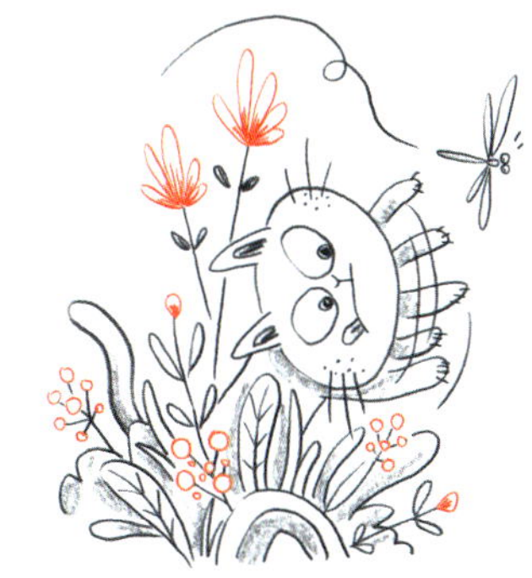

田舎猫 INAKA NEKO

(LAND-KATZE)

Katzen auf dem Lande - S. 168

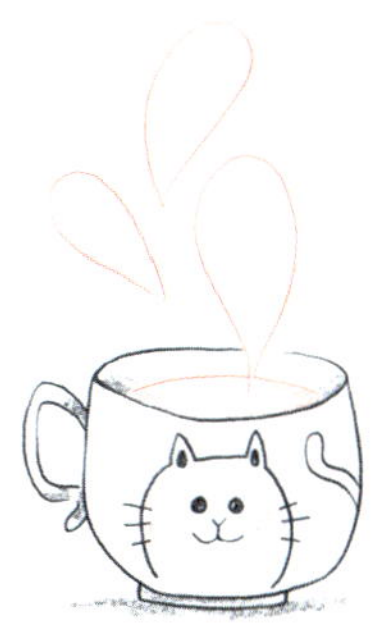

猫カフェ NEKO CAFE

(KATZEN-CAFÉ)

Eine Pause
Ein Kaffee
Viele Katzen

S. 148

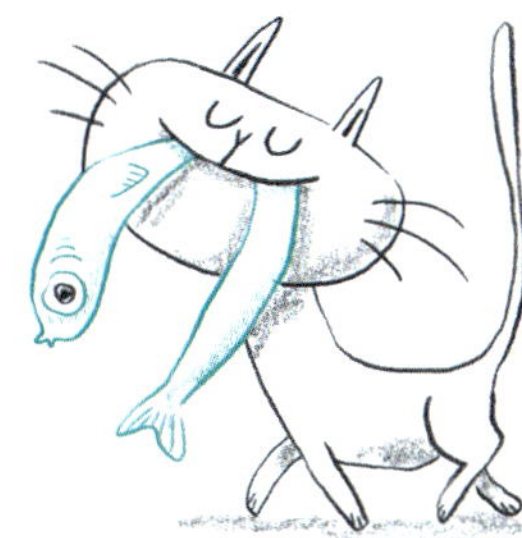
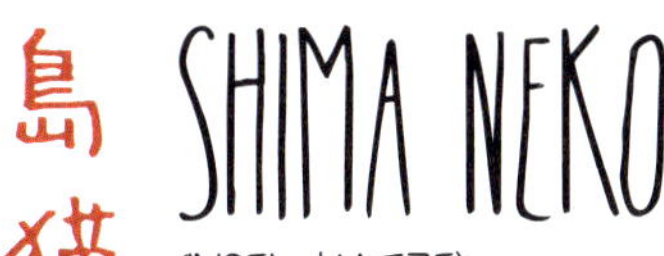

島猫 SHIMA NEKO

(INSEL-KATZE)

Tashirojima, Insel der Katzen - S.188

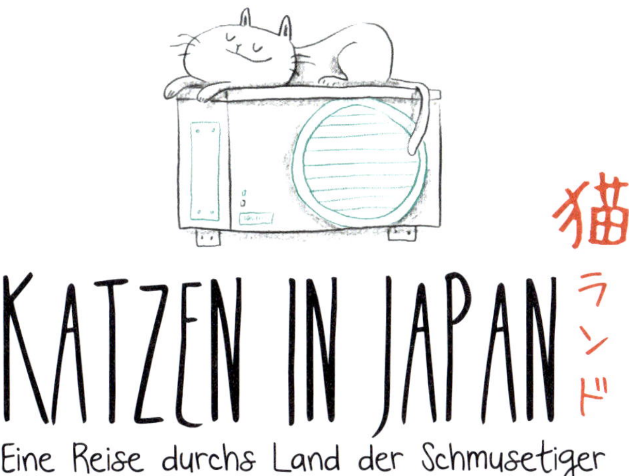

KATZEN IN JAPAN 猫ランド

Eine Reise durchs Land der Schmusetiger

Katzen und Japan sind unzertrennlich. Obwohl ich mich, als ich vor zwei Jahren in Tokio ankam, weder speziell für Fotos von Katzen, noch für Katzen selbst interessierte, war es mir doch unmöglich, sie nicht wahrzunehmen. Ihre Konterfeis sind einfach allgegenwärtig: in Mangas, in Magazinen und auf vielen Objekten des täglichen Lebens, auf Tassen, Bentō-Boxen (Essensboxen), Taschen, Kleidung … Eine besonders beliebte Form ist die „Maneki Neko" (Winkerkatze). Hebt die Maneki-Neko die linke Pfote, lockt sie Kundschaft und Besucher an. Winkt sie mit der rechten Pfote, verspricht dies Glück und Wohlstand. In Tokios Stadtvierteln Asakusa und Gotokuji sind ihr sogar eigene Tempel gewidmet.

Falls sie nicht in der glücklichen Lage sind, zuhause eine eigene Katze zu haben, können sie in einem der Neko-Cafés (Katzencafés) in der Gesellschaft von Katzen etwas trinken. Sie können dort sogar nachmittags ihre Arbeit erledigen oder ein Abonnement für einen Monat in einem Arbeitsbereich mit Katzen buchen: Rufen Sie den „Neko-Working-Space" an (ネコワーキングスペース) – nach dem Motto: „Keine Katze, keine Kreativität." Findet man Katzen in Tokio nur in Neko-Cafés, an Neko-Arbeitsplätzen oder als Hauskatze in Wohnungen? Mitnichten, man kann sie überall in den Straßen der Stadt entdecken. Während meiner Streifzüge durch die Viertel habe ich ein Tokio der zwei Gesichter und Kontraste kennengelernt. Auf der einen Seite dominiert das ultramoderne Tokio mit avantgardistischer Architektur sowohl der Wohnhäuser als auch der Geschäftsgebäude. Auf der anderen Seite gibt es das alte Tokio. Hier geht es gemächlicher zu, in engen Gassen und mit Häusern aus Holz oder Blech, die oft verlassen sind. Wo befindet sich dieses „verlangsamte" Tokio? Es existiert nicht etwa außerhalb der Metropole. Man muss sich nur 50 oder 100 Meter von belebten Hauptstraßen entfernen, um in diese verwunschenen Gassen zu gelangen. Dort regiert die Ruhe. Es gibt kaum Durchgangsverkehr und viele Schlupf-winkel: ein ideales Terrain für Katzen. Hier leben sie zahlreich und abgeschieden von Menschen. Sie sind sehr ängstlich, verstecken sich oder flüchten, wenn sie Zweibeiner sehen. Sie bewegen sich in einem eng begrenzten Revier, oft nur im Hof eines Hauses. Die Katzen gehören niemandem, durchstöbern Mülltonnen und profitieren von der Großzügigkeit der Bewohner des Viertels, die sie füttern. Ich habe mit Leuten gesprochen, die die Streunerkatzen füttern. Es ist für sie selbstverständlich, große Mengen Futter zu kaufen, um die Katzen bei guter Gesundheit zu halten. Als ich sie fragte, wie diese oder jene Katze denn heißen könnte, zögerten sie lange und sagten dann: „Nashi" (sie hat keinen Namen) oder „Nyan-Chan" (Kätzchen) oder auch „Neko Chan" (Herr Katze).

Diese Buch versucht, das alltägliche Leben der Katzen in Japan zu dokumentieren. So wie es wirklich ist. Die abgebildeten Katzen habe ich alle zufällig während meiner Streifzüge angetroffen. Es sind keine bewusst inszenierten Fotos. KATZEN IN JAPAN ist ein Bildband, der die Tiere im urbanen Lebensraum porträtiert.

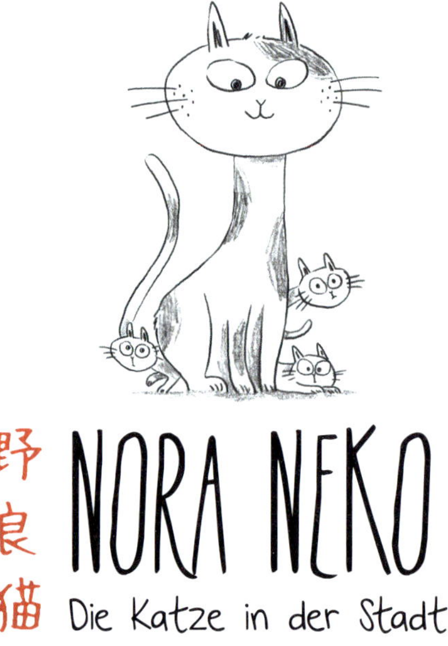

NORA NEKO
Die Katze in der Stadt

Die Streunerkatze hat sich überall in der Metropole eingenistet. Man trifft sie meistens in ruhigen, kaum frequentierten Straßen. Sie sucht sich häufig einen Ort aus, wo sie sich sicher fühlt, gerne etwas höher gelegen, um in Ruhe ihre Siesta abzuhalten. Das Dach einer Blechhütte oder der Kasten einer Klimaanlage sind wie geschaffen dafür. Auch wenn die Katzen sehr scheu sind, so erkennt man doch gewisse „Zeichen", die auf ihre Anwesenheit hindeuten: aneinander gereihte Wasserflaschen vor Zäunen, um sie am Durchgang zu hindern; Verbotsschilder, die das Füttern der Katzen untersagen; spitze Nadeln auf den Kästen der Klimaanlagen zwischen den Häusern. Obwohl die Anwohner aufgefordert sind, die Katzen nicht zu füttern, verstecken manche – kaum ist die Nacht angebrochen – trotzdem heimlich mit Trockenfutter gefüllte Fressnäpfchen in den Büschen. Diese Großzügigkeit hat aber auch einen negativen Effekt. Die Population der Katzen steigt rapide an und sie breiten sich überall aus – zur großen Freude der katzenaffinen Japaner. Aber diese Katzen haben meist nur eine relativ kurze Lebenserwartung, auch wenn sie gefüttert werden. Man kümmert sich kaum um kranke Katzen und noch weniger um Sterilisation … Deshalb sind Streunerkatzen, die krank oder verletzt sind, leider keine Seltenheit.

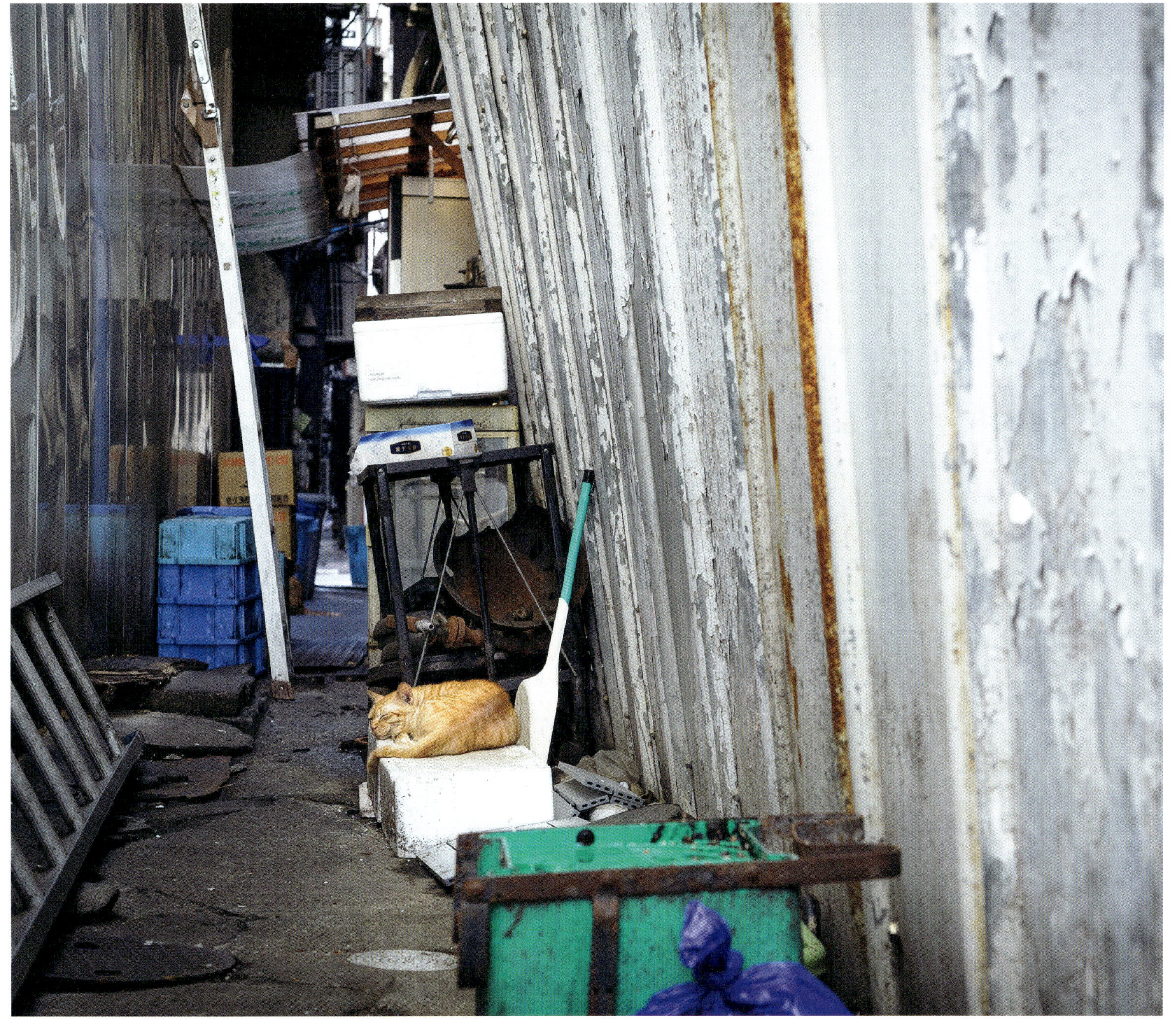

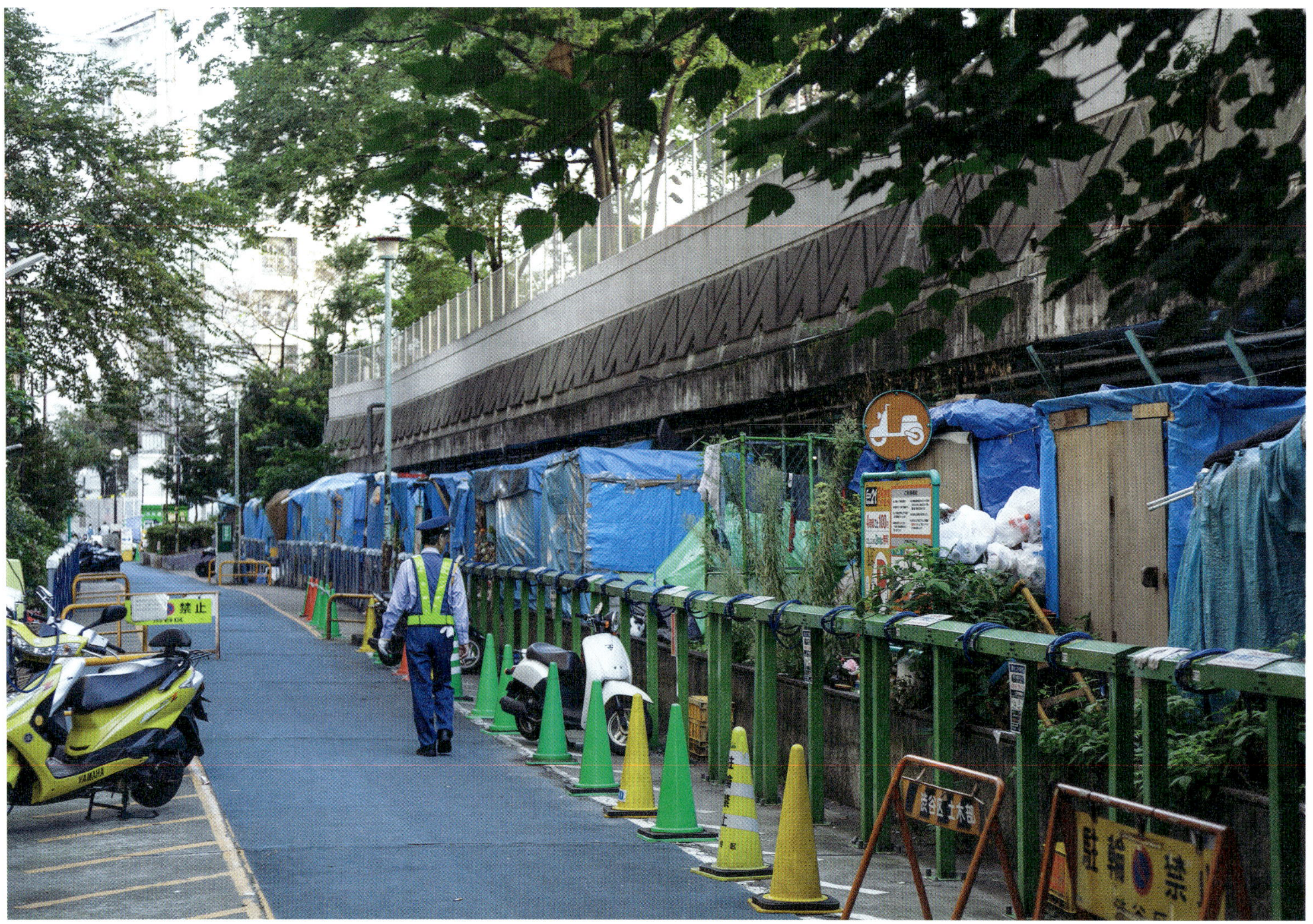

Die blauen Zelte von Shibuya 野良猫
NORA NEKO 野良猫

Das Viertel Shibuya ist bekannt für seine Modeboutiquen und den Supermarkt „Carrefour" mit tausenden Besuchern tagtäglich. Was man weniger kennt, sind die Zelte der Obdachlosen, die sich an der Bahnlinie Yamanote aneinanderreihen. Von dort wurden die Obdachlosen verjagt, nachdem der Bürgermeister der Sportmarke Nike die Renovierung des Parks von Miyashita versprochen hatte, um ihn in einen Skatepark umzuwandeln. Die blauen Zelte werden aber von den meisten Menschen toleriert – was dem Bürgermeister erlaubt, den Bewohnern des Viertels keine Lösungen für einen Umzug anzubieten zu müssen.

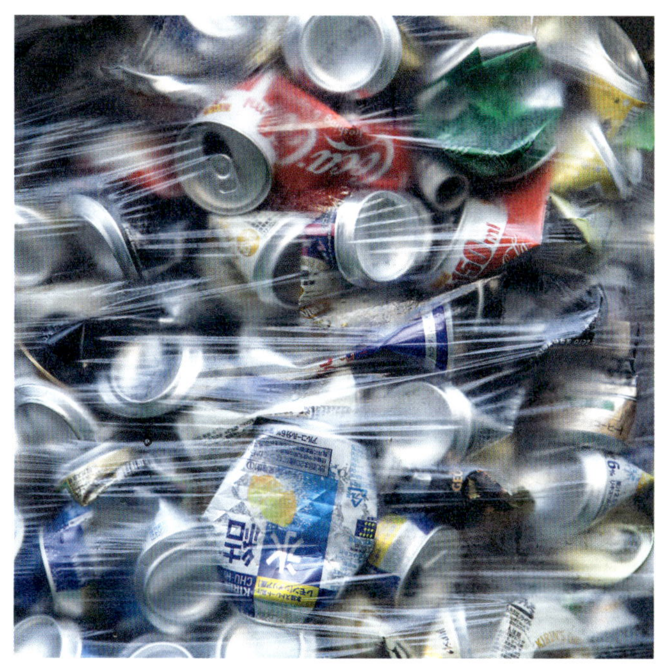

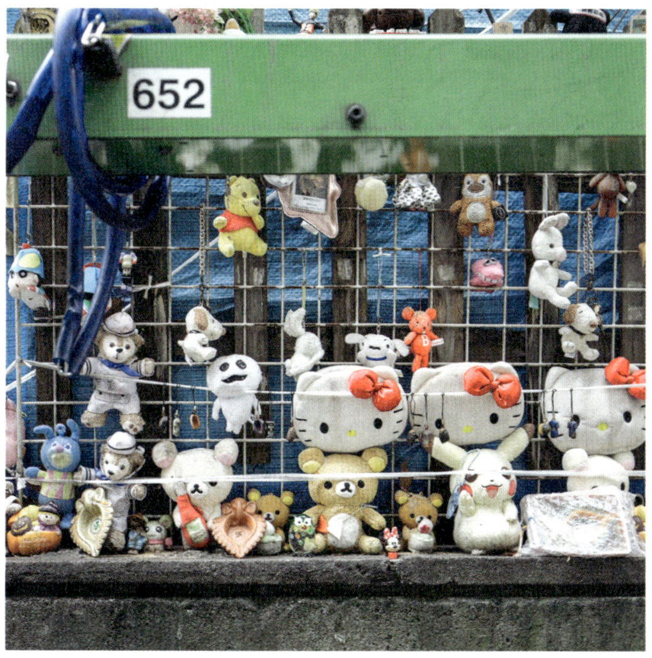

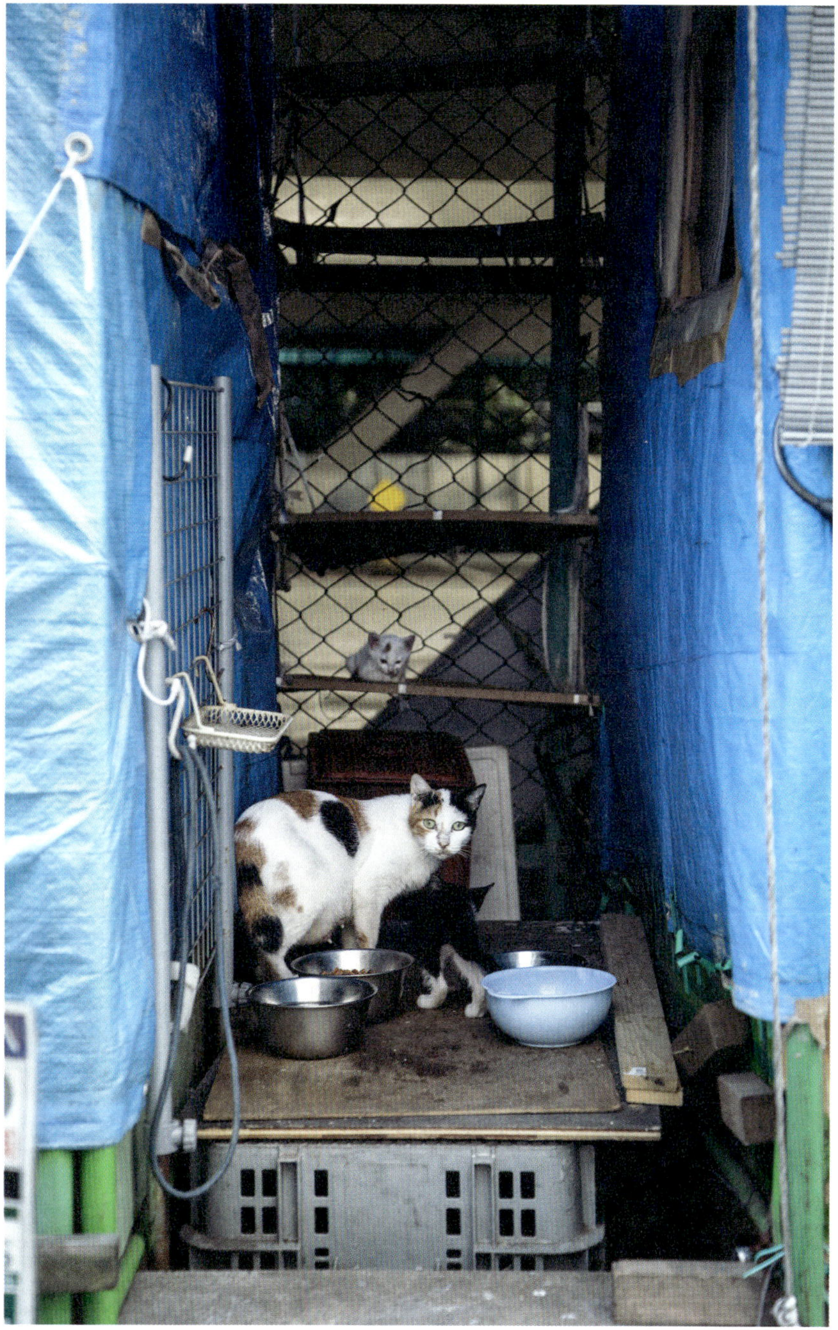

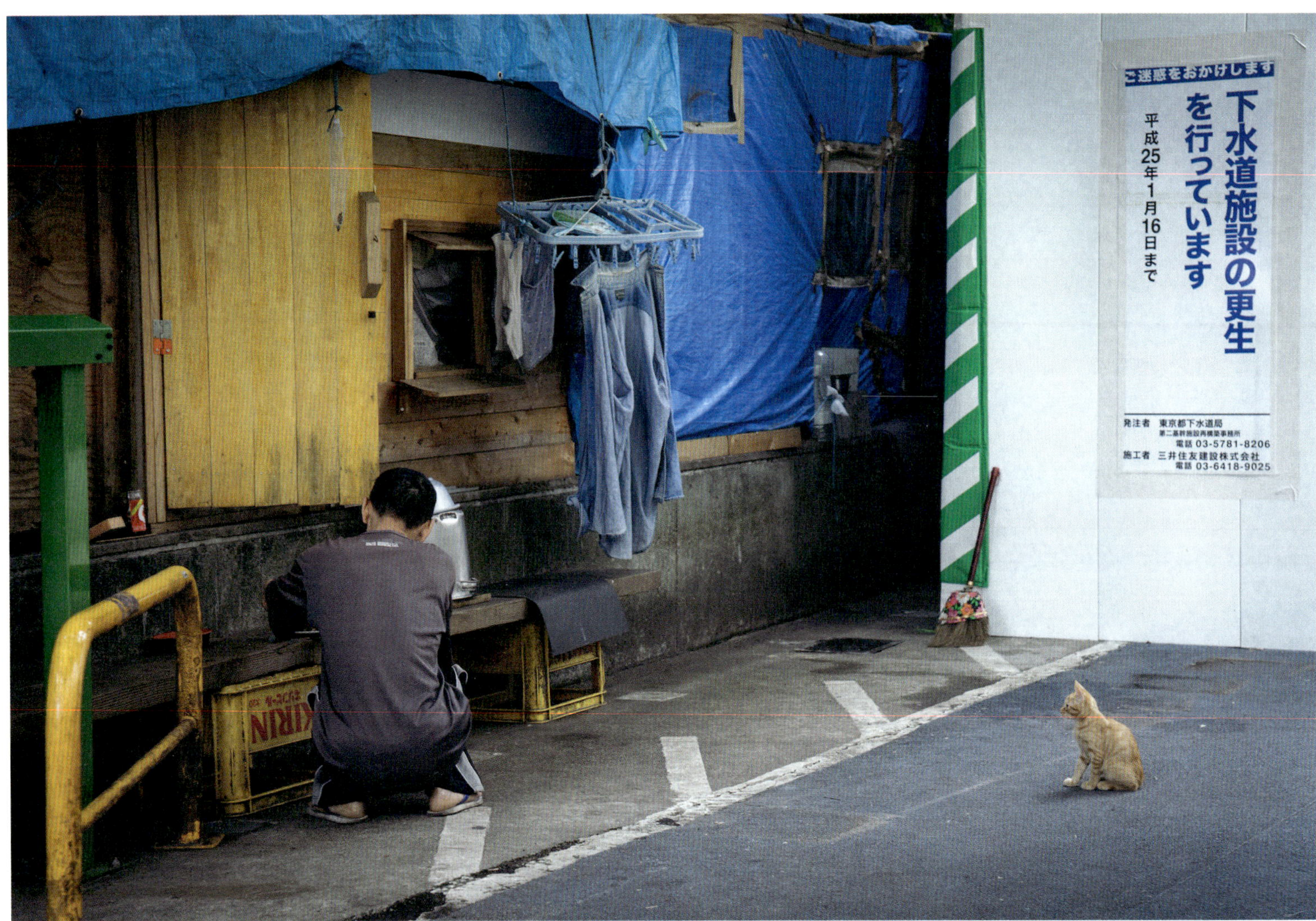

野良猫 ・ NORA NEKO ・

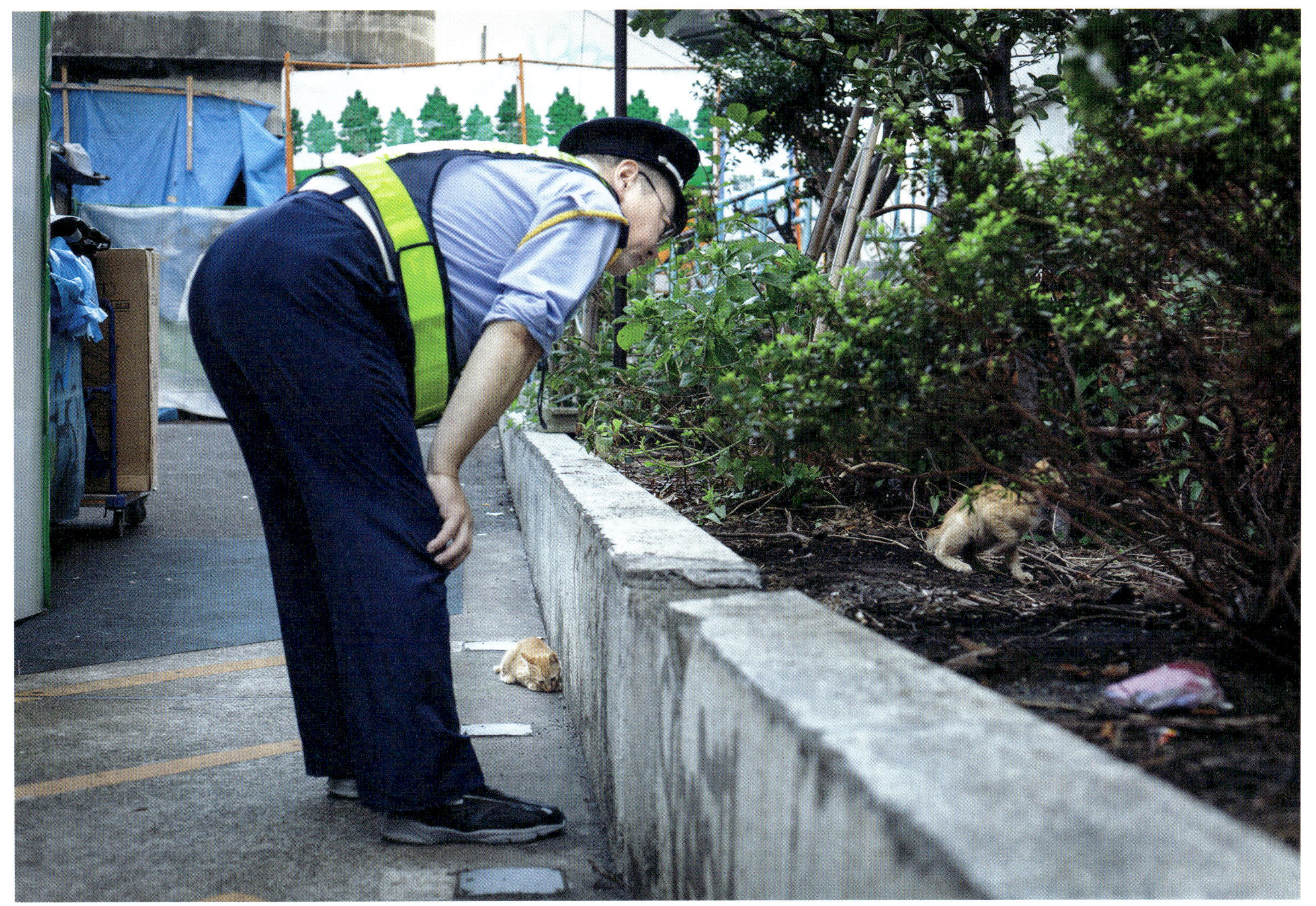

渋谷 Shibuya, Tokio: *Der Wächter eines Parkplatzes neben dem Zeltlager der Obdachlosen schaut nach, wie sich die Katzen verhalten.*

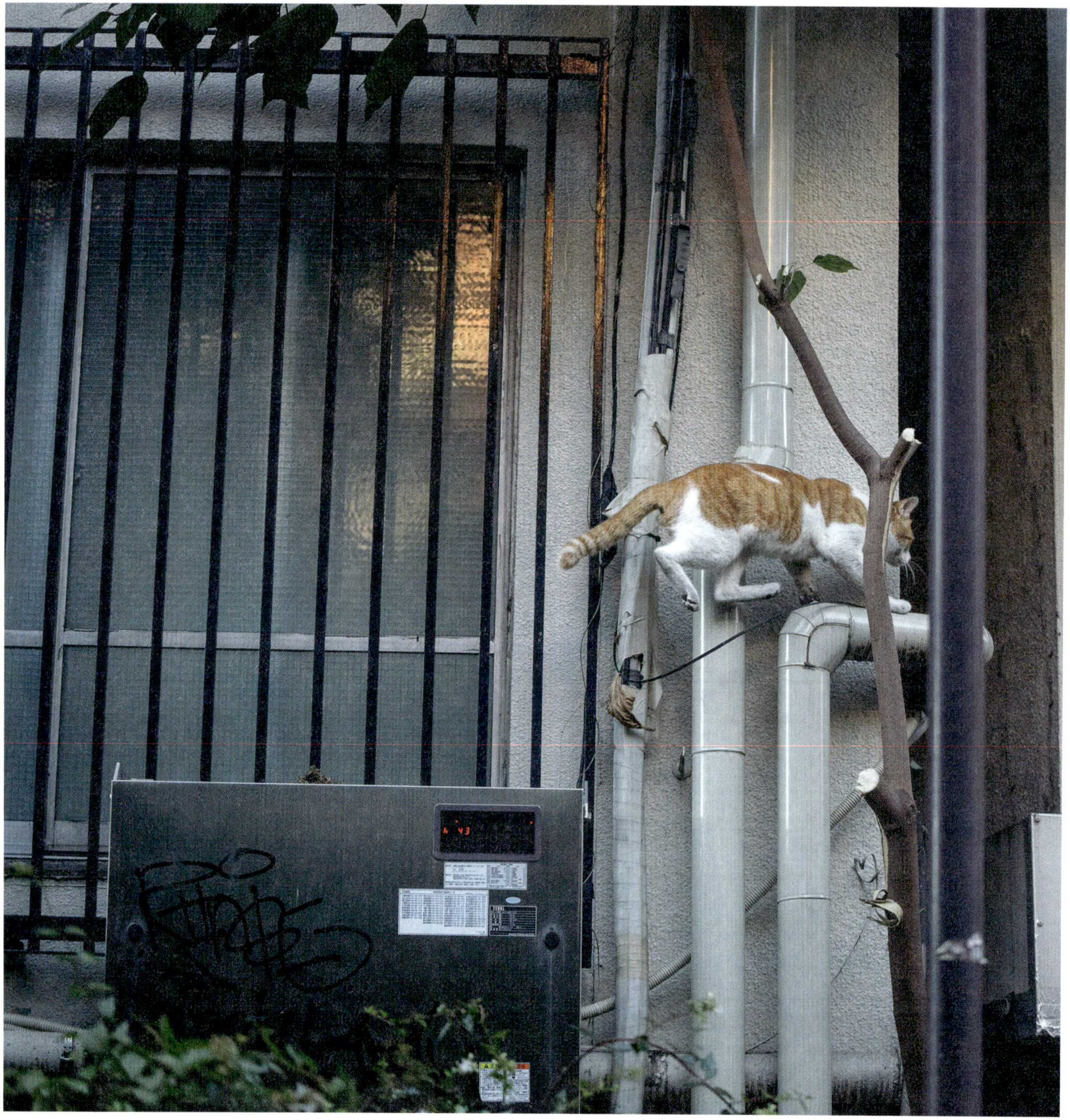

野良猫 ・ NORA NEKO

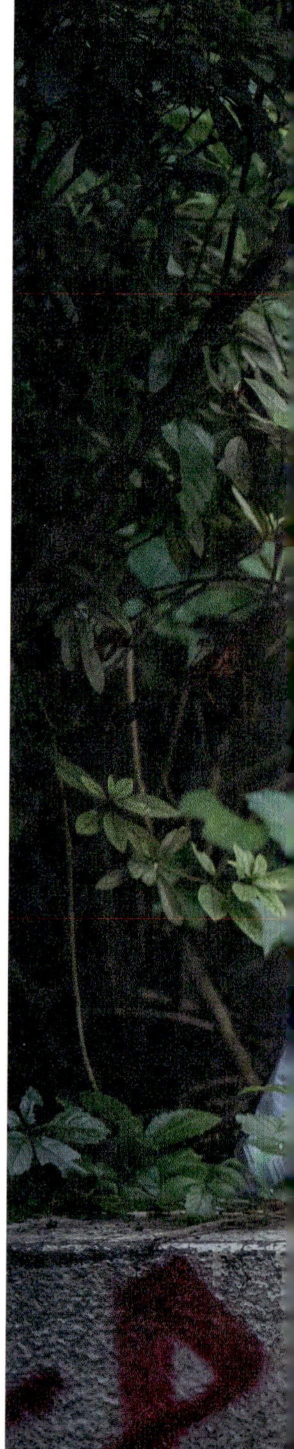

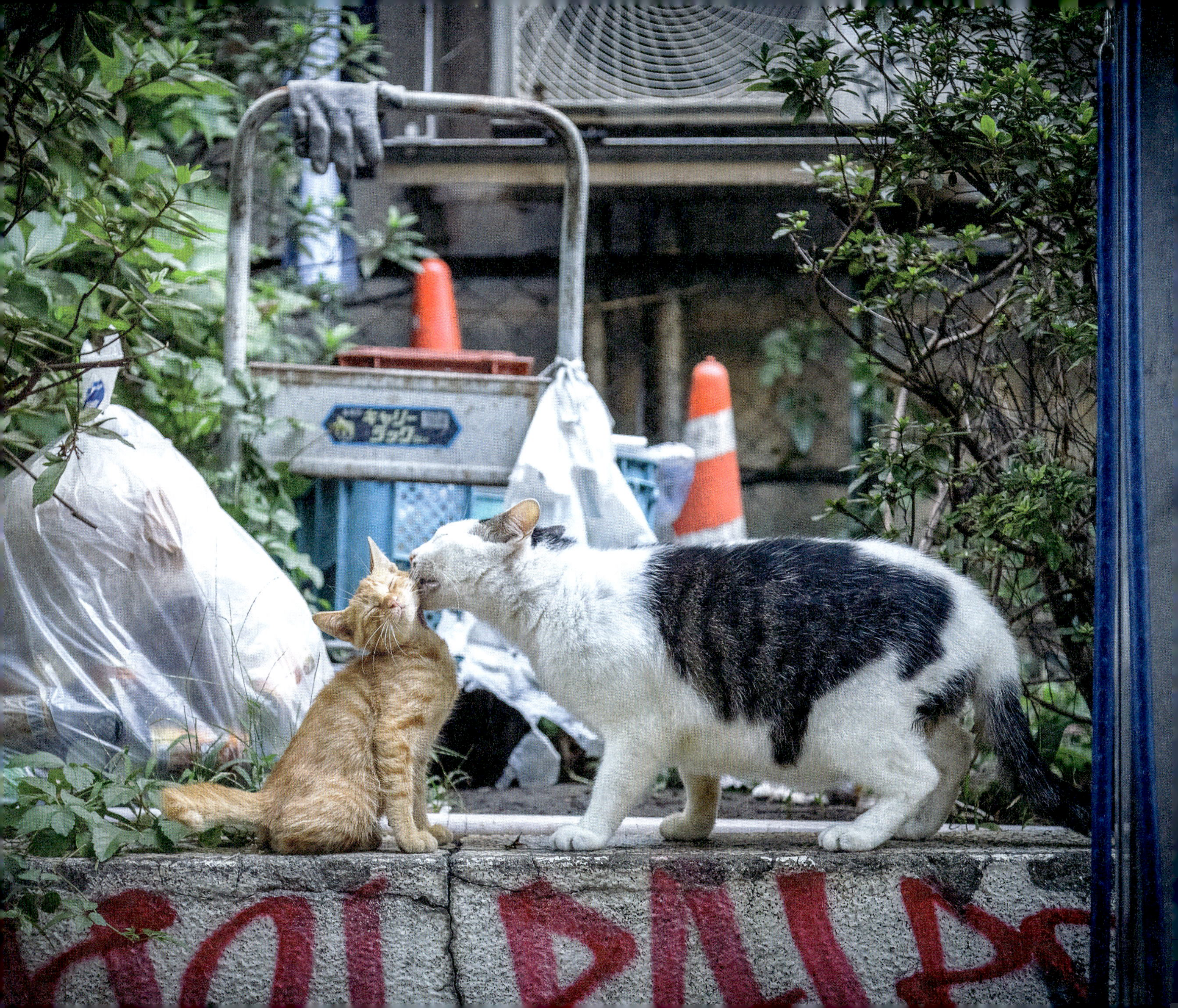

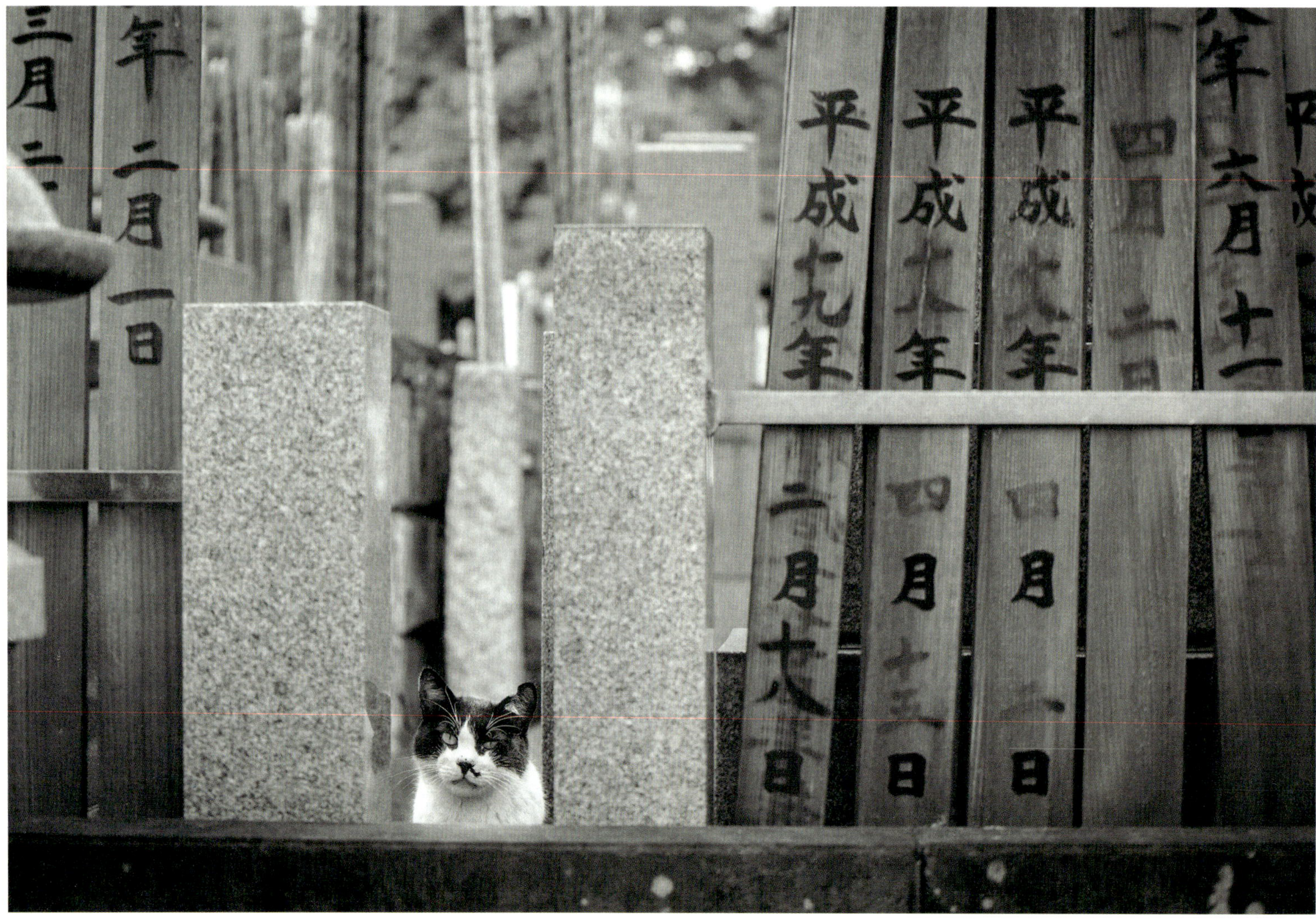

Der Friedhof von Yanaka
NORA NEKO

野良猫

Der Friedhof von Yanaka und die umliegenden Straßen der im Süden liegenden Station von Nippori nach Tokio sind ein ideales Rückzugsgebiet für viele Katzen. Das Viertel ist sogar bekannt dafür. Zahlreiche kleine Geschäfte sind vollgestopft mit allen möglichen Produkten und Souvenirs zum Thema Katze. Bei Sonnenuntergang finden sich viele Katzen auf dem Friedhof zu einer kleinen Siesta auf den Gräbern ein.

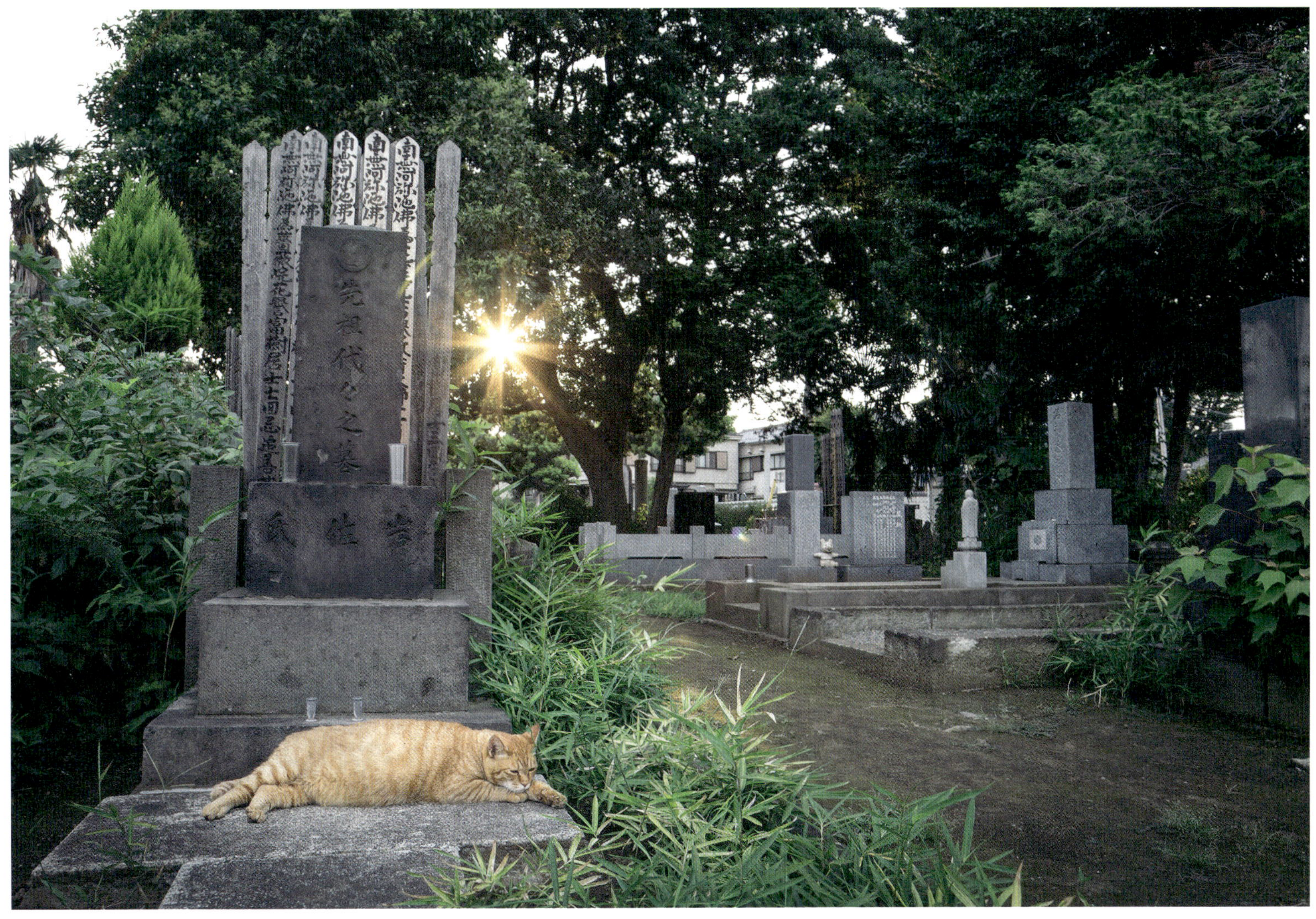

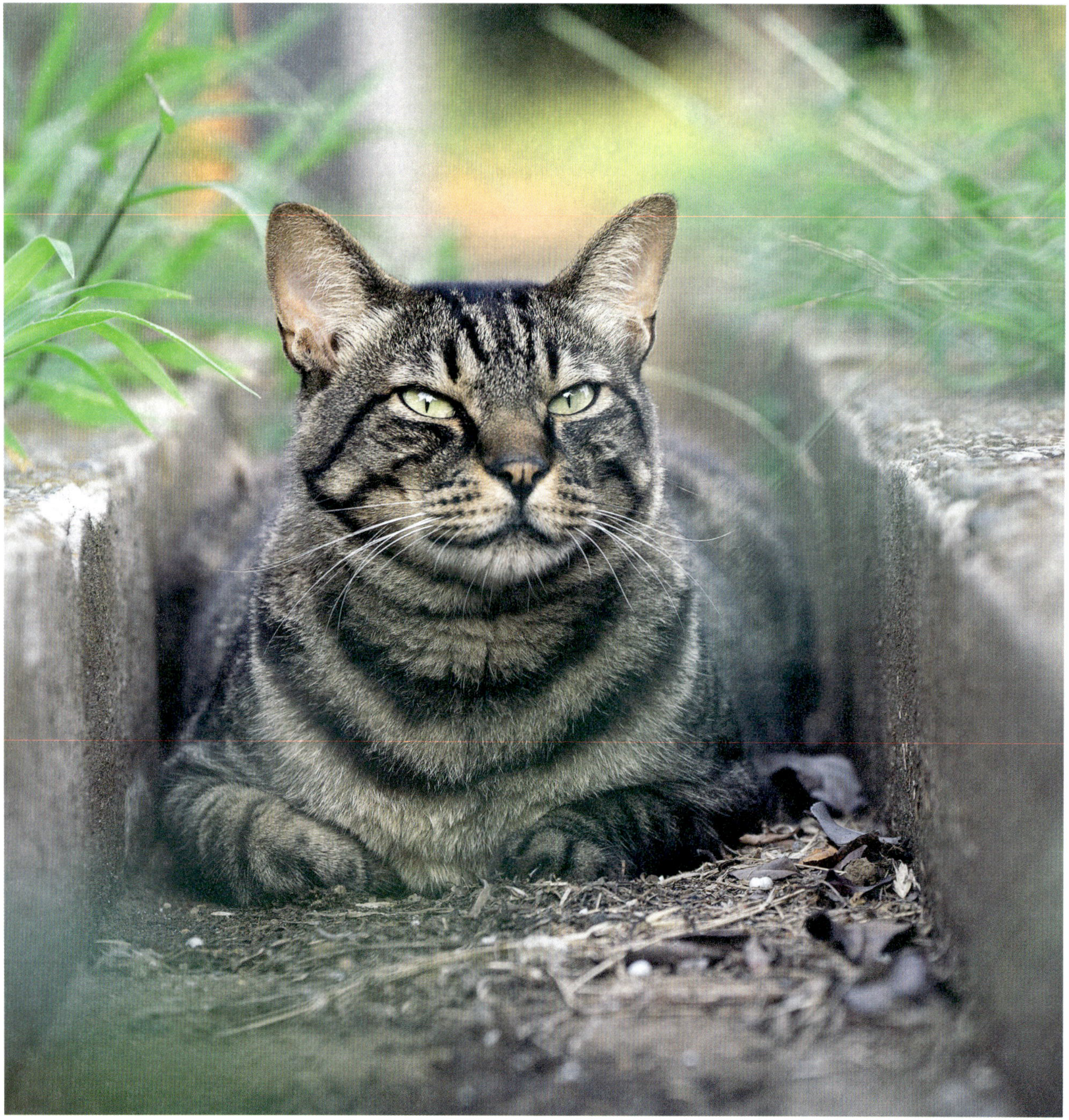

野良猫・

NORA NEKO

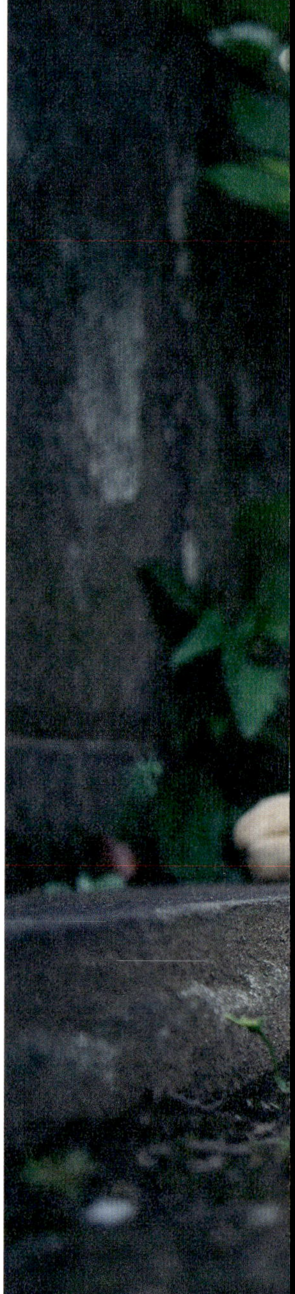

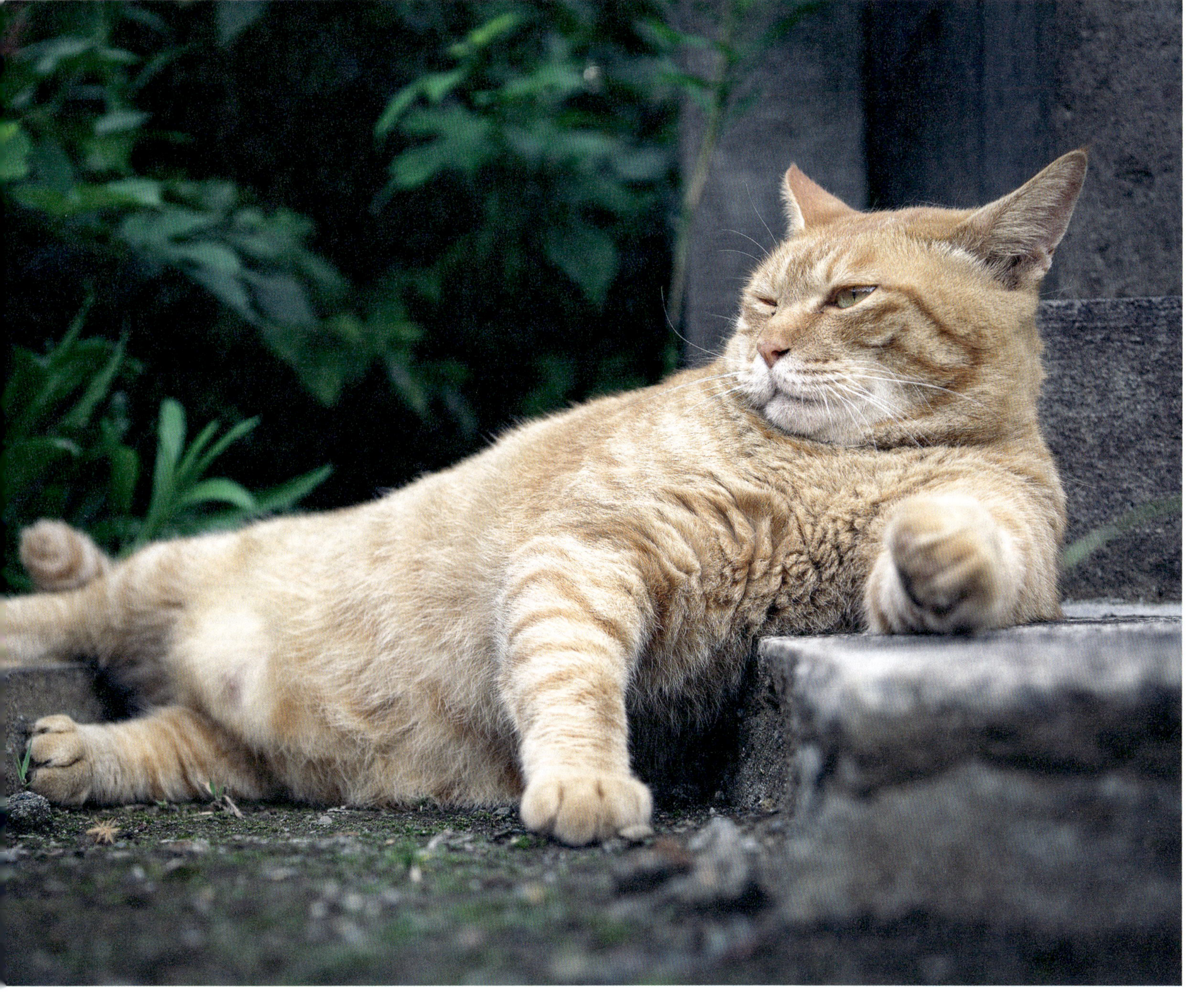

18
·
19

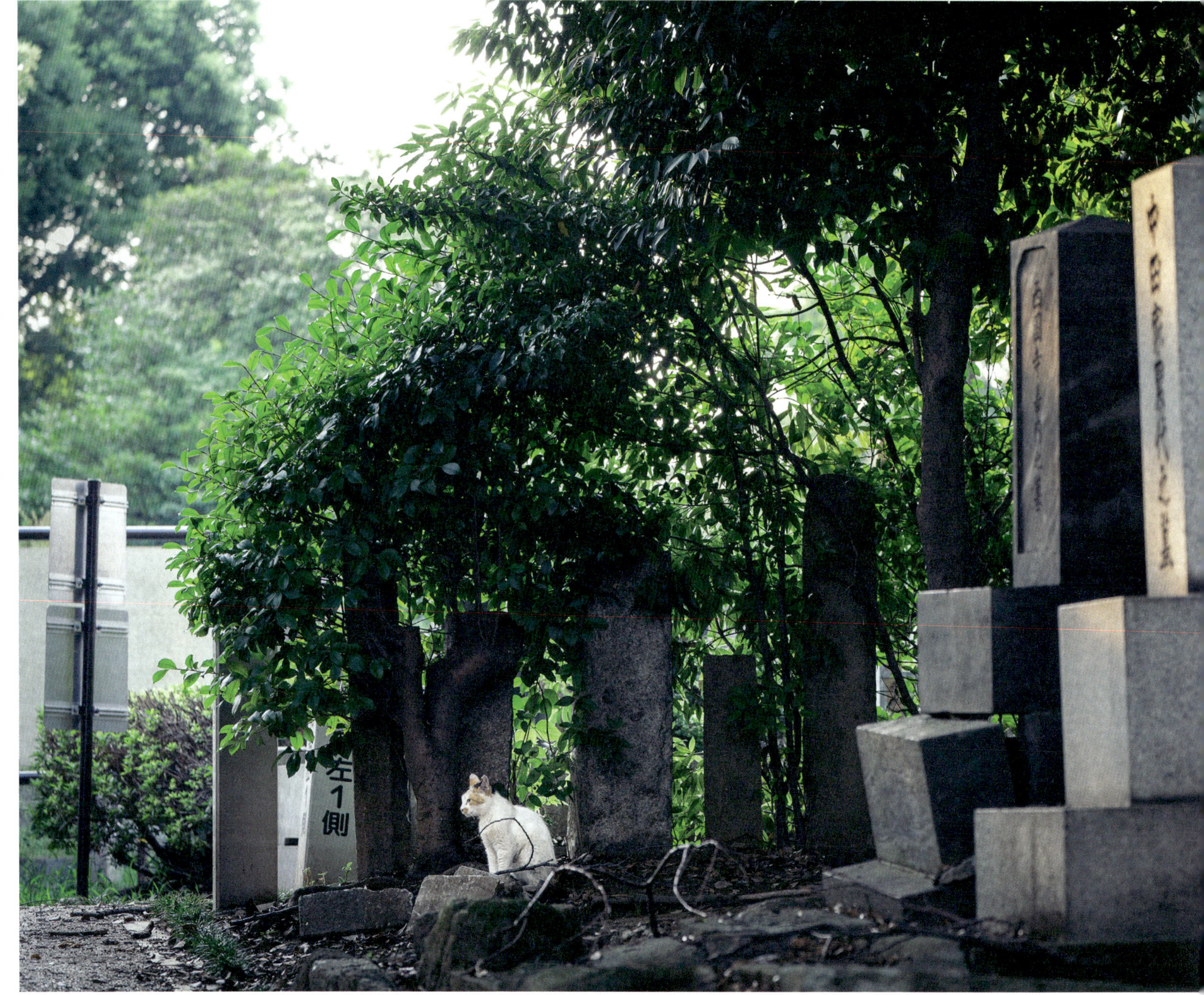

野良猫・

NORA NEKO .

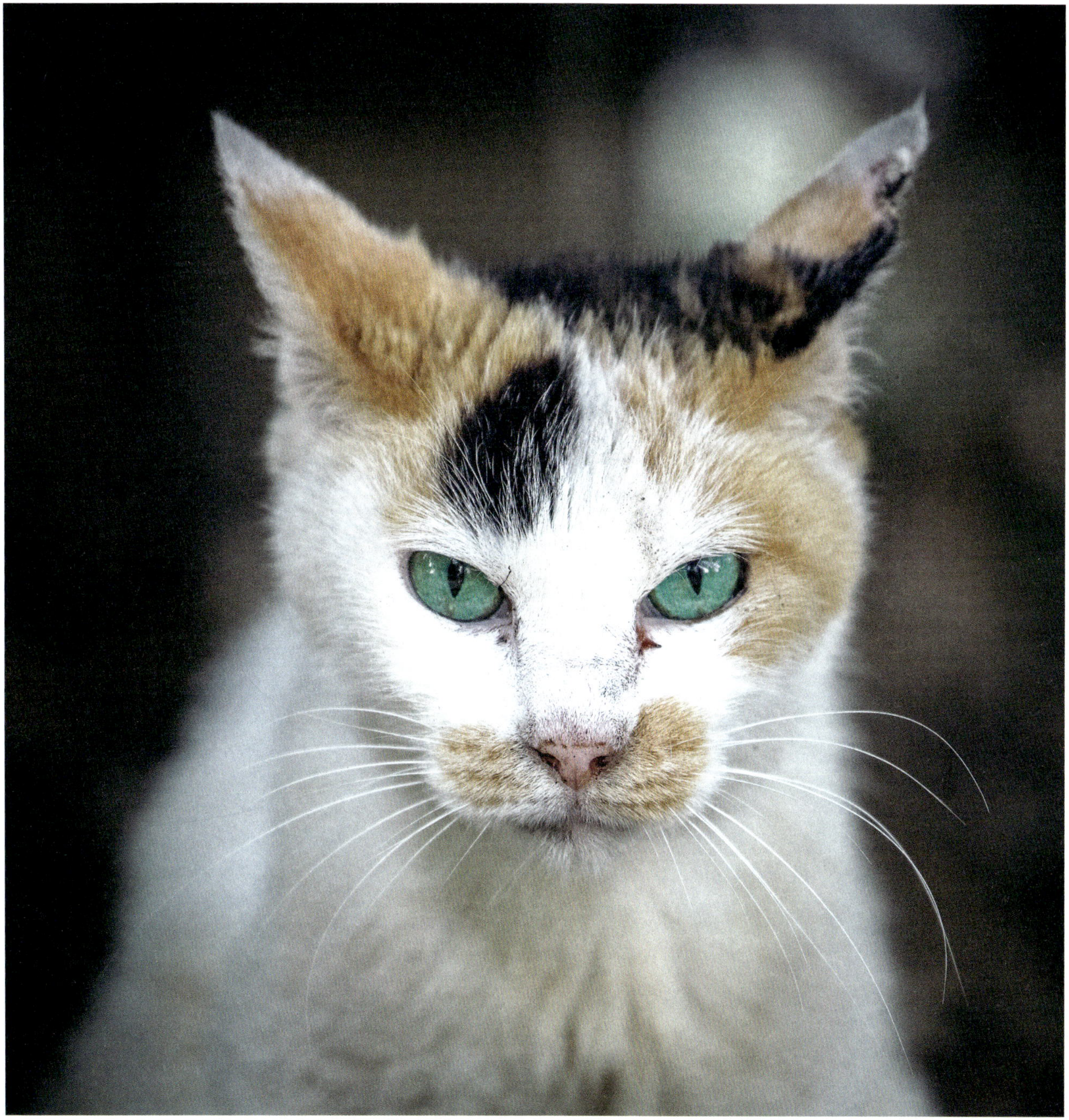

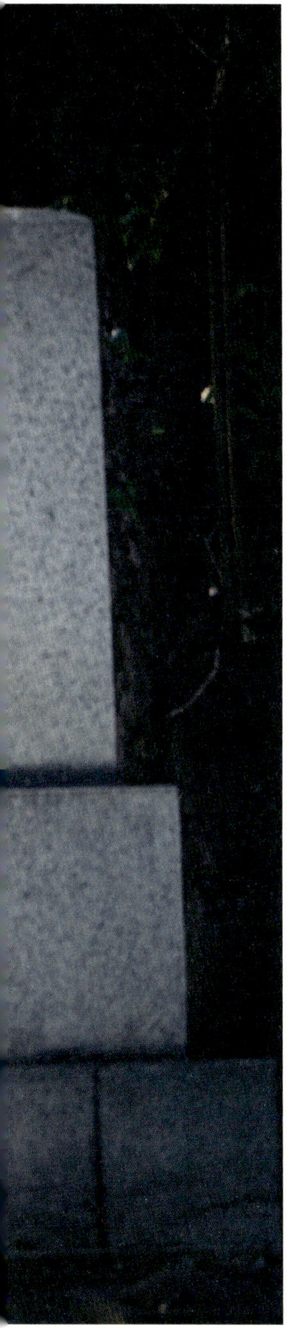

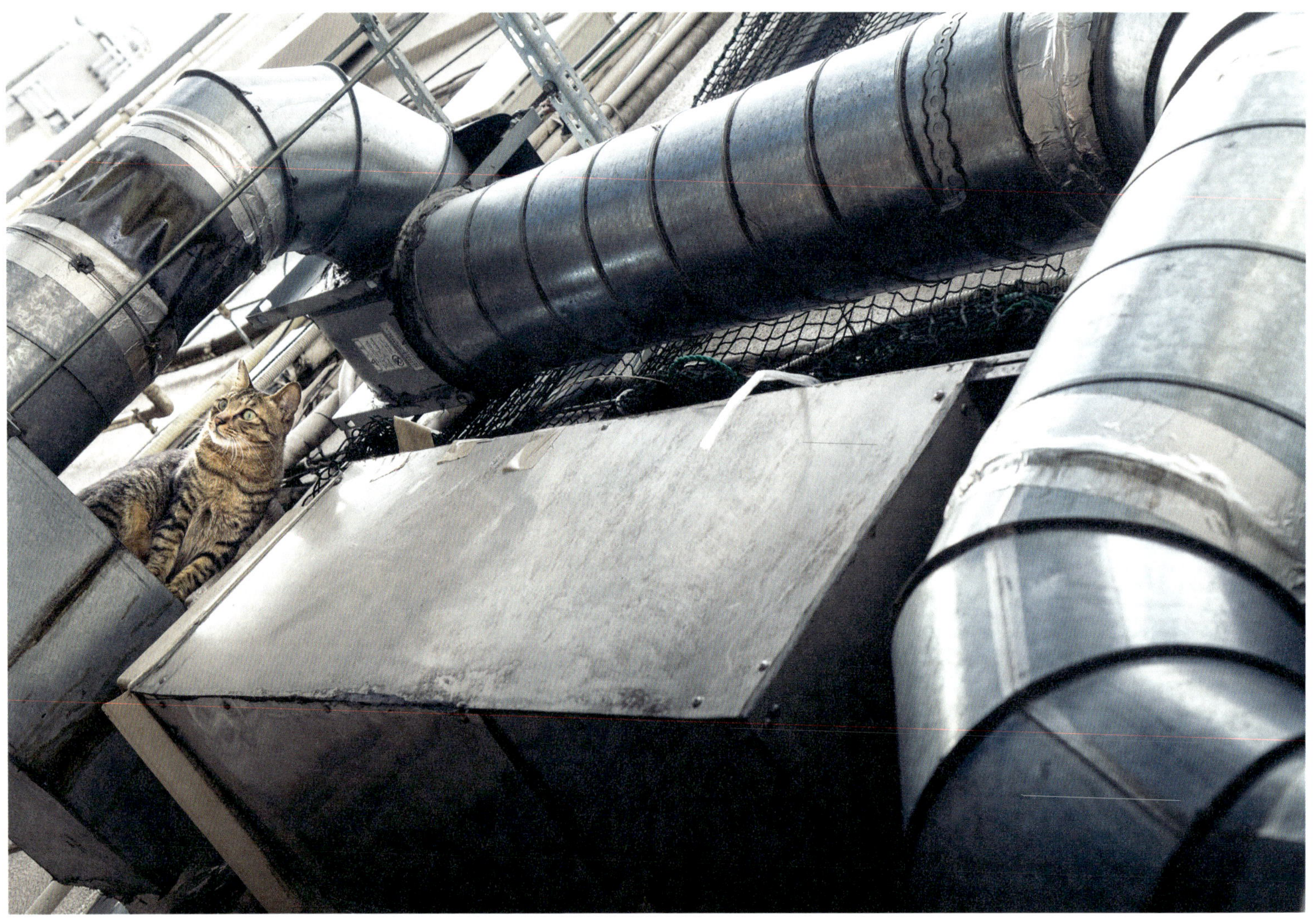

In den Straßen von Shinjuku 野良猫
NORA NEKO

Shinjuku mit seinem Nachtviertel Kabukicho beherbergt eine große Zahl von Felltigern. Tagsüber sind sie unsichtbar. Frühmorgens, nachdem die Müllmänner abgezogen sind, kann man beobachten, wie die Streuner Essensreste in den Abfalltonnen zu ergattern versuchen. Ich bemerke, dass manche Katzen Markierungen am Ohr haben. Tierärzte haben diejenigen Katzen gekennzeicnet, die sie schon sterilisiert haben.

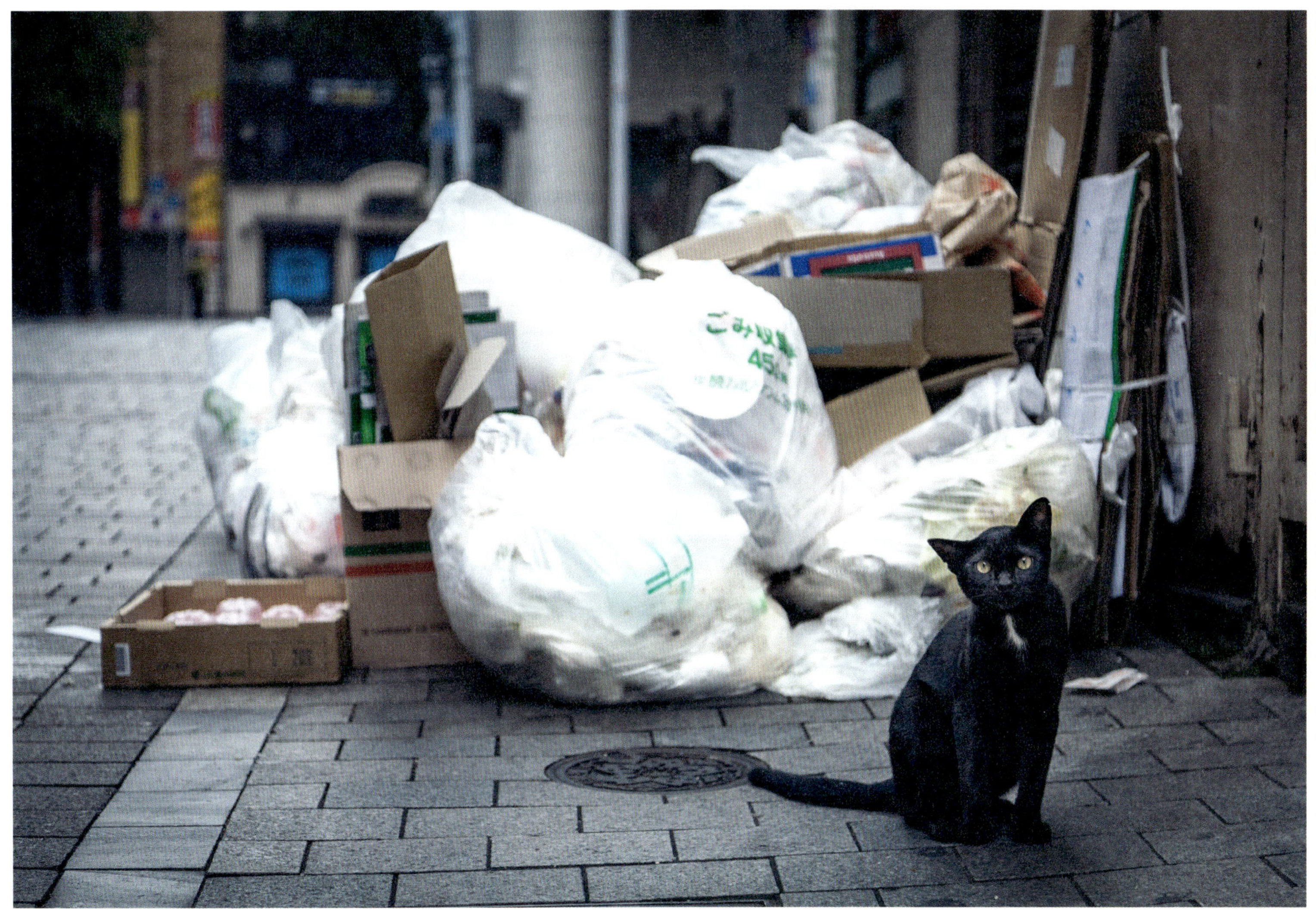

新宿 Shinjuku, Tokio: *Fünf Uhr morgens. Die Katzen durchstöbern die Mülllsäcke der Bars und Restaurants von Kabukicho.*

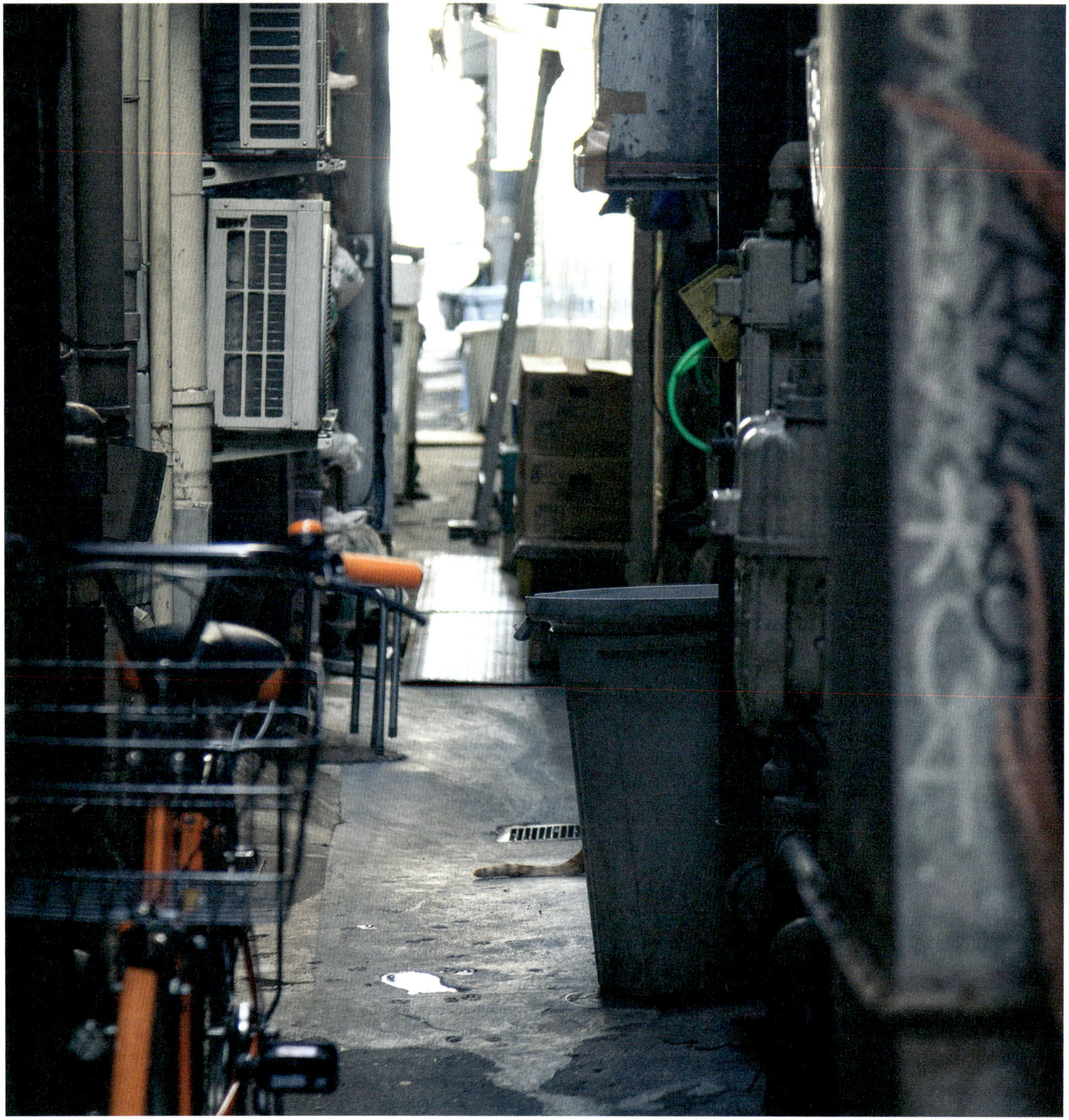

野良猫・NORA NEKO

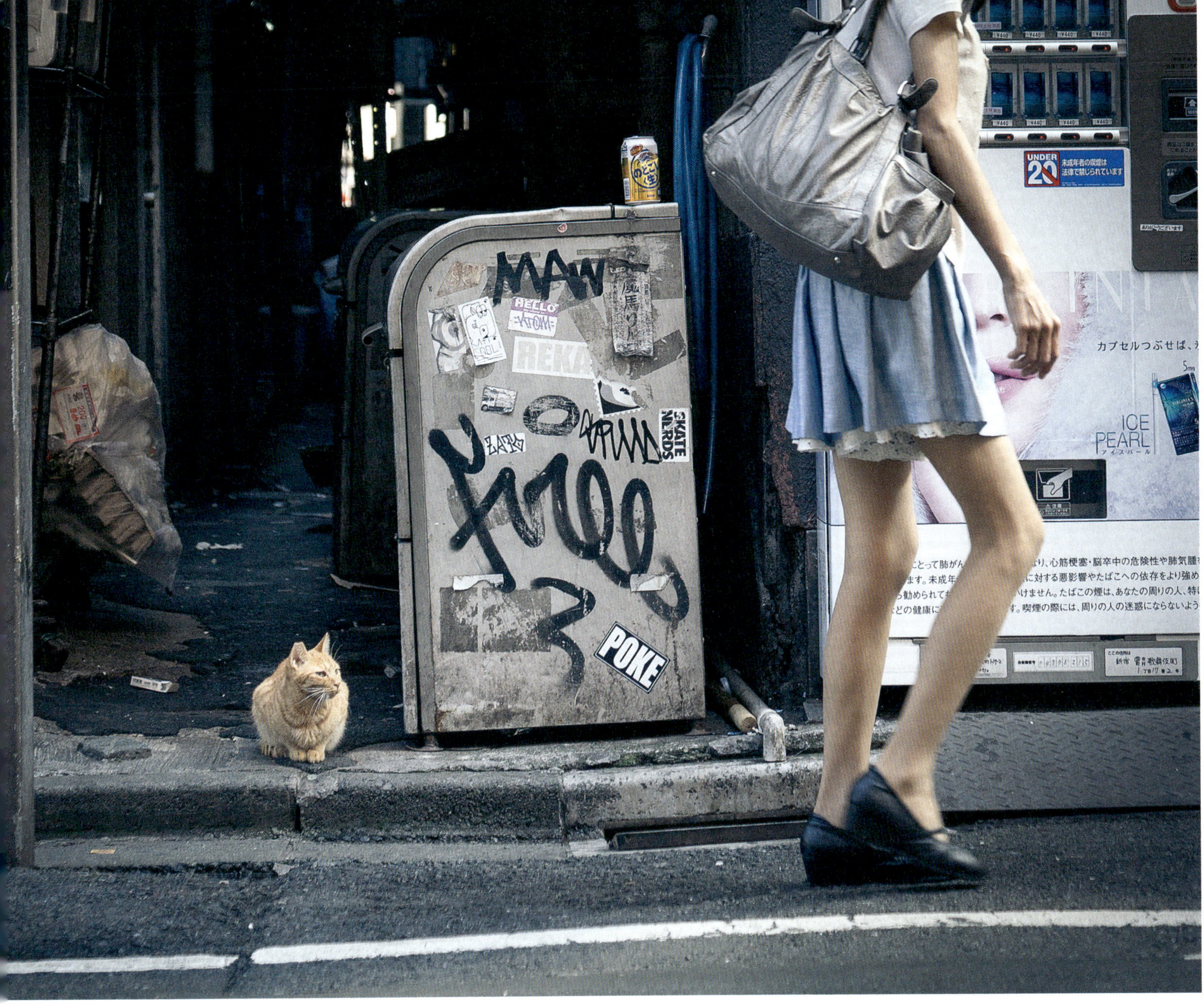
MAW
HELLO
KITTY
REKA
SKATE
NERDS
free
POKE
UNDER 20 未成年者の喫煙は
法律で禁じられています
カプセルつぶせば、
ICE
PEARL
アイスパール
VIRGINIA

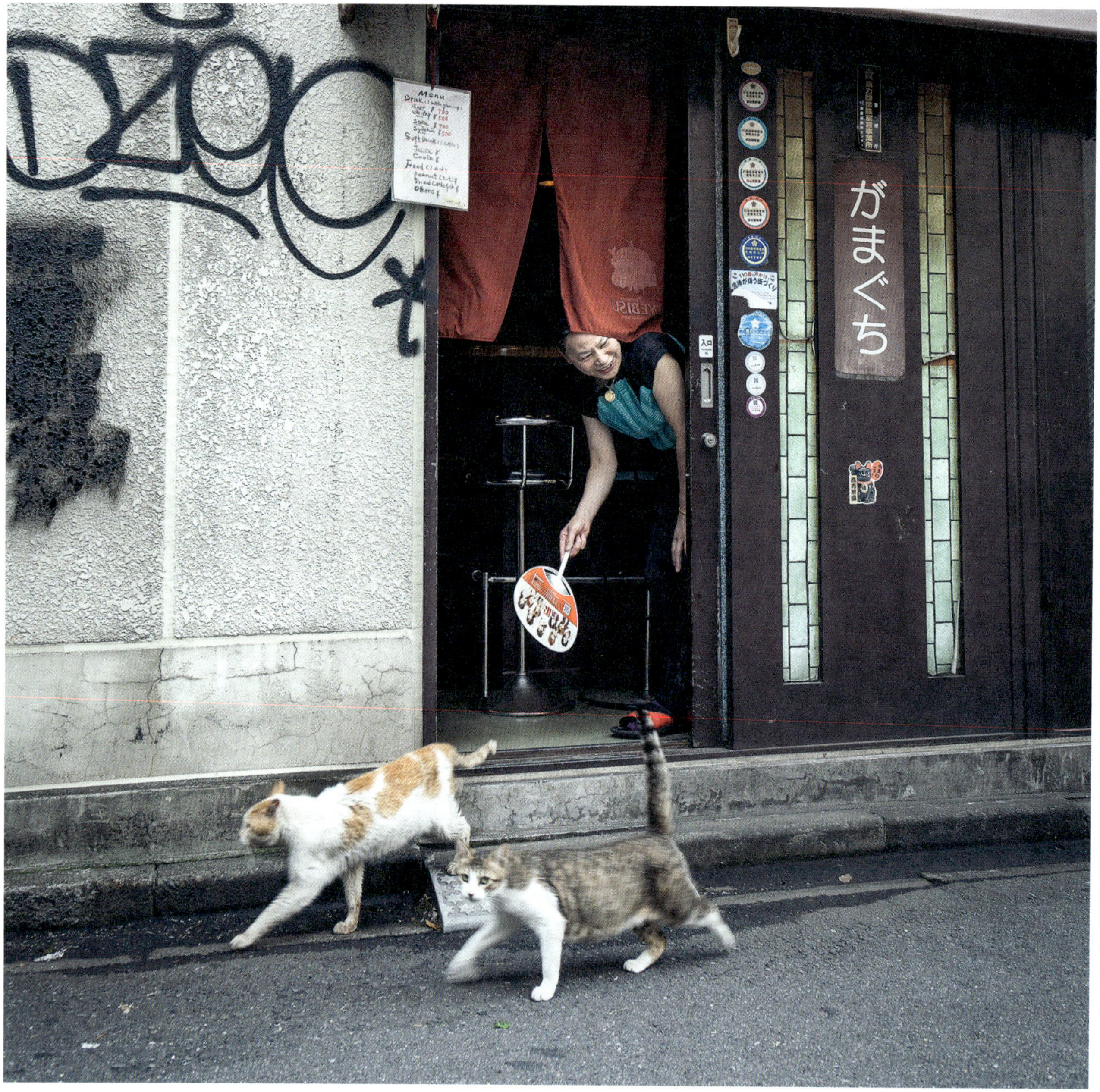

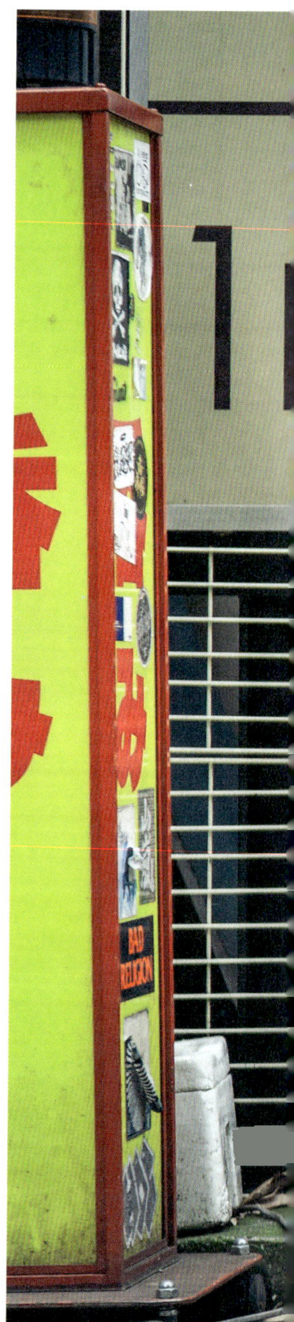

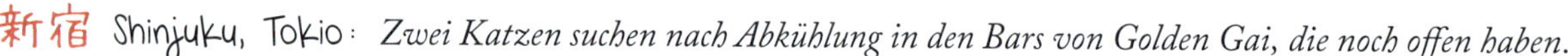

新宿 Shinjuku, Tokio: *Zwei Katzen suchen nach Abkühlung in den Bars von Golden Gai, die noch offen haben.*

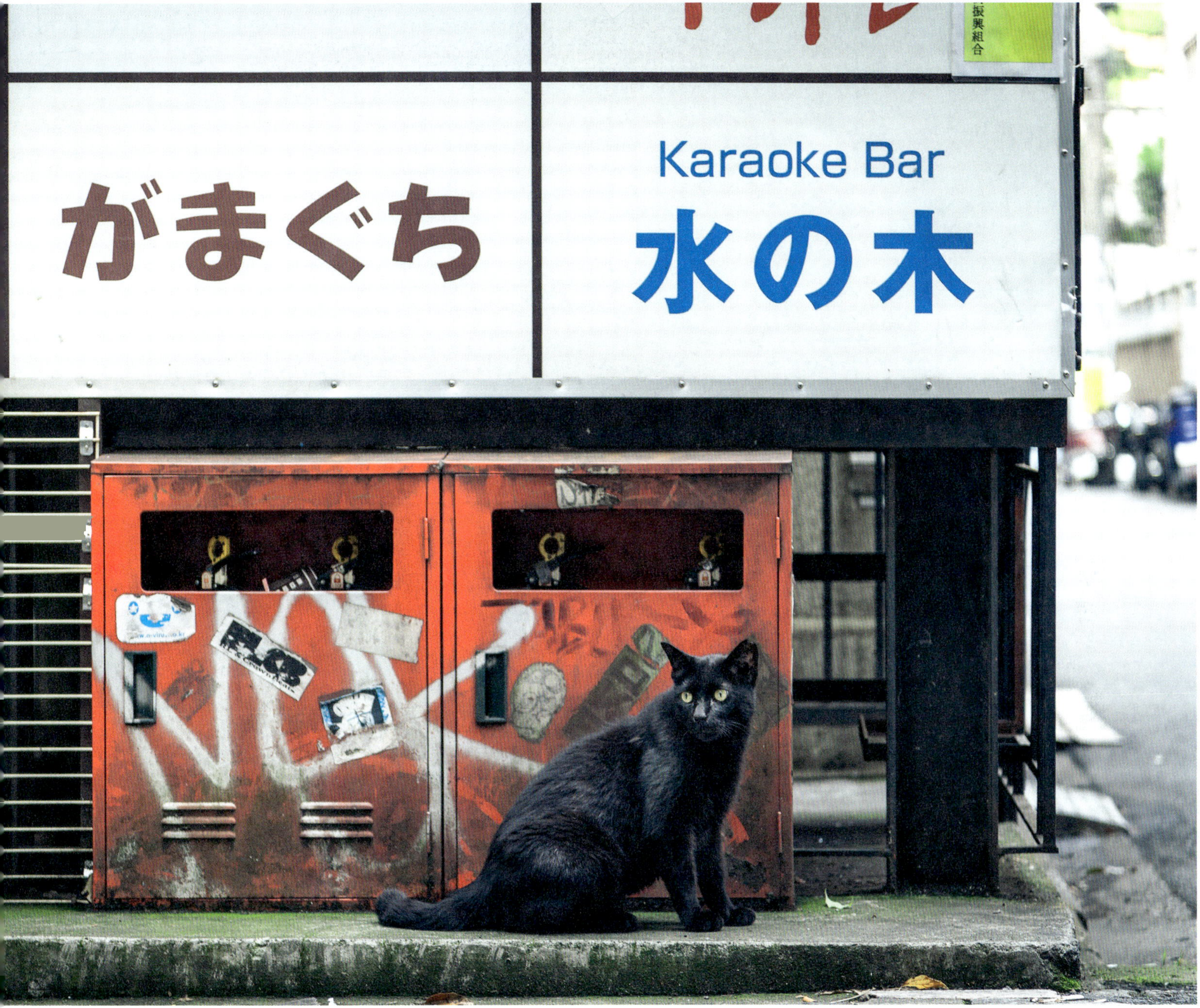

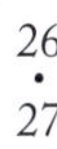
がまぐち
Karaoke Bar
水の木
振興組合

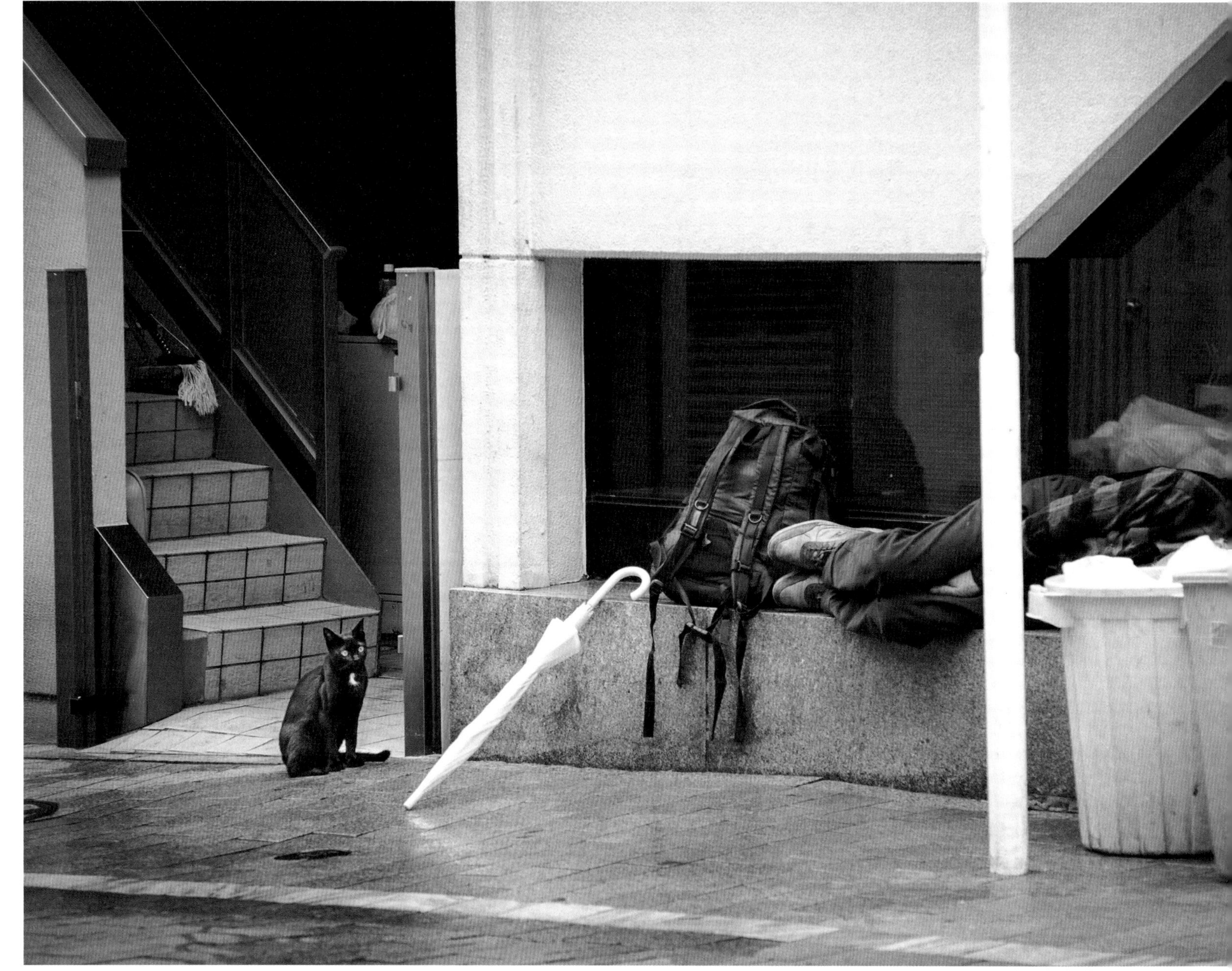

新宿 Shinjuku, Tokio: *Hier schlafen Kunden der Bars und warten auf den ersten Zug des Tages.*

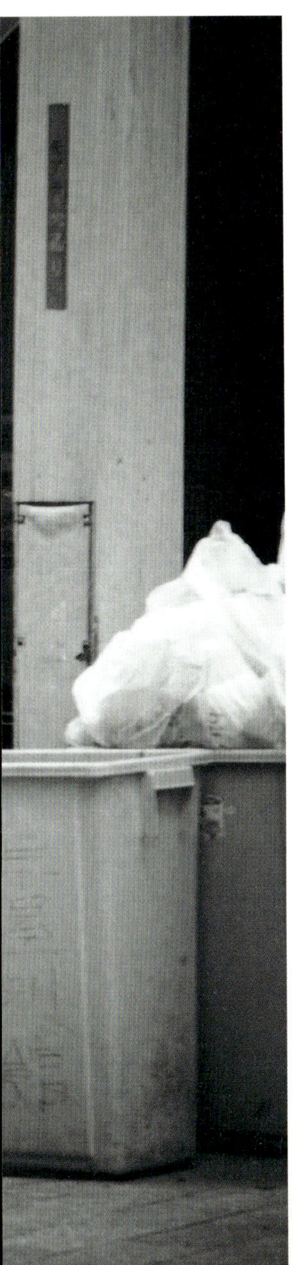

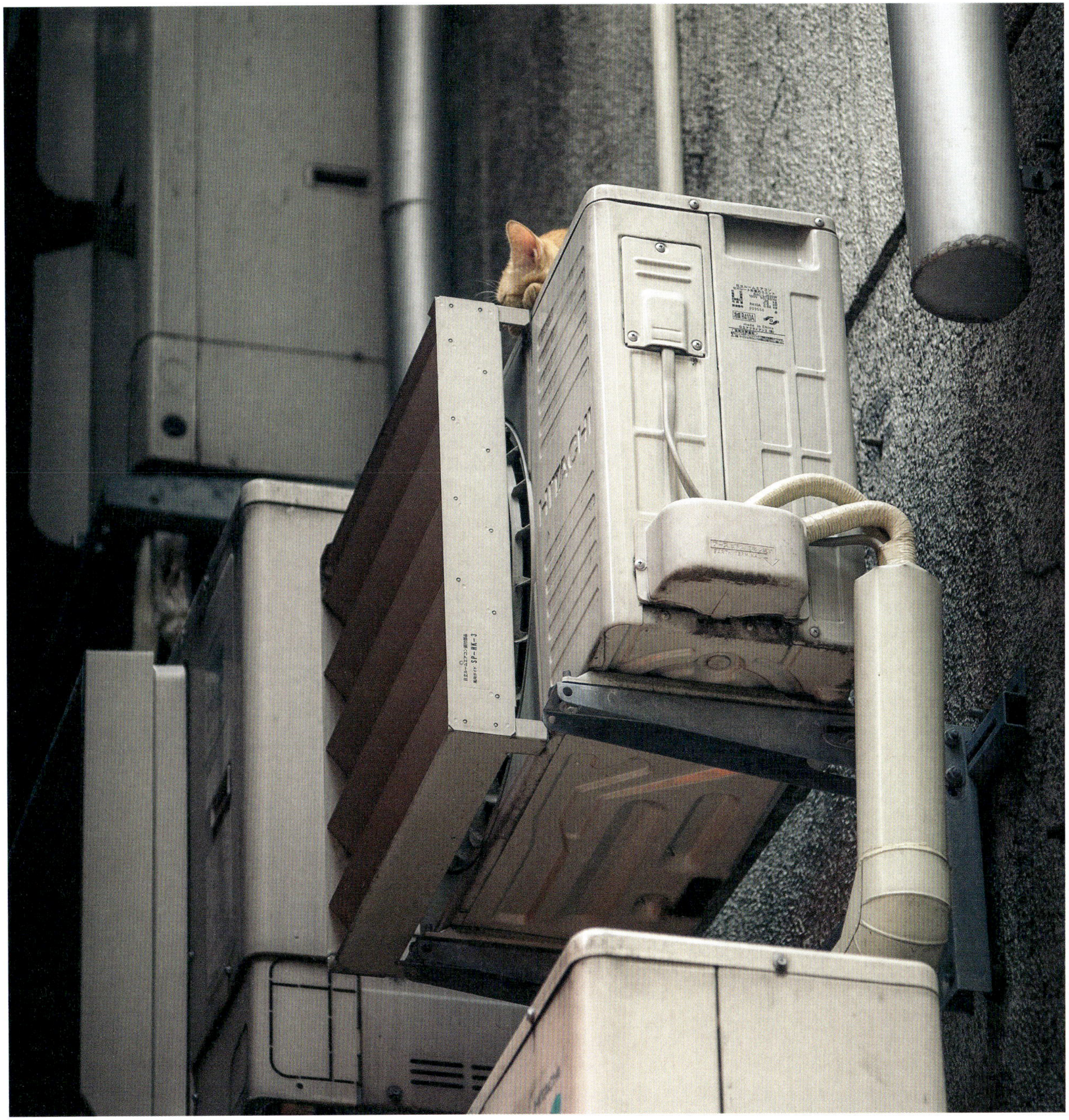

野良猫
NORA NEKO ·

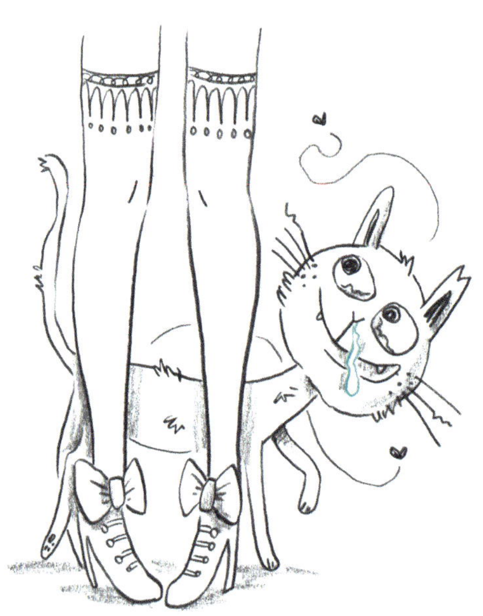

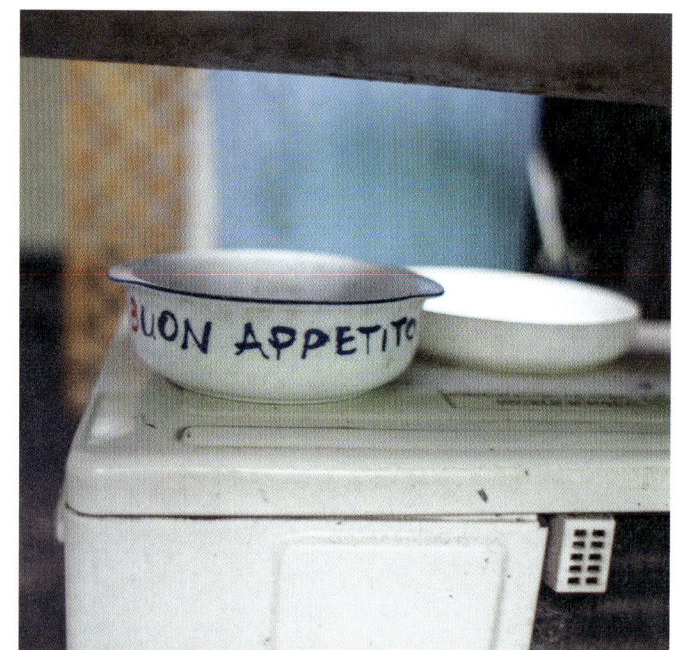
BUON APPETITO

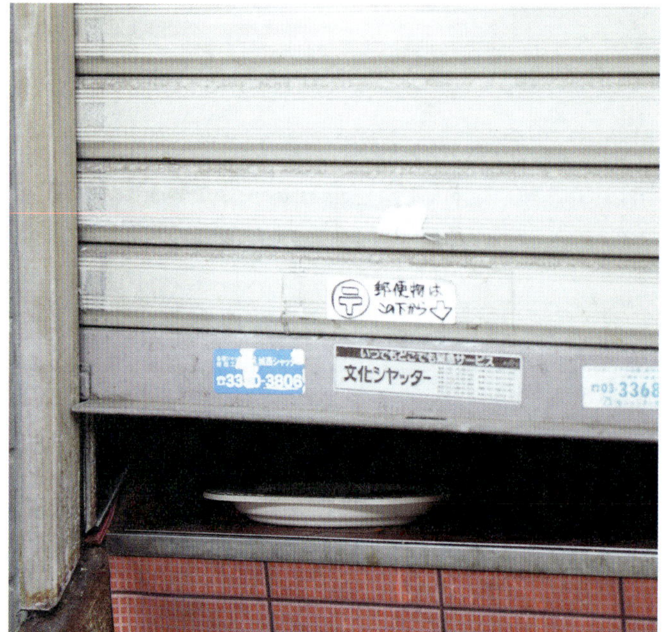
郵便物は
この下から
文化シヤッター
☎33 0-3806
☎03 3368

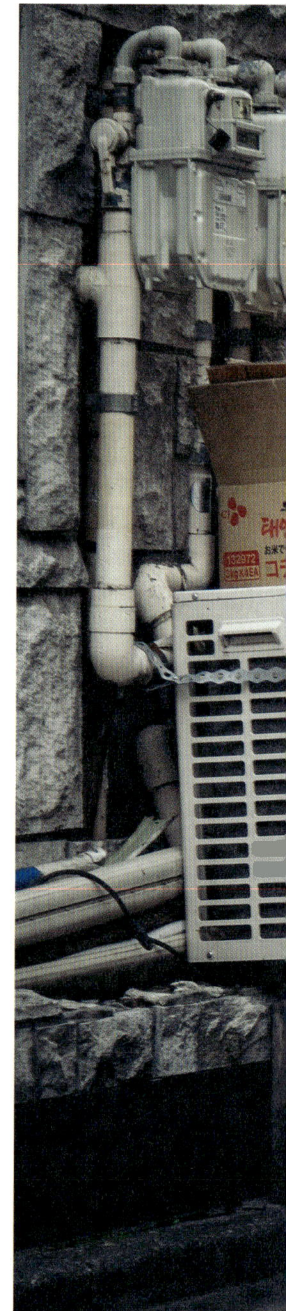

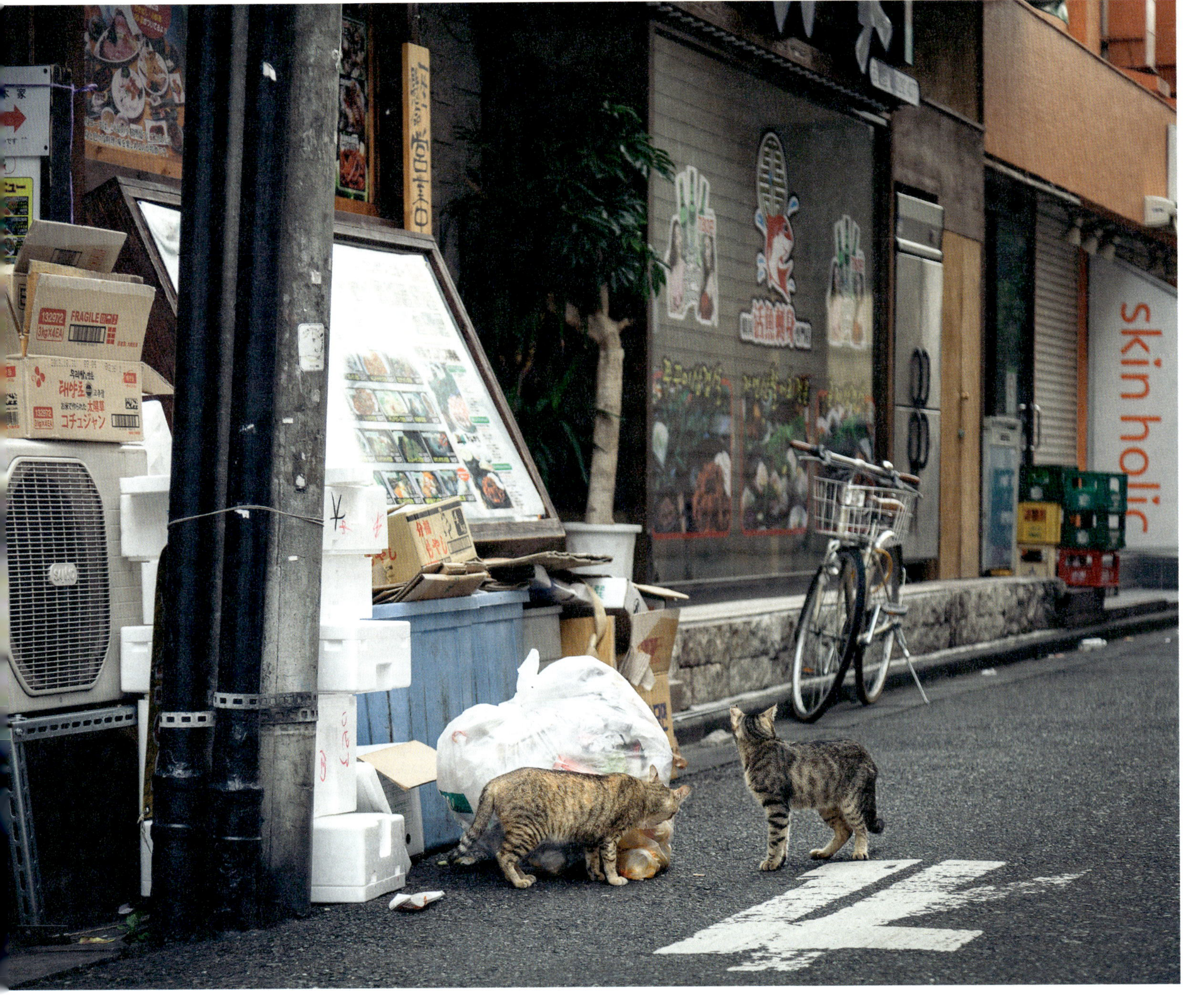

skin holic
FRAGILE
コチュジャン

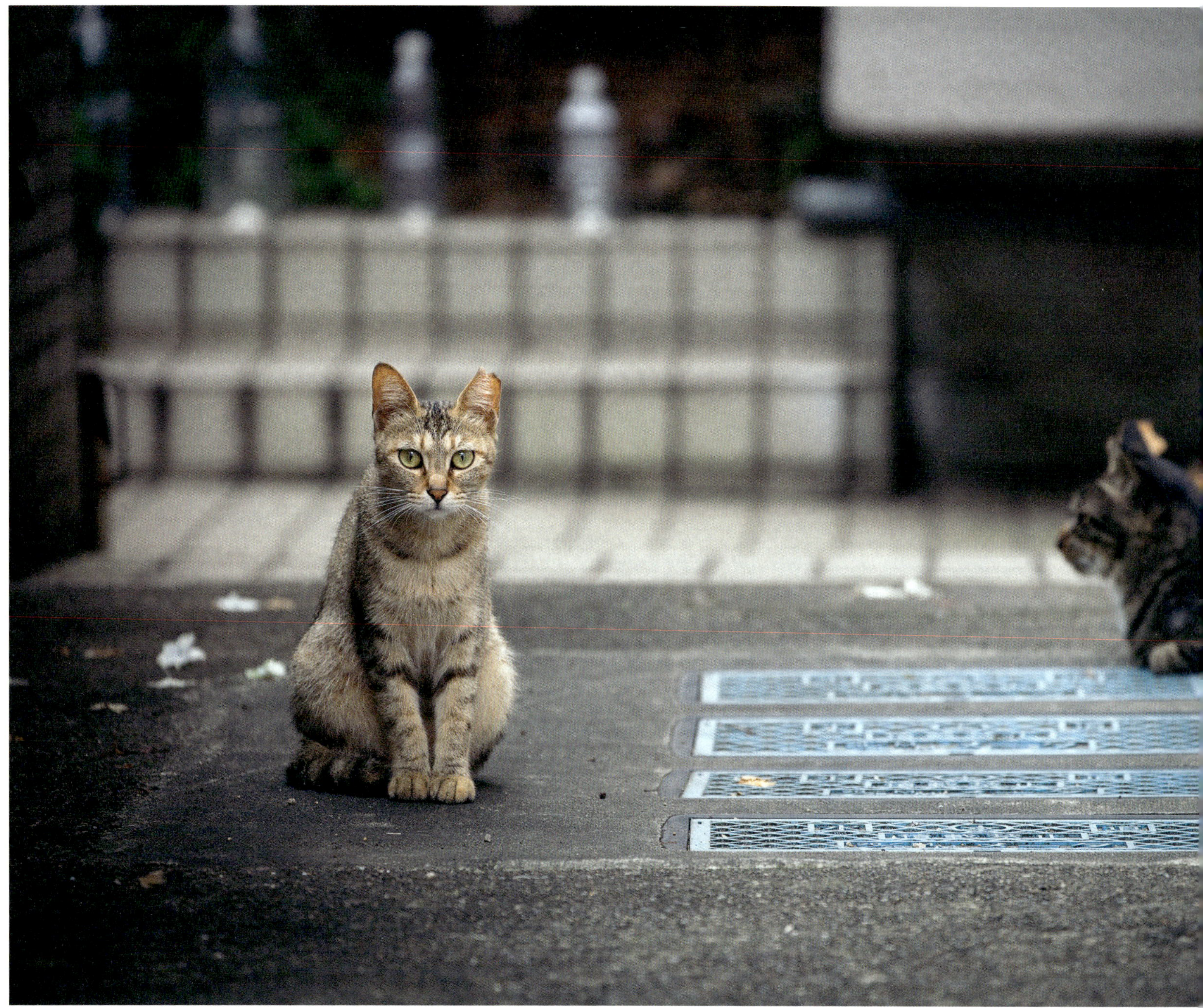

野良猫・NORA NEKO ·

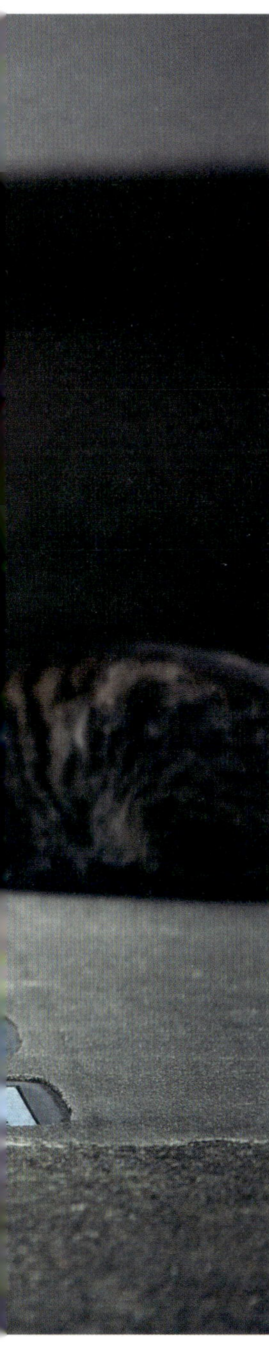

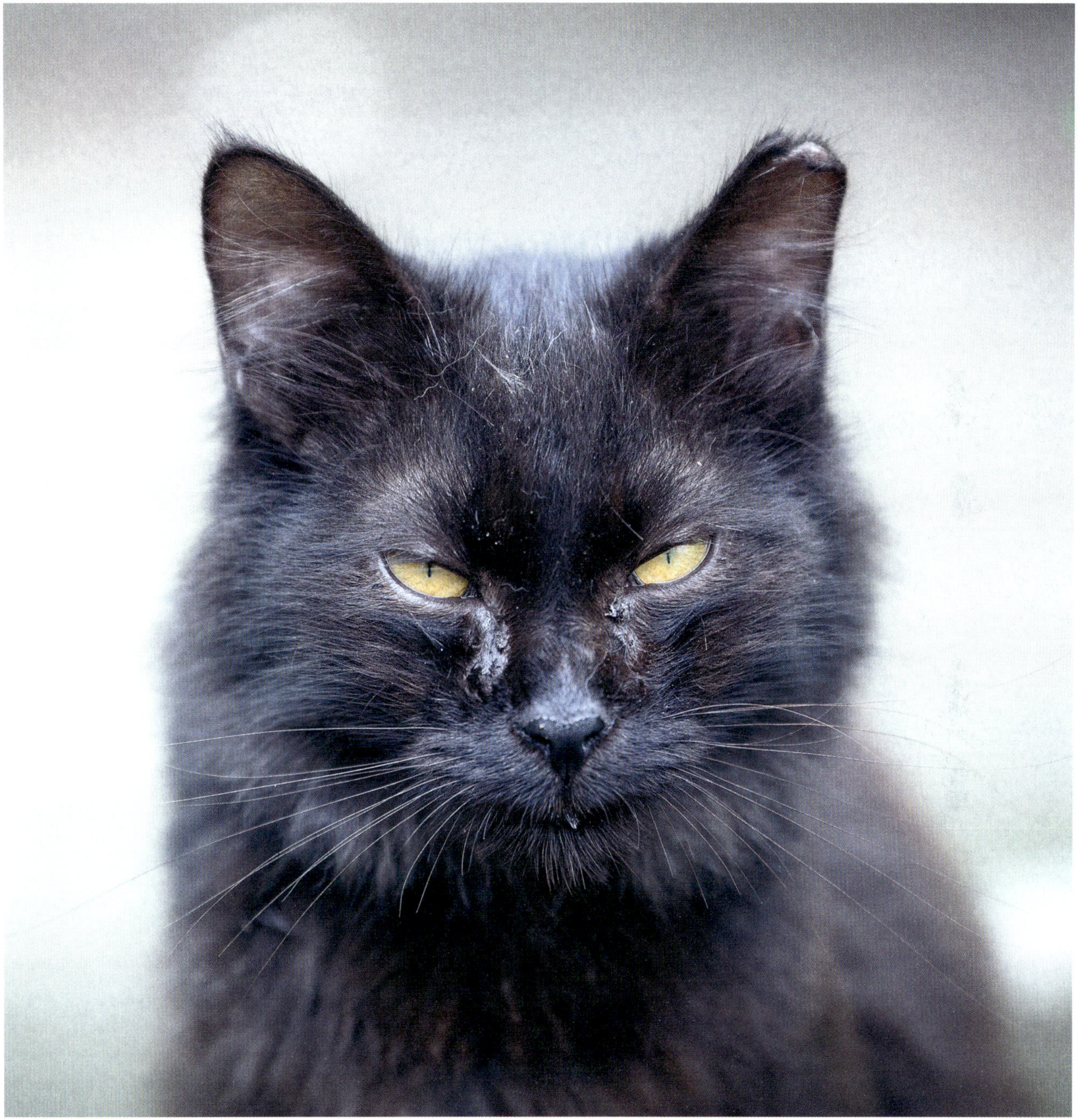

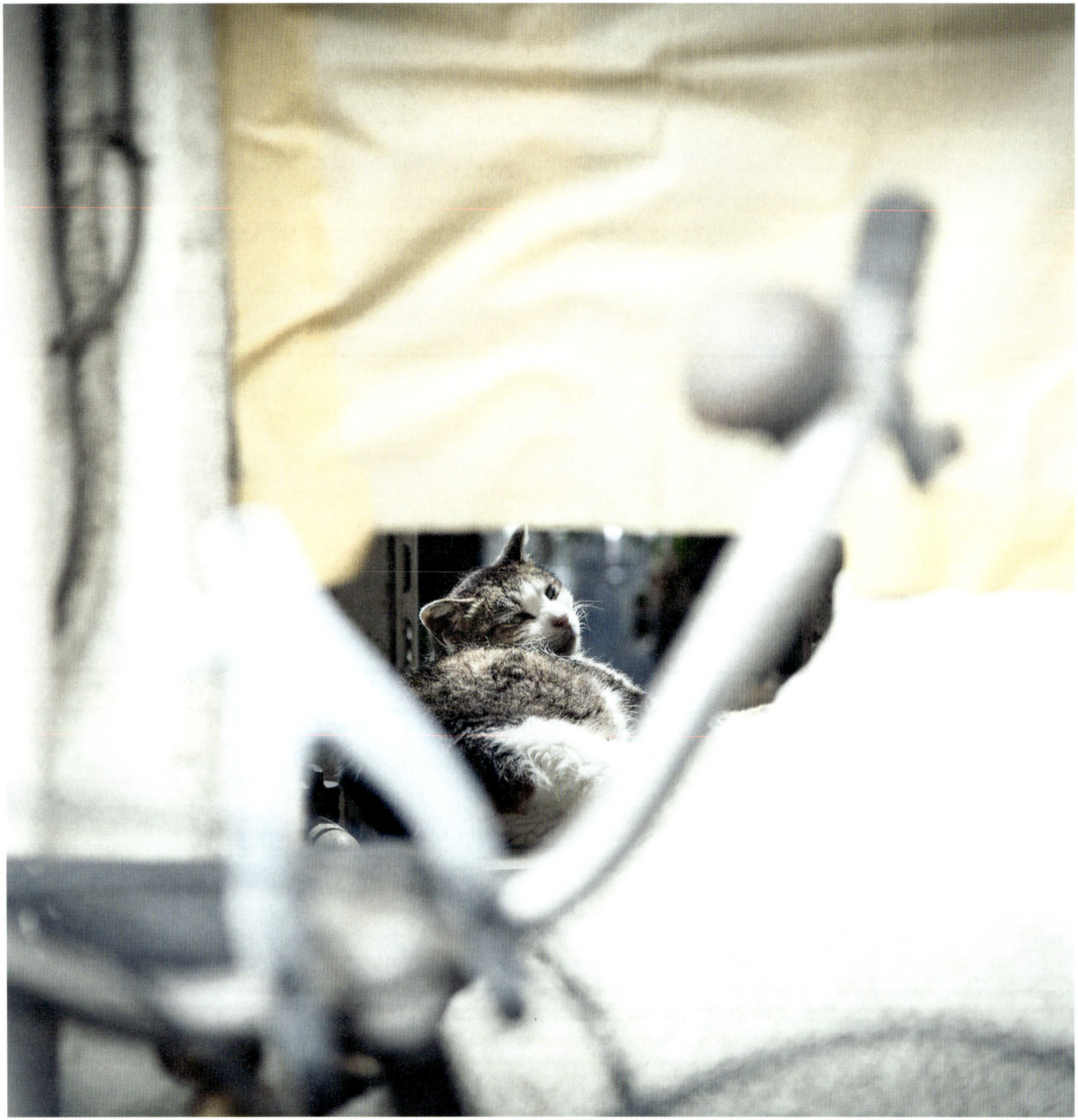

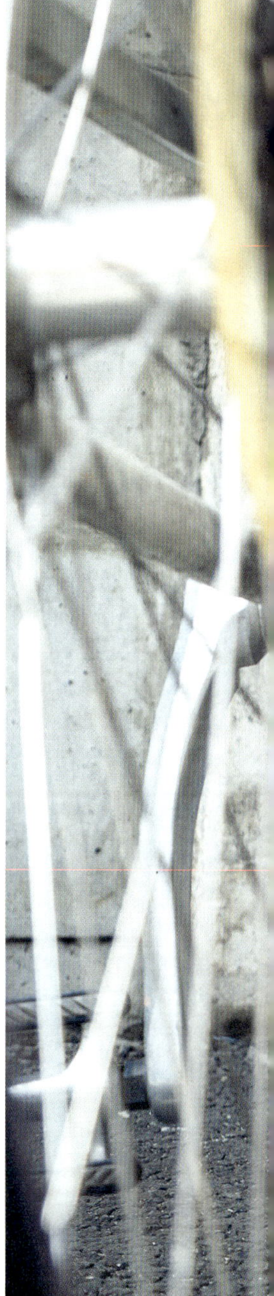

野良猫
NORA NEKO .

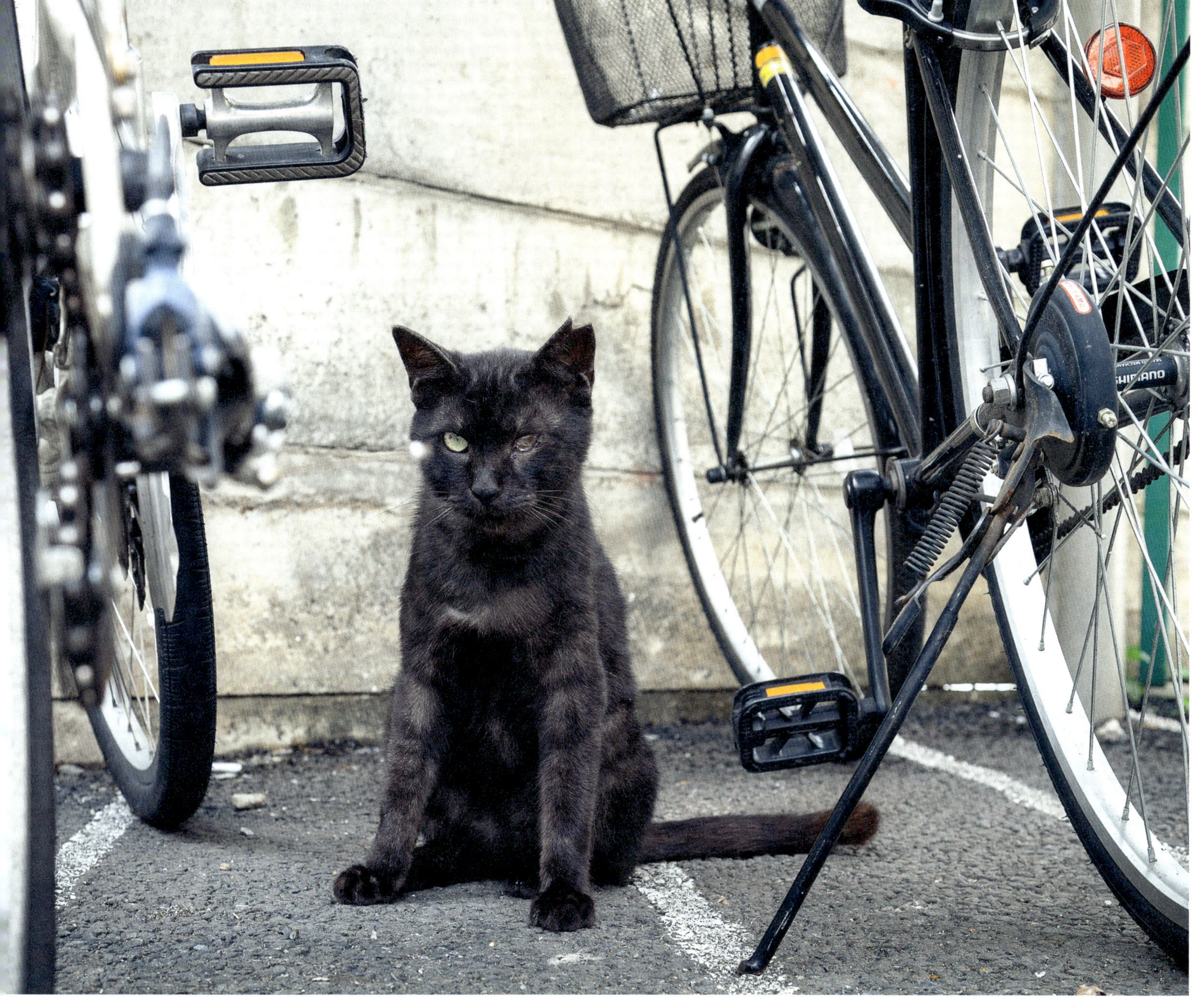

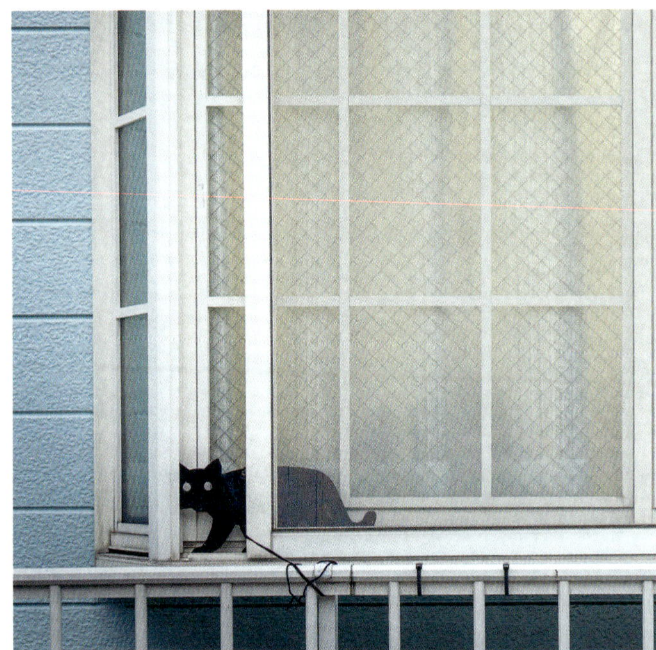

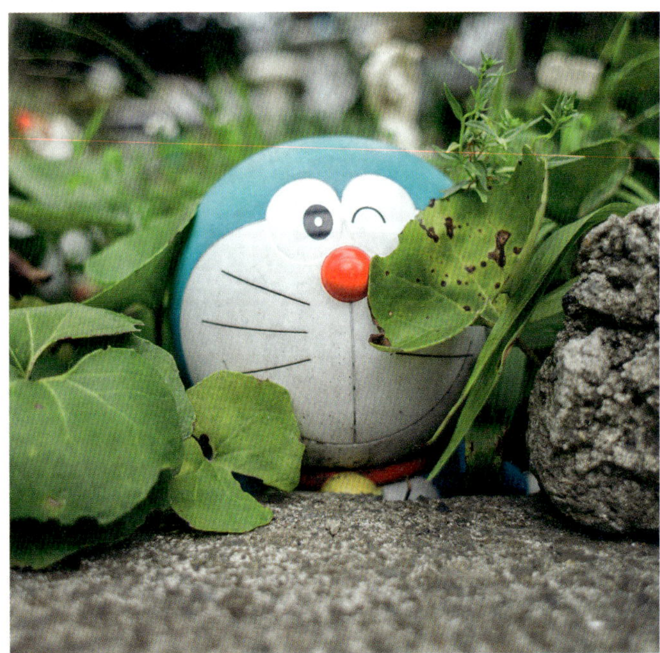

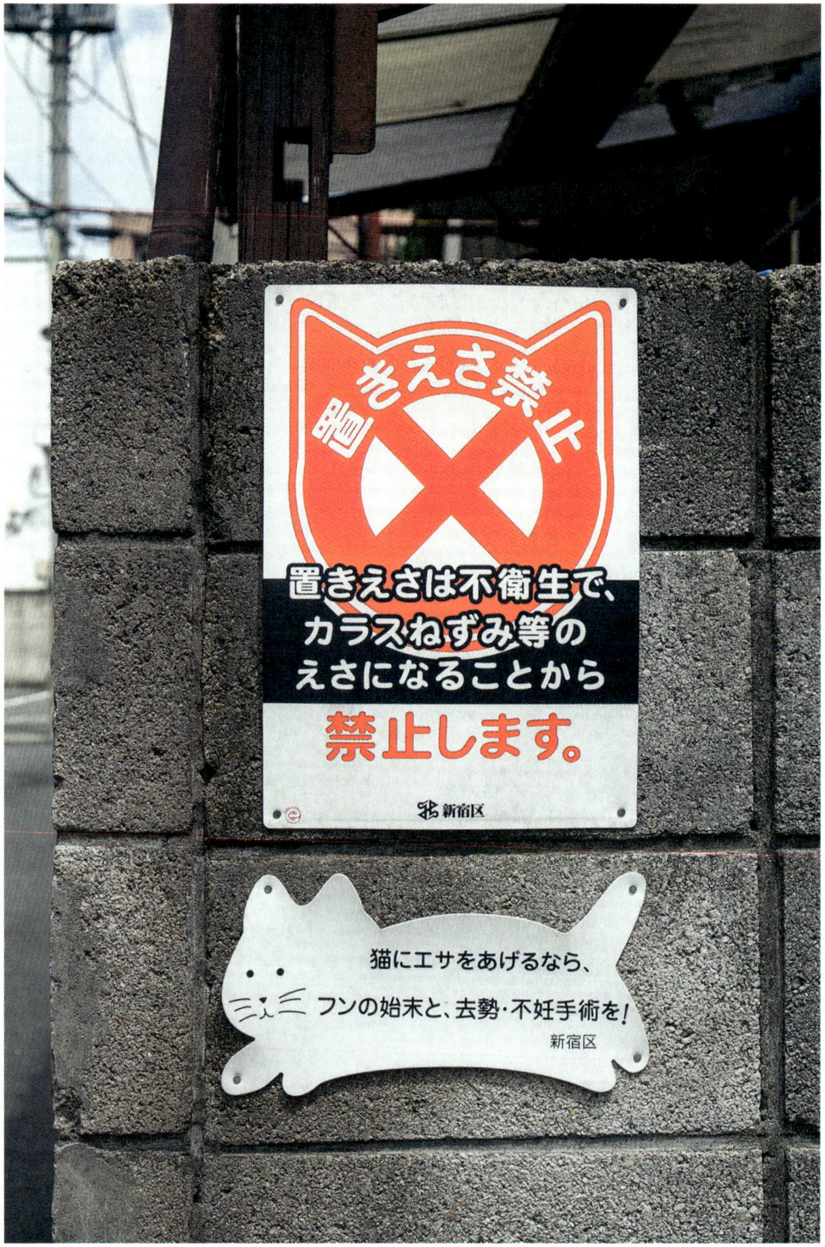

新宿 Shinjuku, Tokio： *Wenn man auf der Suche nach Katzen ist, folgt man am besten den Schildern, die das Füttern von Katzen verbieten.*

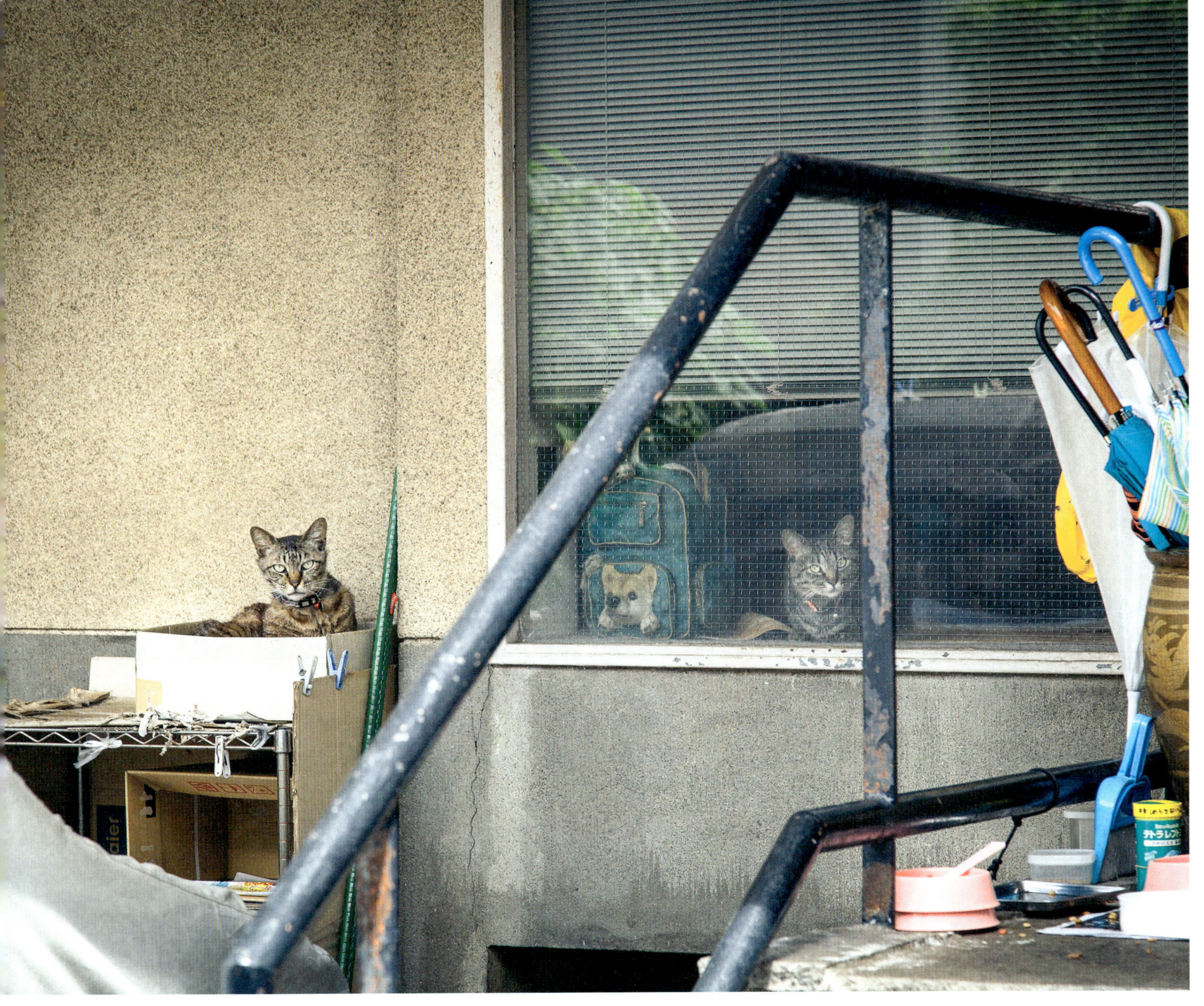

野良猫 ・ NORA NEKO ・

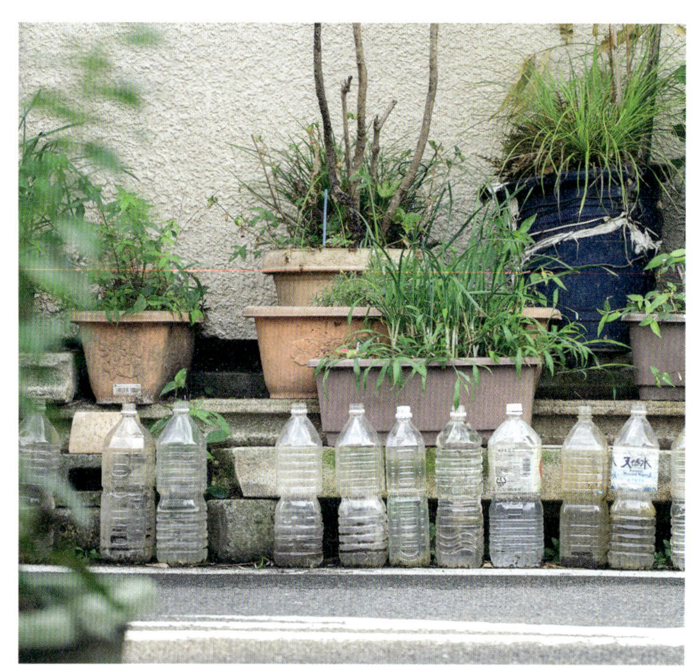

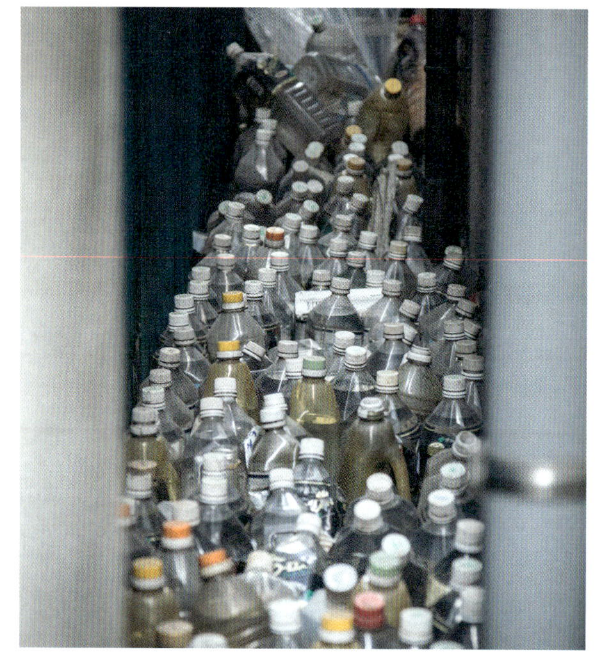

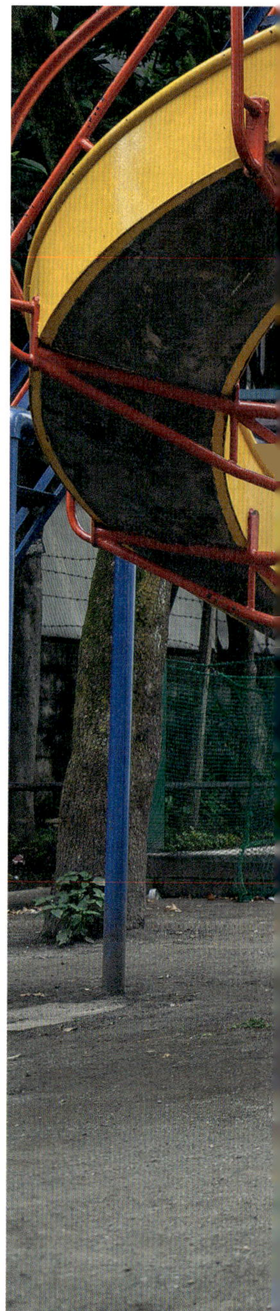

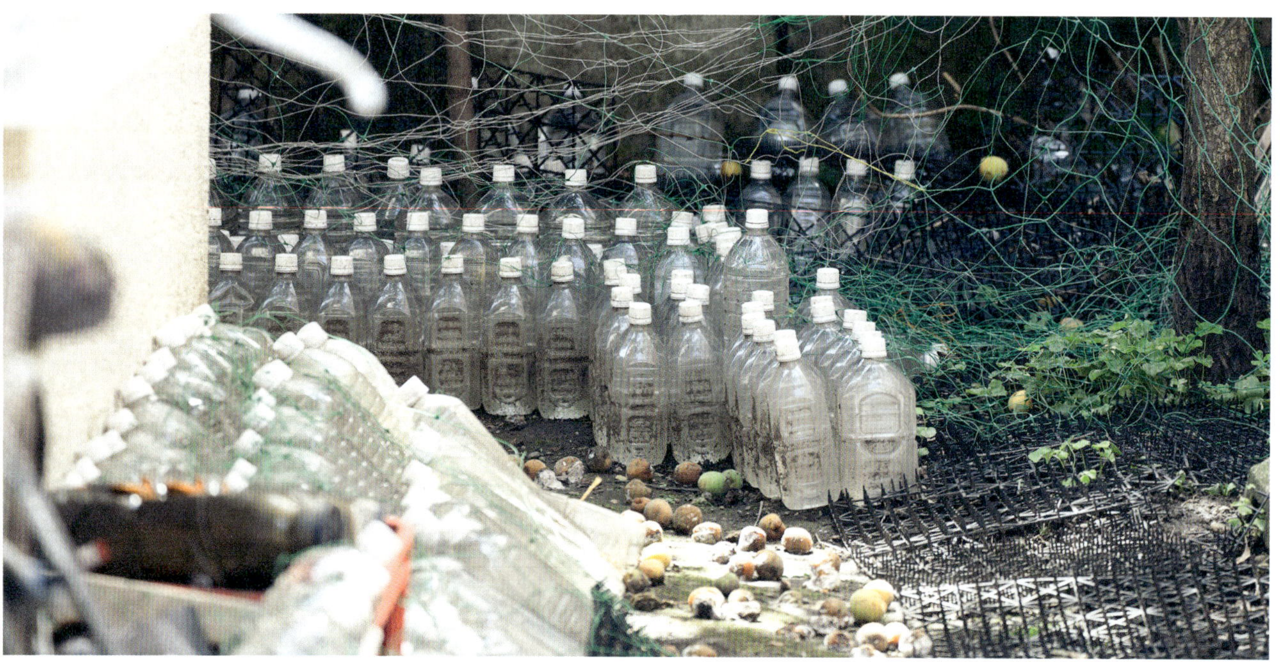

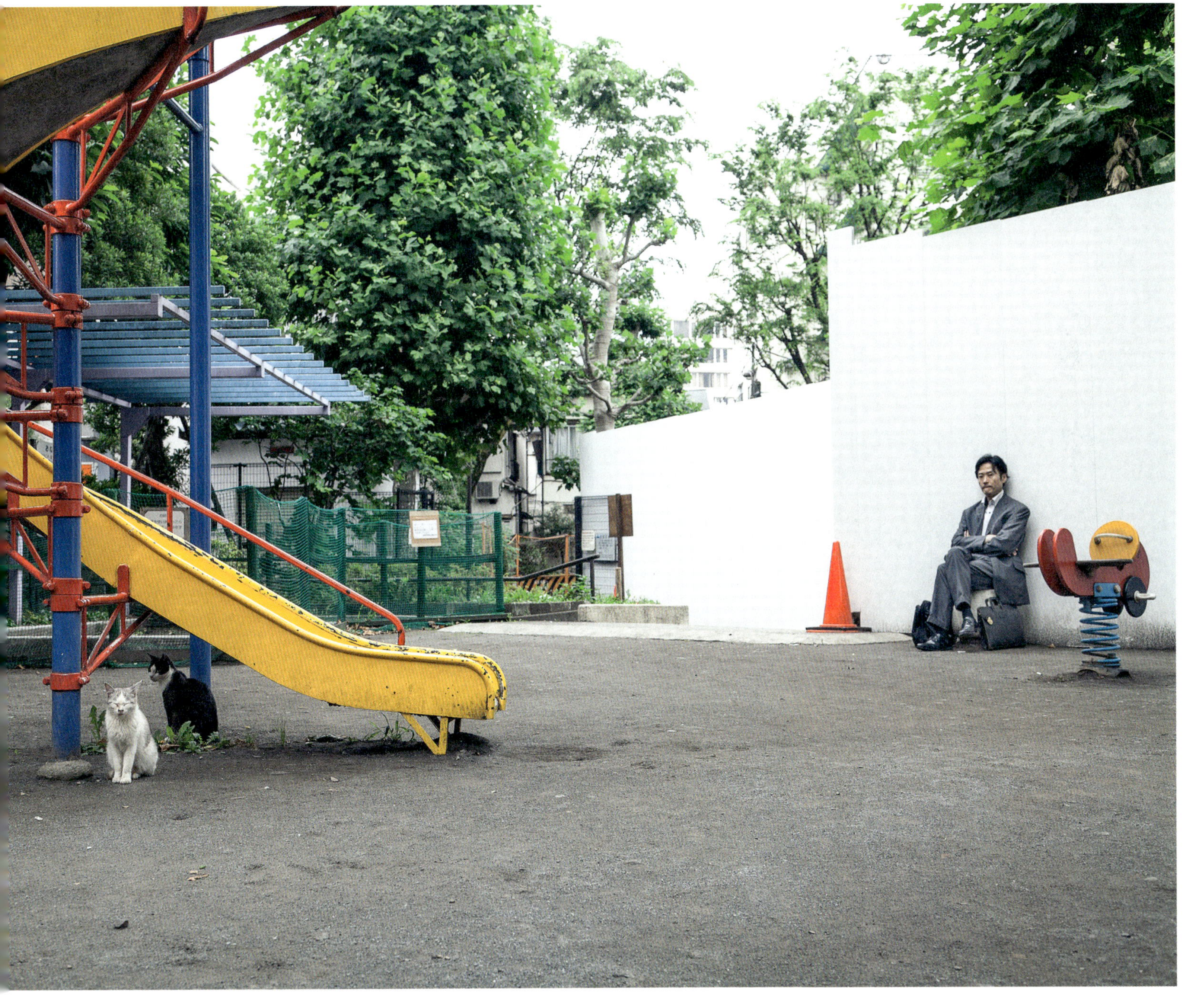

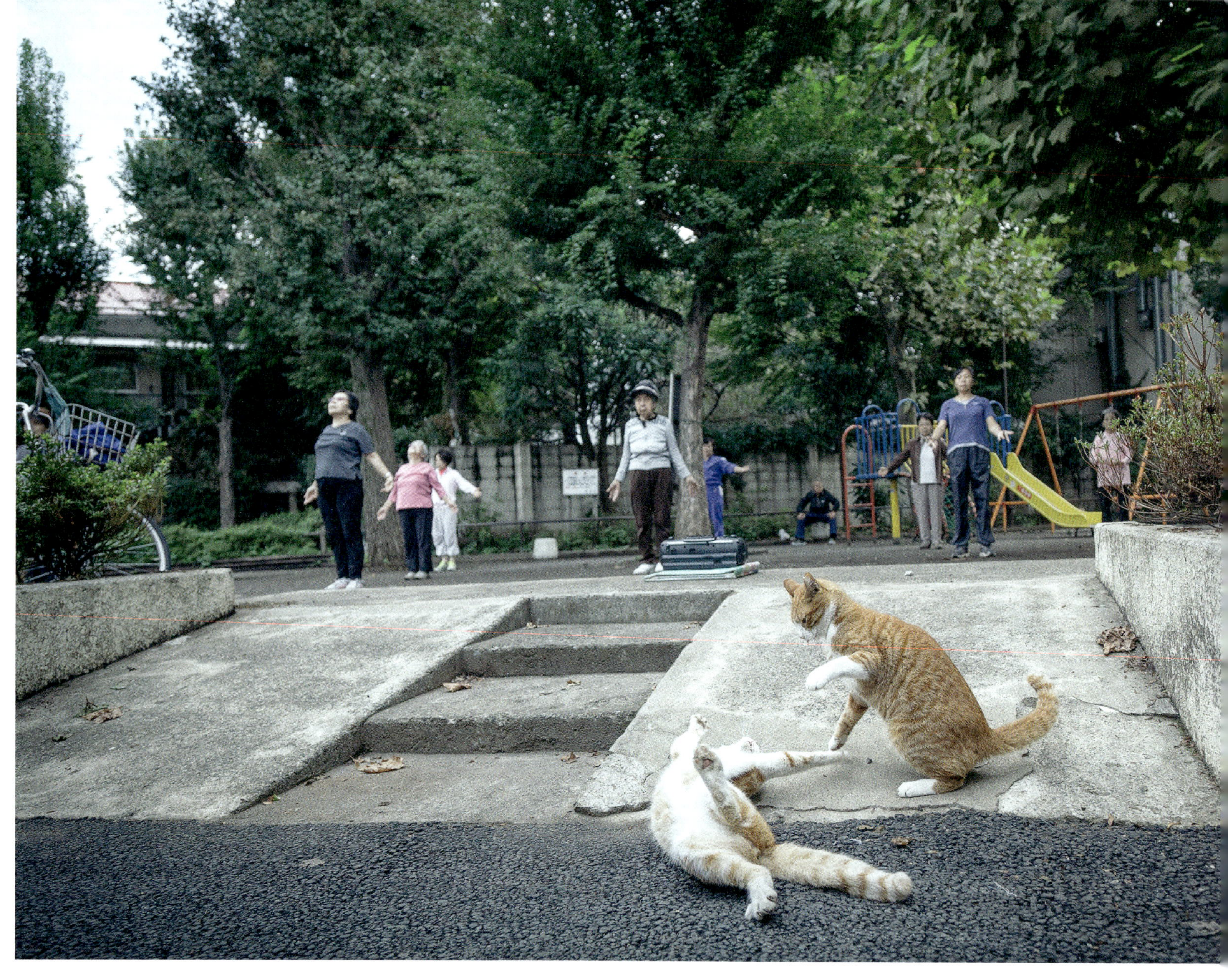

新宿 Shinjuku, Tokio: *Frühmorgendliche Tai Chi-Übungen in einem Park, der von Katzen bevölkert ist.*

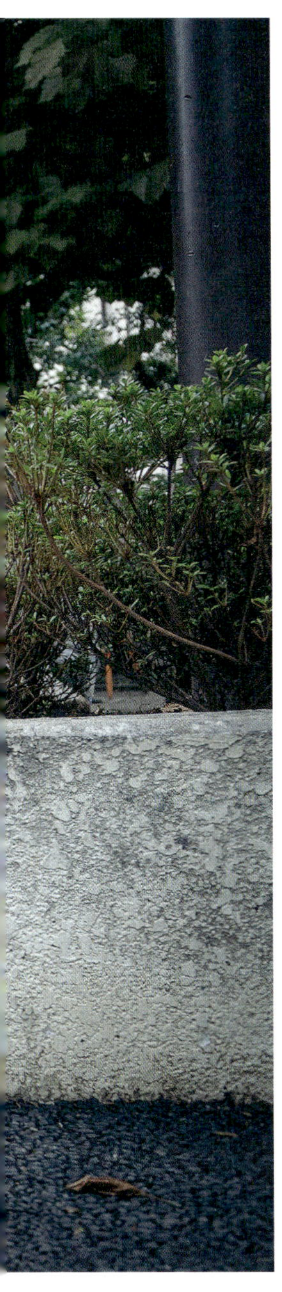

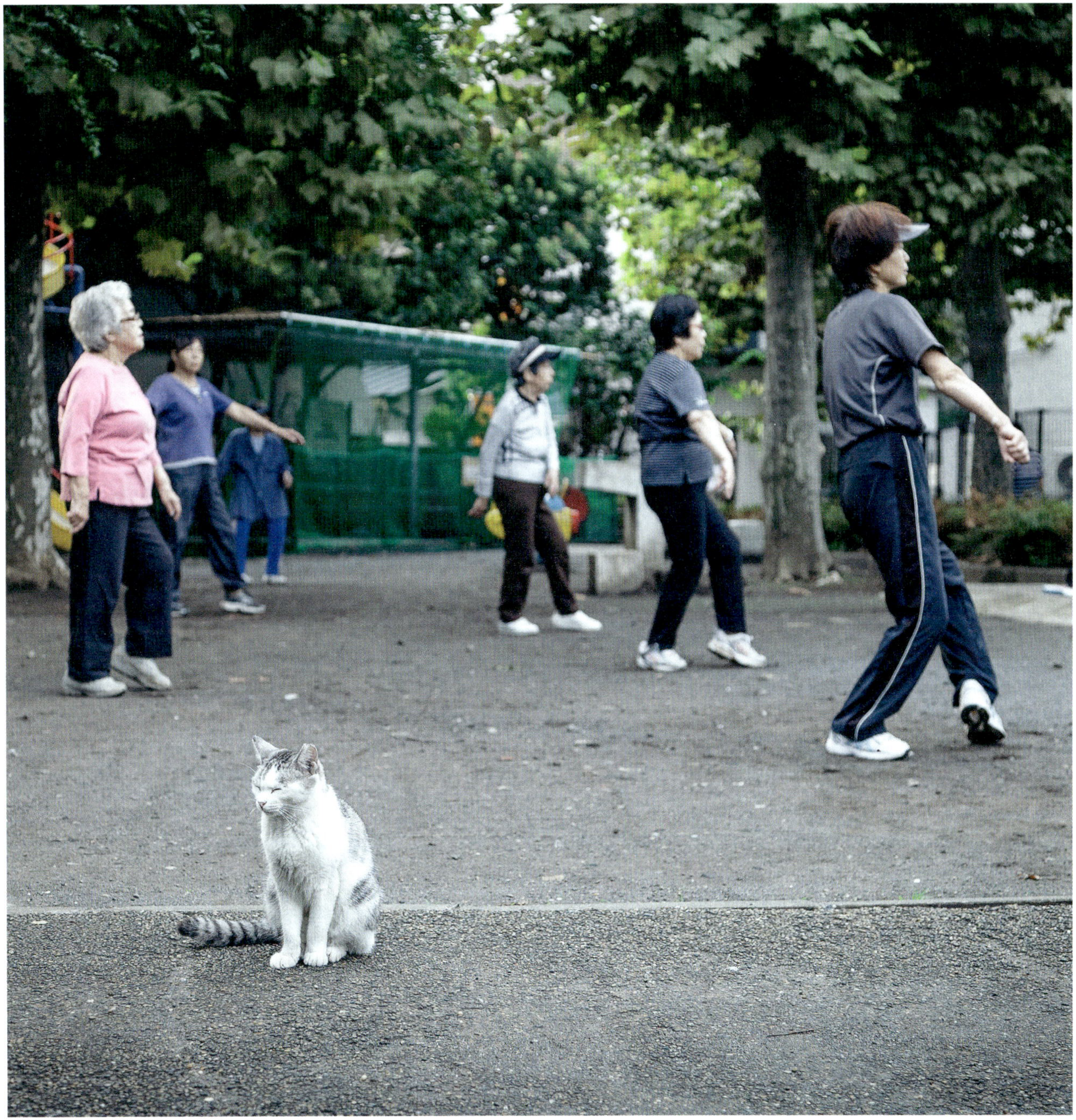

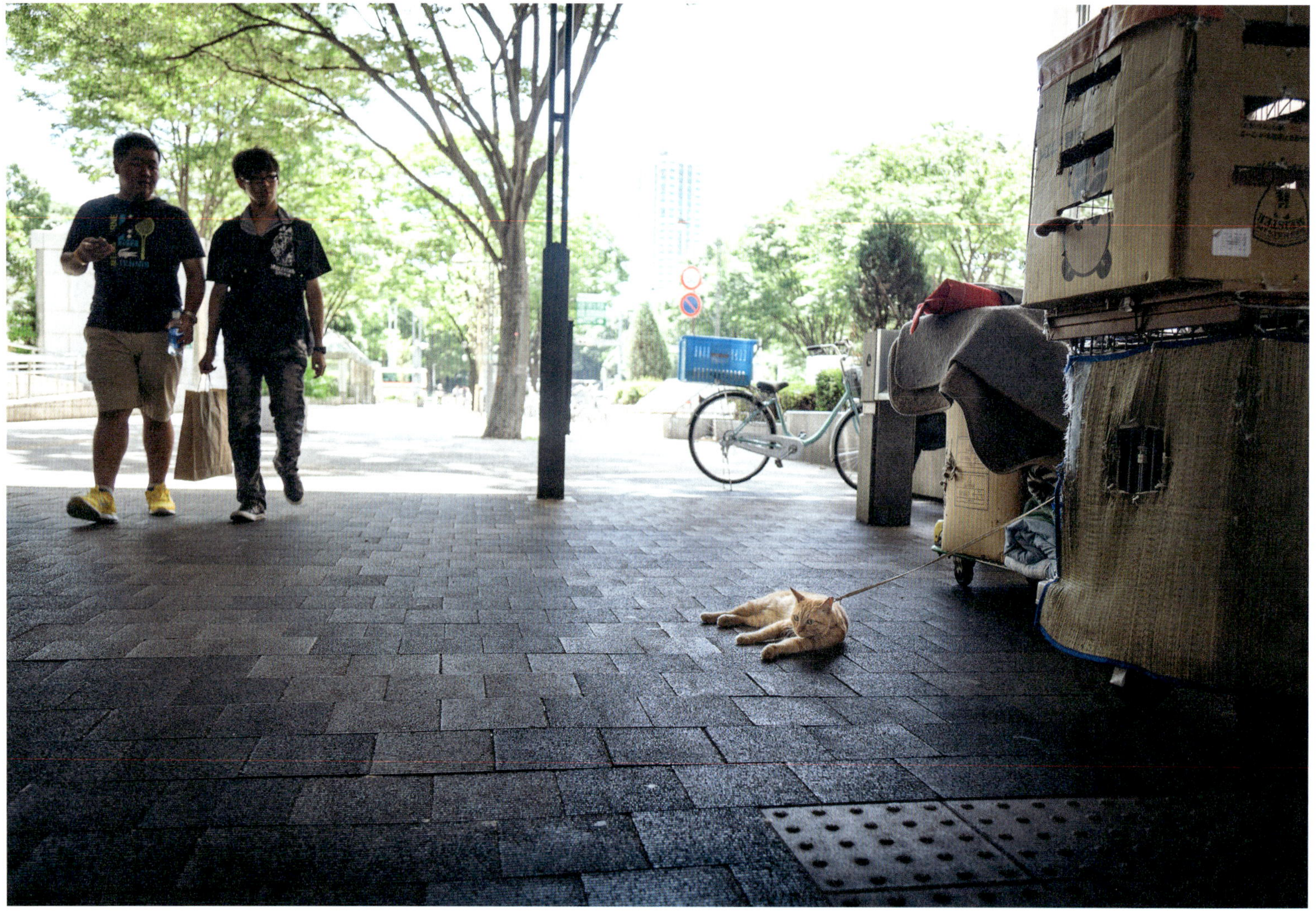

新宿 Shinjuku, Tokio: *Unter einer Brücke wohnt ein Obdachloser mit drei oder vier Katzen, die er in improvisierten Käfigen hält – nur einige hundert Meter vom Bürgermeisteramt entfernt.*

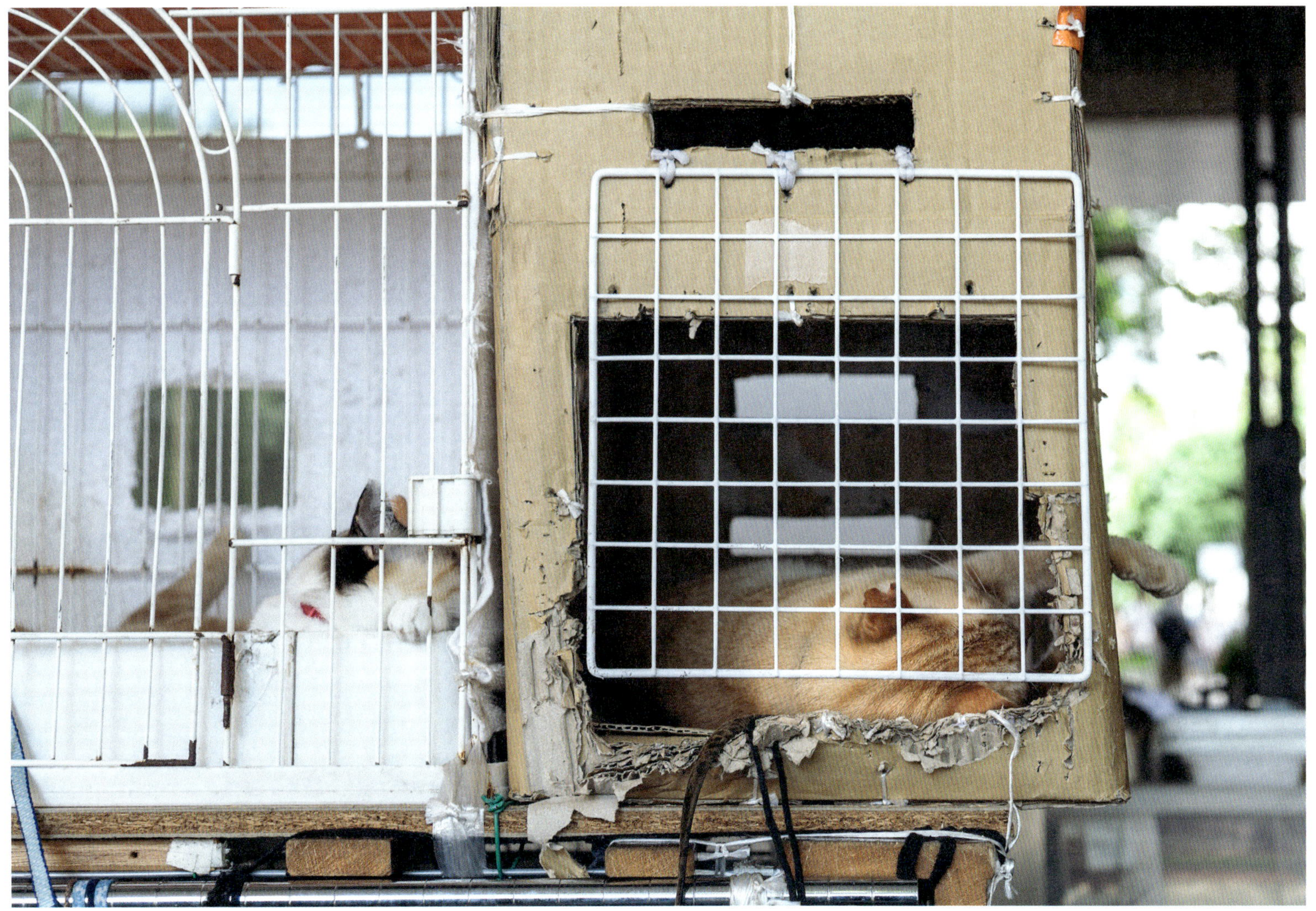

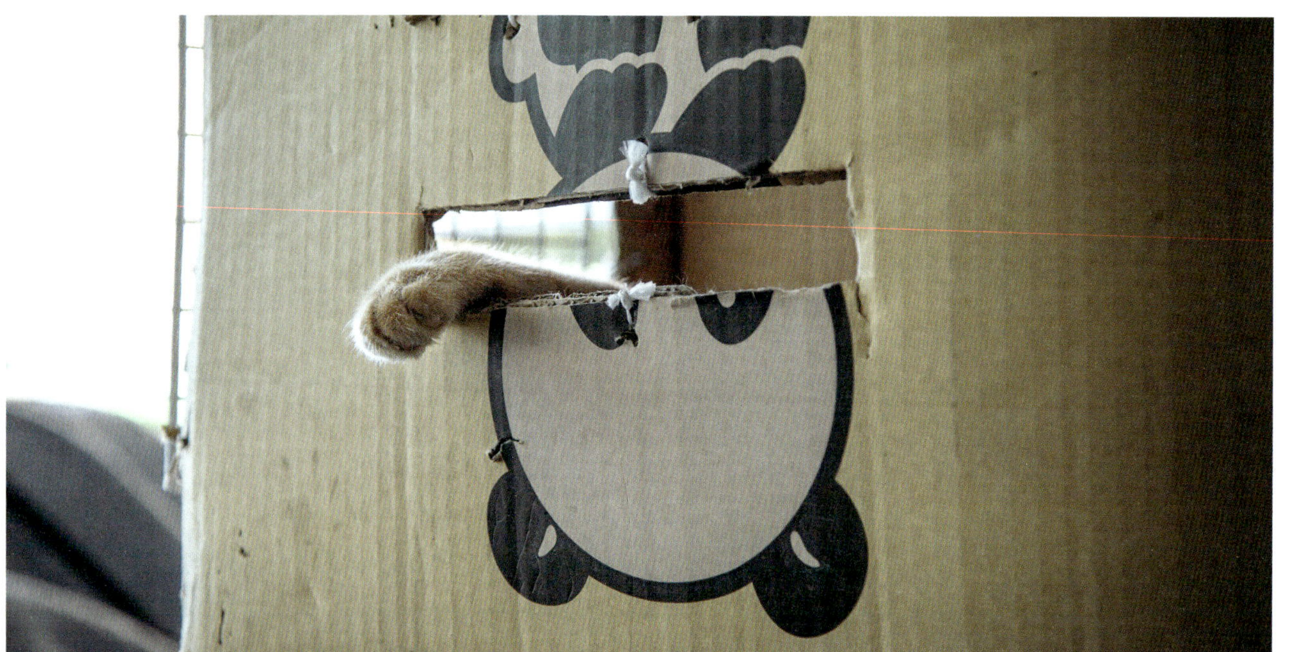

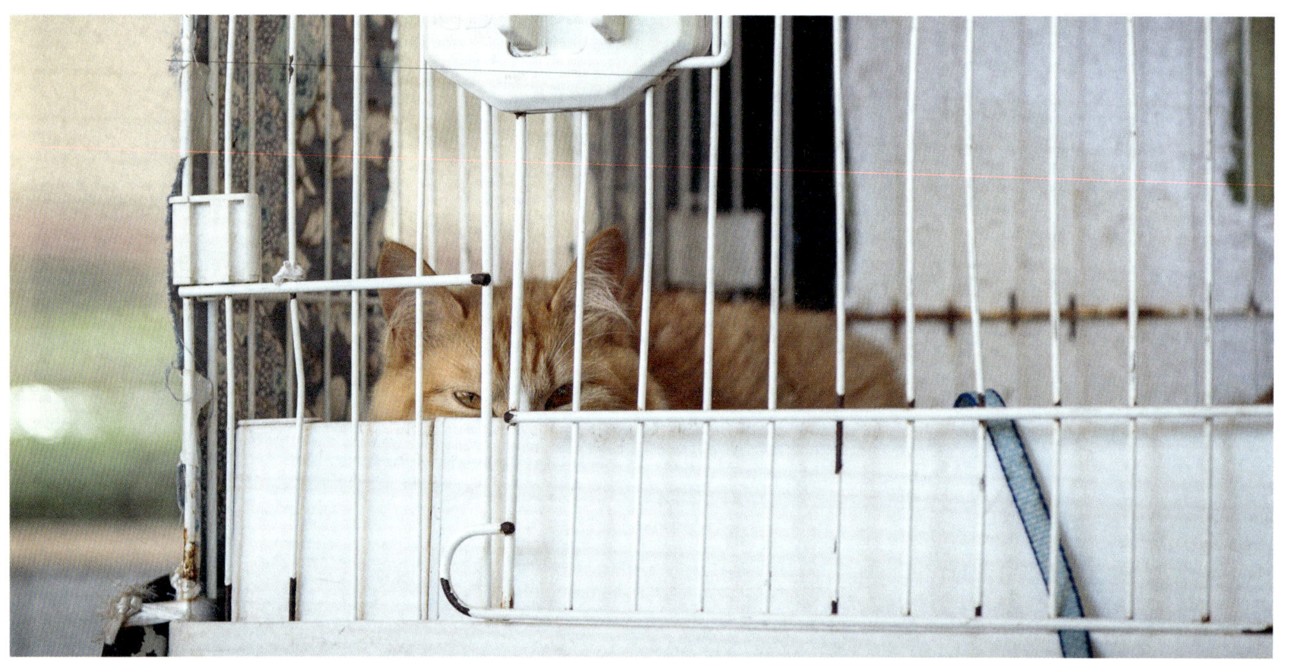

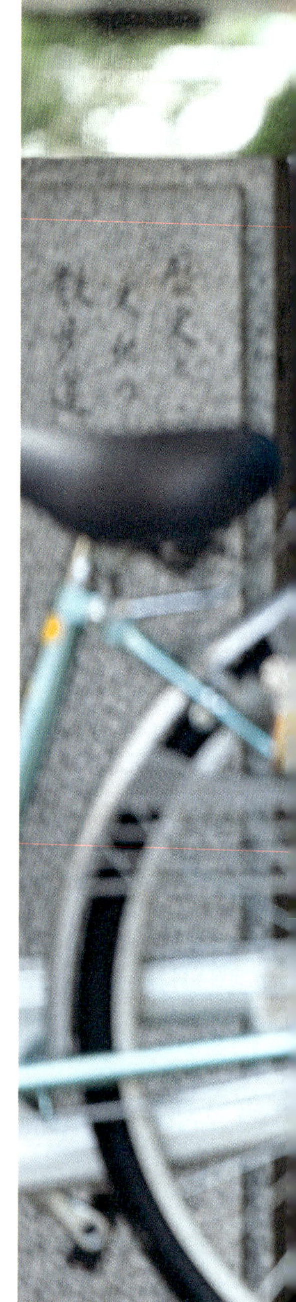

野良猫・
NORA NEKO

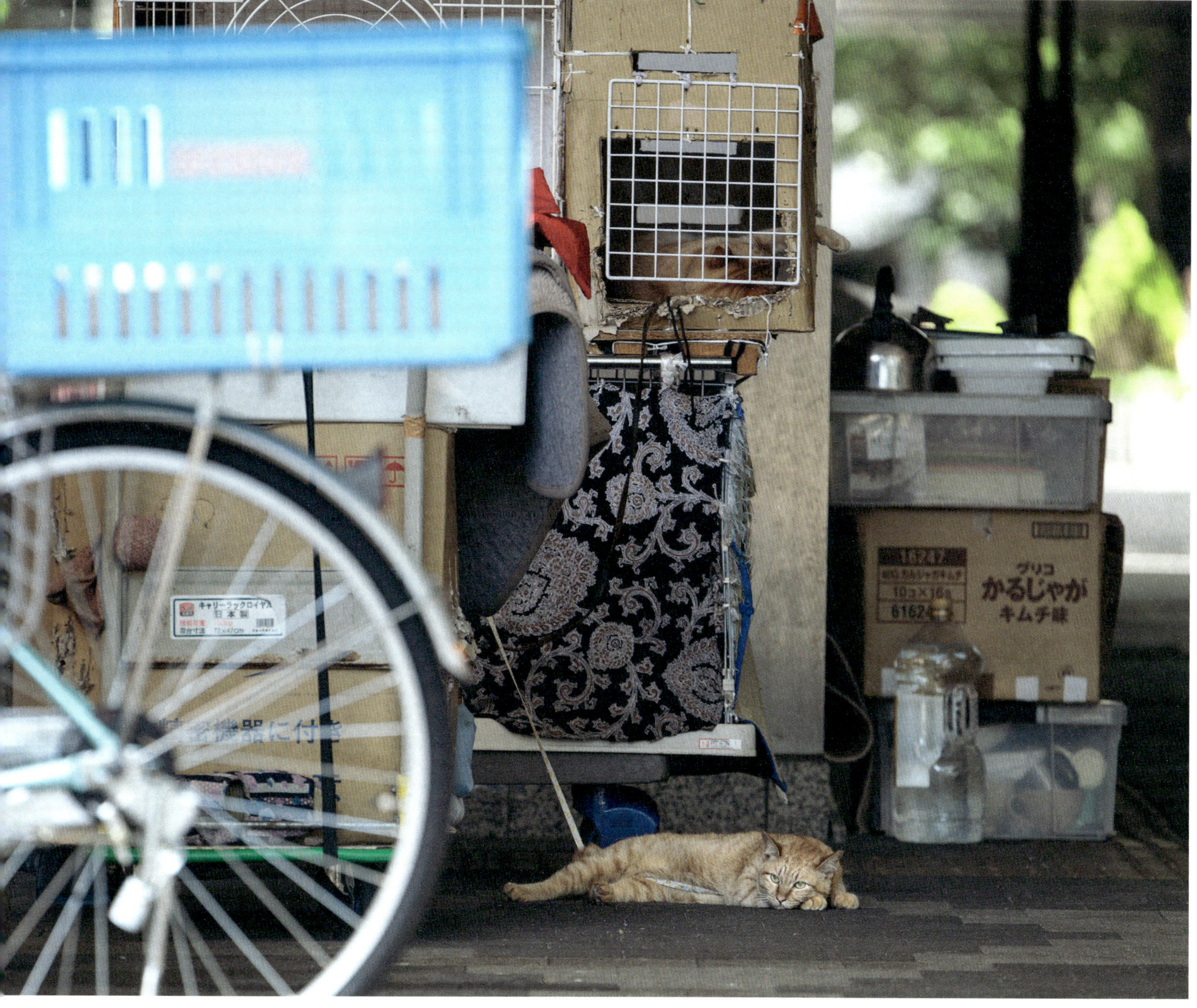

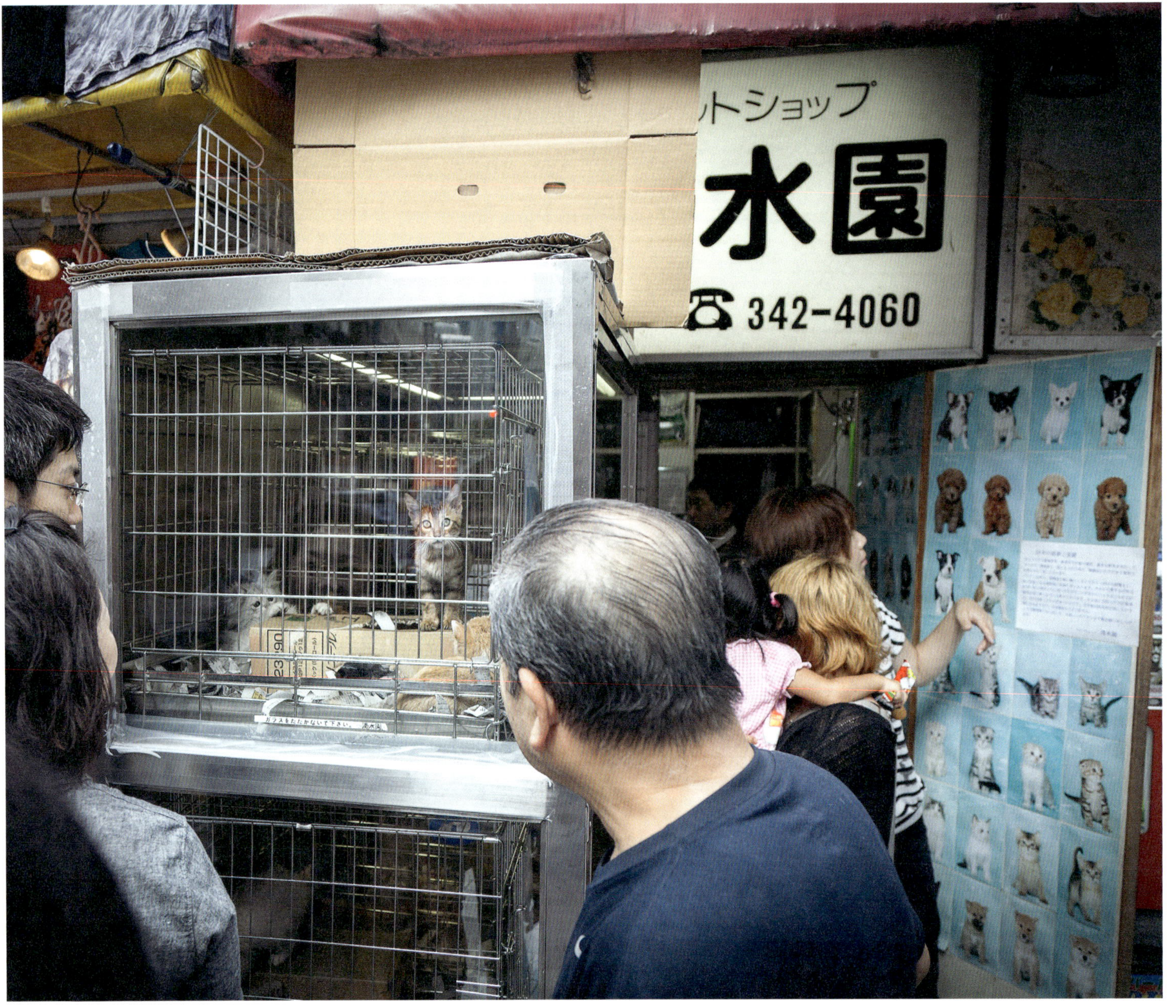

新宿 Shinjuku, Tokio: *Zoogeschäft unter der JR (Japan Rail) Bahnlinie von Yamamote.*

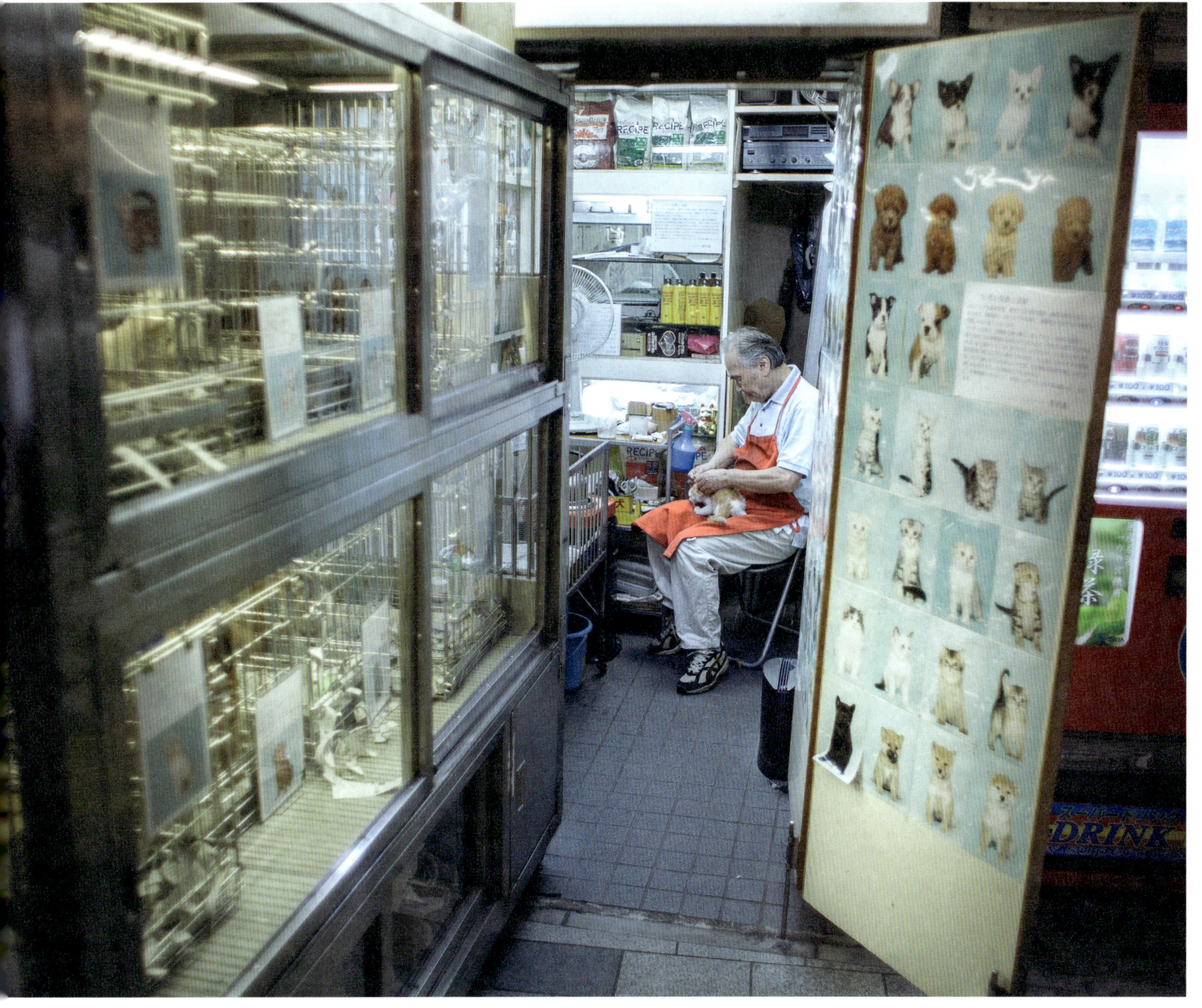

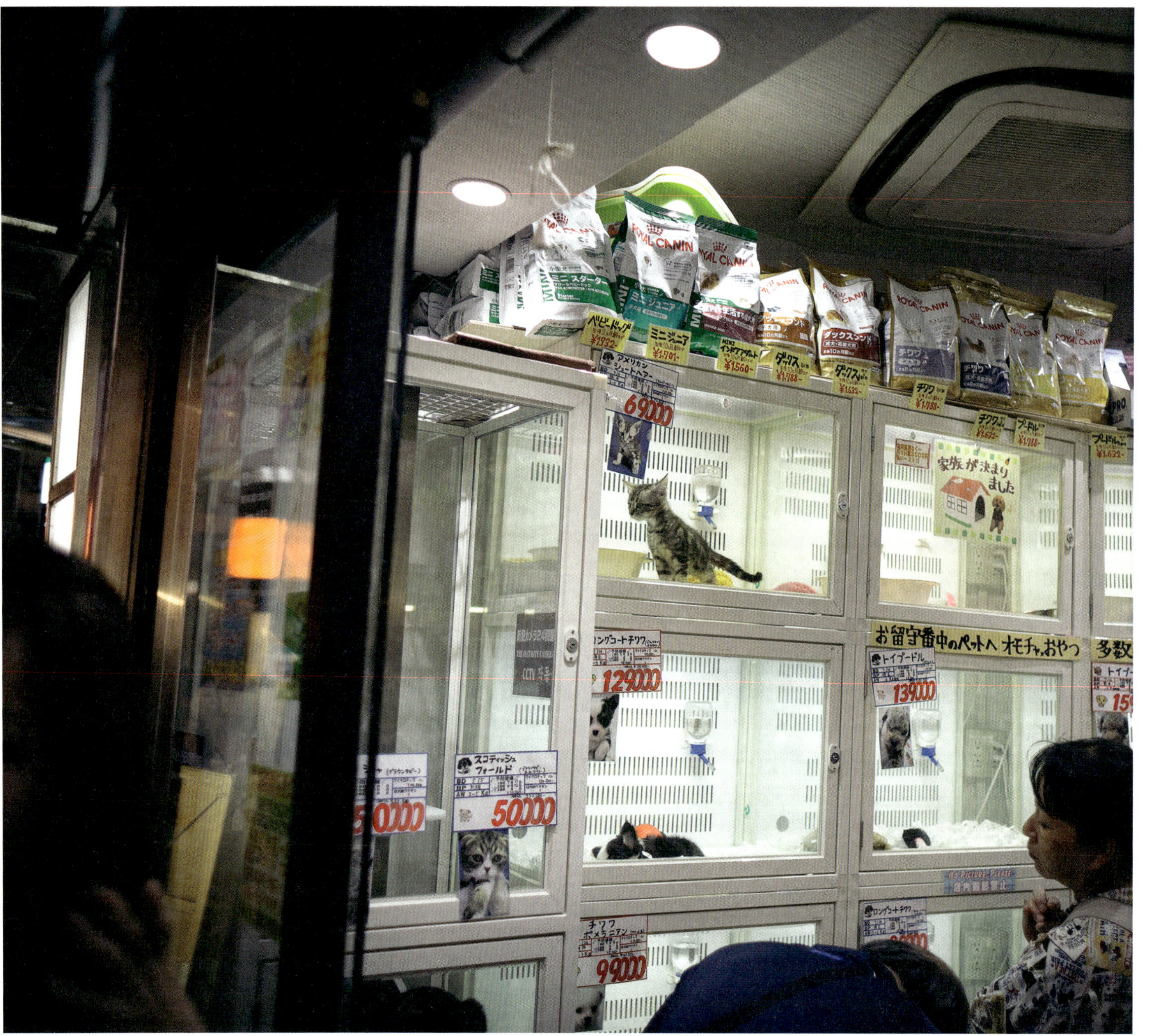

野良猫 · NORA NEKO ·

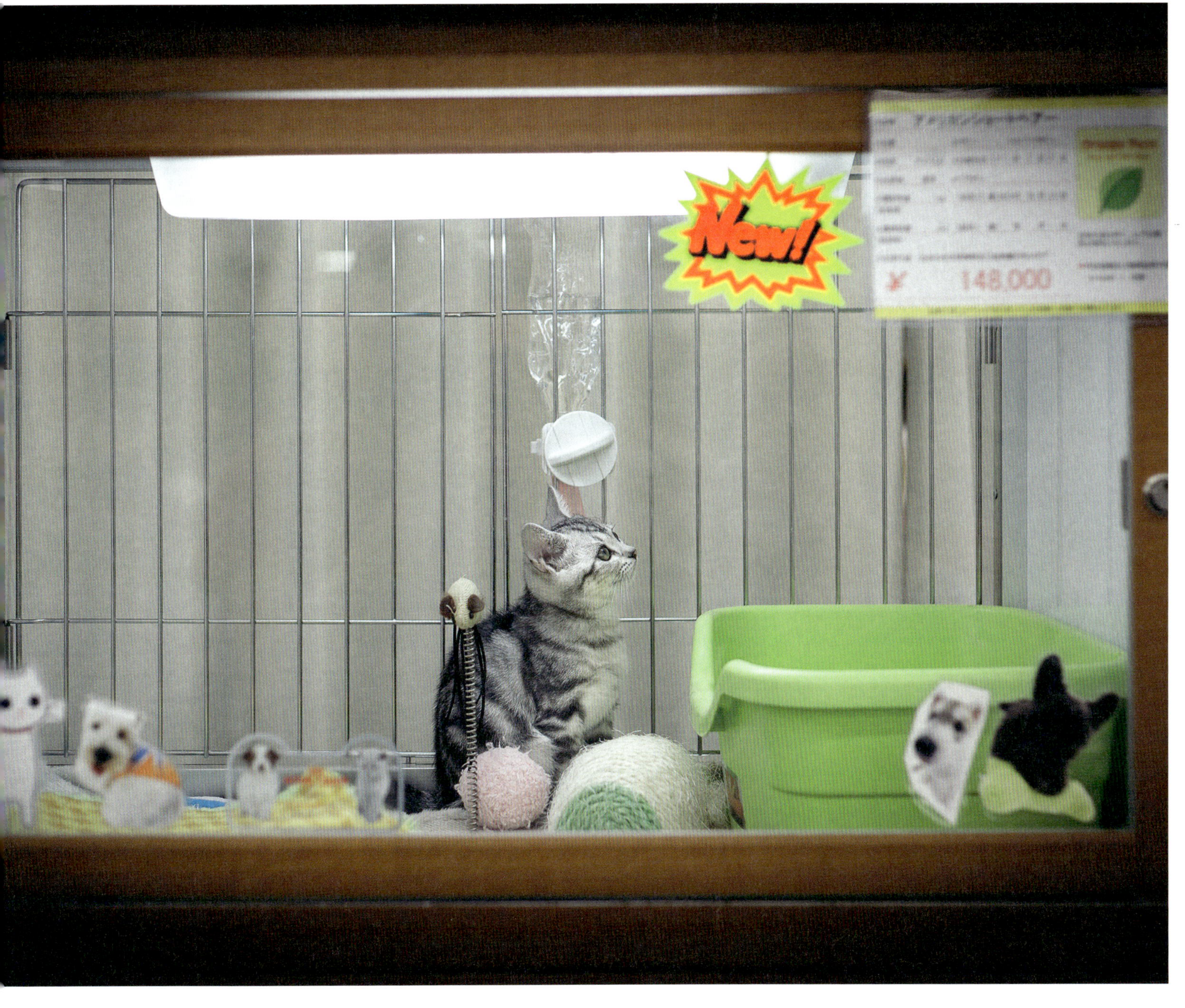
New!
¥ 148,000

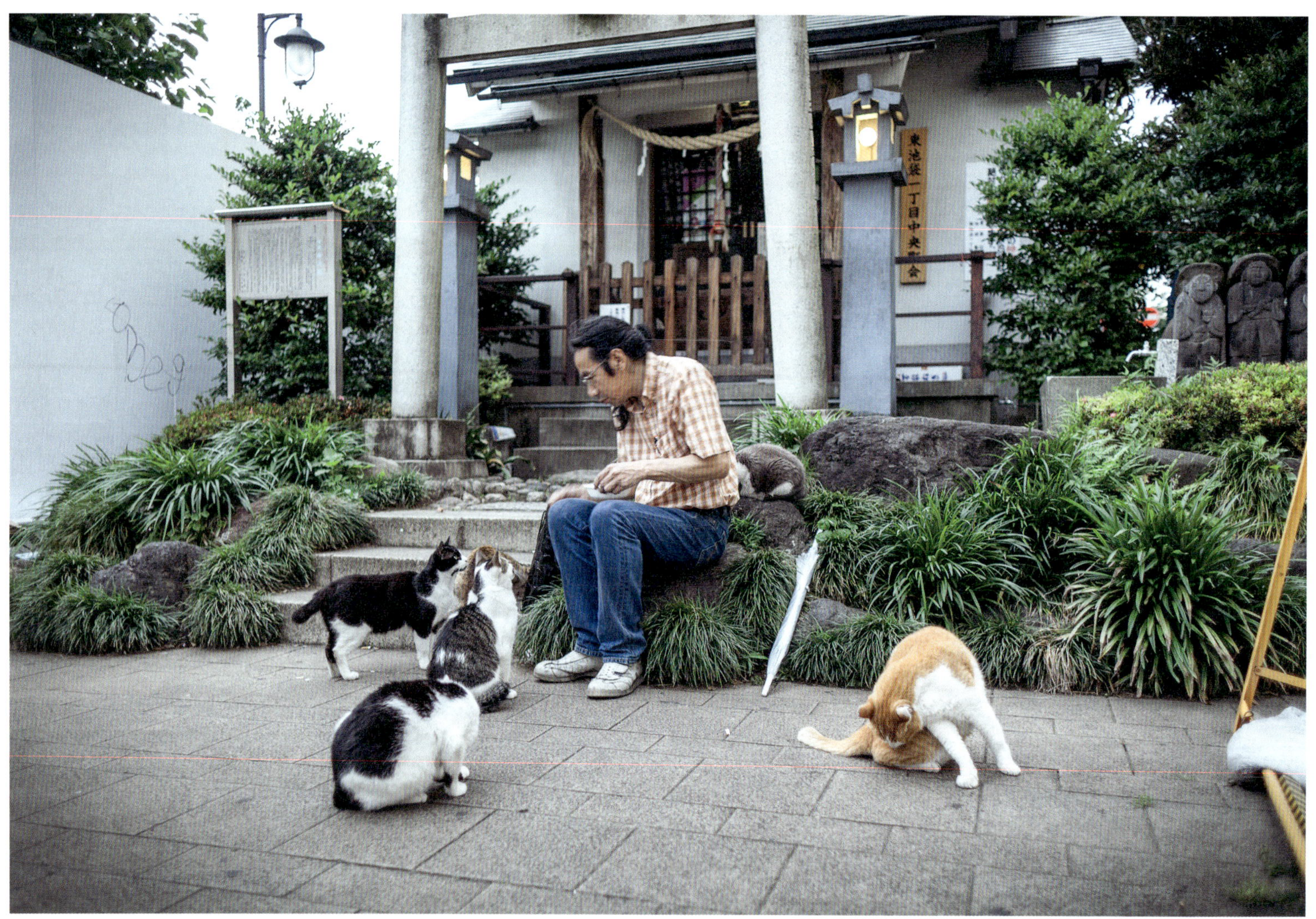

Der kleine Tempel von Ikebukuro 野良猫
NORA NEKO

Die Bahnstrecke von Yamamote nach Ikebukuro führt an den Zäunen von Baustellen entlang und man kommt schließlich zu einem kleinen Tempel. Das ist das Refugium von etwa einem Dutzend Katzen. Passanten und Bewohner kommen dort während ihrer Mittagspause vorbei, um die Katzen zu sehen, bringen Futter mit oder bürsten sie.

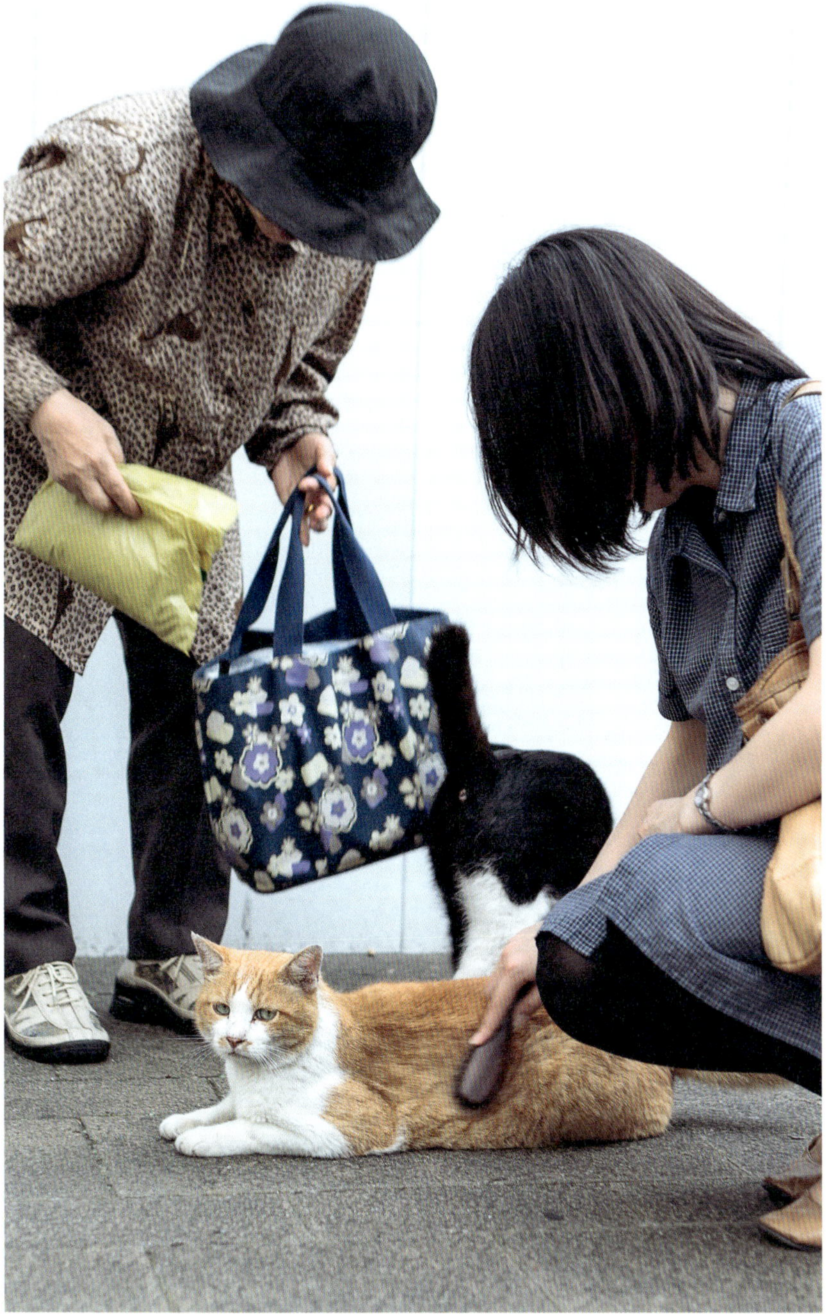

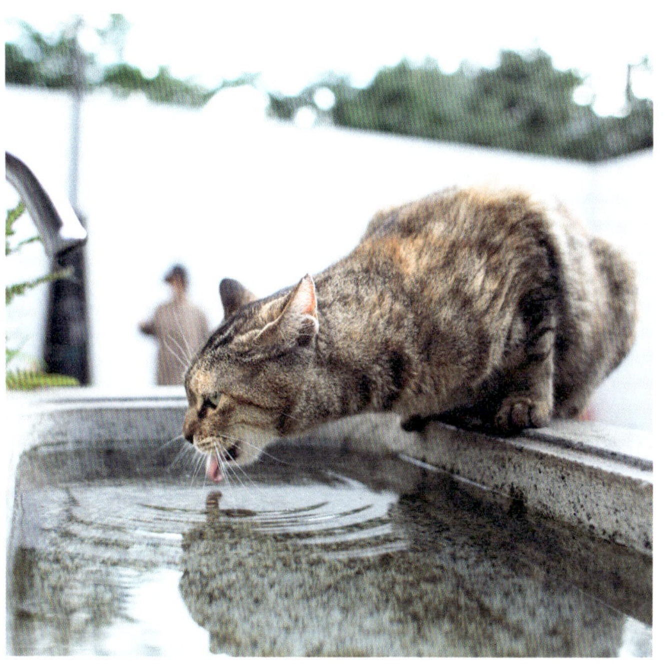

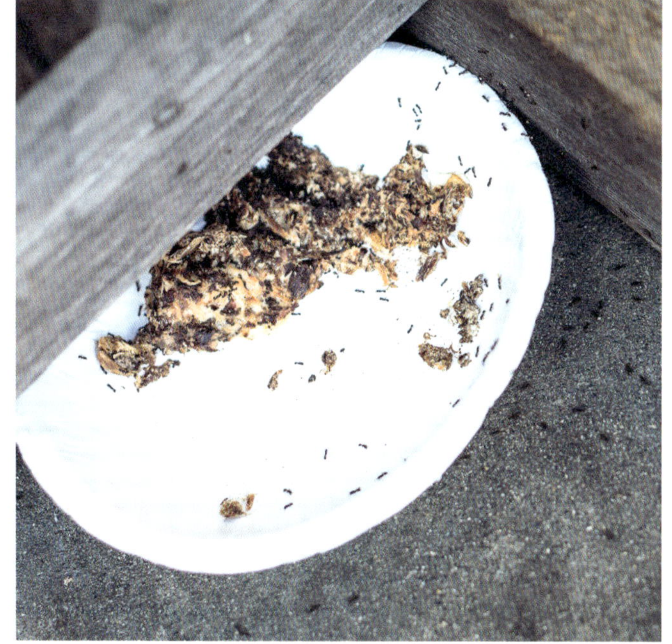

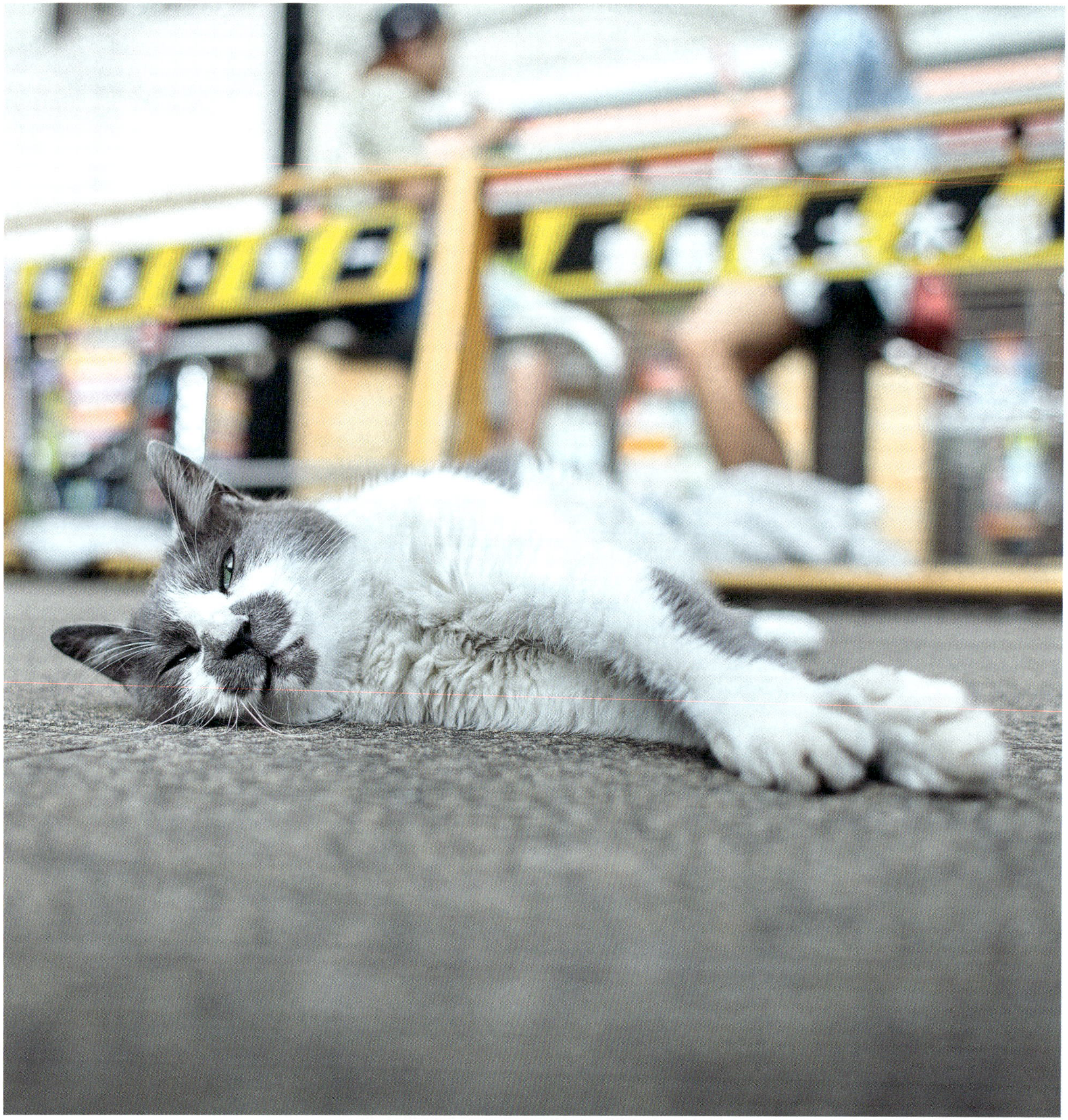

野良猫・NORA NEKO

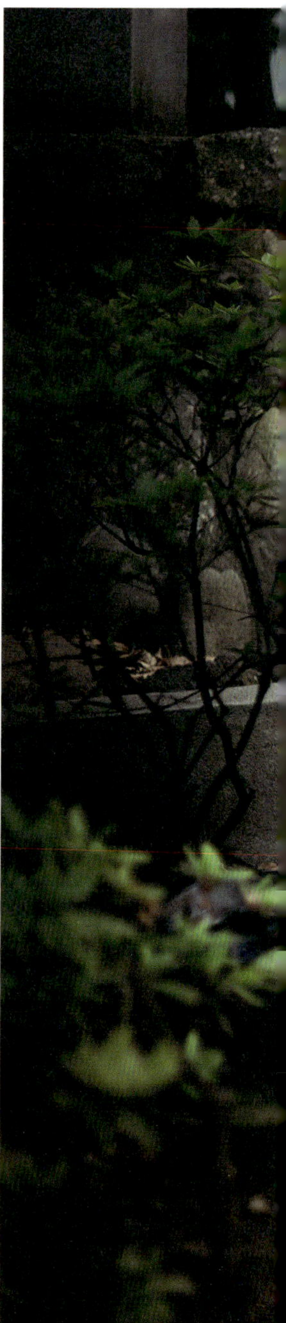

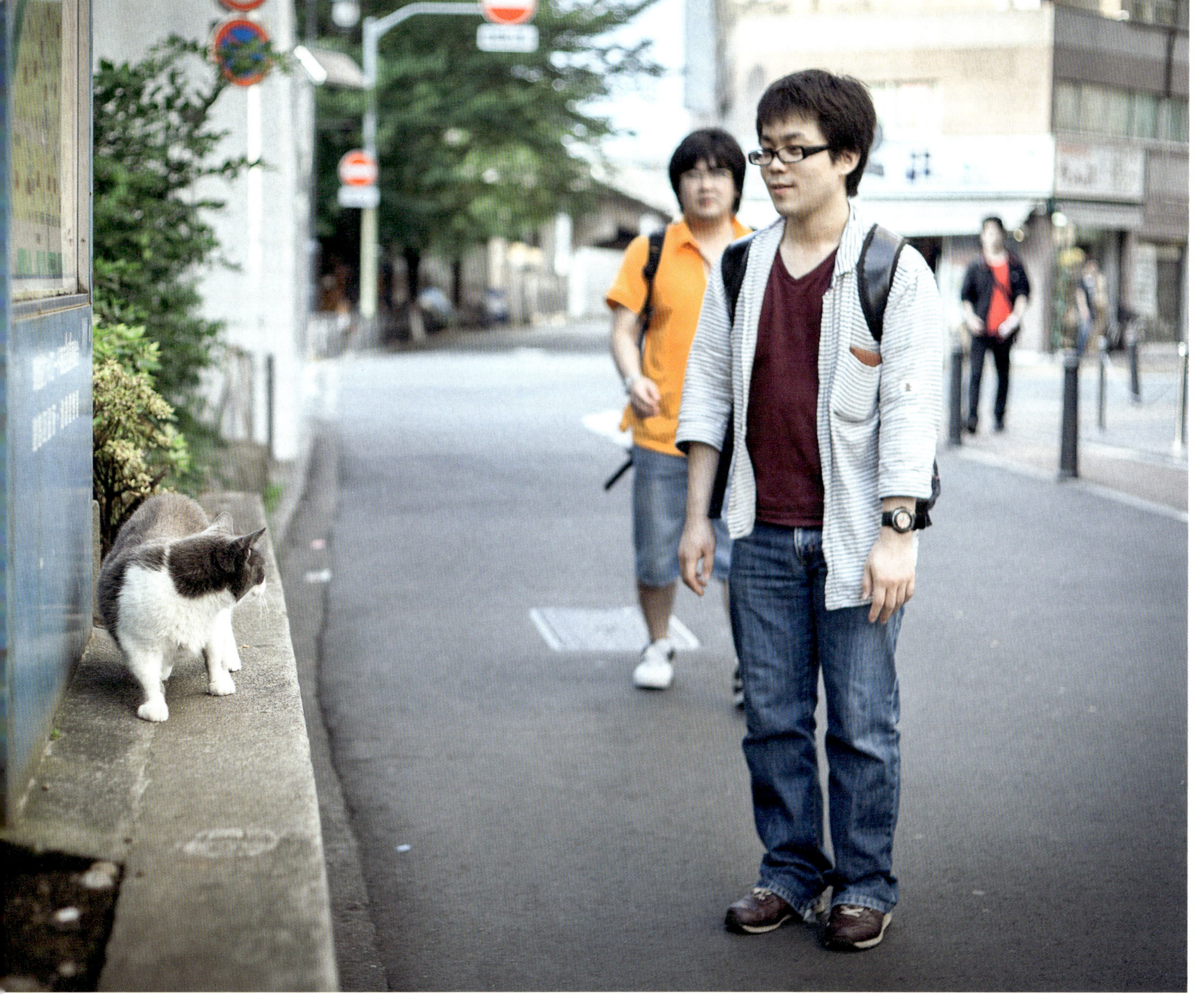

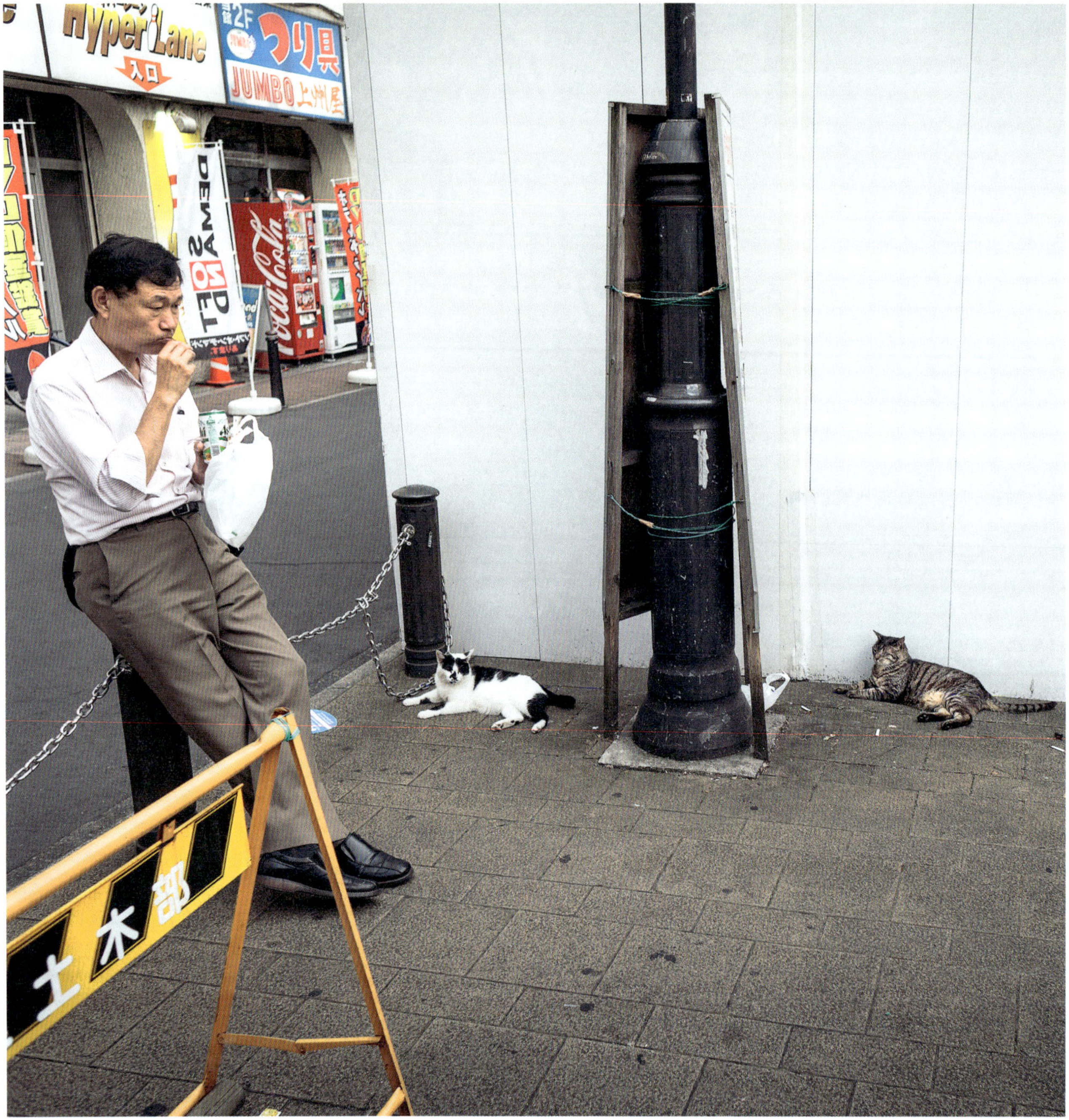

野良猫 ・
NORA NEKO

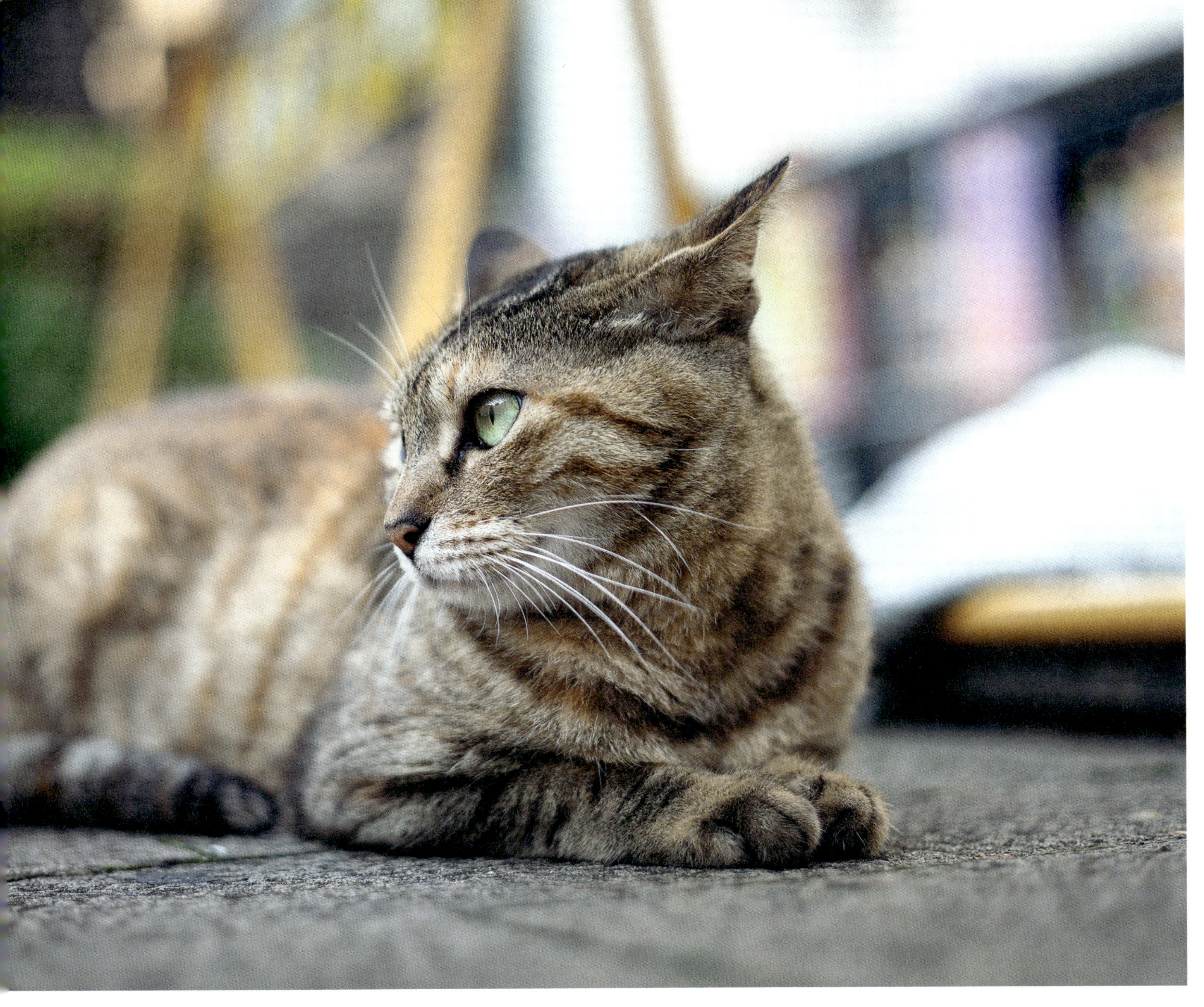

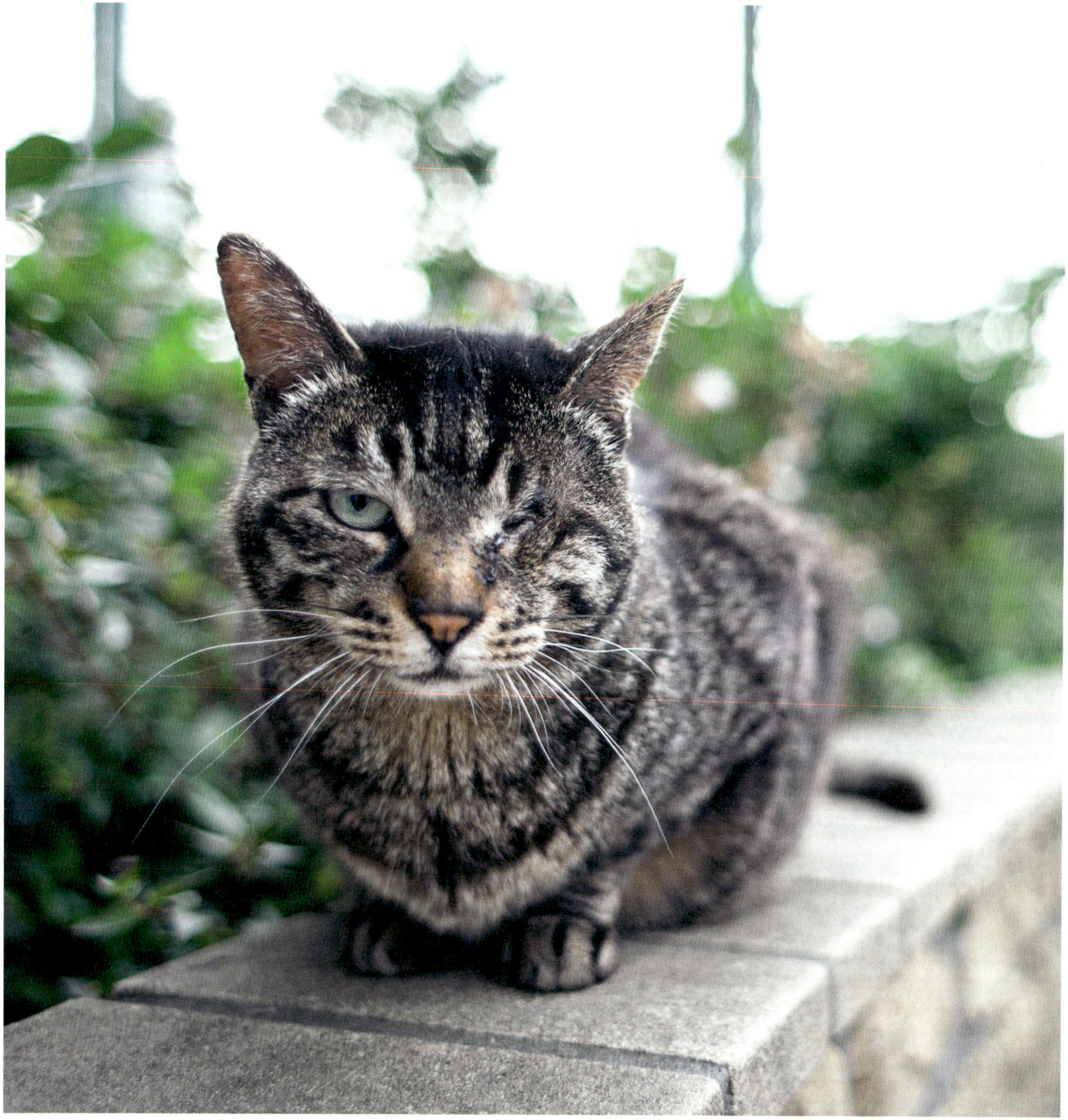

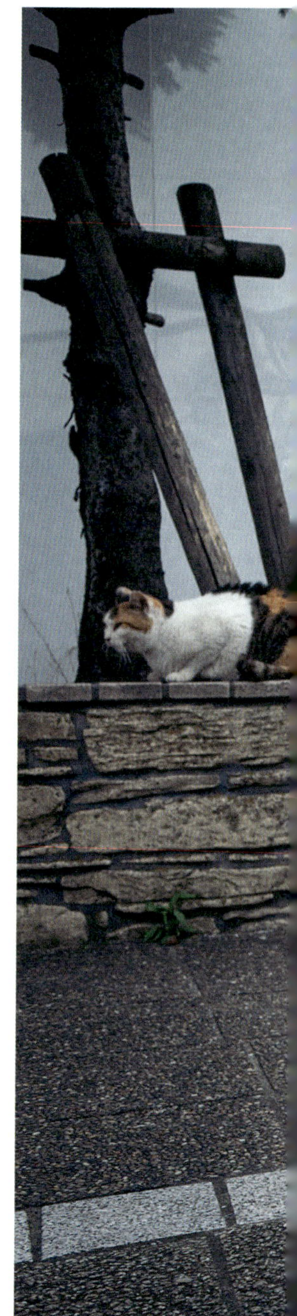

野良猫 ・
NORA NEKO ・

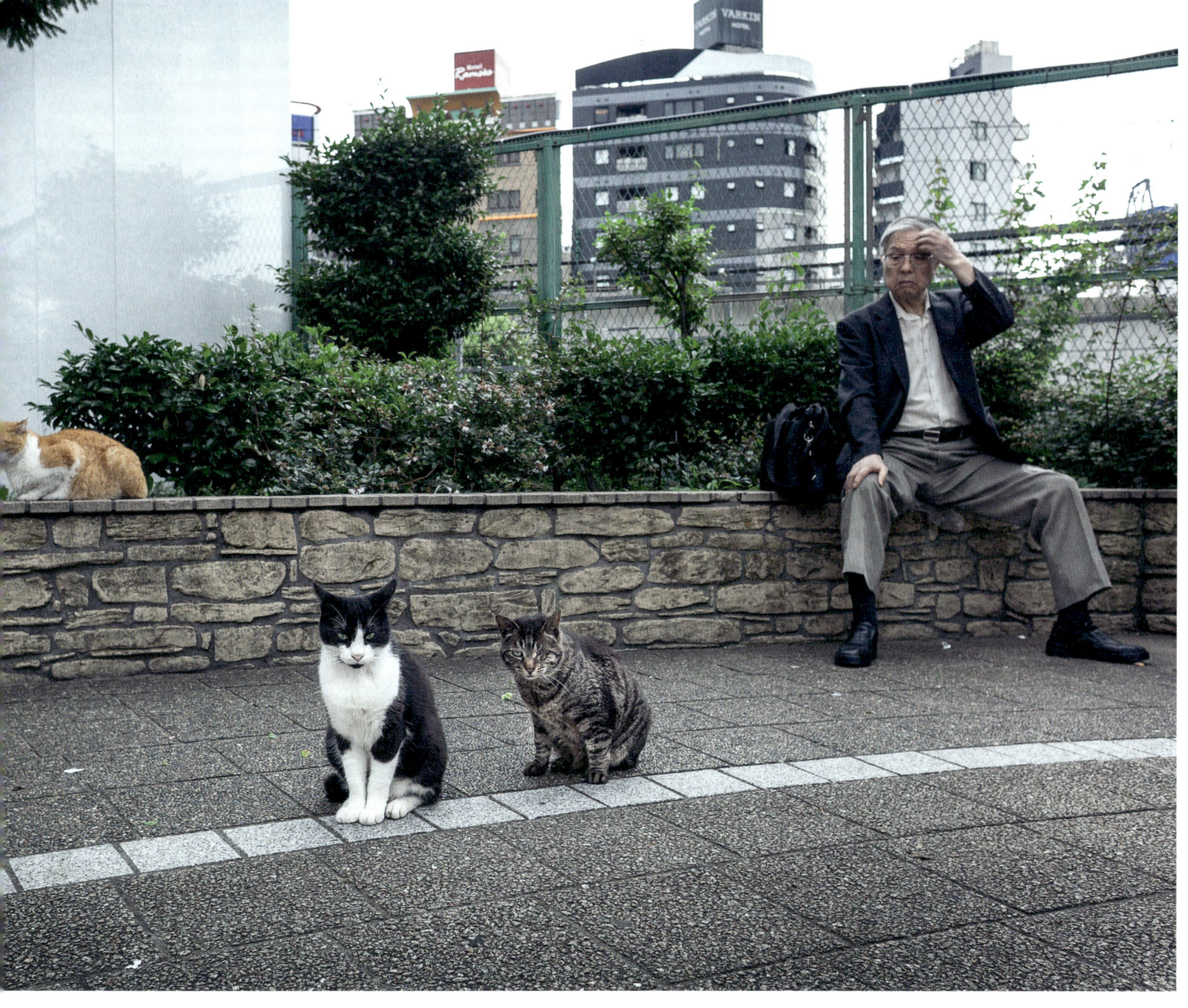

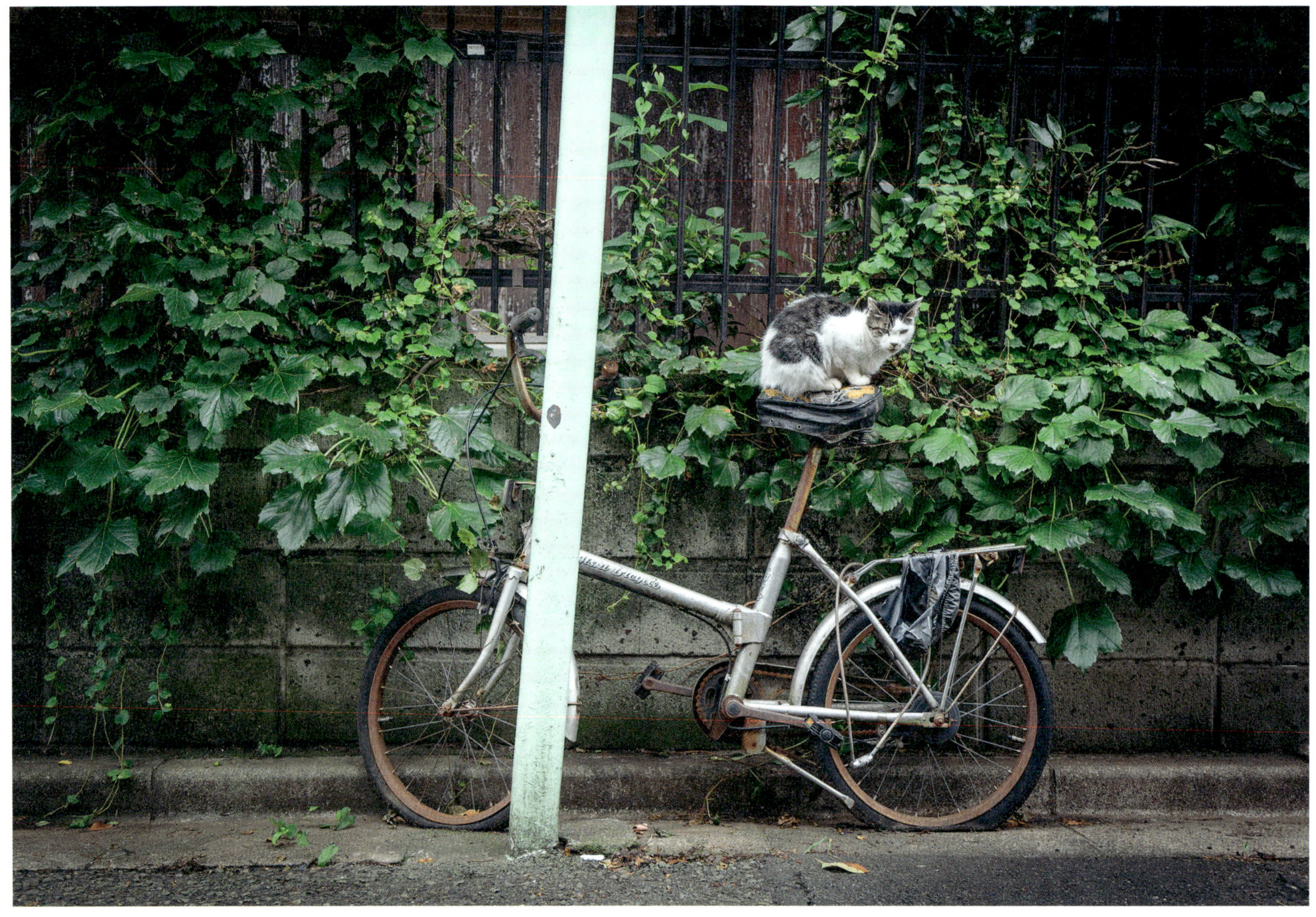

Das Haus der Katzen von Kamiigusa 野良猫
NORA NEKO 野良猫

Inmitten eines neueren Wohnviertels, hat sich im Garten eines verlassenen Hauses dichte Vegetation ausgebreitet. In der Hofeinfahrt rostet ein alter Kleinlaster vor sich hin. In einer anderen Straße in der näheren Umgebung steht ein weiteres, ziemlich heruntergekommenes Haus. Es ist aber noch bewohnt. Hier verbringen ungefähr zehn Katzen ihre Tage und gönnen sich eine Siesta mitten auf der Straße.

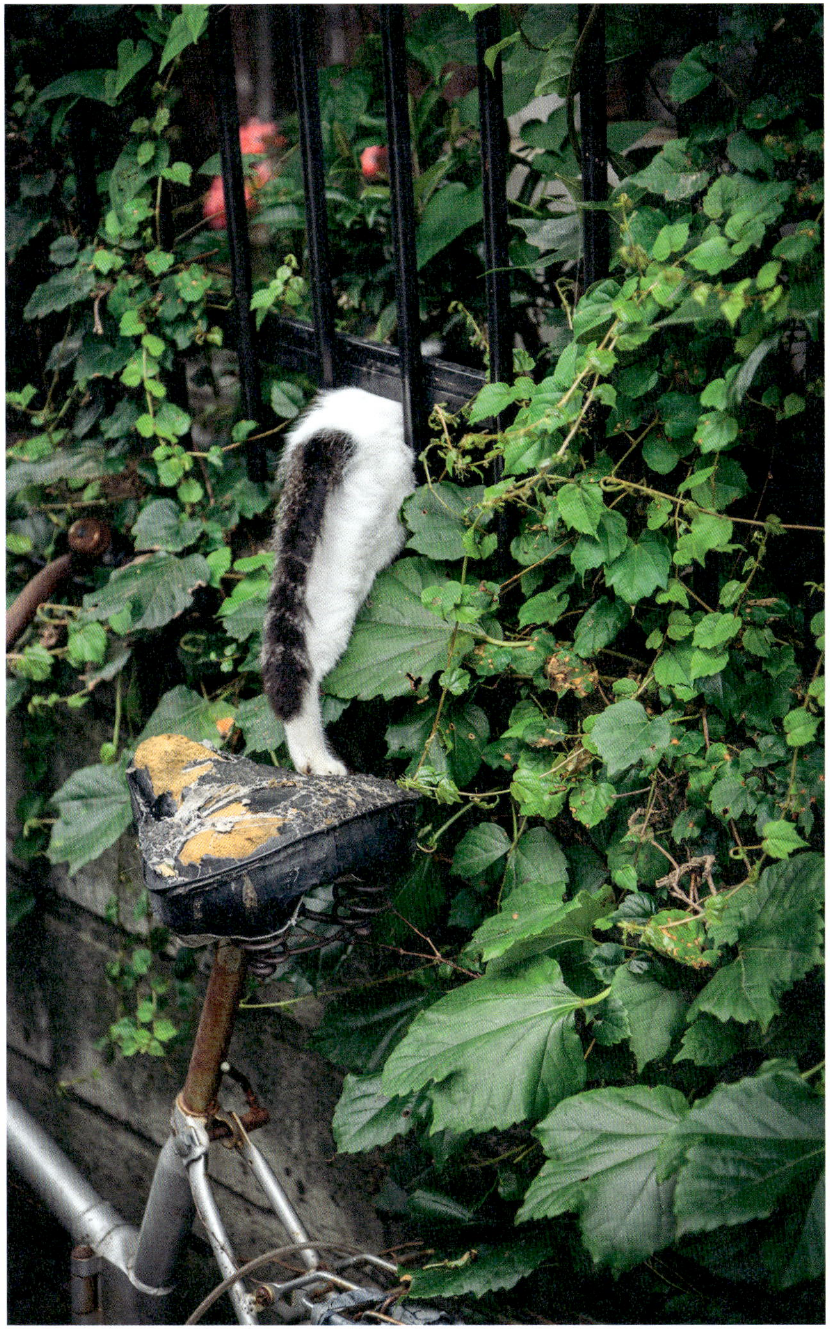

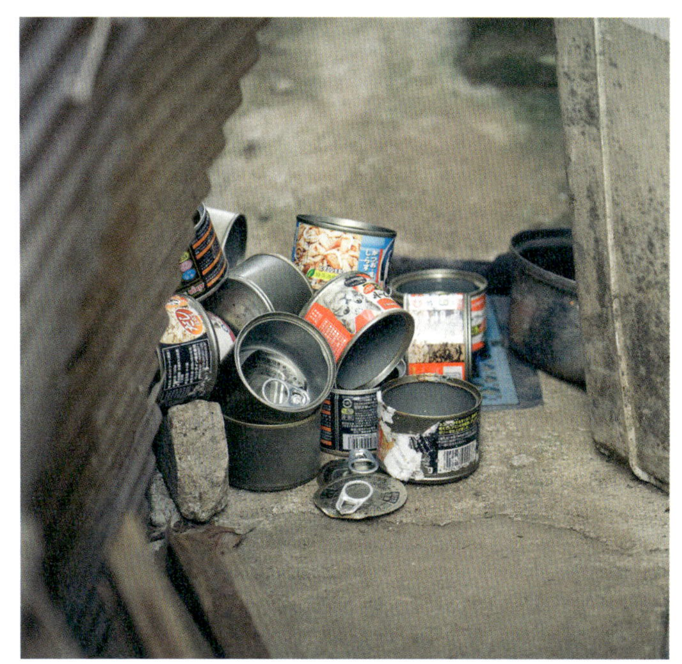

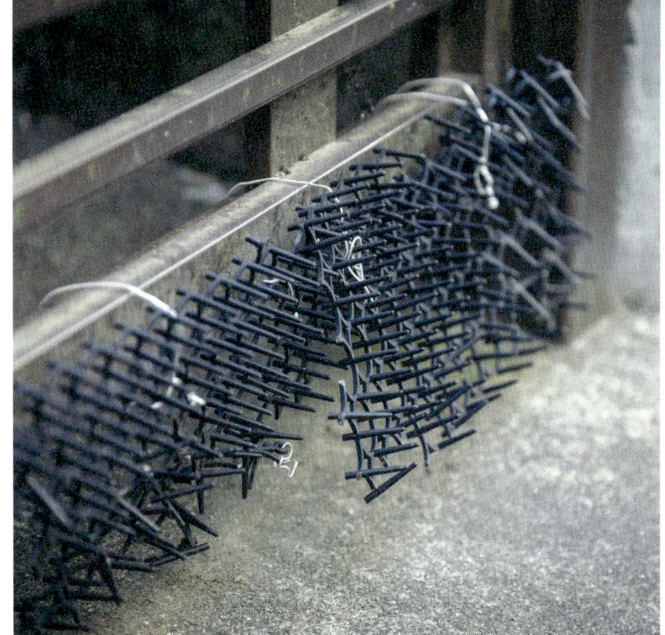

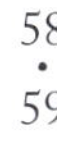

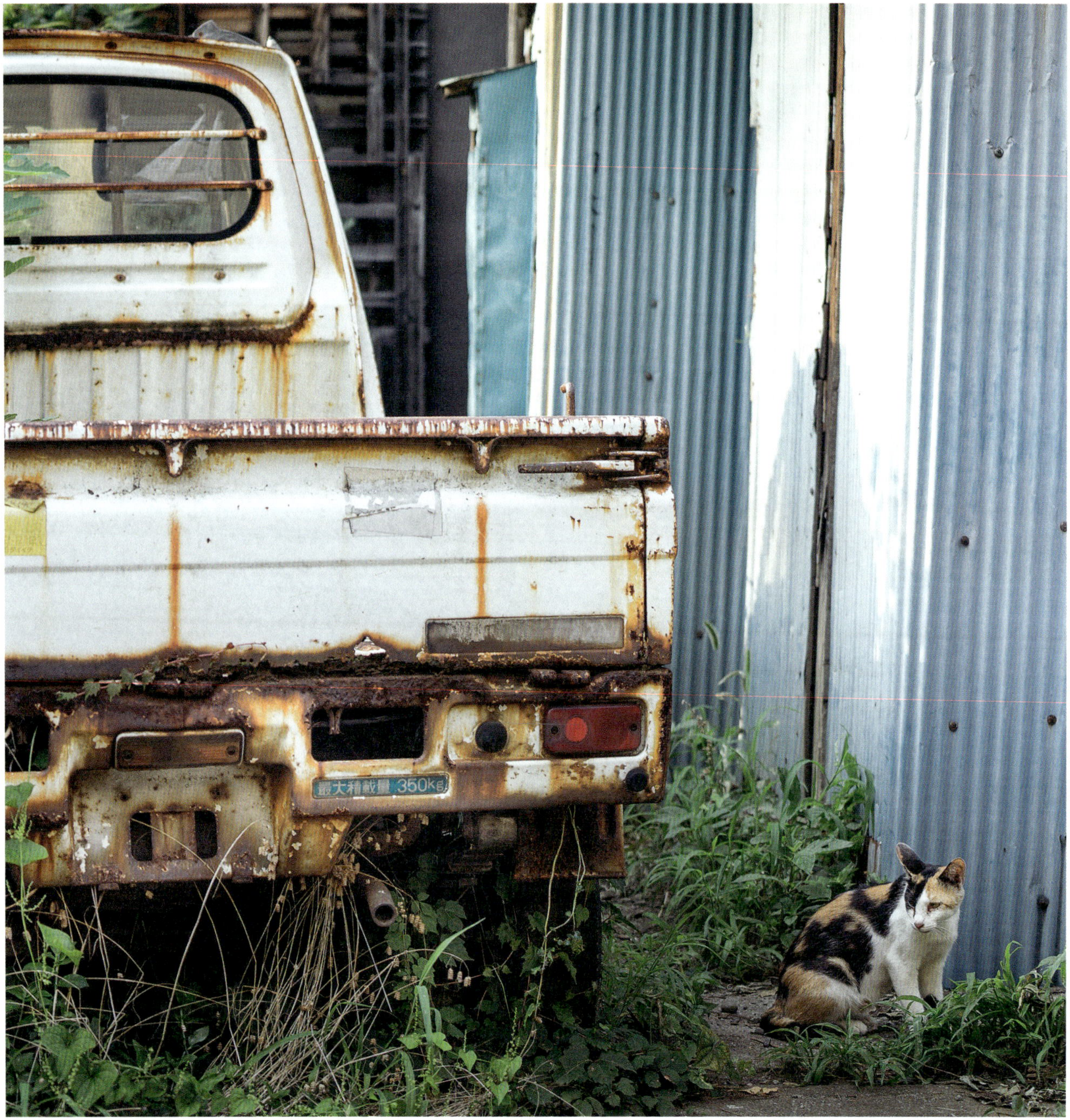

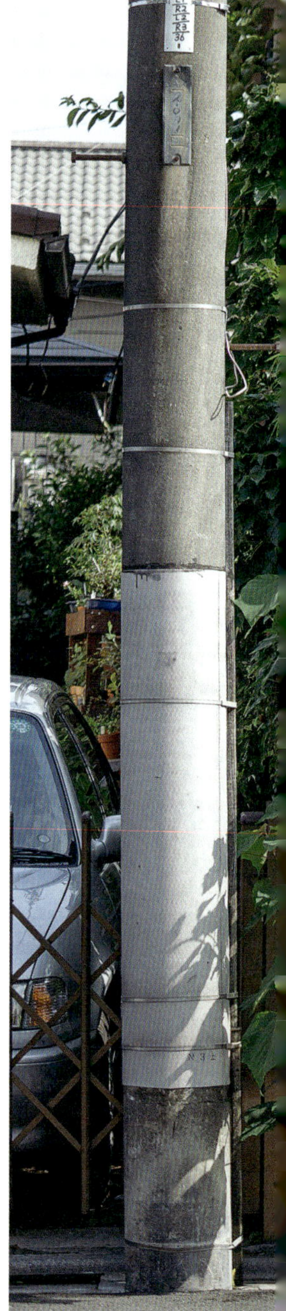

野良猫 · NORA NEKO

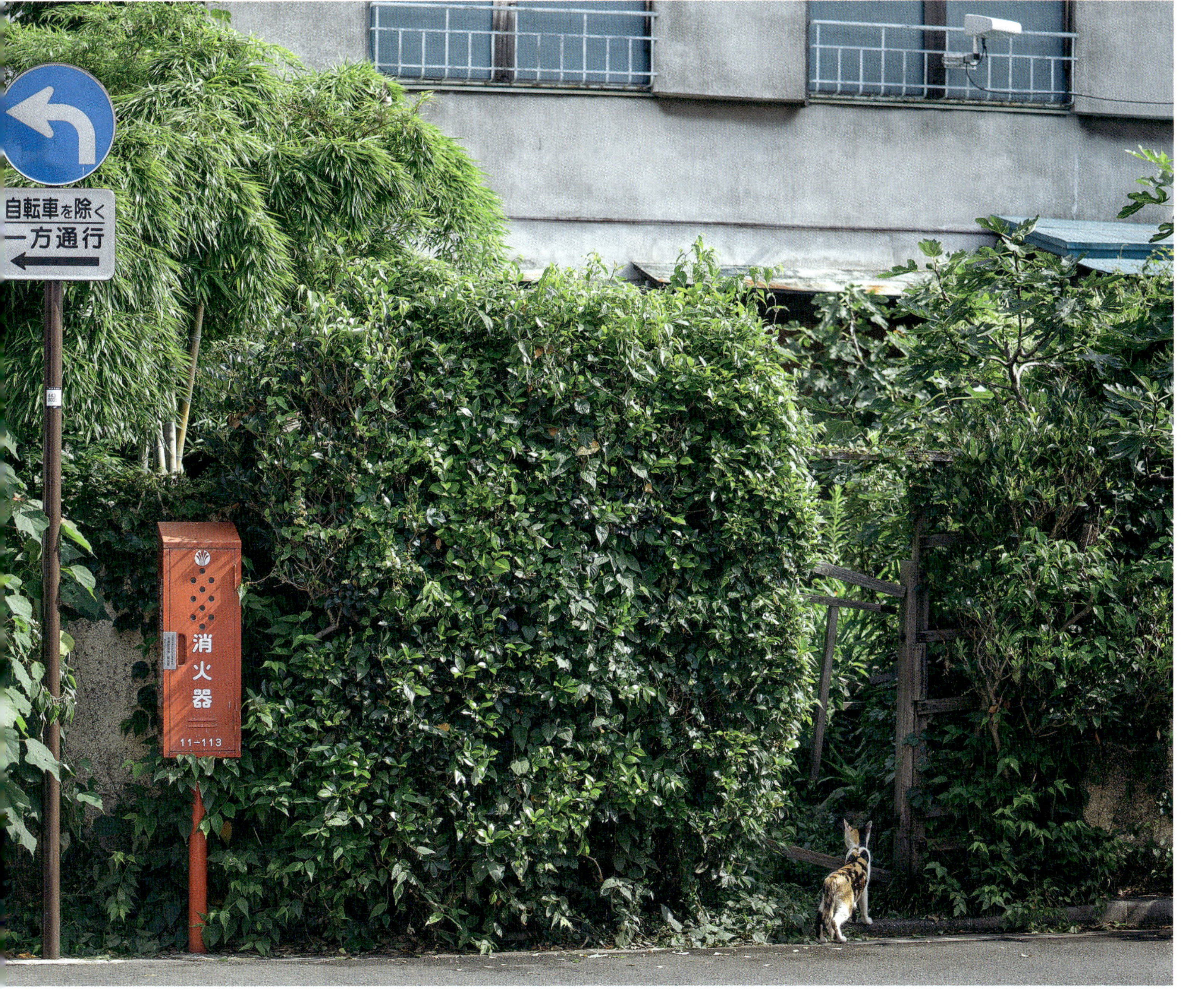

自転車を除く
一方通行
消火器
11-113

野良猫・NORA NEKO

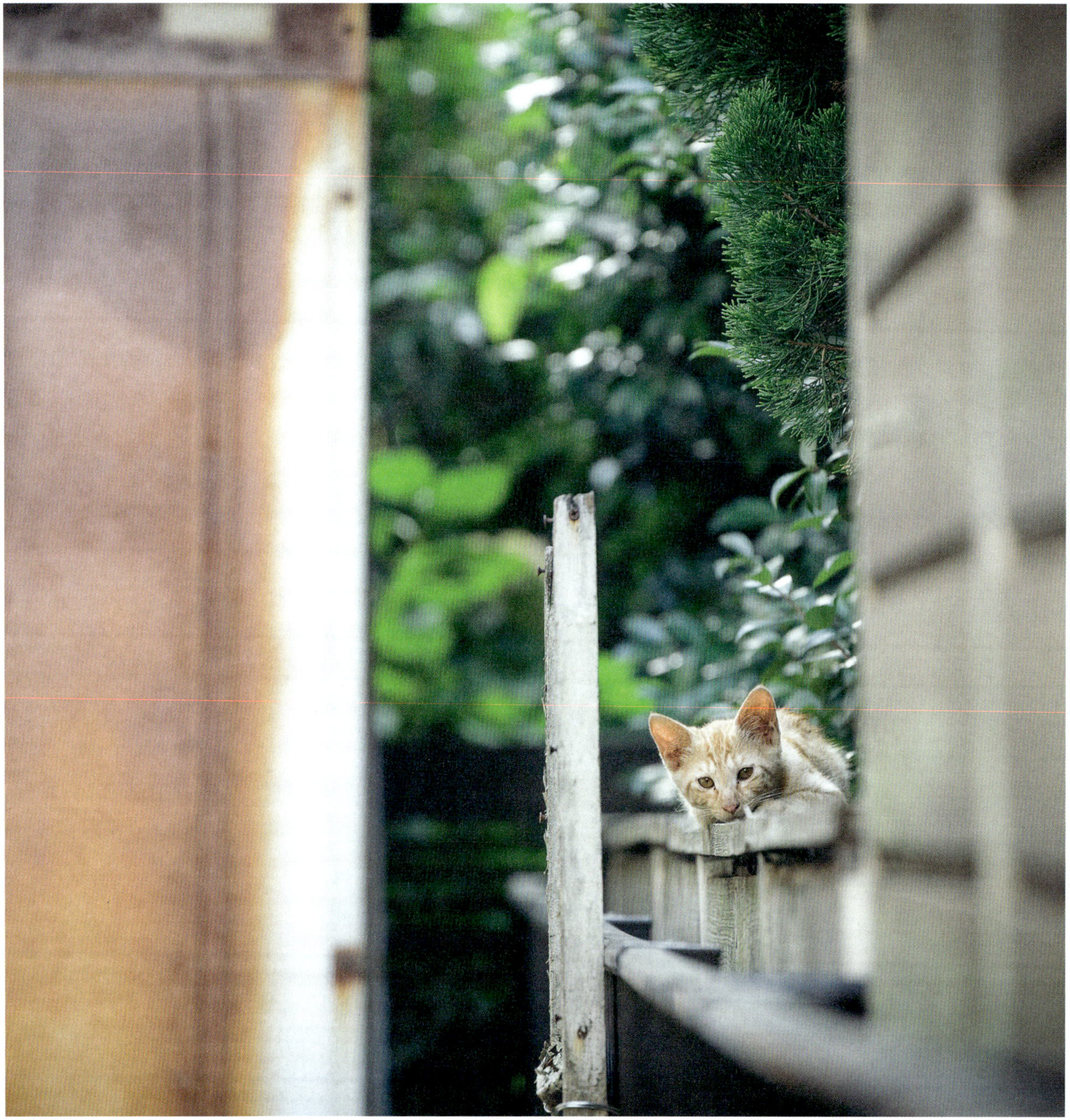

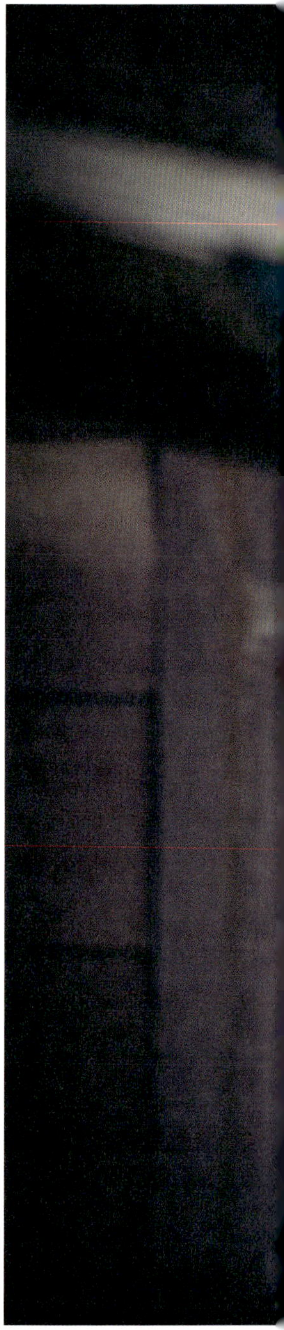

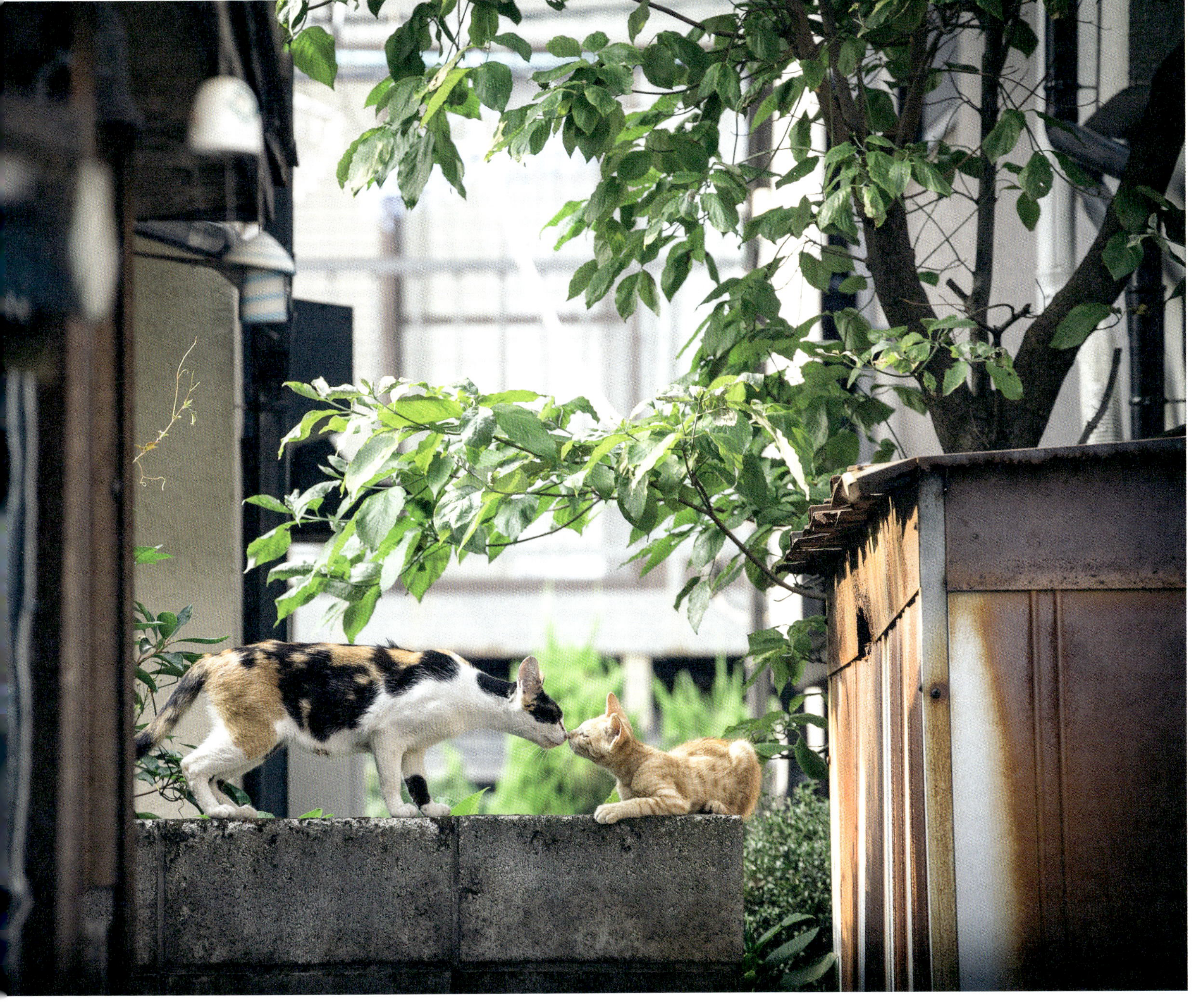

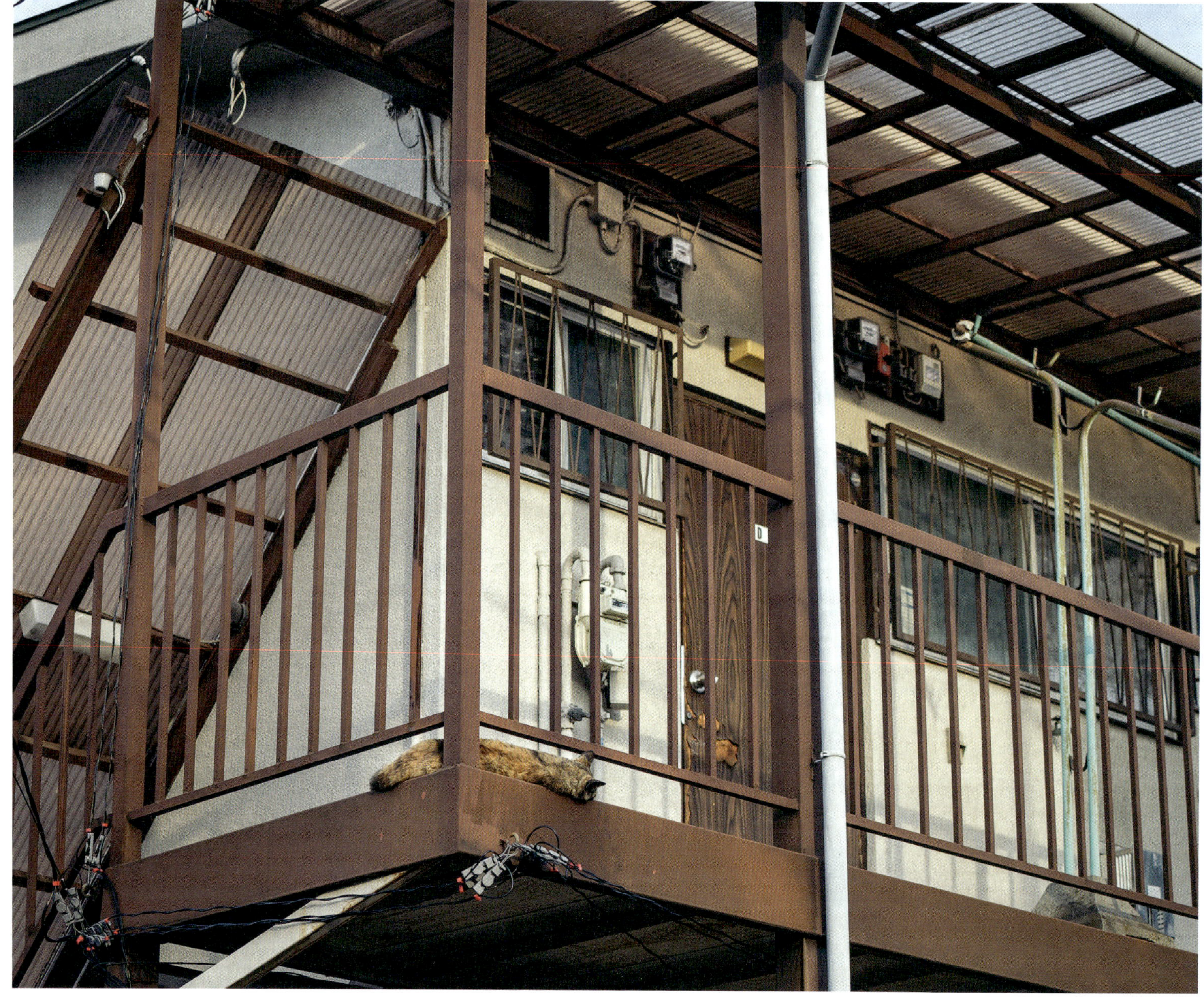

野良猫・NORA NEKO

上井草 Kamiigusa, Tokio： *Durch das feuchte Klima rosten Eisenkonstruktionen schnell. Diese Katze hat die ideale Tarnfarbe um sich in dieser städtischen Umgebung unsichtbar zu machen.*

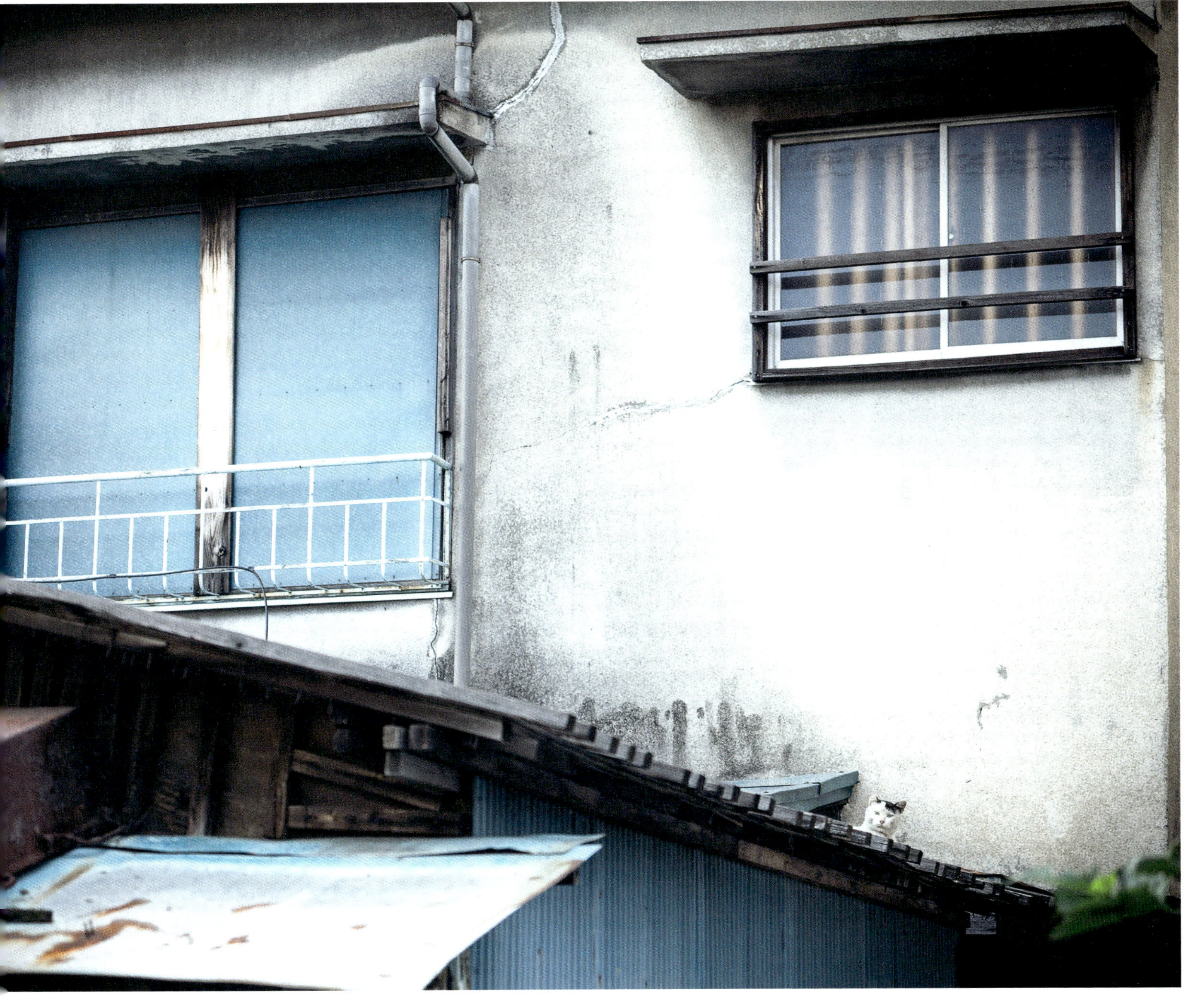

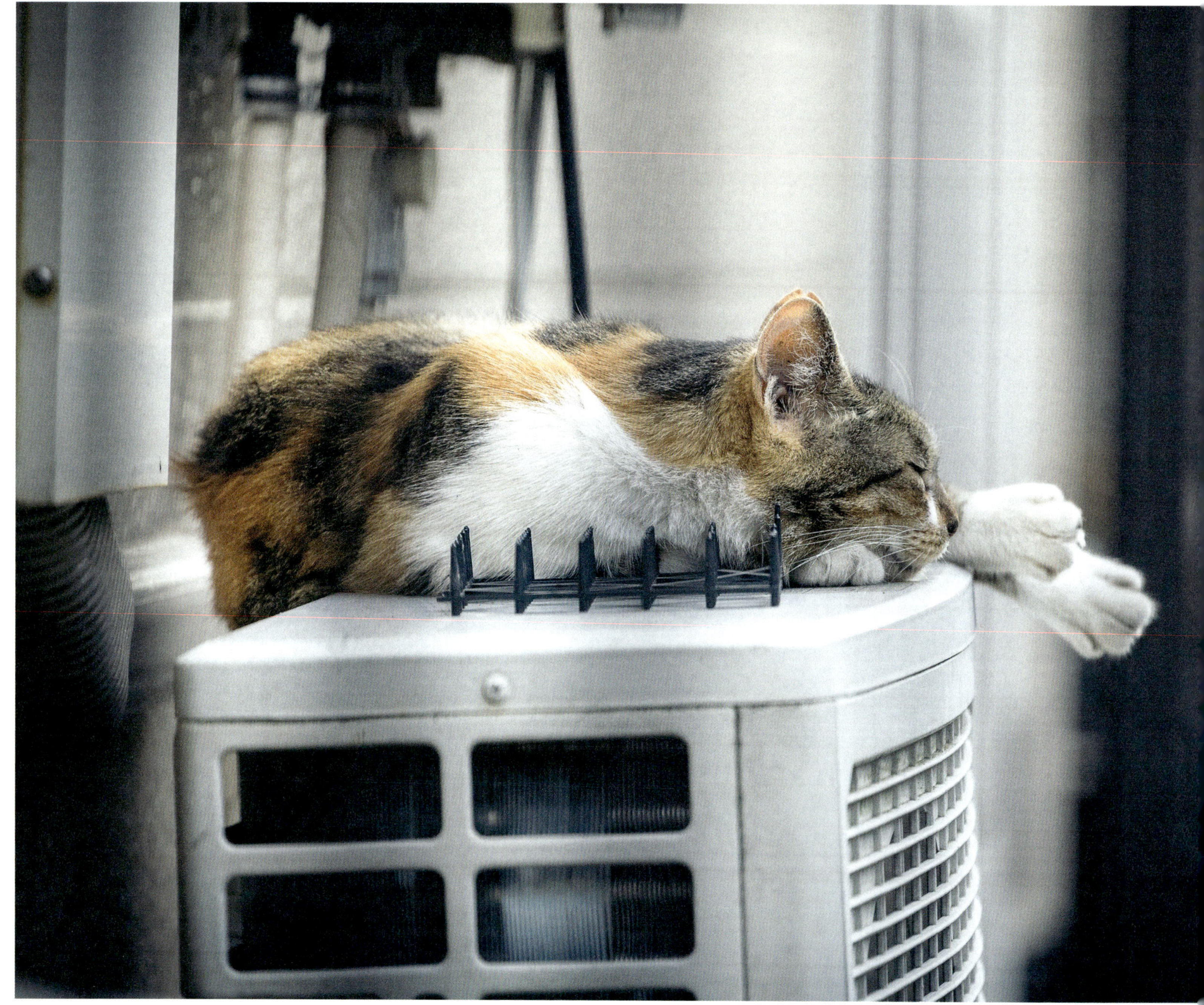
野良猫 ・
NORA NEKO

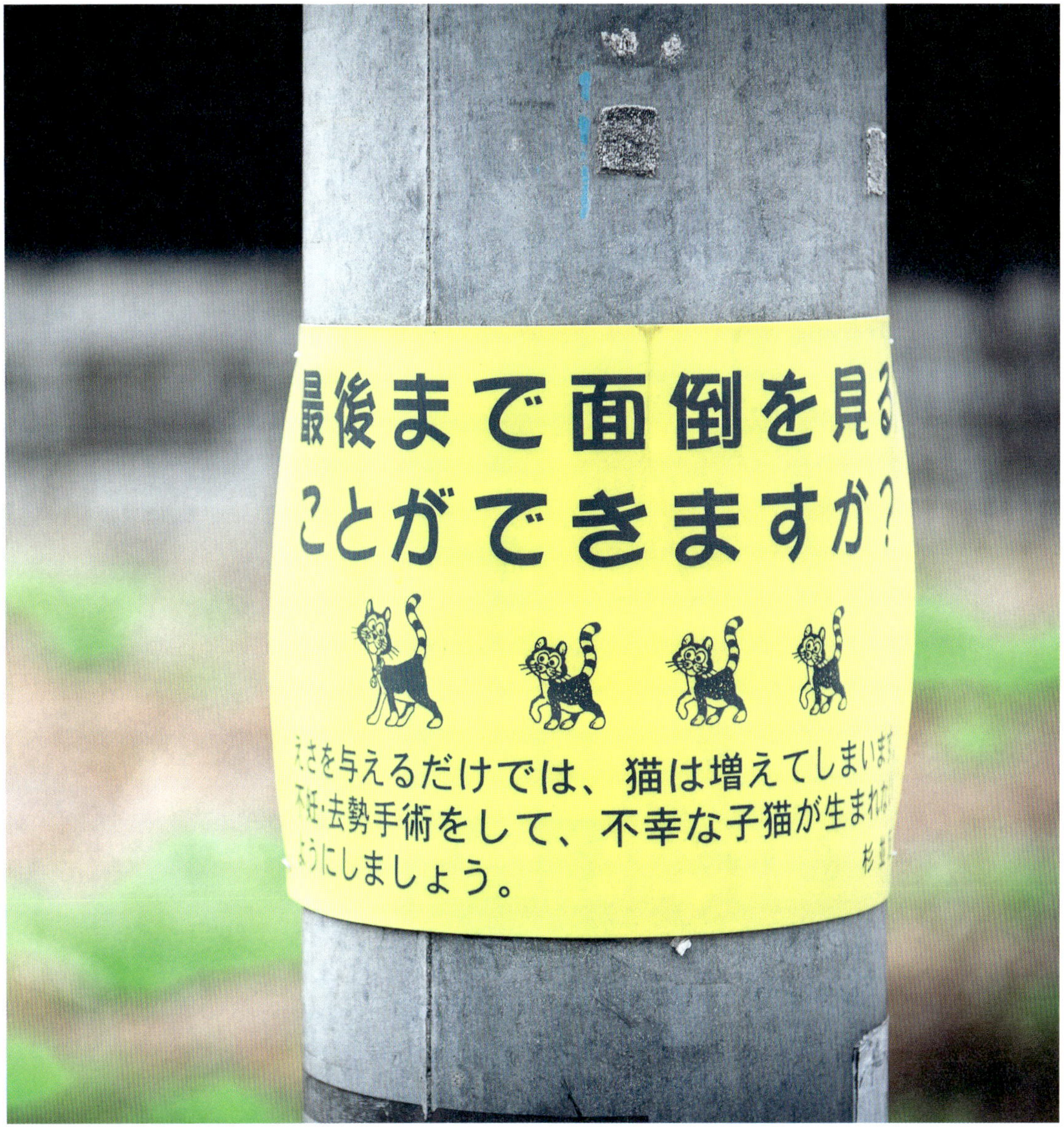

上井草 Kamiigusa, Tokio: *Auf dem Plakat, das mitten auf der Straße angebracht ist, liest man folgendes: „Wollen sie sich bis zum Ende um sie kümmern? Das bloße Füttern führt zur unkontrollierten Vermehrung der Katzen. Lassen Sie sie kastrieren und treffen Sie alle möglichen Maßnahmen, um zu verhindern, dass weitere arme Kätzchen geboren werden, um die sich niemand kümmert.“*

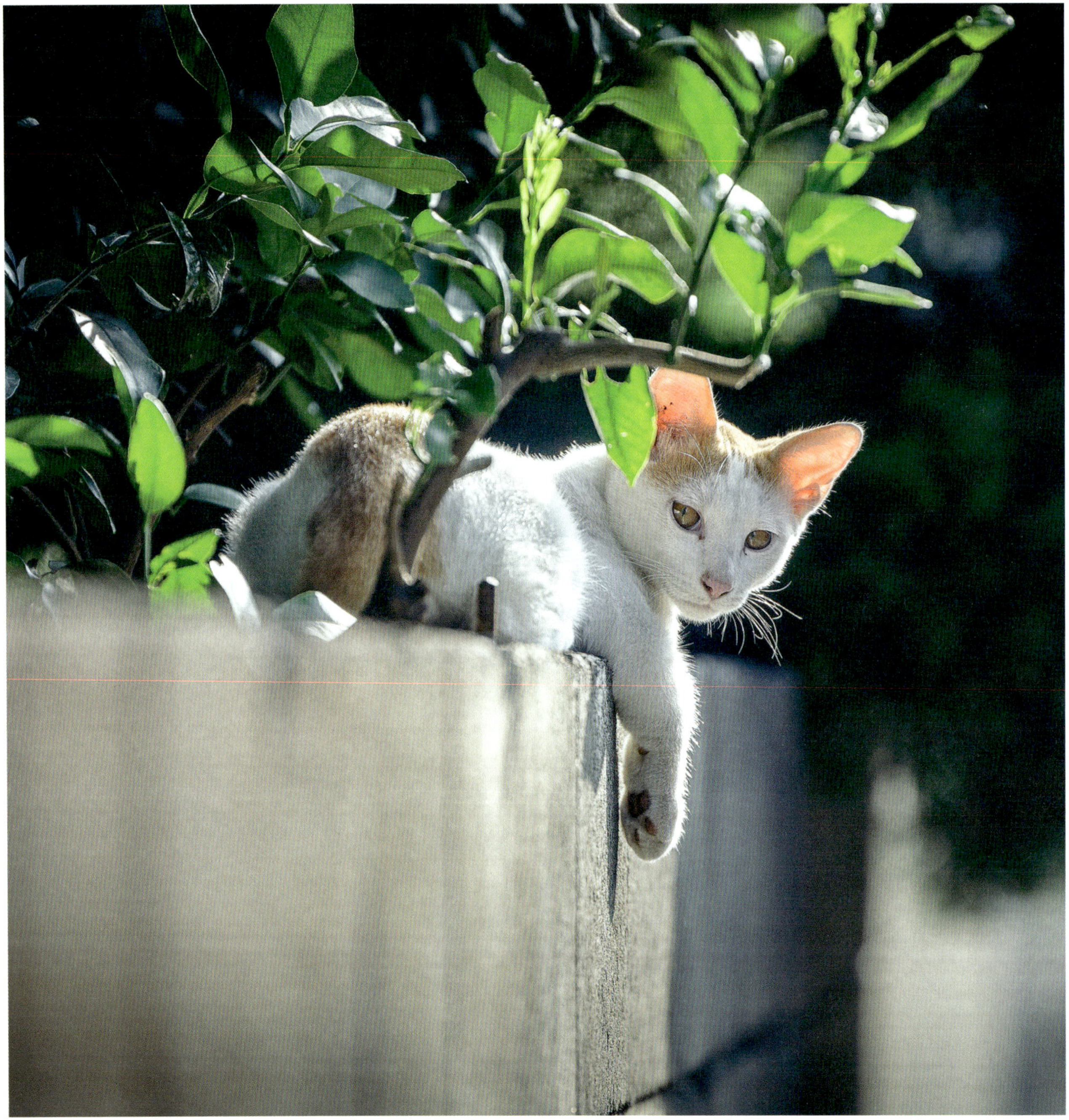

野良猫 · NORA NEKO ·

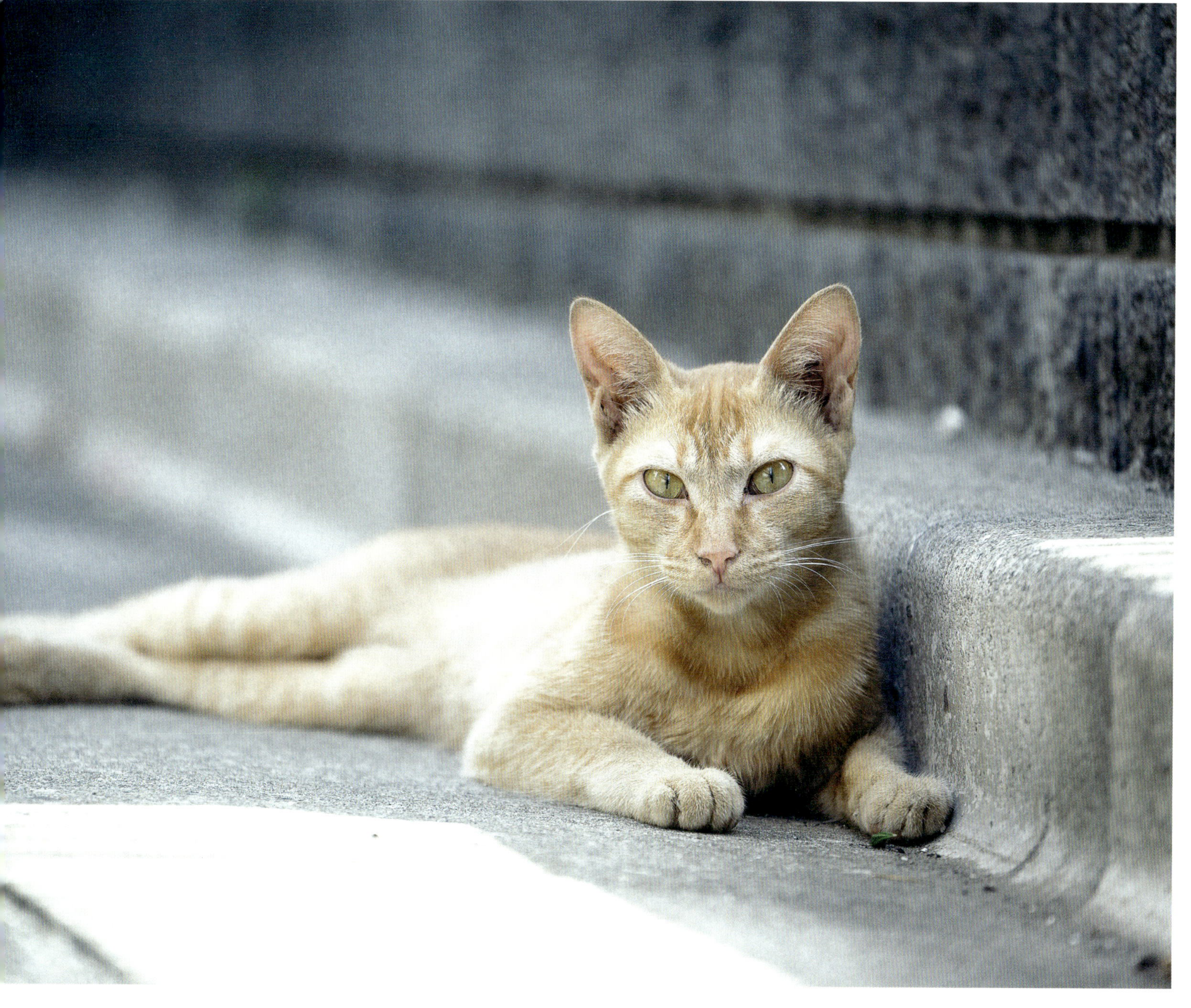

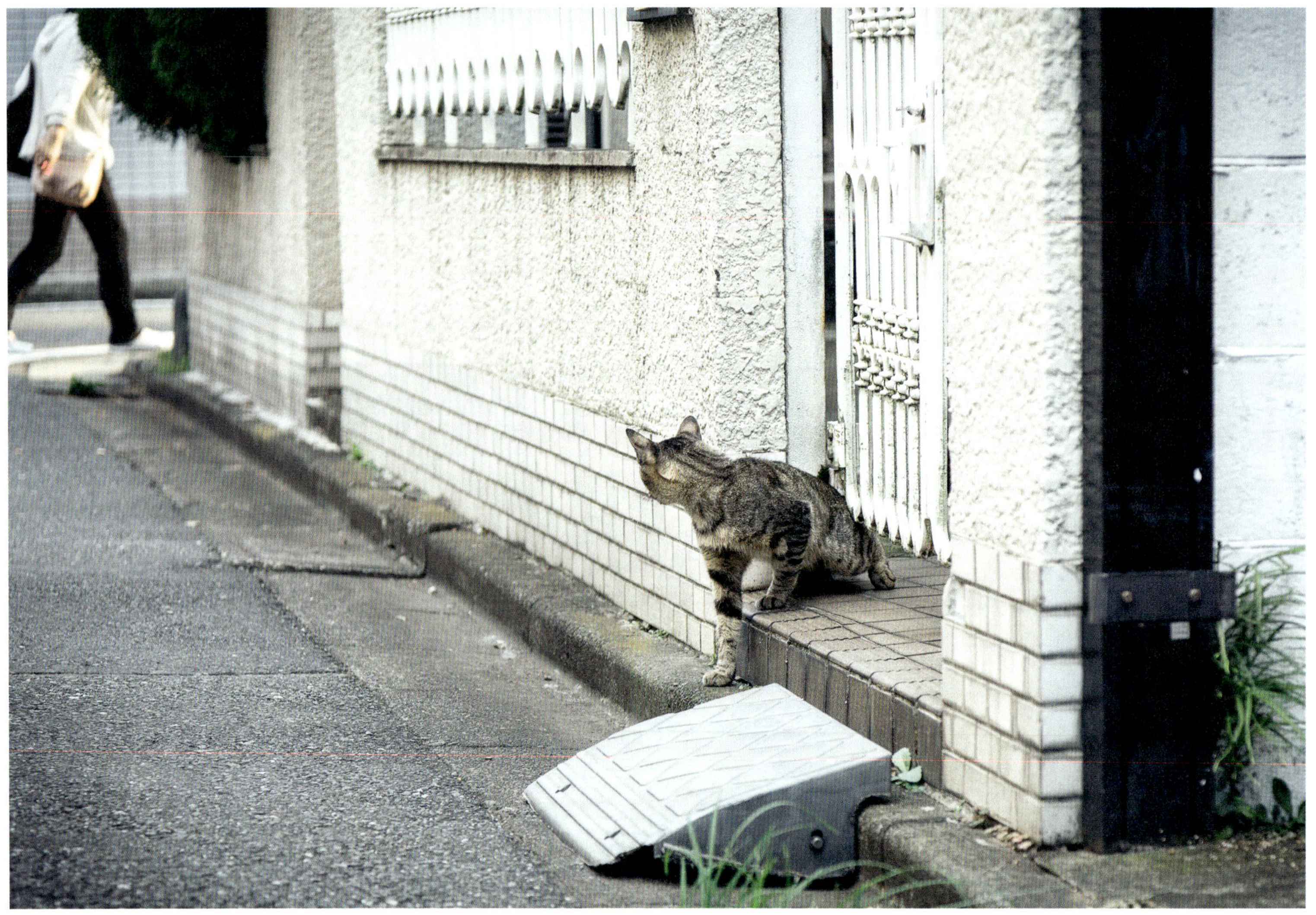

Die Katzen von Koenji
野良猫
NORA NEKO

Das Viertel von Koenji ist bekannt für seine Second-Hand-Läden und Modeboutiquen. In den geschäftigen Strassen habe ich kaum eine Chance, eine Katze zu Gesicht zu bekommen. Als ich mich aber mehr in den Gässchen herumtreibe, begegnet mir eine Katze, die gerade ihre „Mülleimertour" macht. Ich muss ihr nur folgen, um zu sehen, wie sie sich mit anderen Katern trifft.

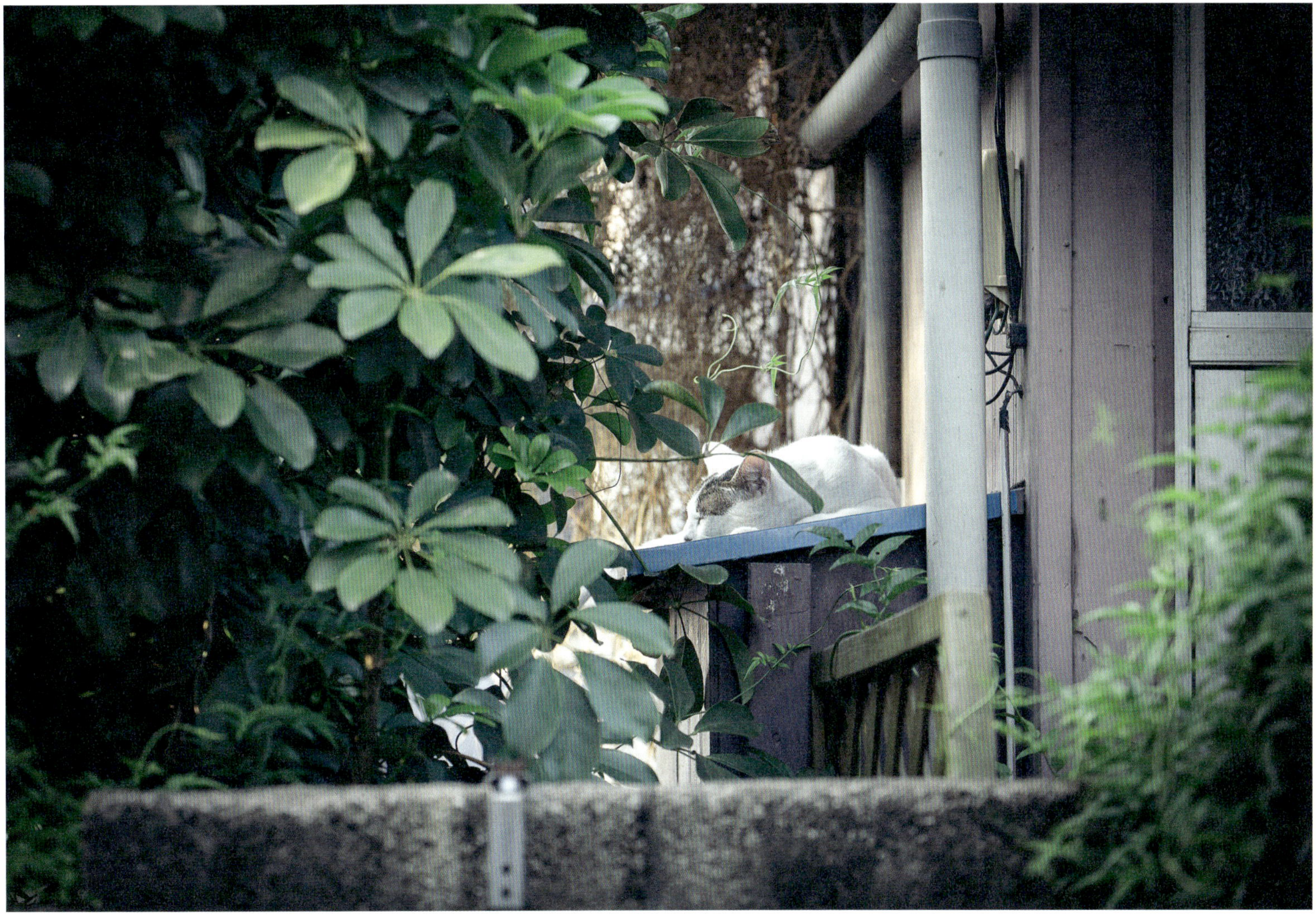

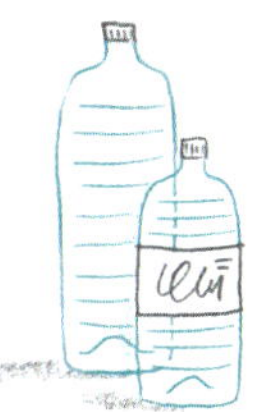
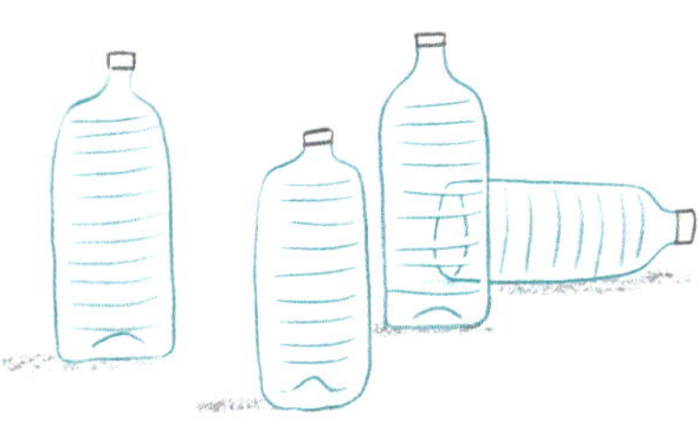
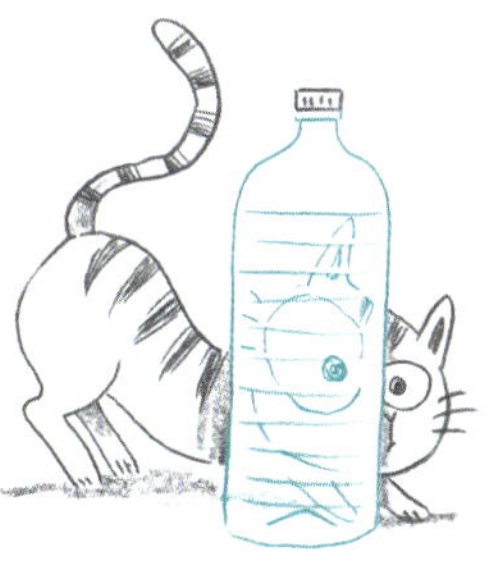

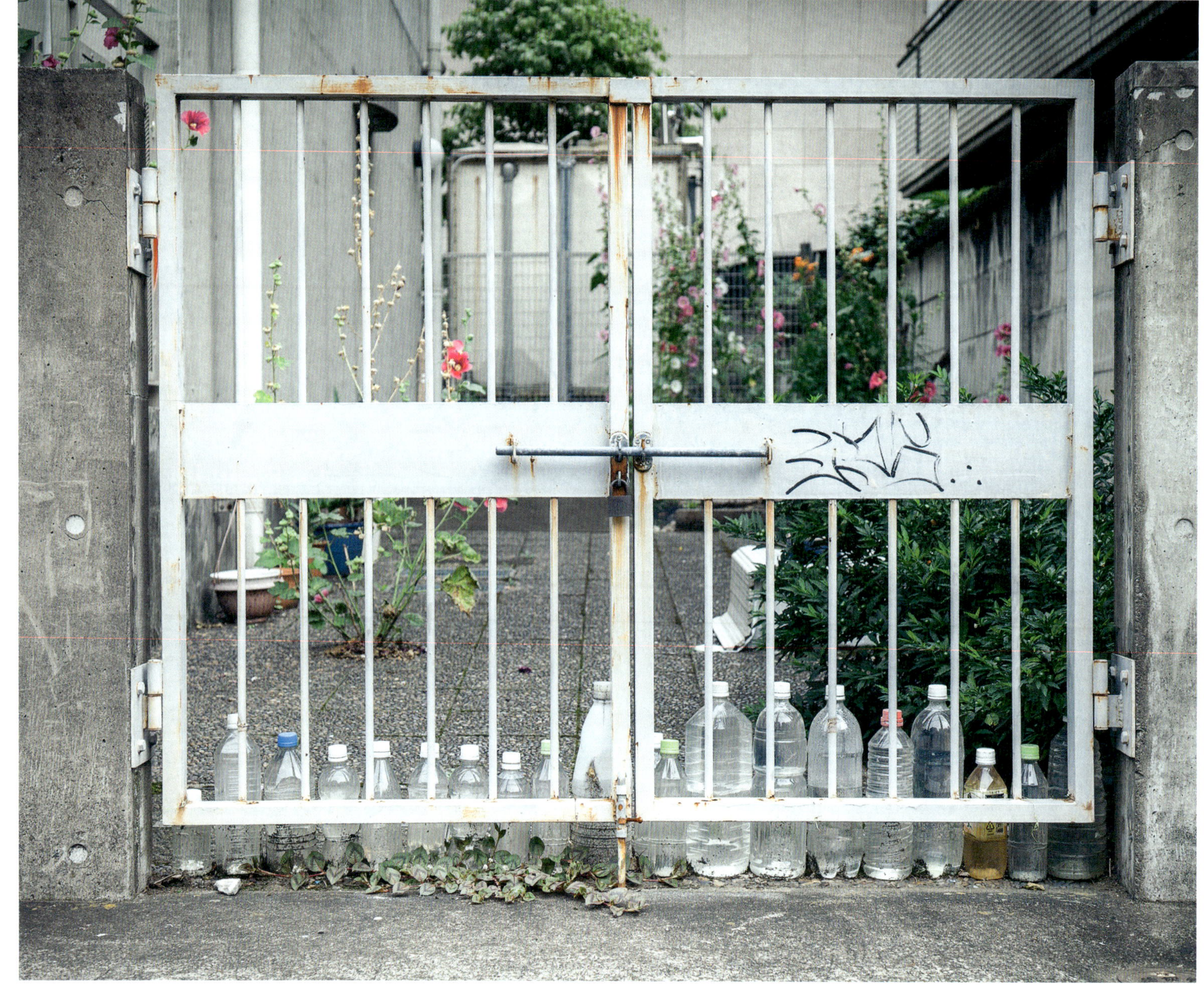

高円寺 Koenji, Tokio: *Das am meisten benutzte Mittel in Japan und Tokio um Eindringlinge abzuhalten... die Wasserflasche.*

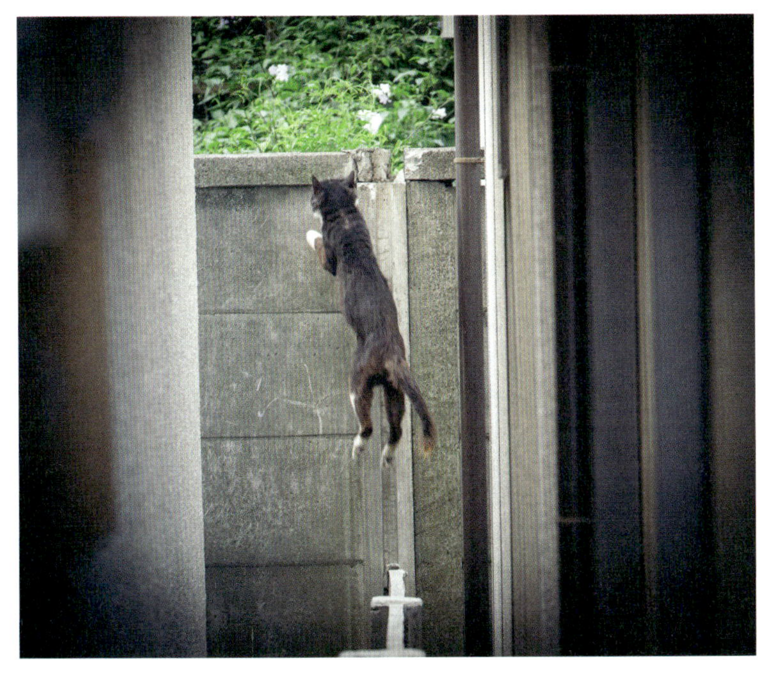
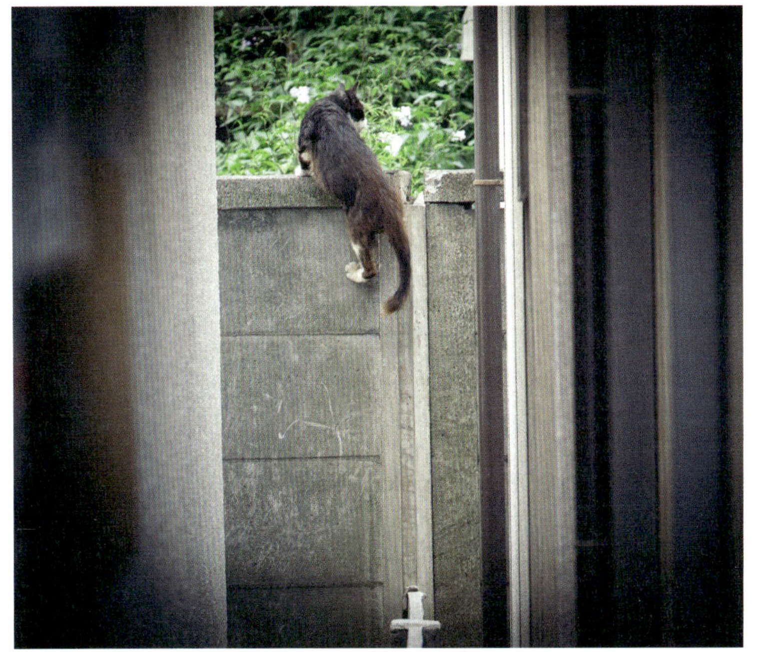
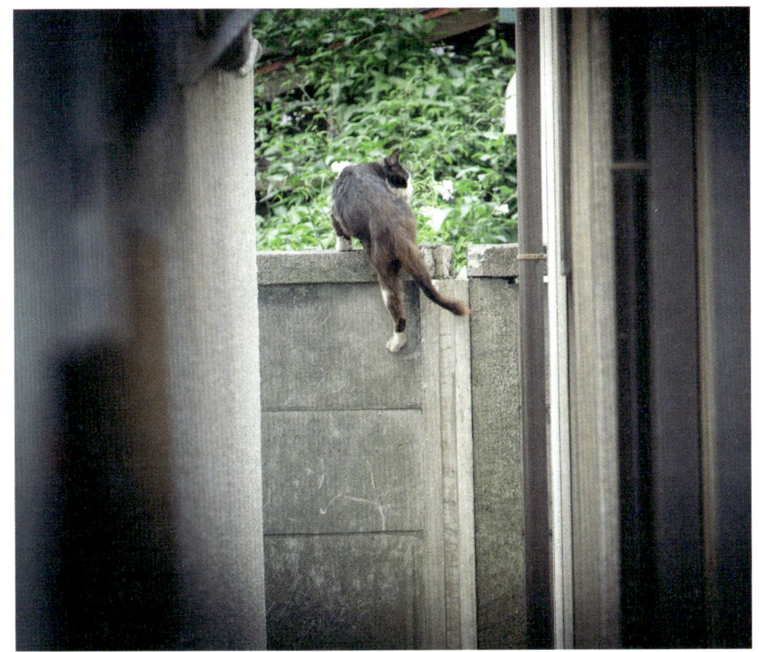
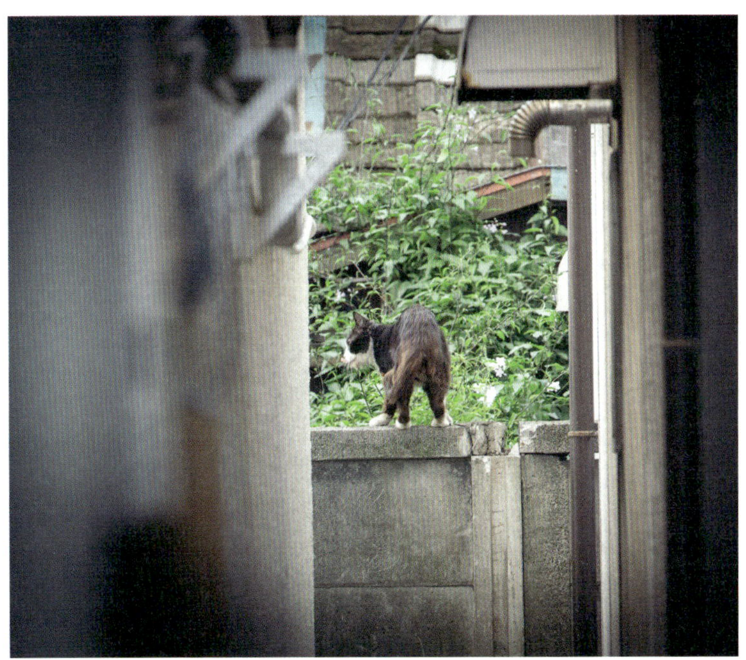

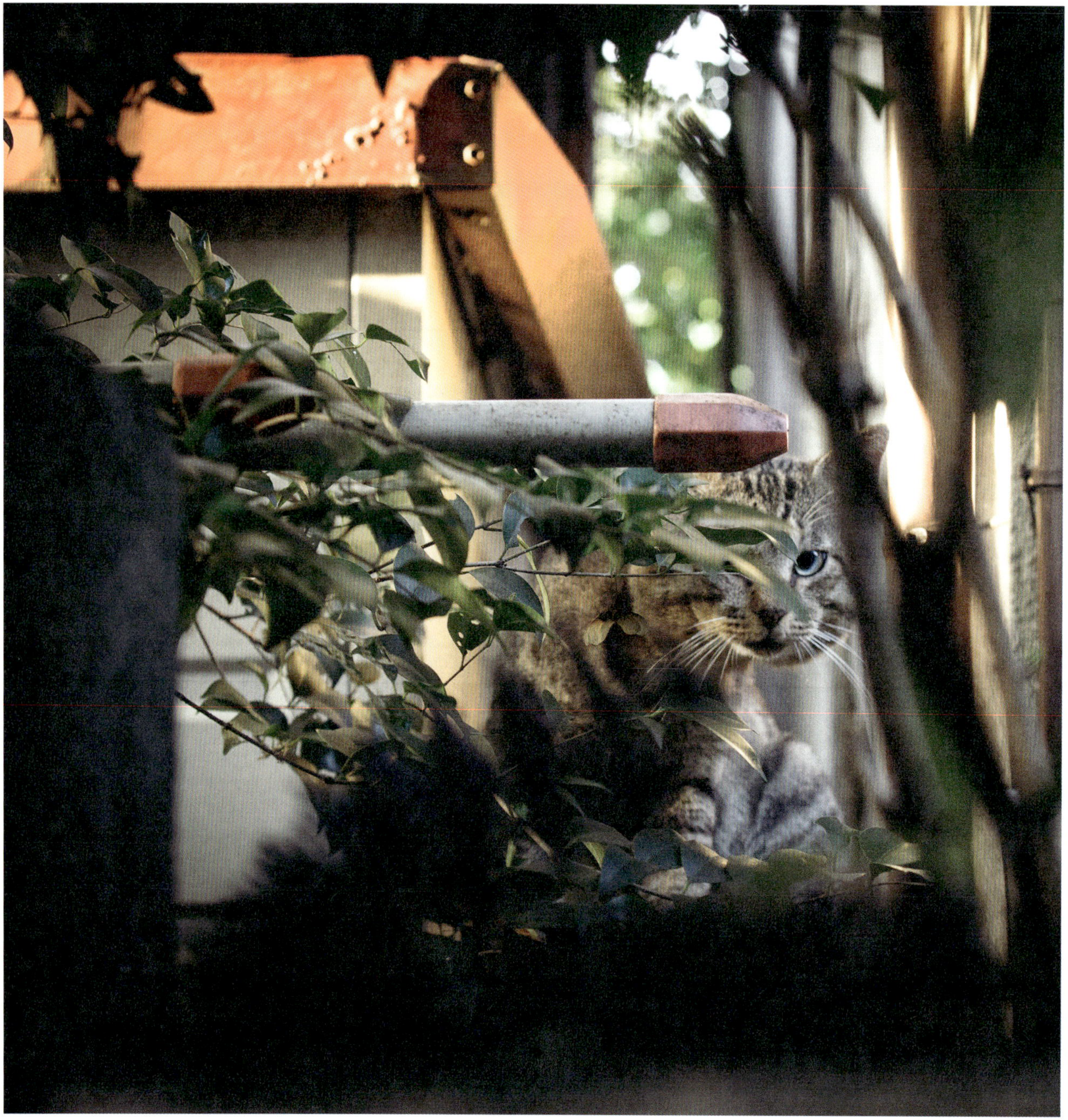

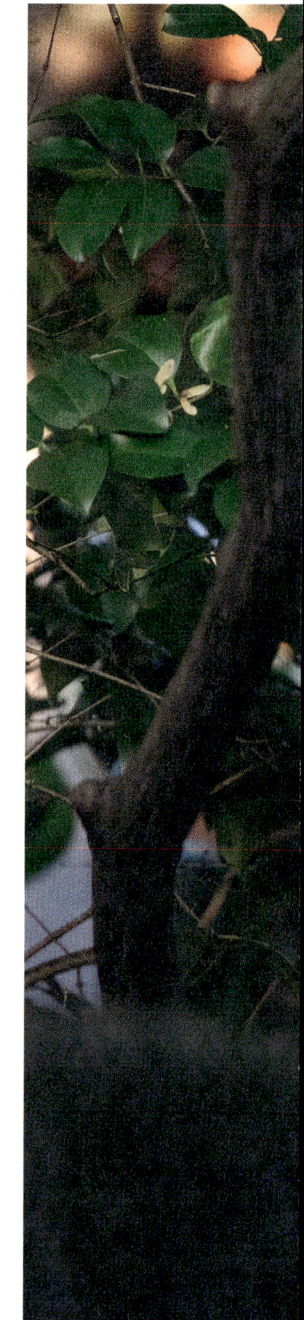

野良猫・
NORA NEKO ・

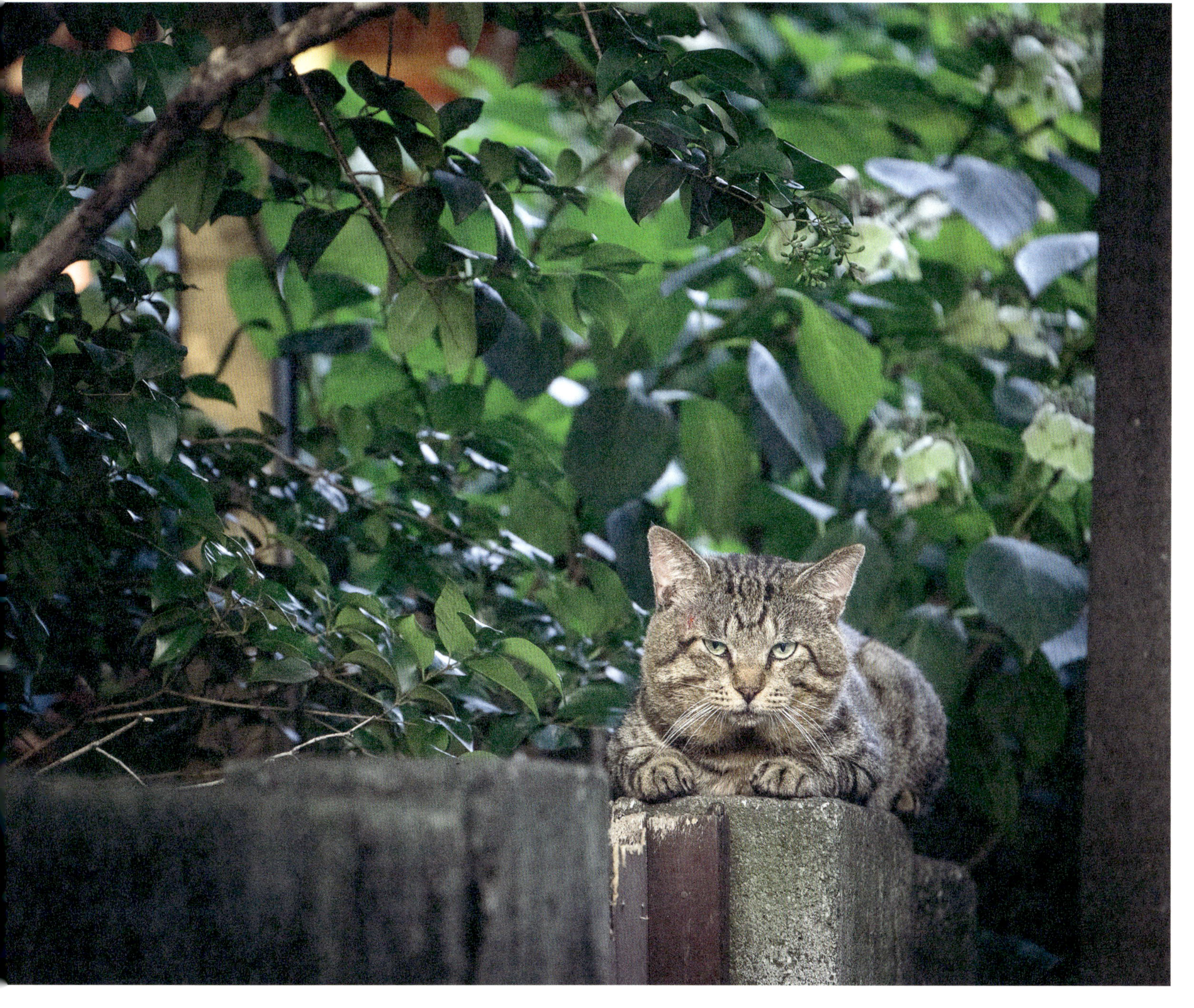

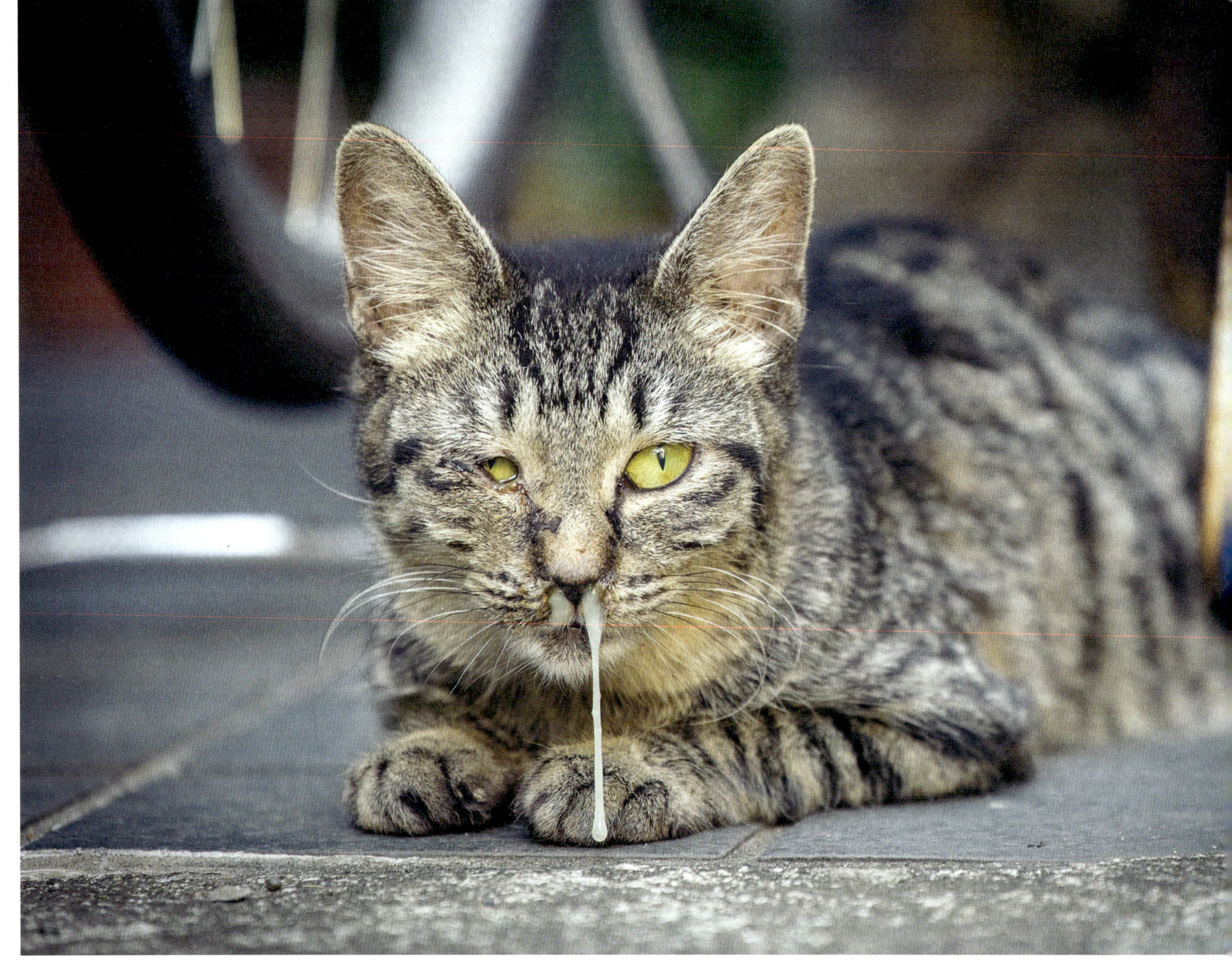

高円寺 Koenji, Tokio： *Ohne Fürsorge und ohne Impfung kann das kleinste Problem tödlich enden, wie vielleicht für diese Katze mit „Schnupfen".*

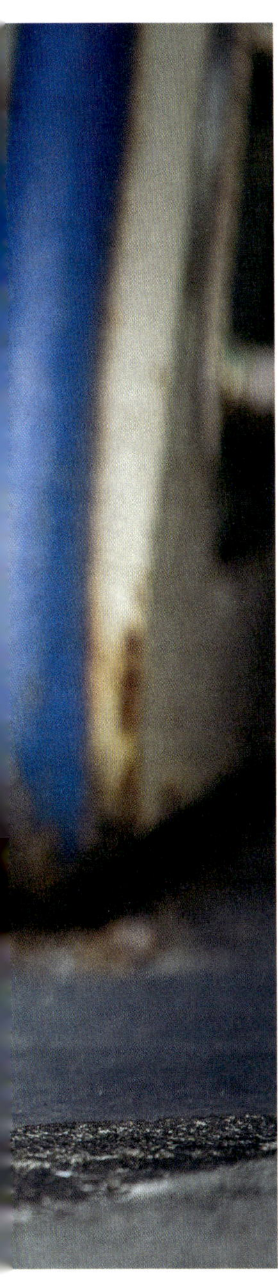

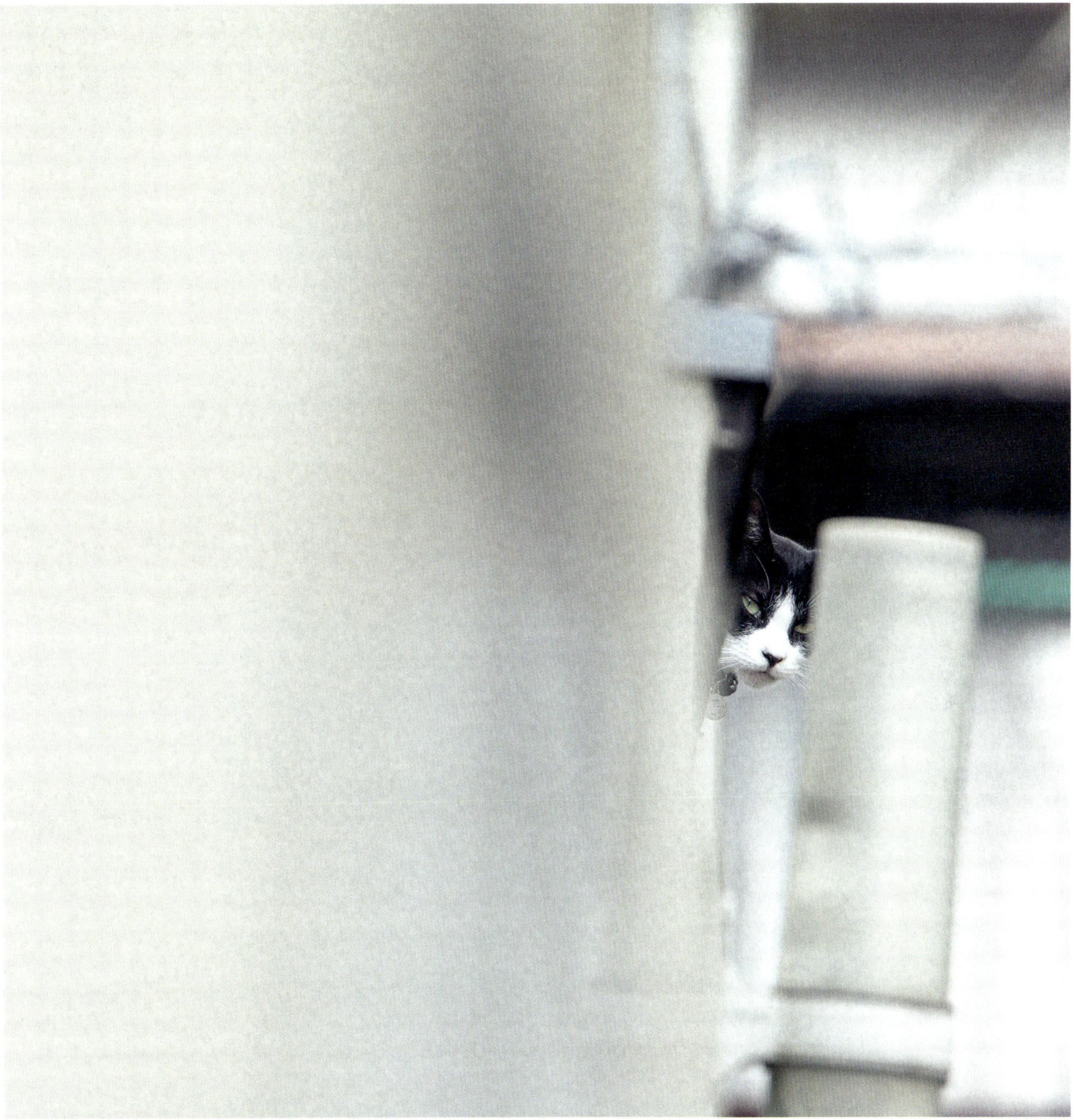

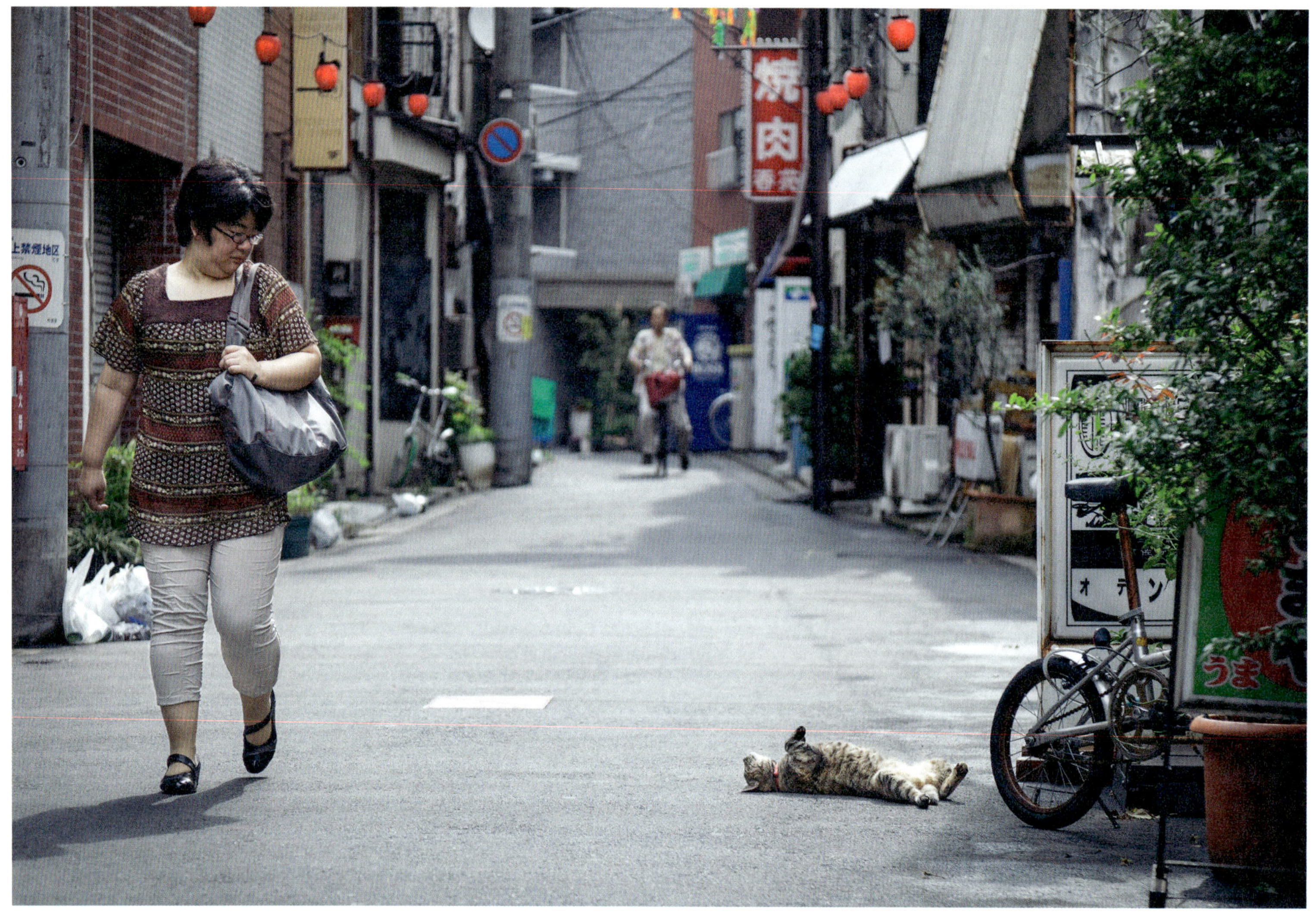

In den Gassen von Tokio 野良猫

NORA NEKO

Jedes Viertel von Tokio hat seine kleinen Gassen, alten Häuser und Gelände, die bebaut werden sollen oder schon Baustellen sind. Früh am Morgen sind die Katzen noch aktiv und wagen es, sich zu zeigen. Sie nutzen die Gelegenheit für einen letzten Spaziergang, bevor sie sich ein Versteck für ein Schläfchen suchen.

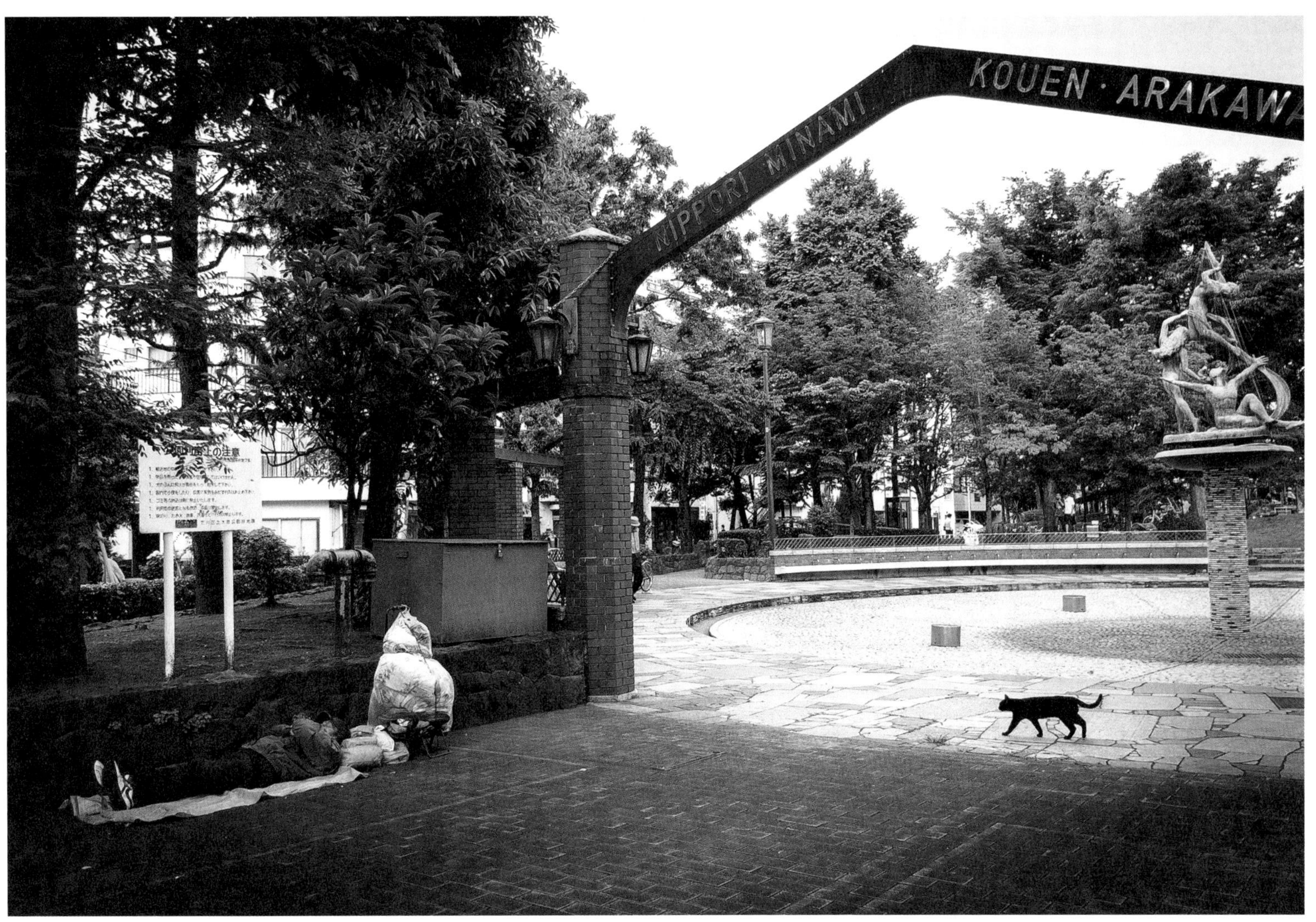
NIPPORI MINAMI KOUEN · ARAKAWA

野良猫 · NORA NEKO

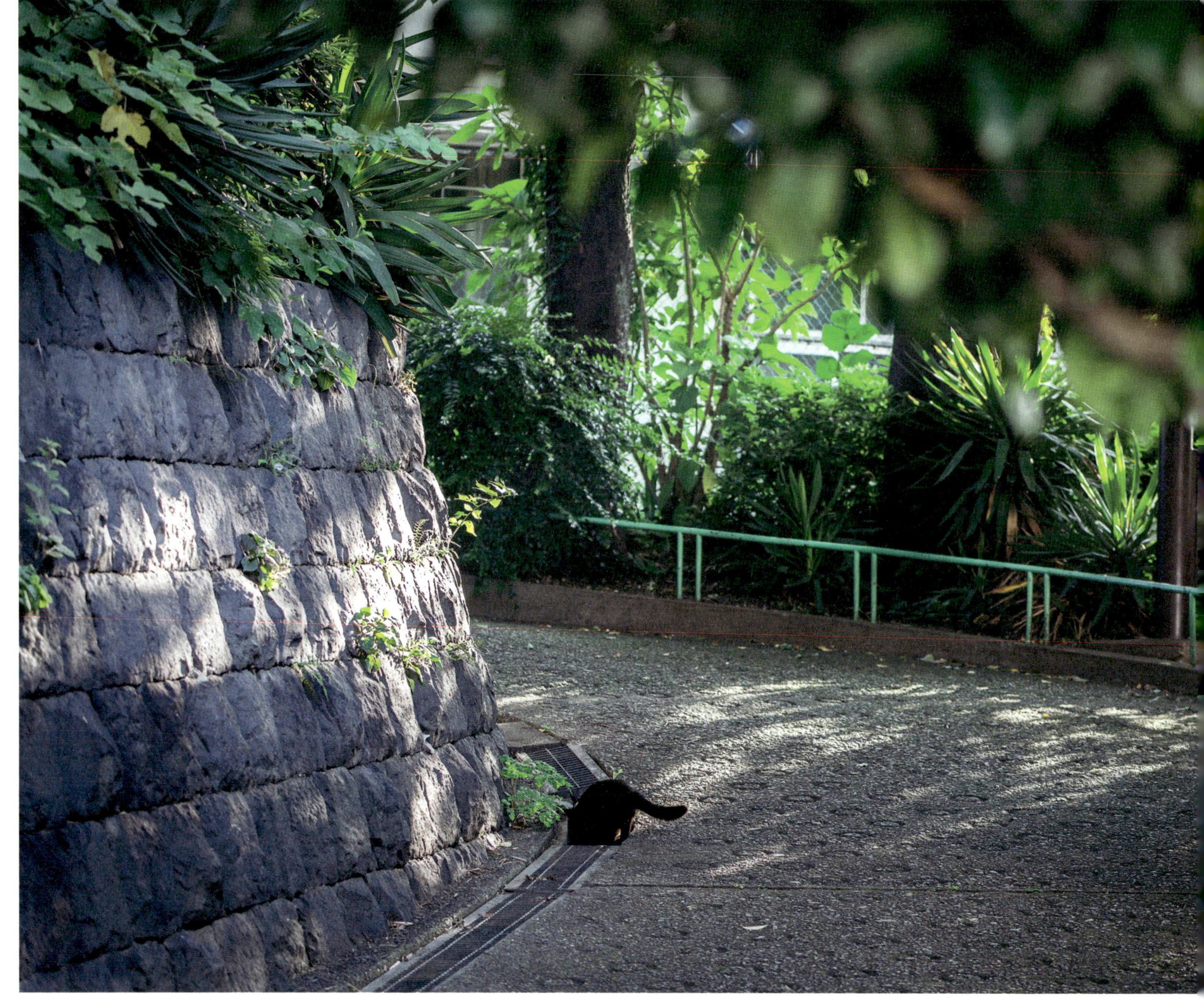

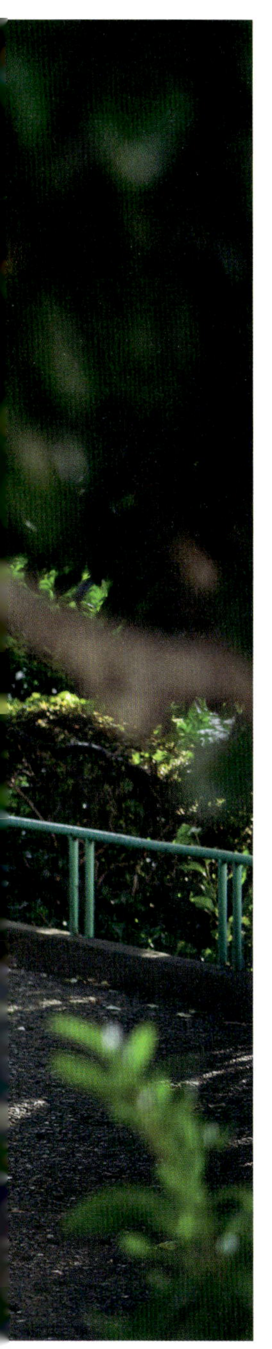

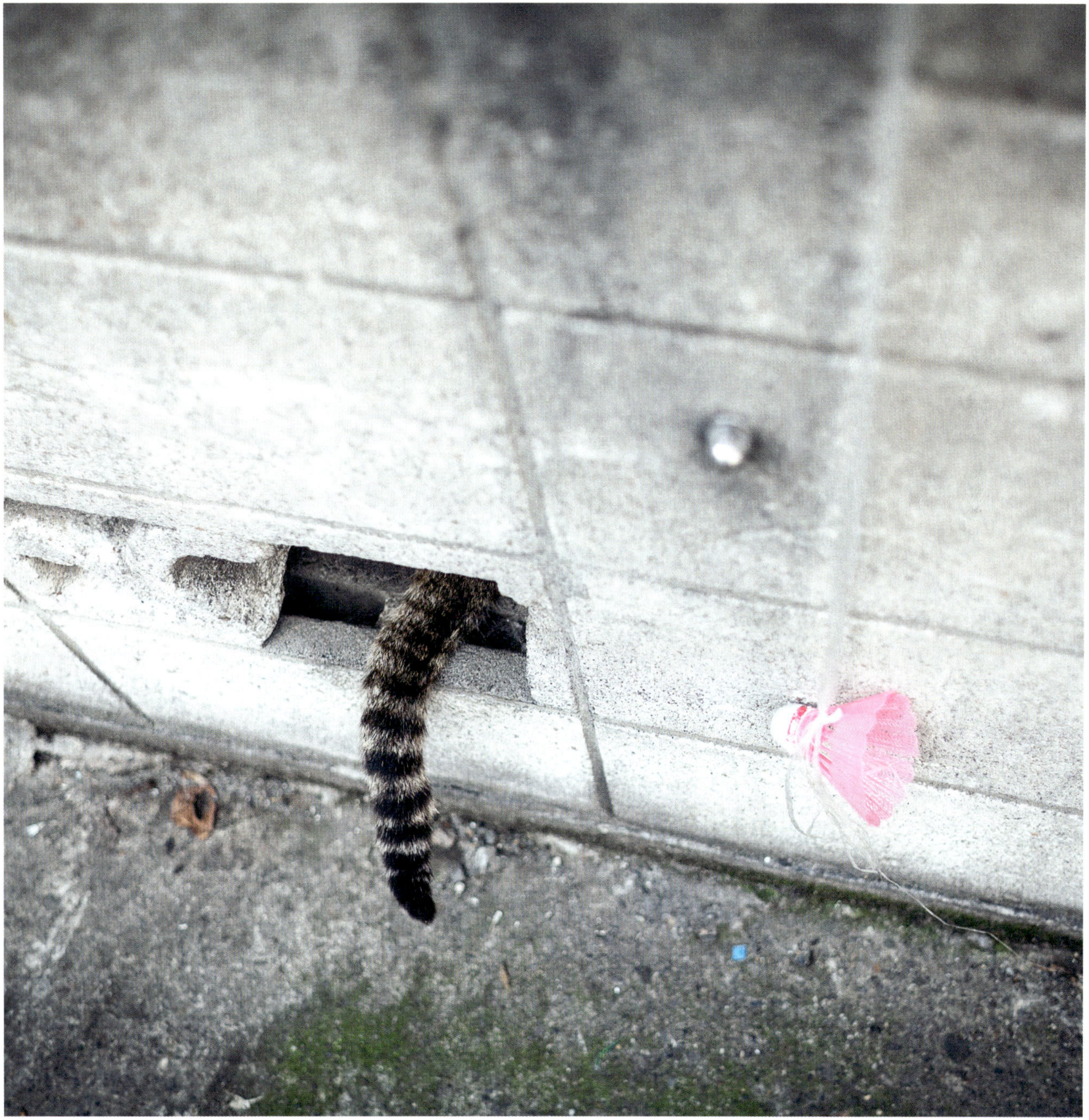

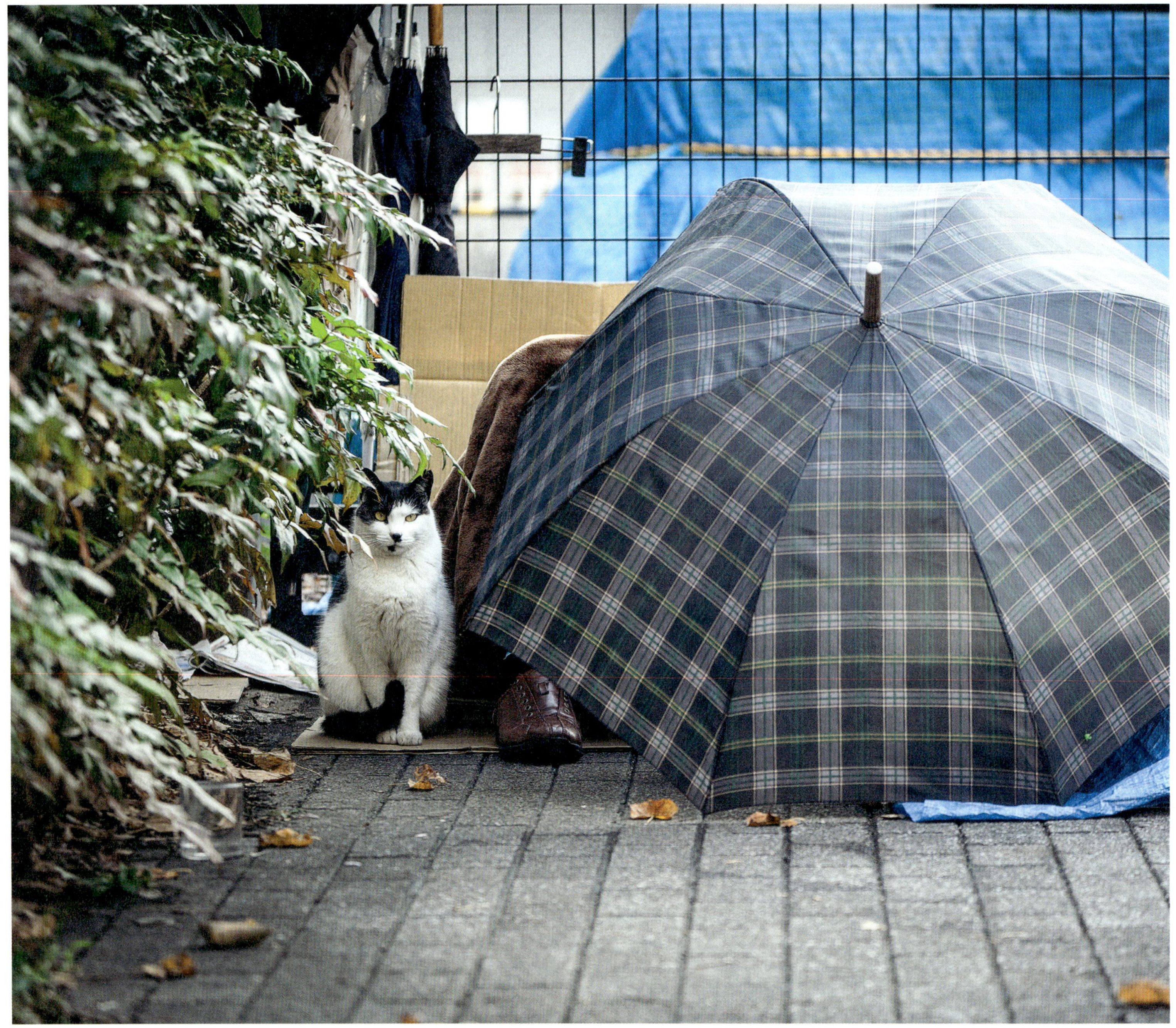

野良猫・
NORA NEKO

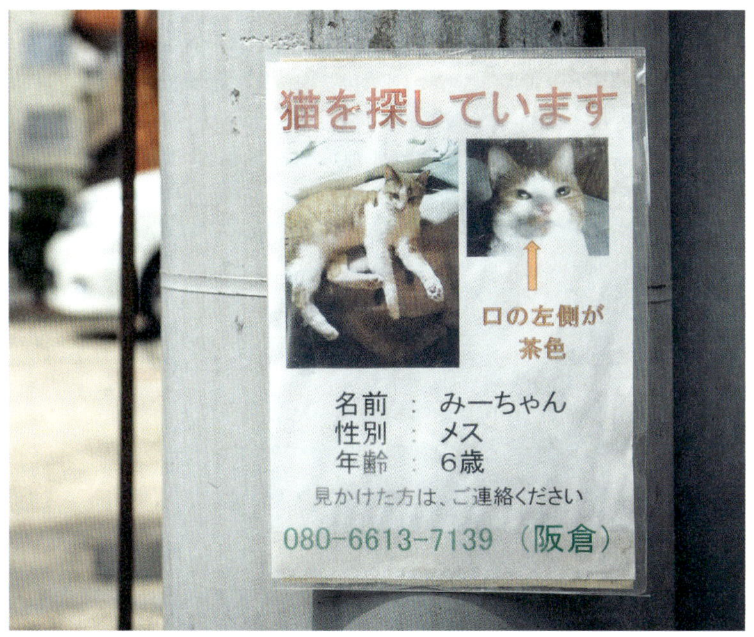

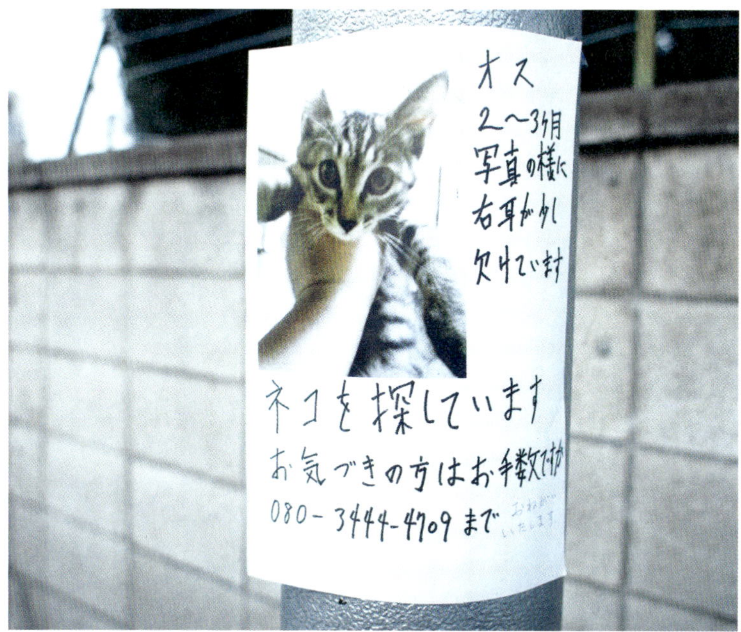

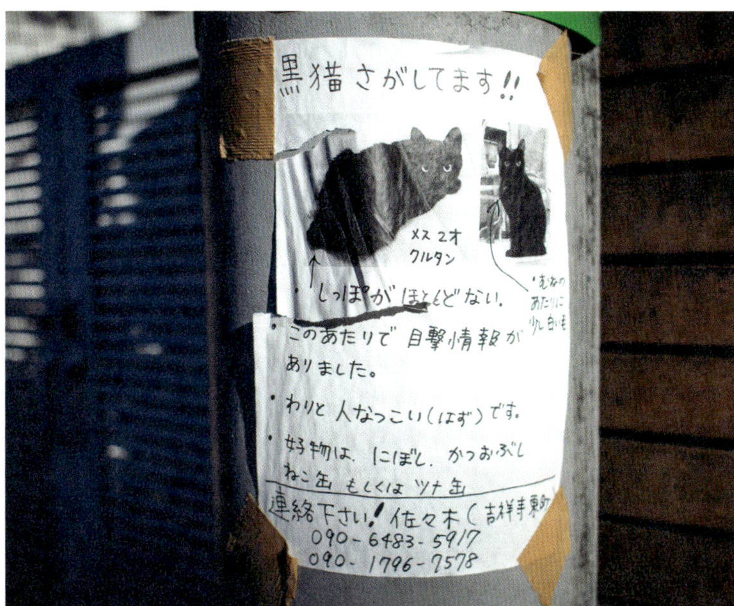

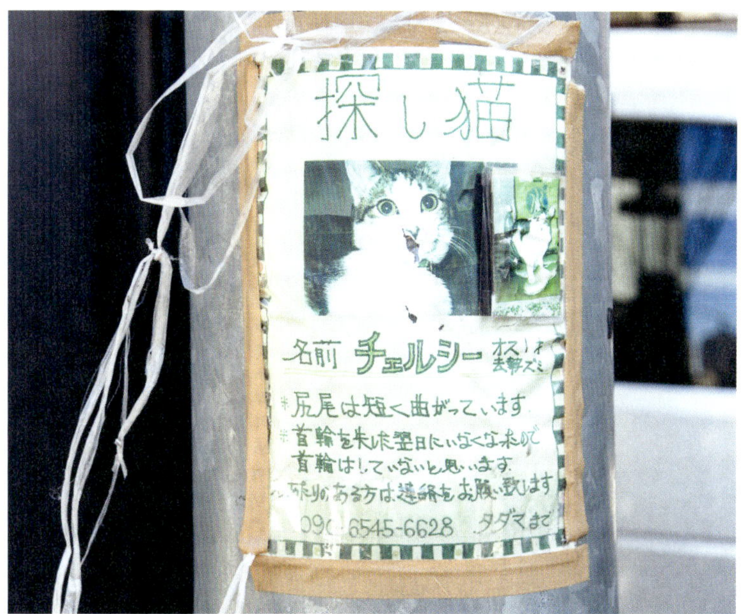

東京 Tokio: *Jeder, der seine Katze sucht, benutzt Plakate. Sie enthalten einfache oder detaillierte Beschreibungen der verschwundenen Katzen, manchmal sogar eine Liste des bevorzugten Futters.*

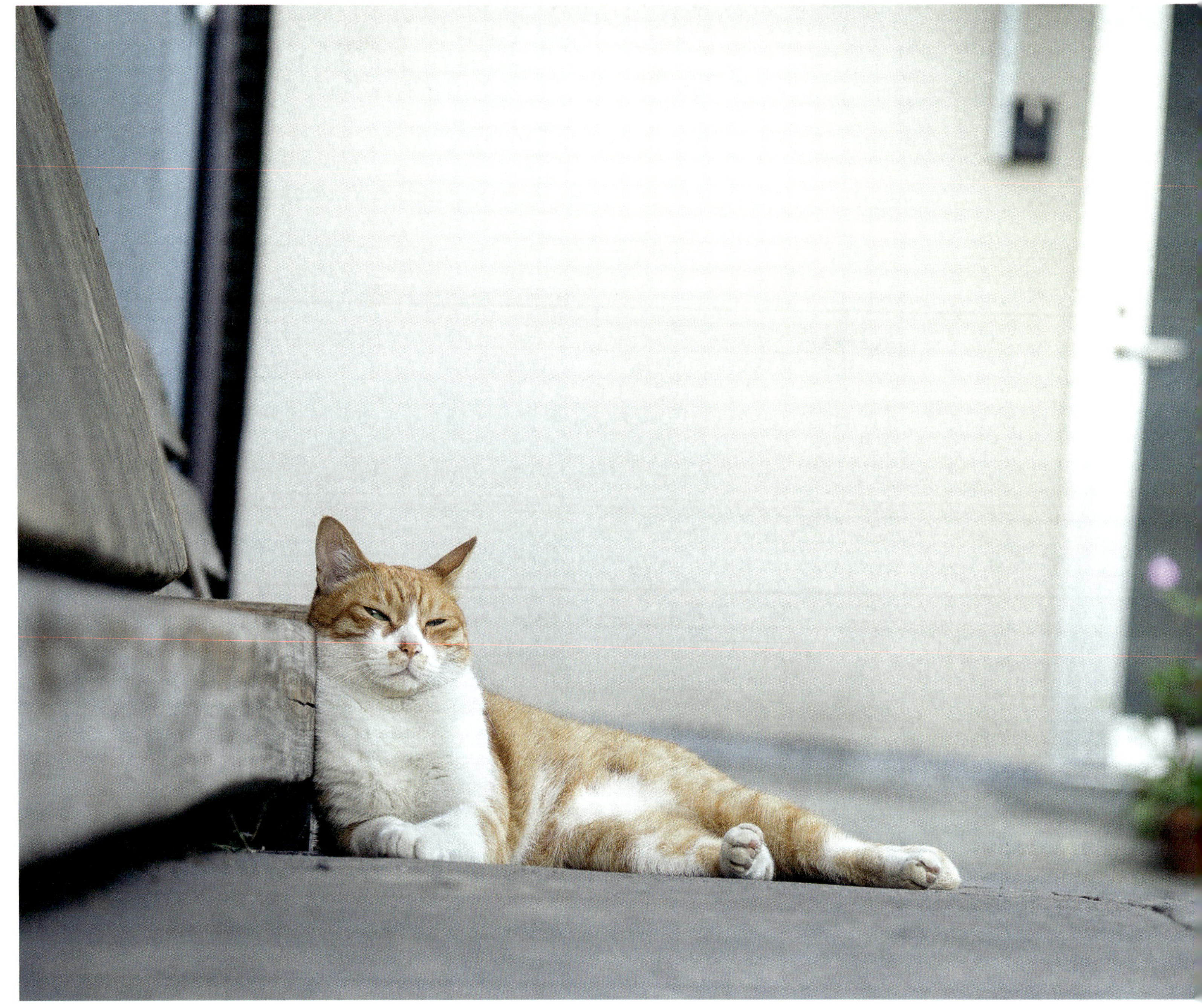

野良猫

NORA NEKO ·

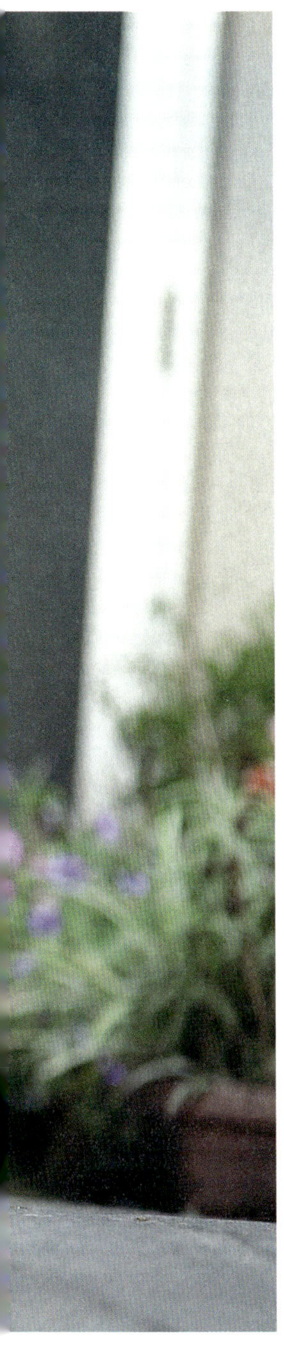

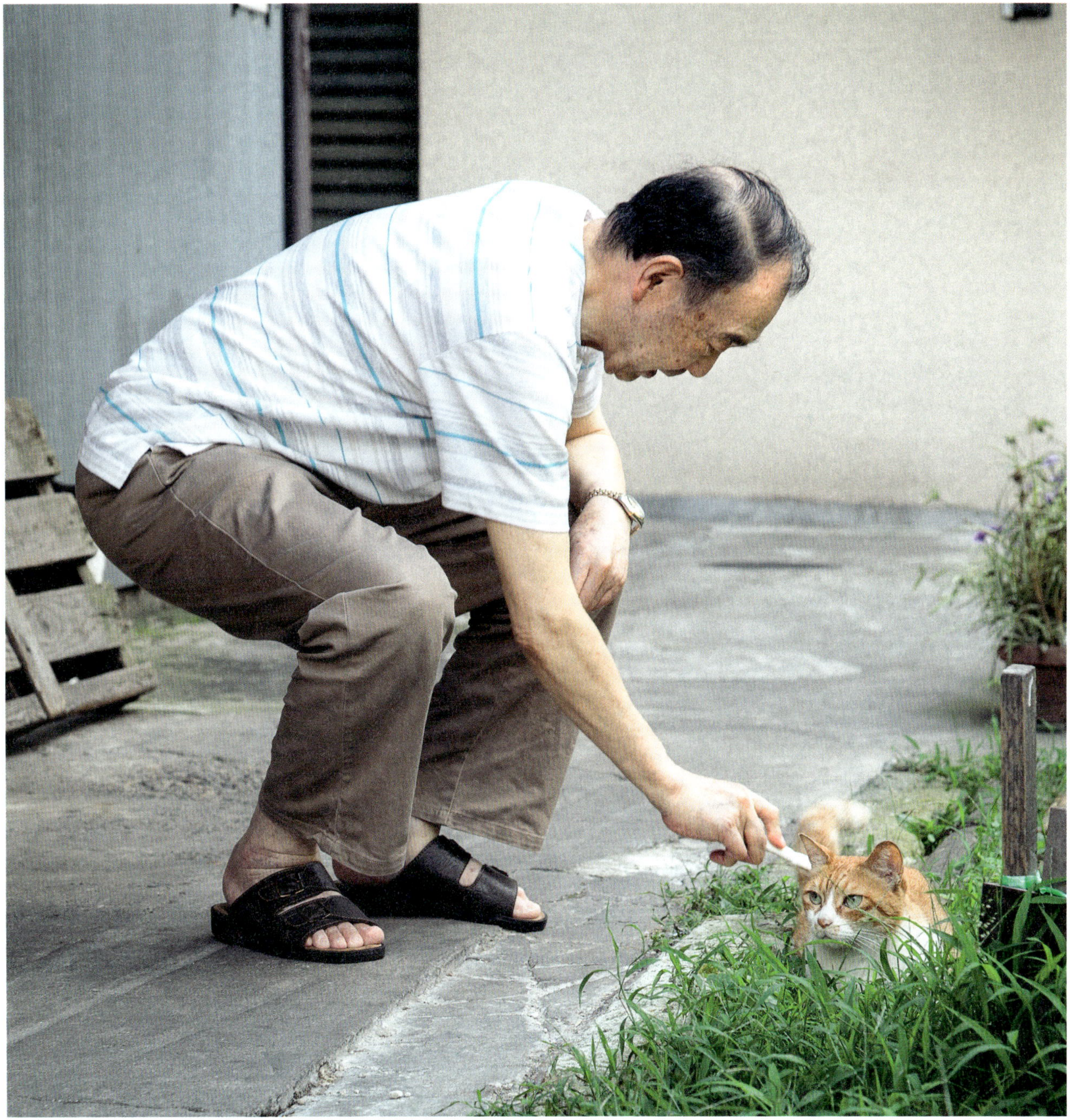

野良猫 ・

NORA NEKO ・

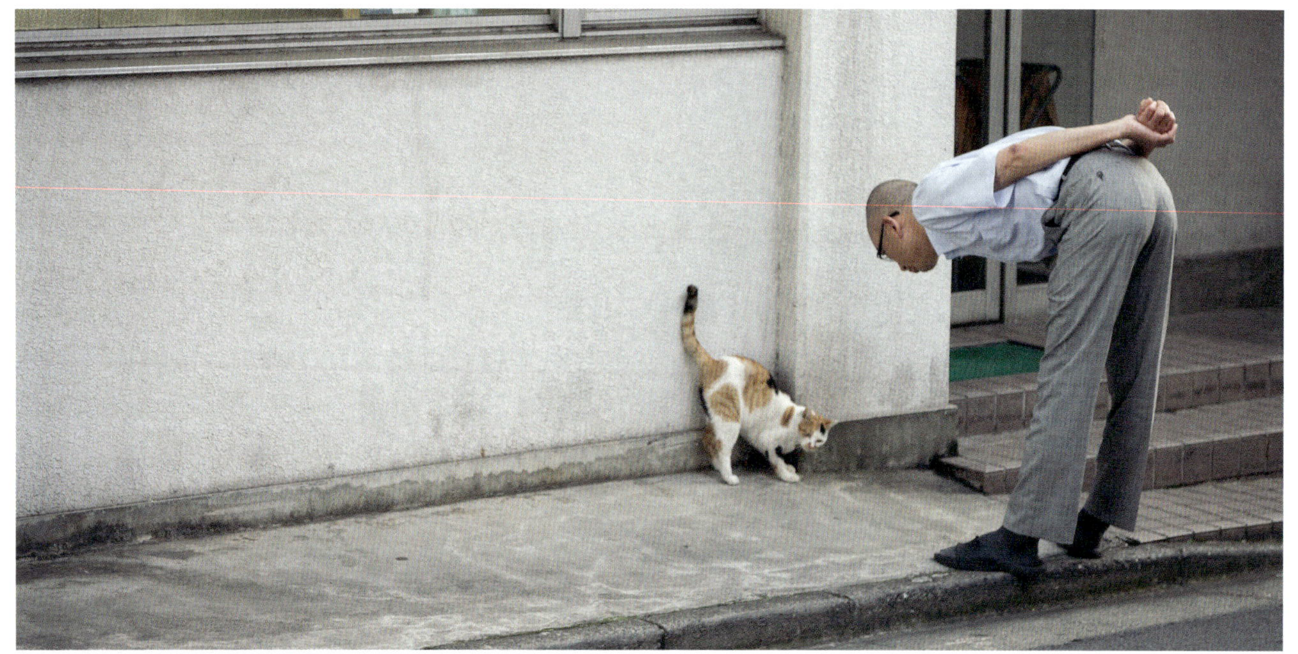

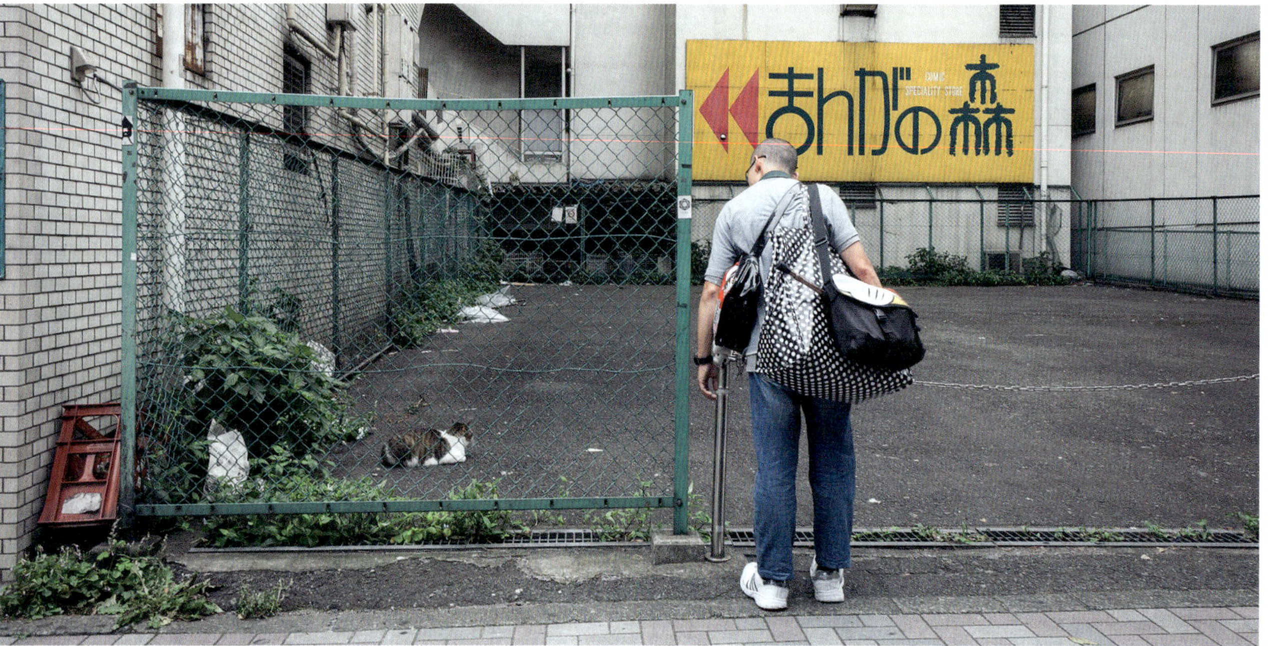

COMIC SPECIALITY SHOP
まんがの森

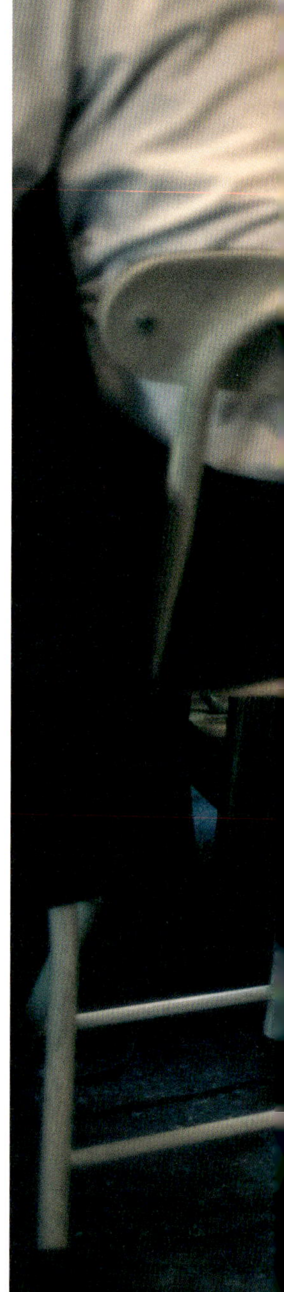

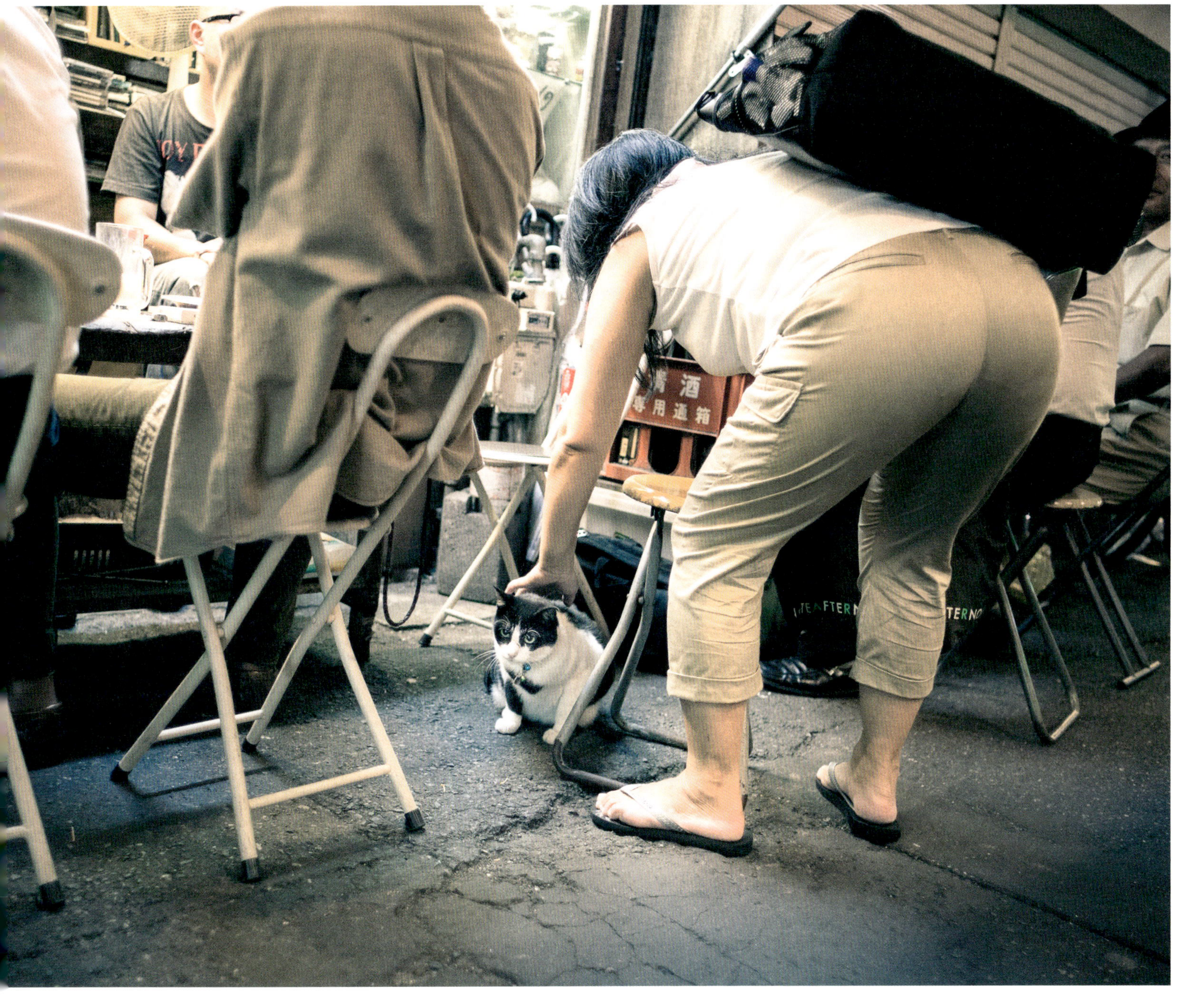

野良猫 ・
NORA NEKO

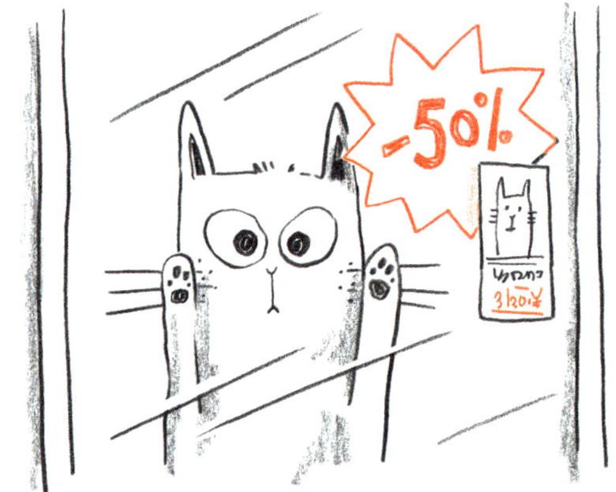

-5O%

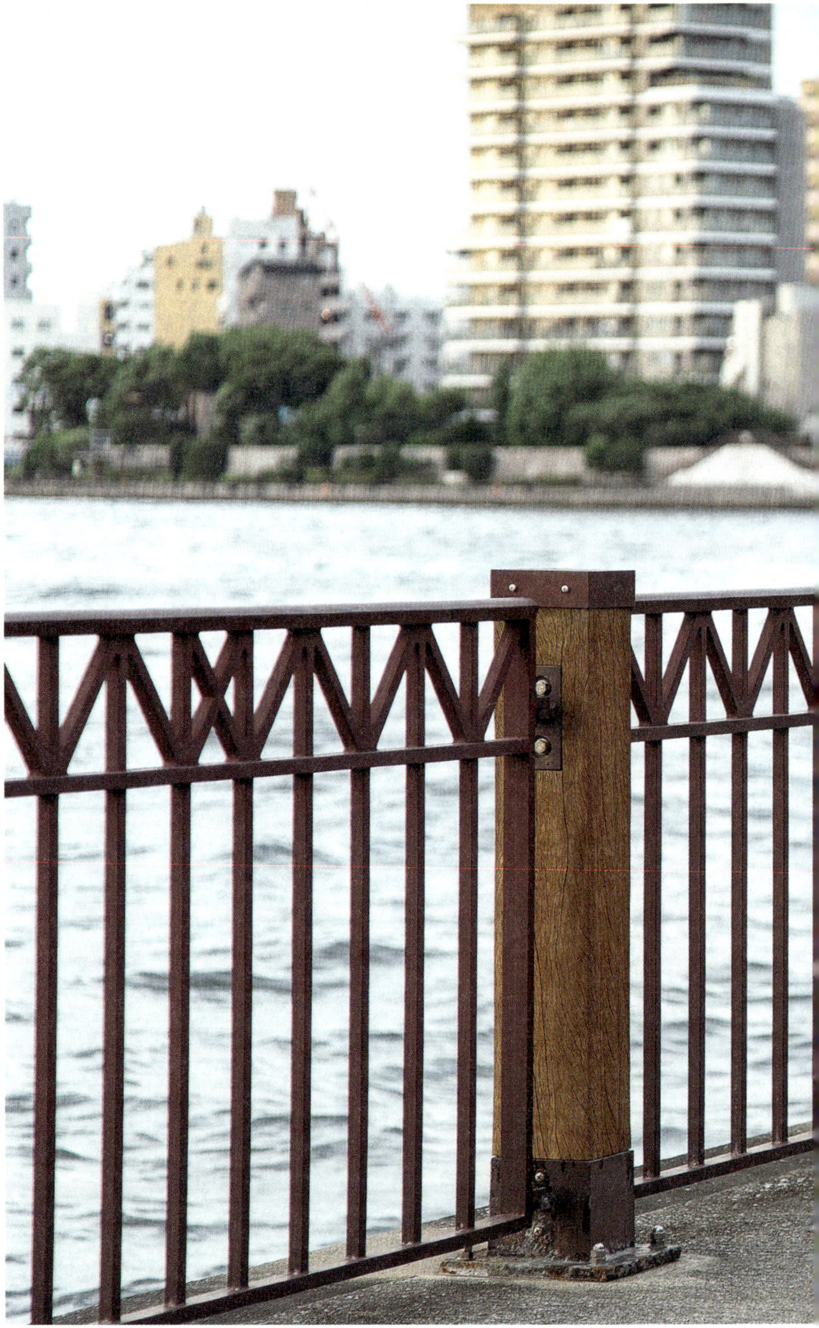

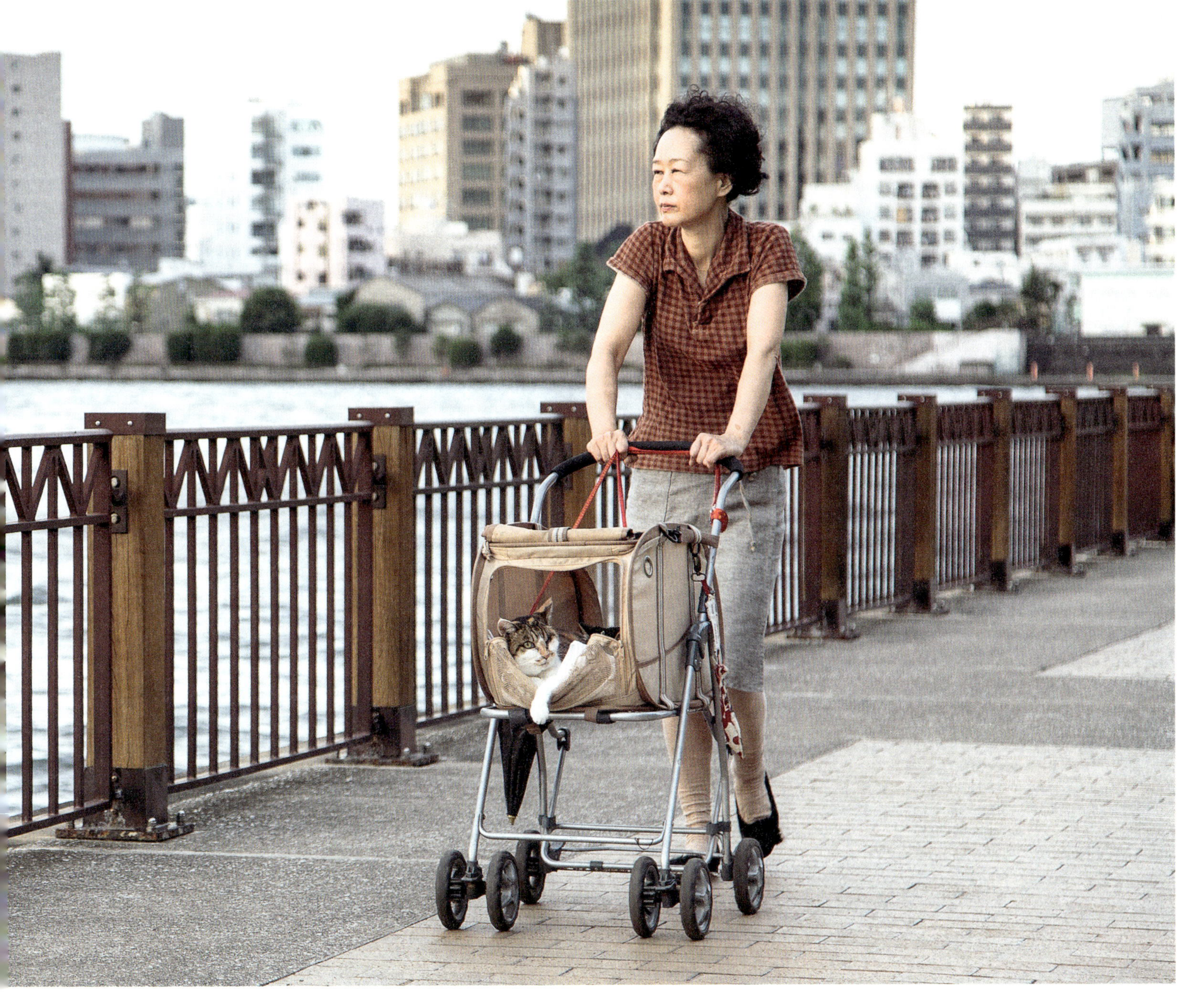

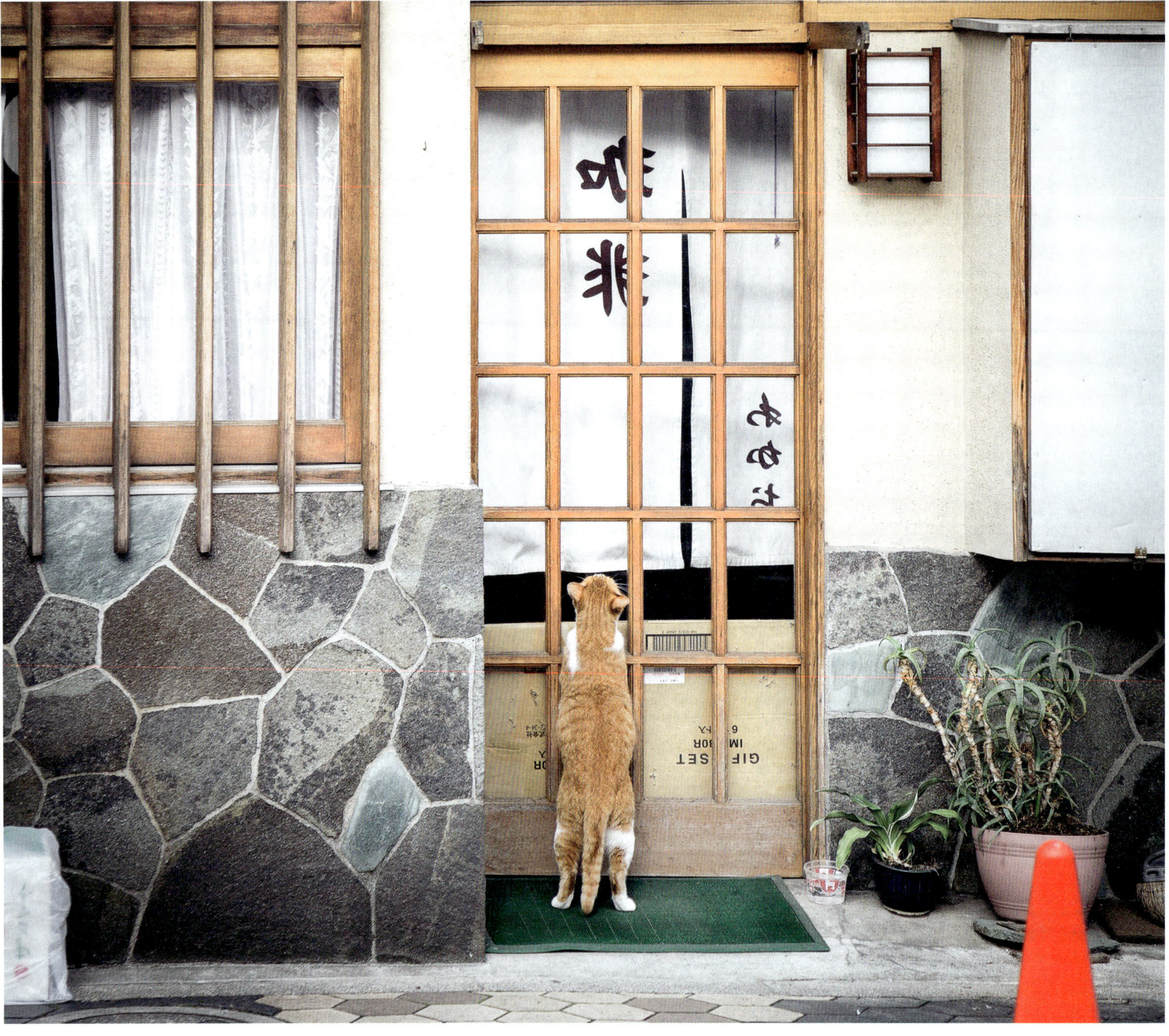
野良猫 ・
NORA NEKO ・

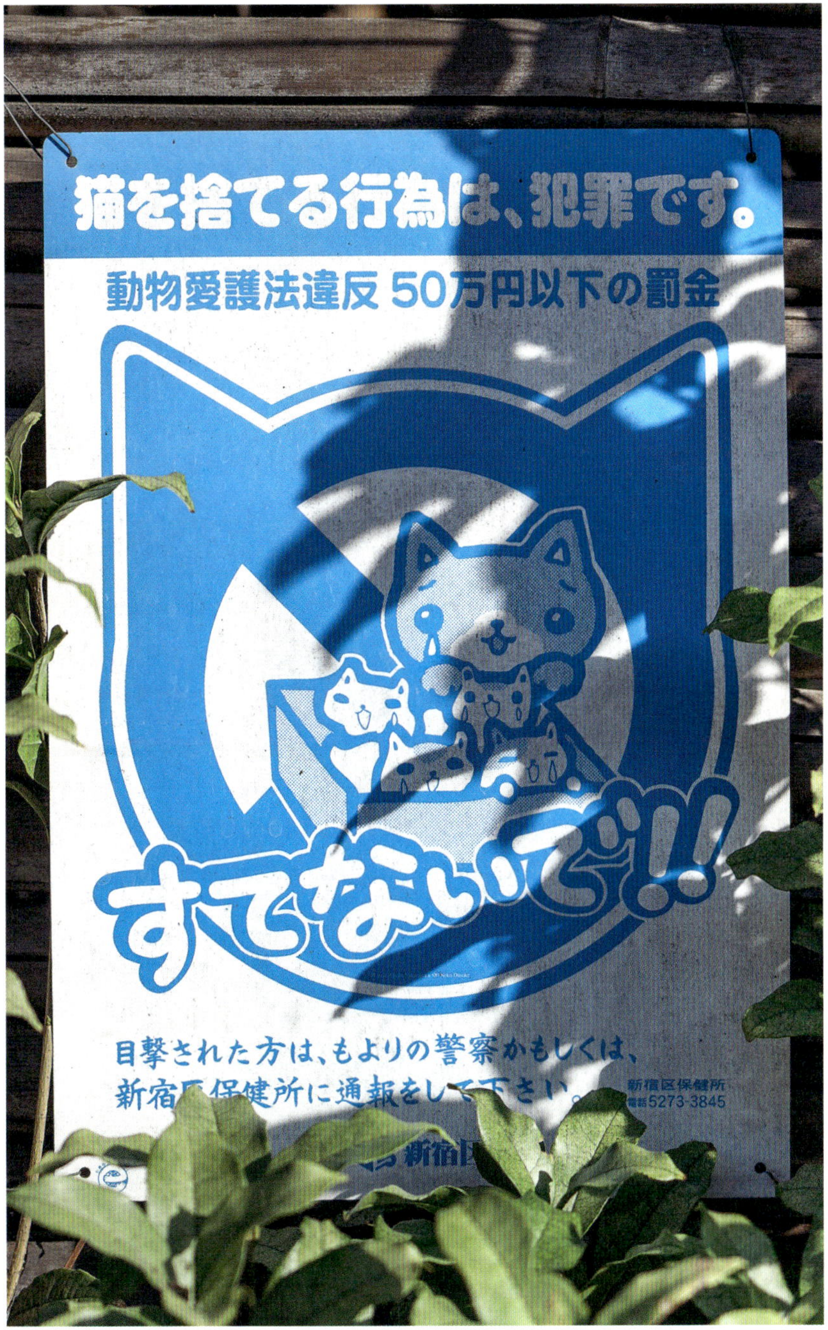

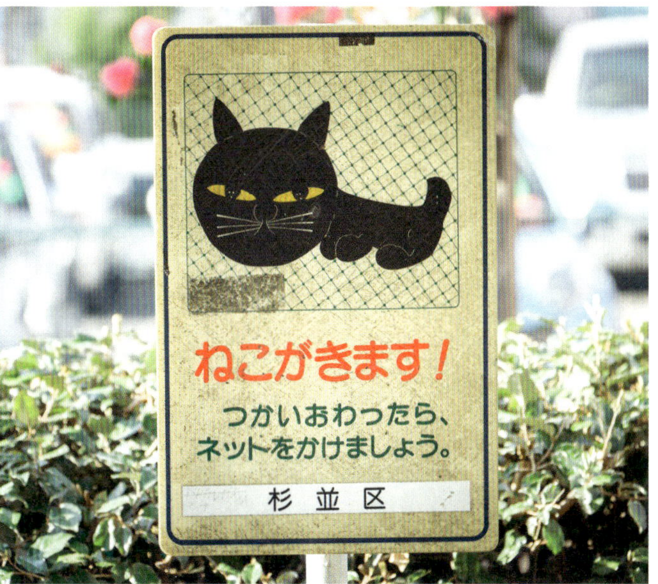

杉並 Suginami, Tokio: „Katzen streifen umher! Decken sie nach dem Spielen die Sandkästen mit Netzen ab."

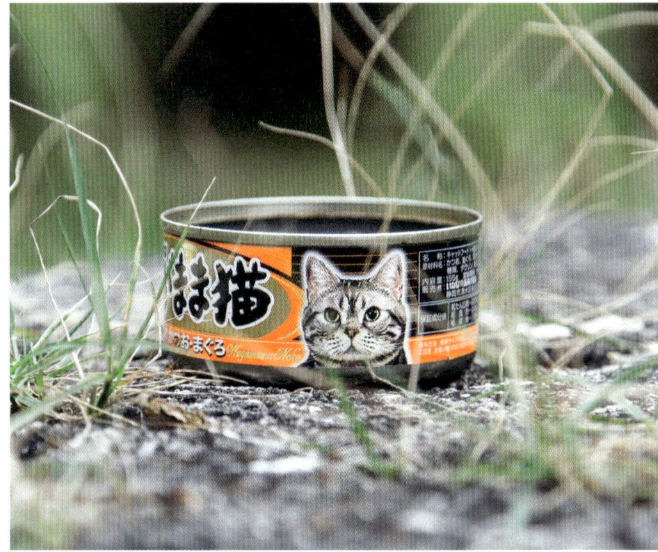

杉並 Suginami, Tokio: Obwohl es verboten ist, Katzen zu füttern, findet man oft leere Futterdosen in den Parks.

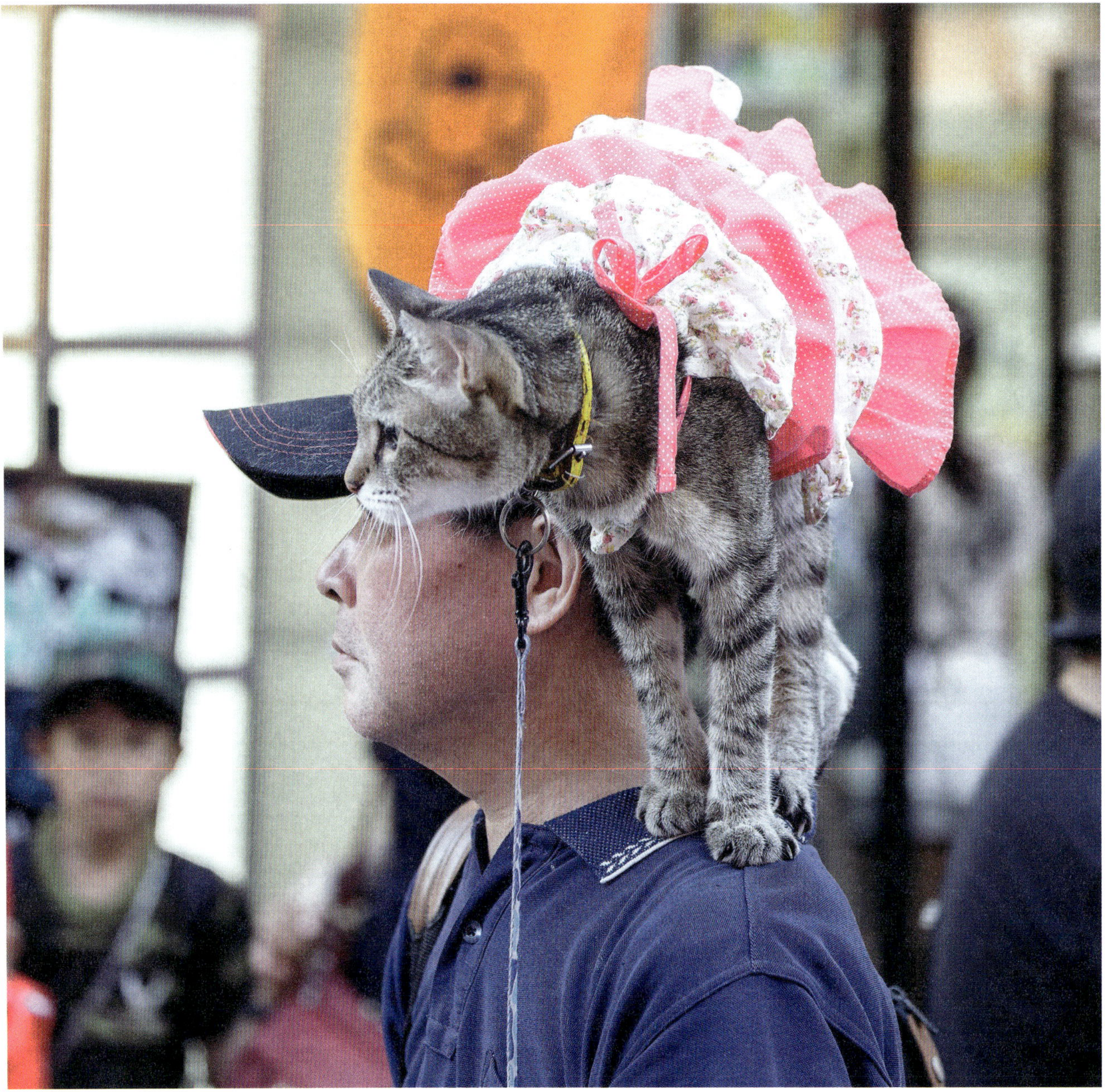

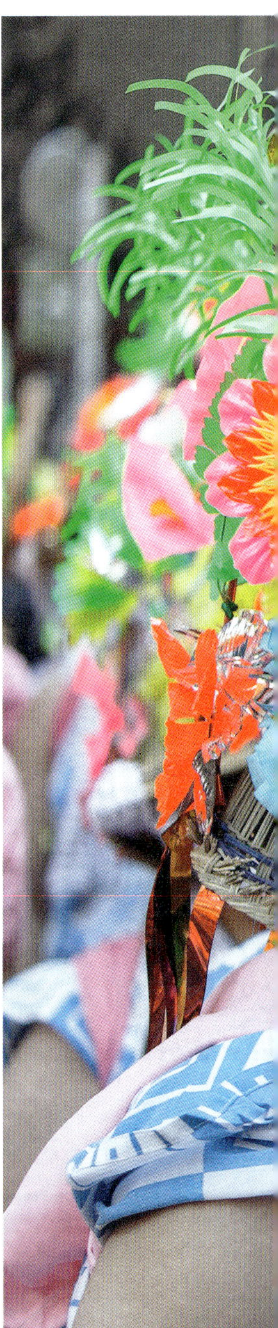

渋谷 Shibuya, Tokio: *Wer an einem traditionellen japanischen Volksfest (Matsuri) teilnimmt, kleidet sich entsprechend ein …*

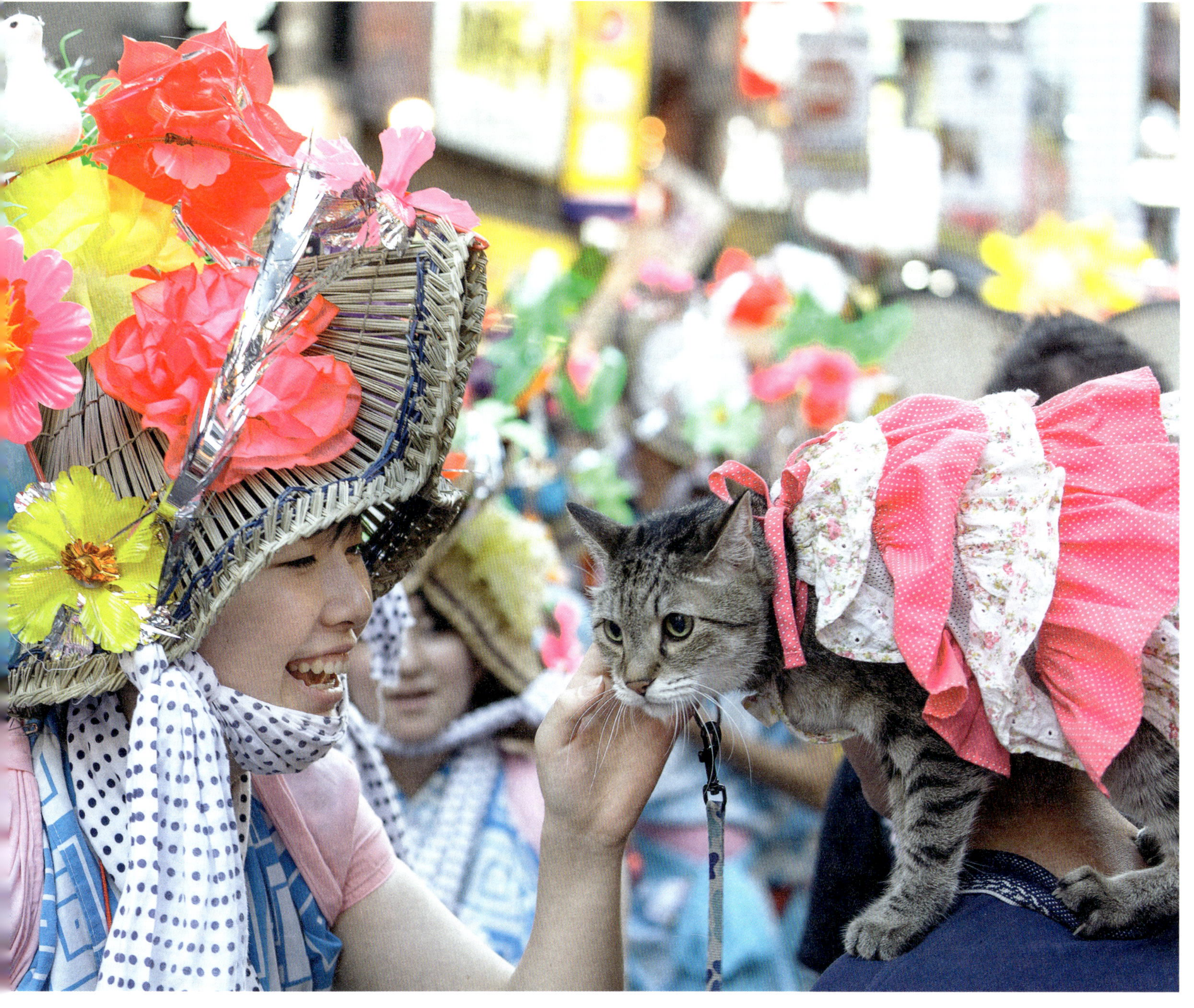

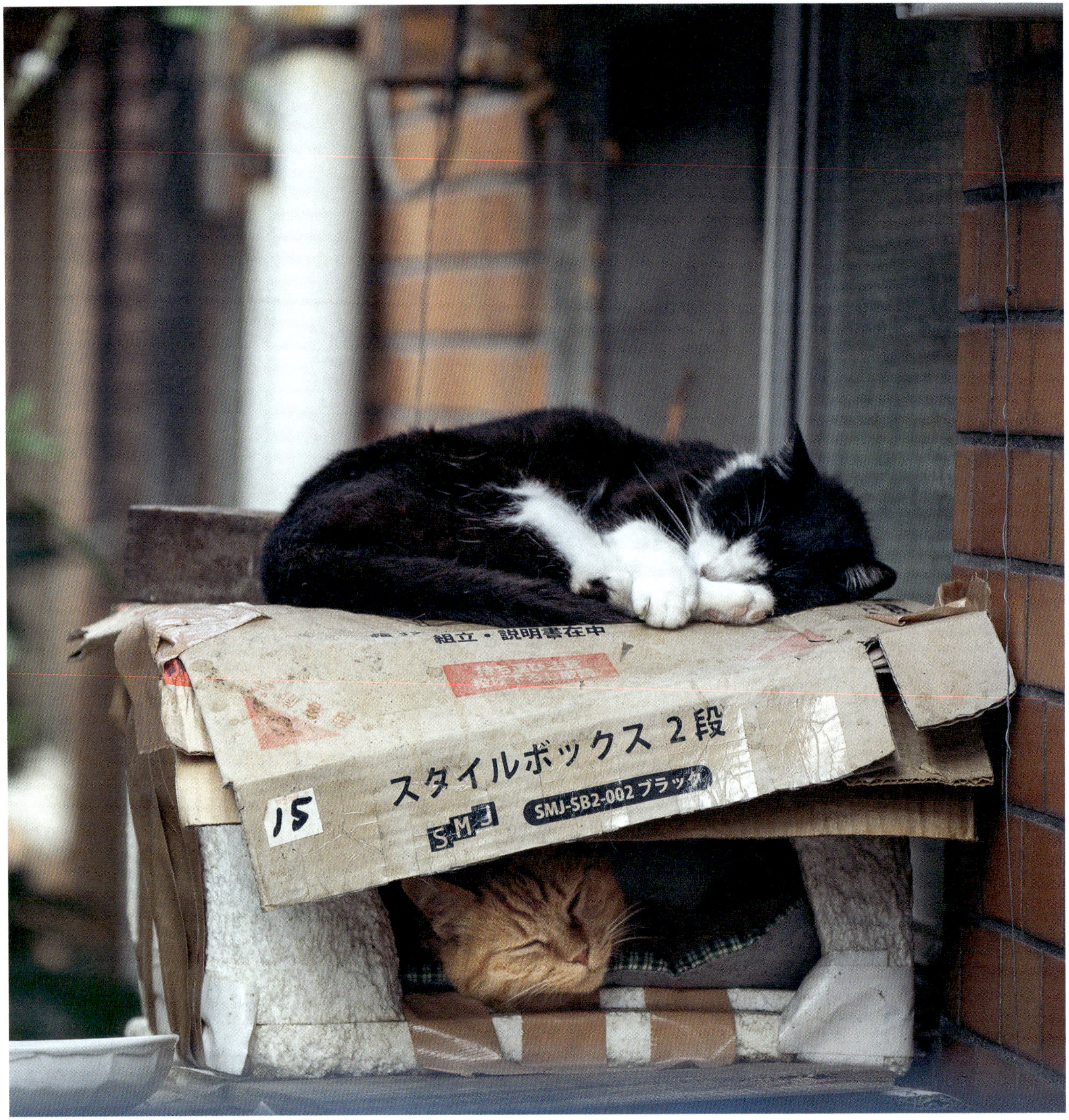

野良猫・NORA NEKO ・

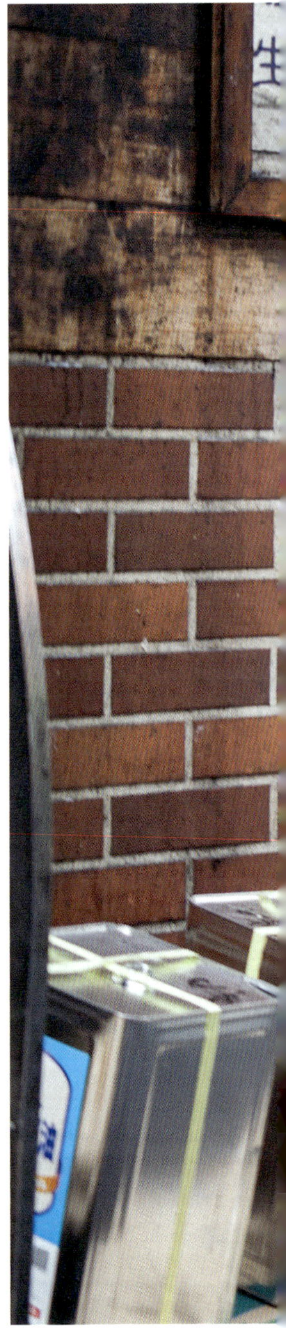

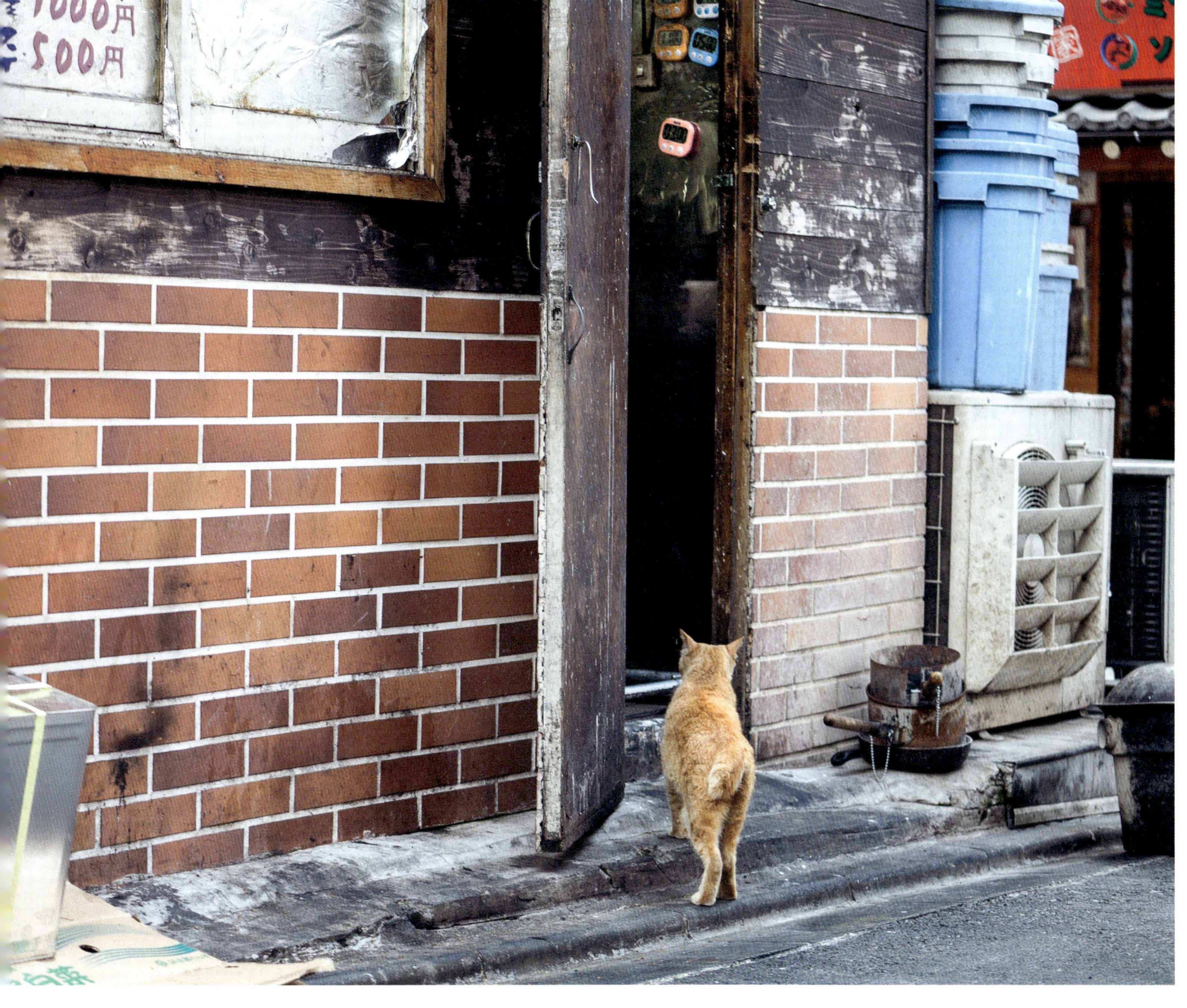

7000円
500円

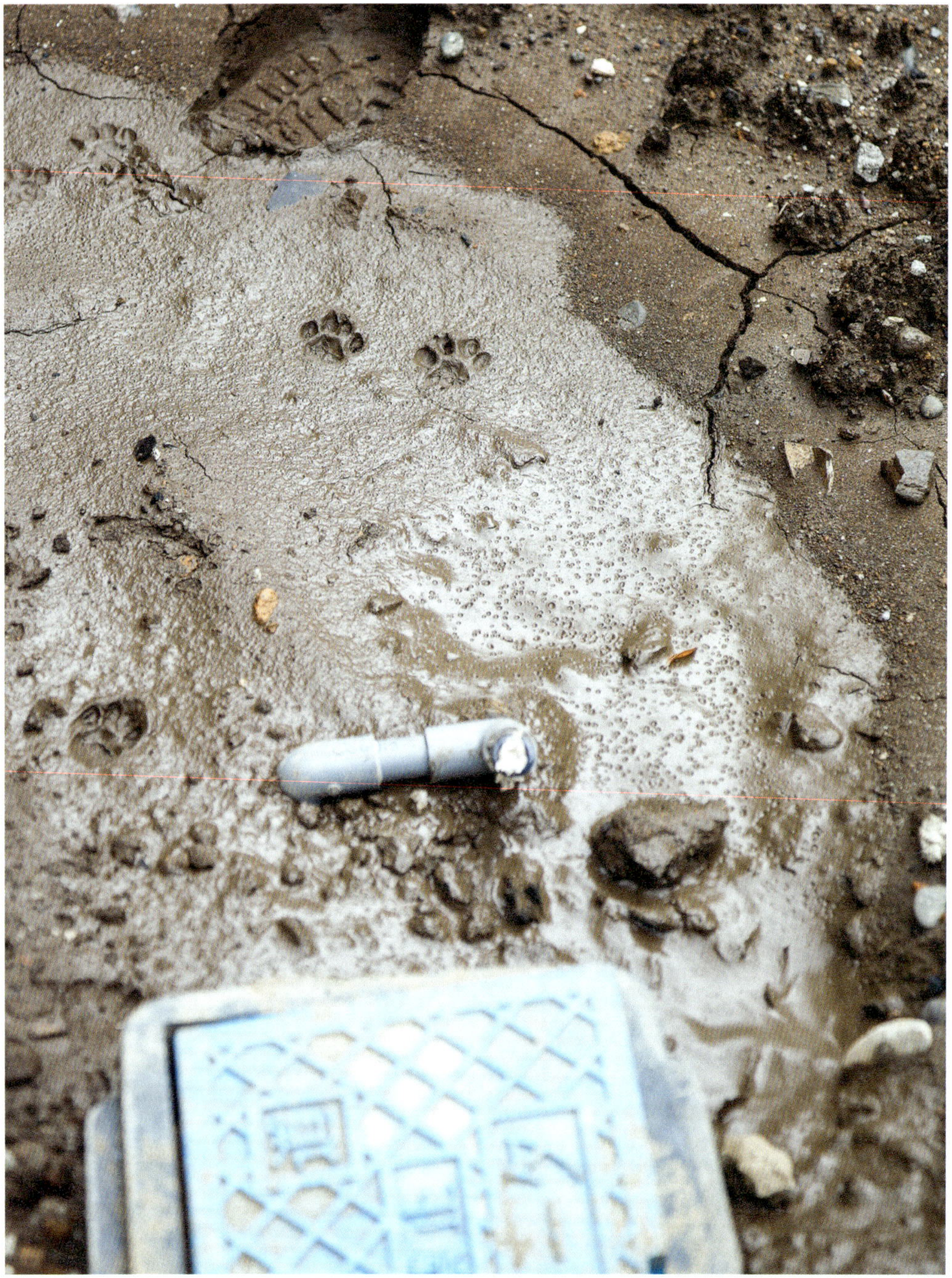

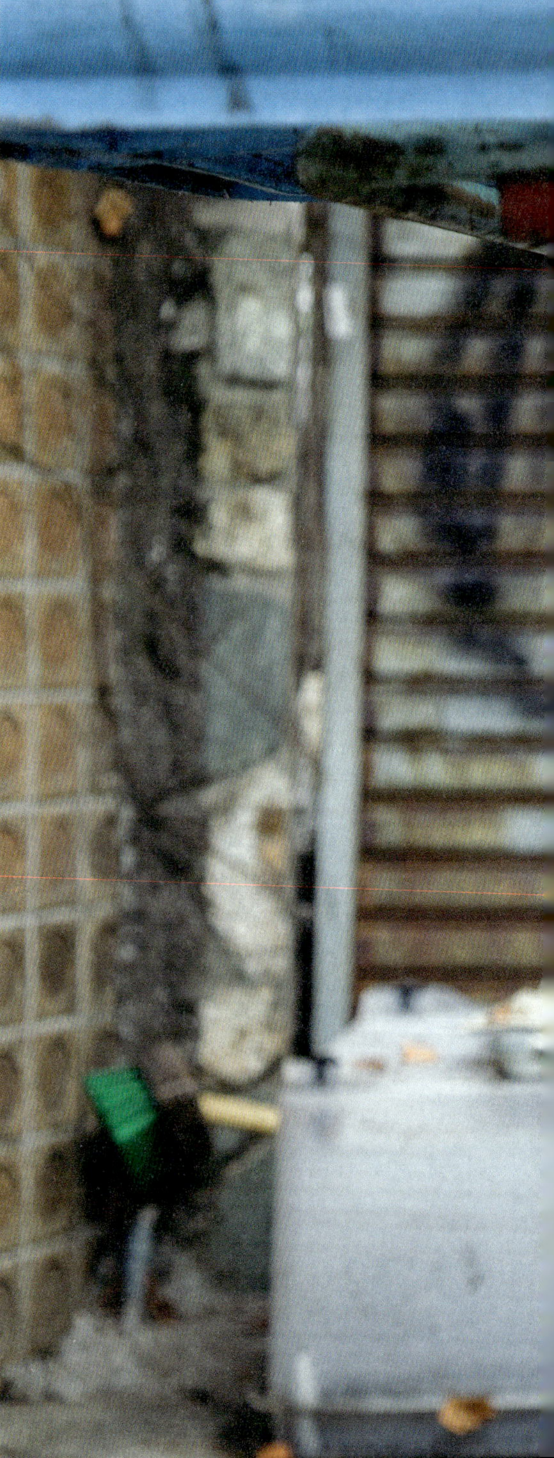

野良猫

NORA NEKO ·

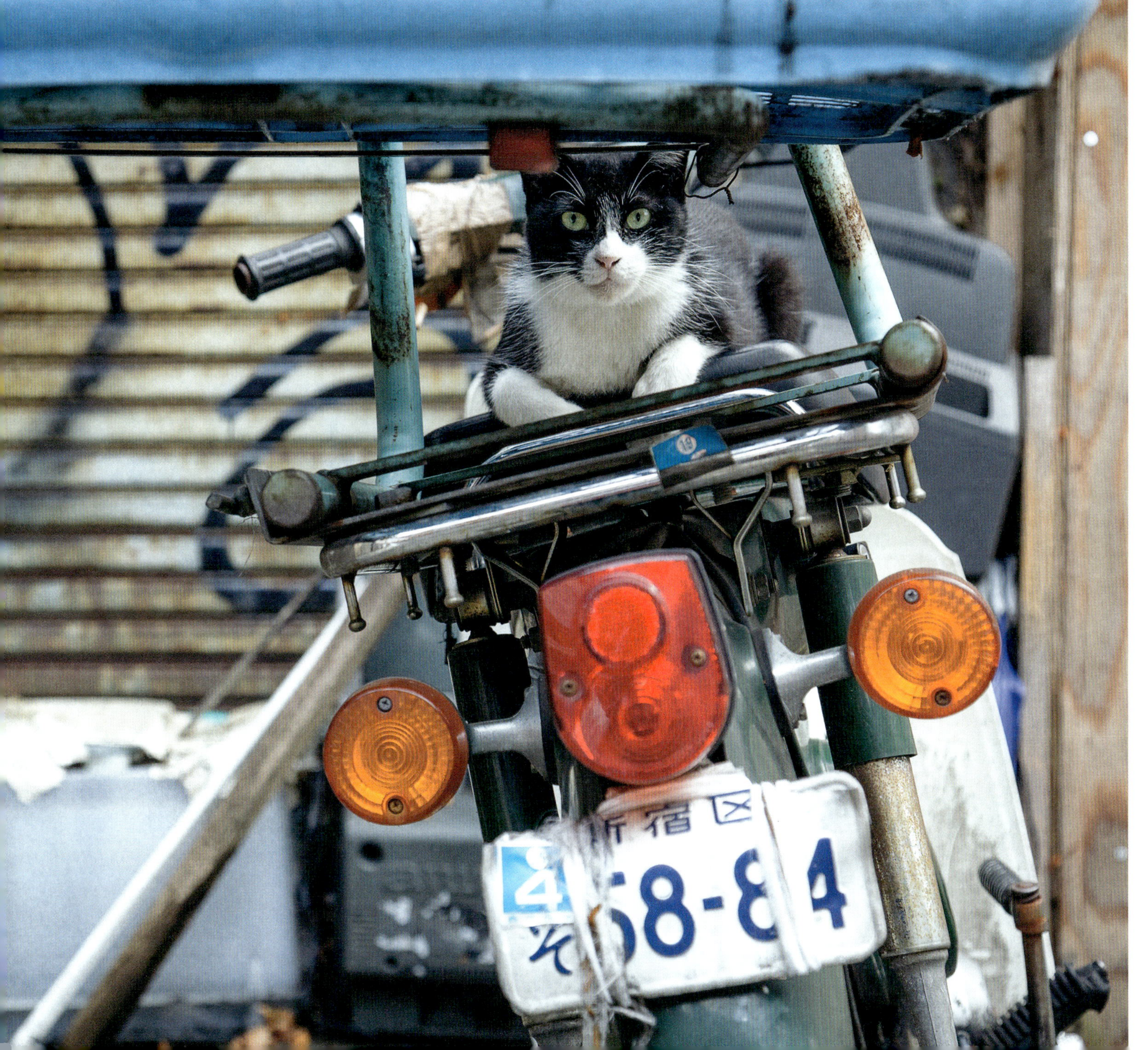

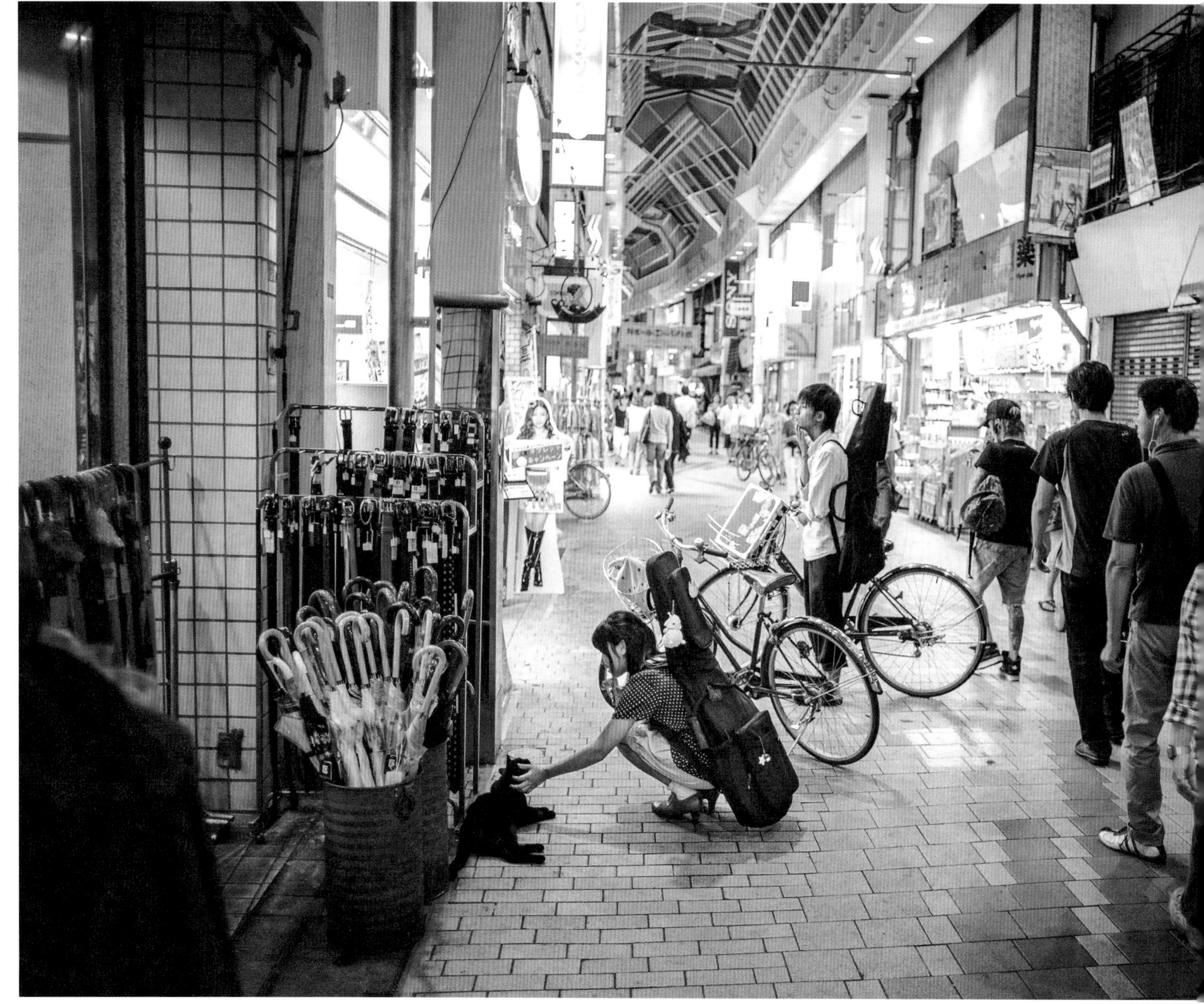

野良猫 ・

NORA NEKO

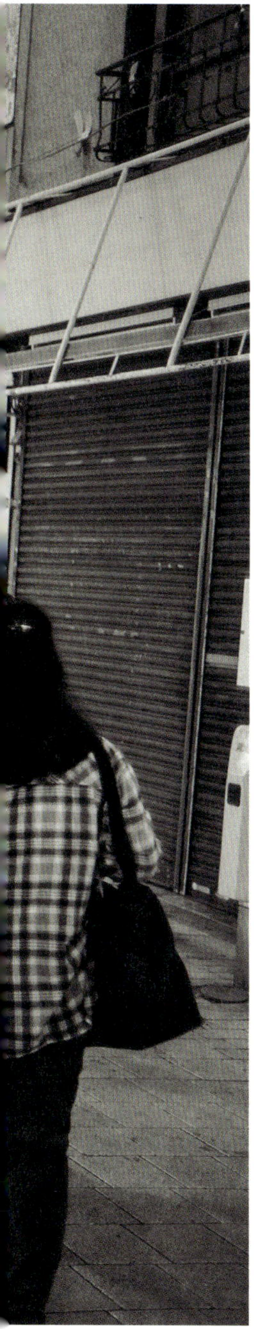

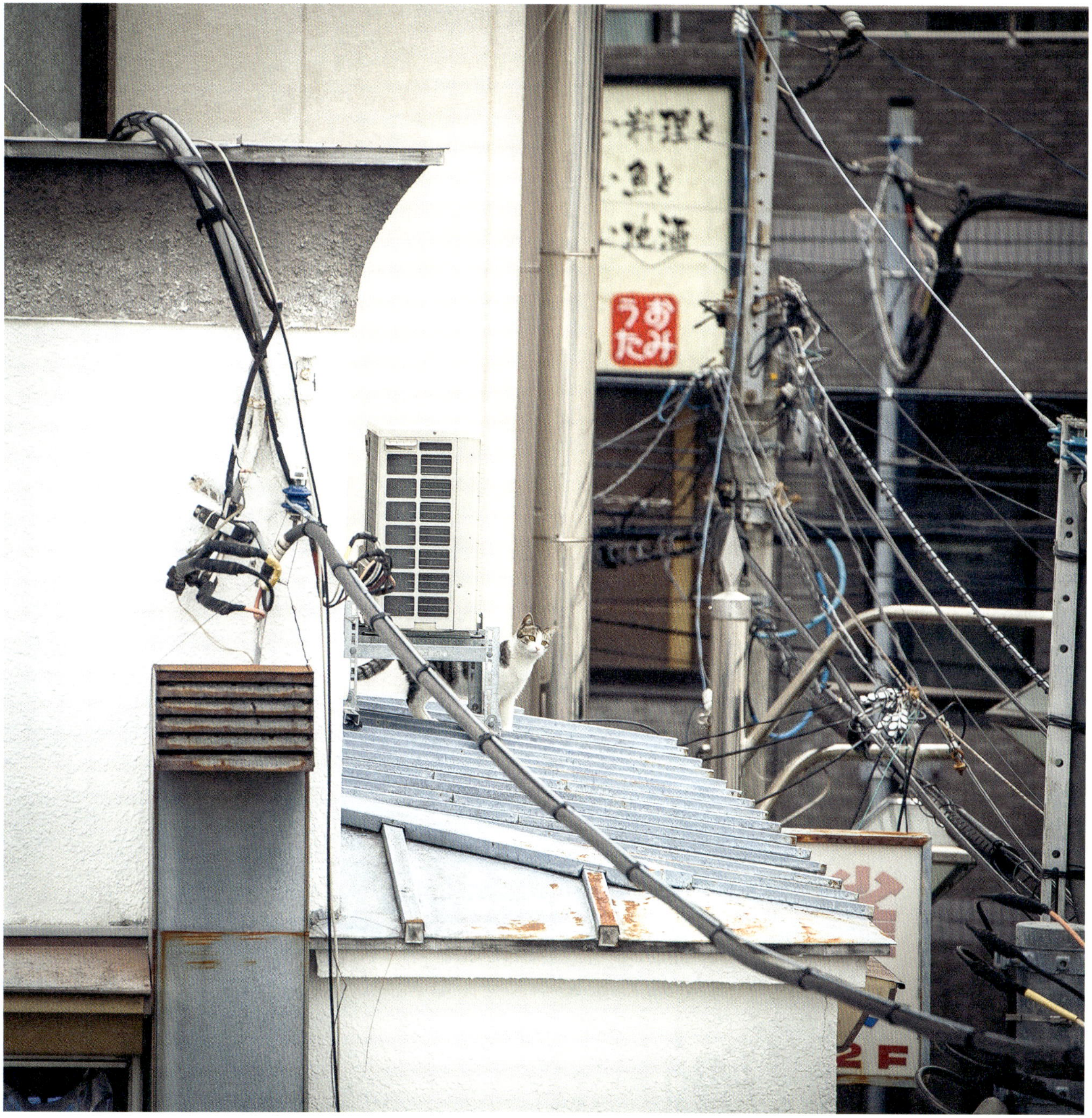

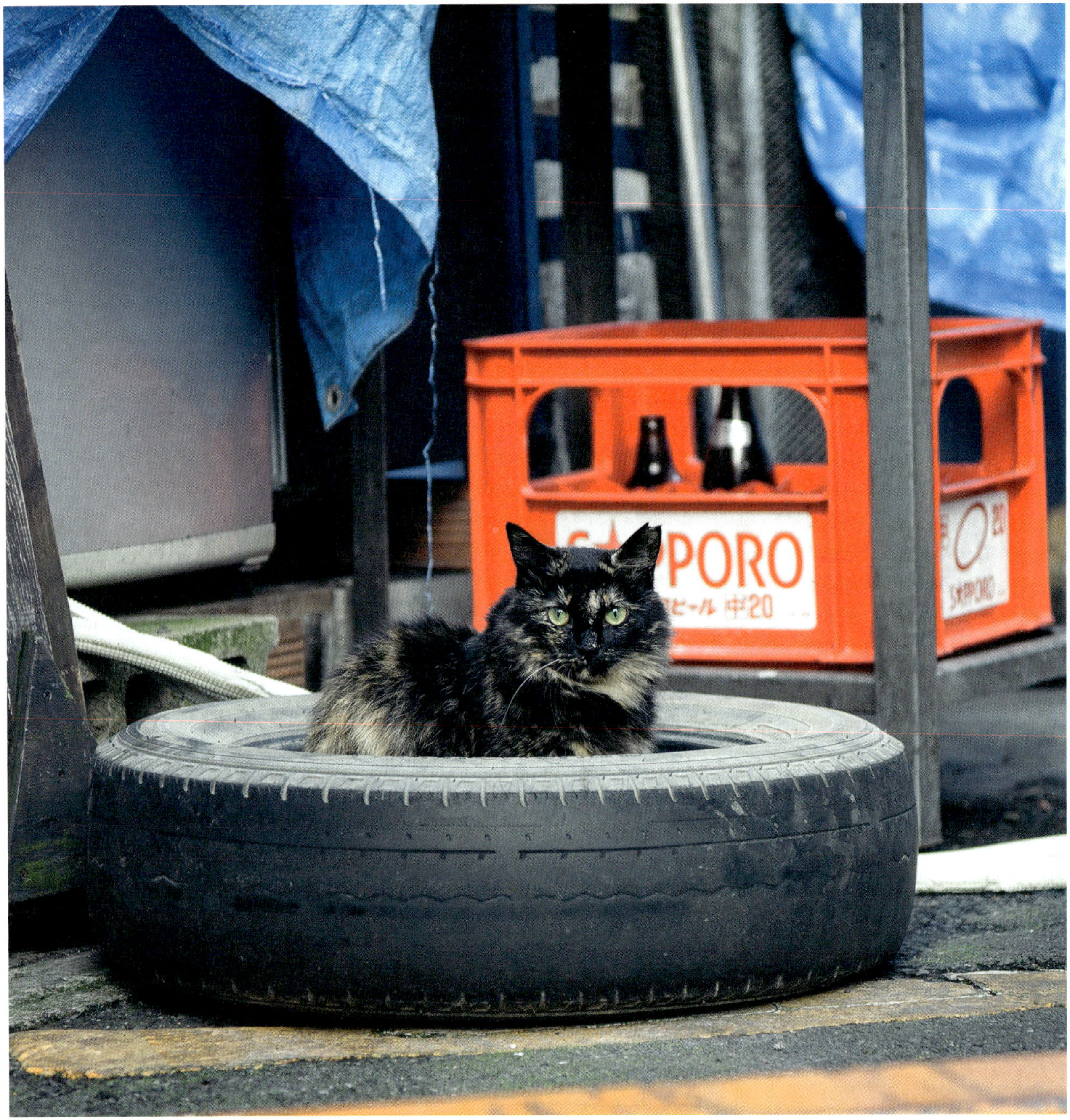

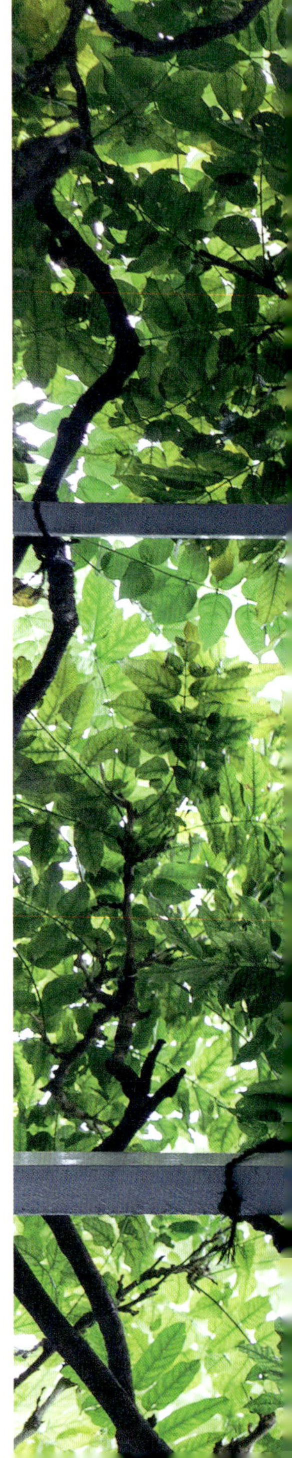
野良猫・NORA NEKO

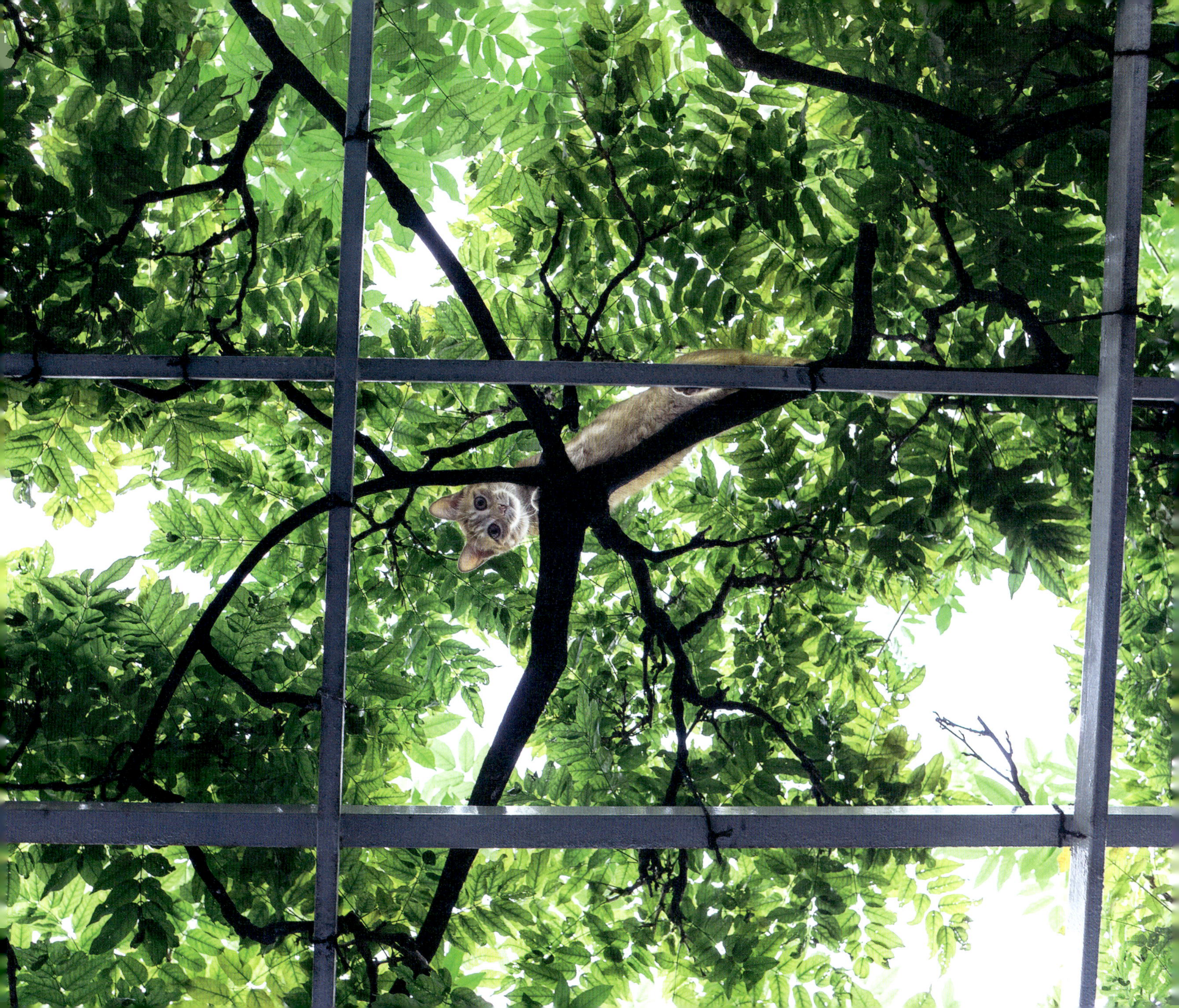

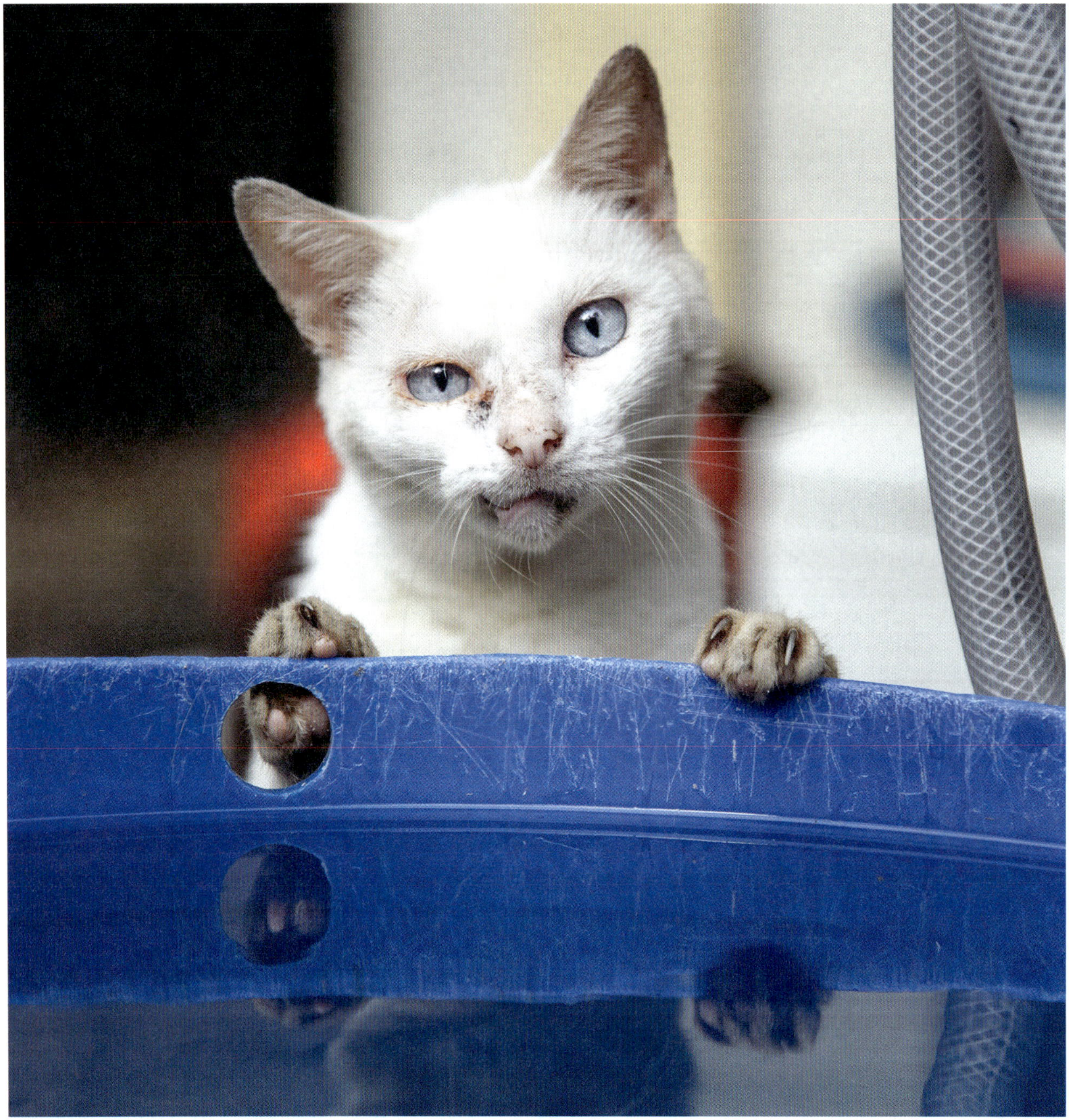

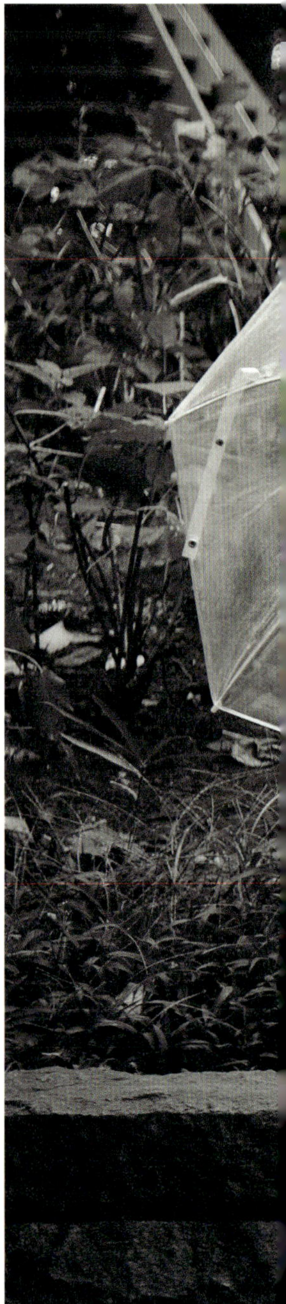

野良猫 ・ NORA NEKO

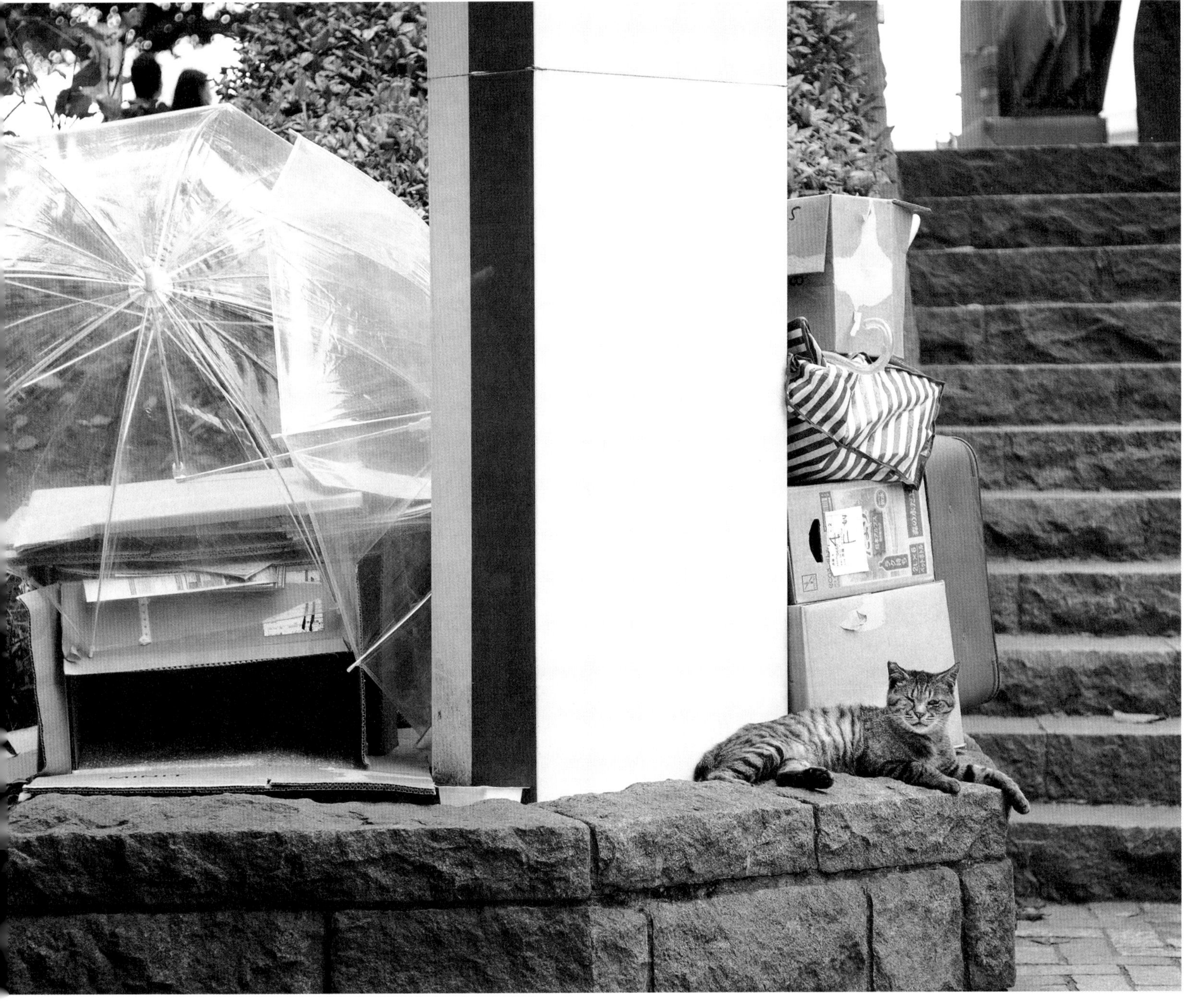

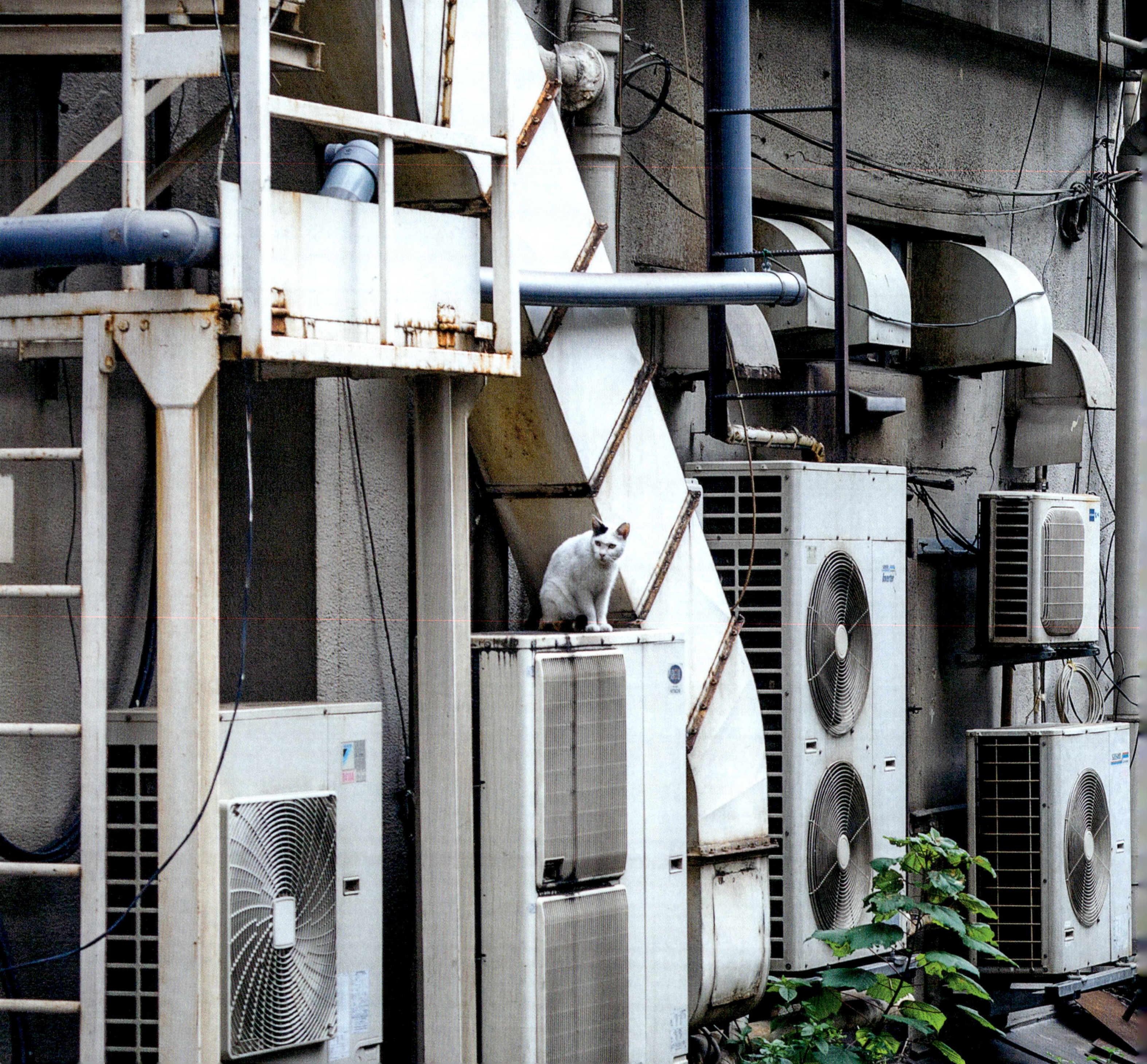
野良猫 ・
NORA NEKO

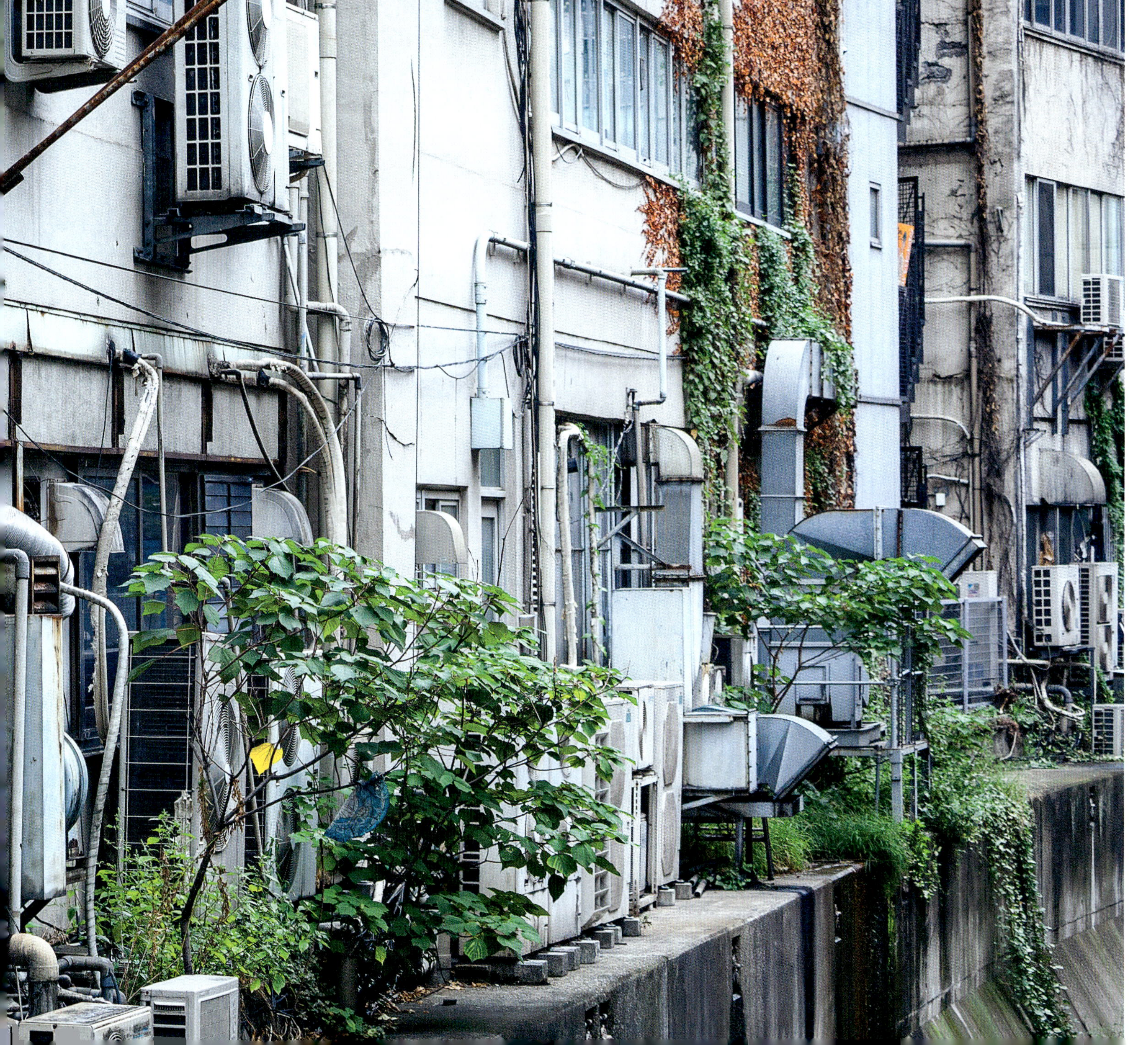

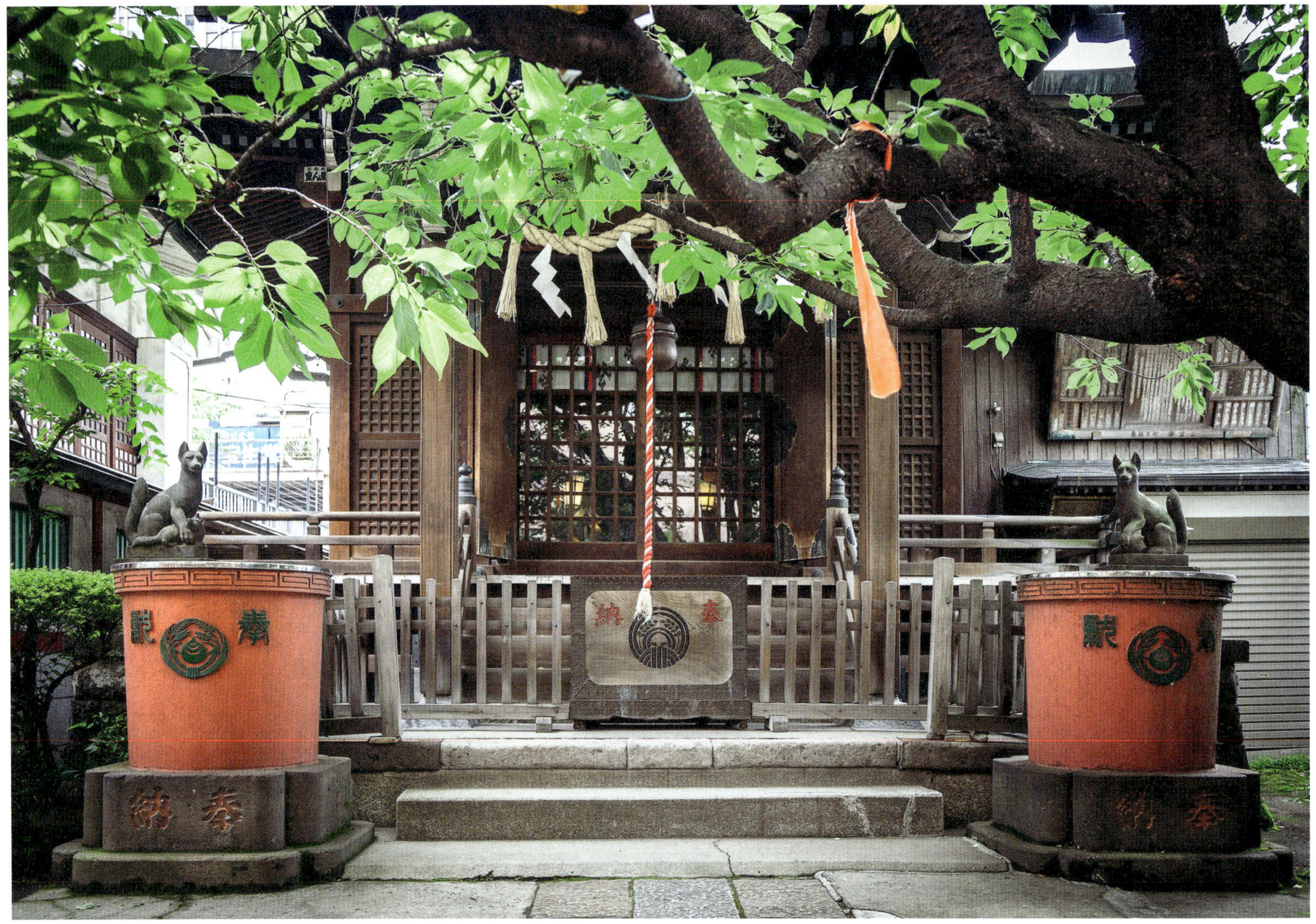

Das kleine Heiligtum von Yanagimori

NORA NEKO

野良猫
柳森神社

Akihabara, das Viertel der Manga und des Vergnügens, beherbergt auch einige versteckte Tempel und Heiligtümer. Verborgen zwischen Bahngleisen, einem Kanal und einer Reihe von Gebäuden ist das Heiligtum Yanagimori, ein kleiner Hafen des Friedens. Man kommt hierher, um zu beten oder sucht sich eine Bank für die Mittagspause – dabei kann man noch zwei Katzen streicheln, die dort schlafen.

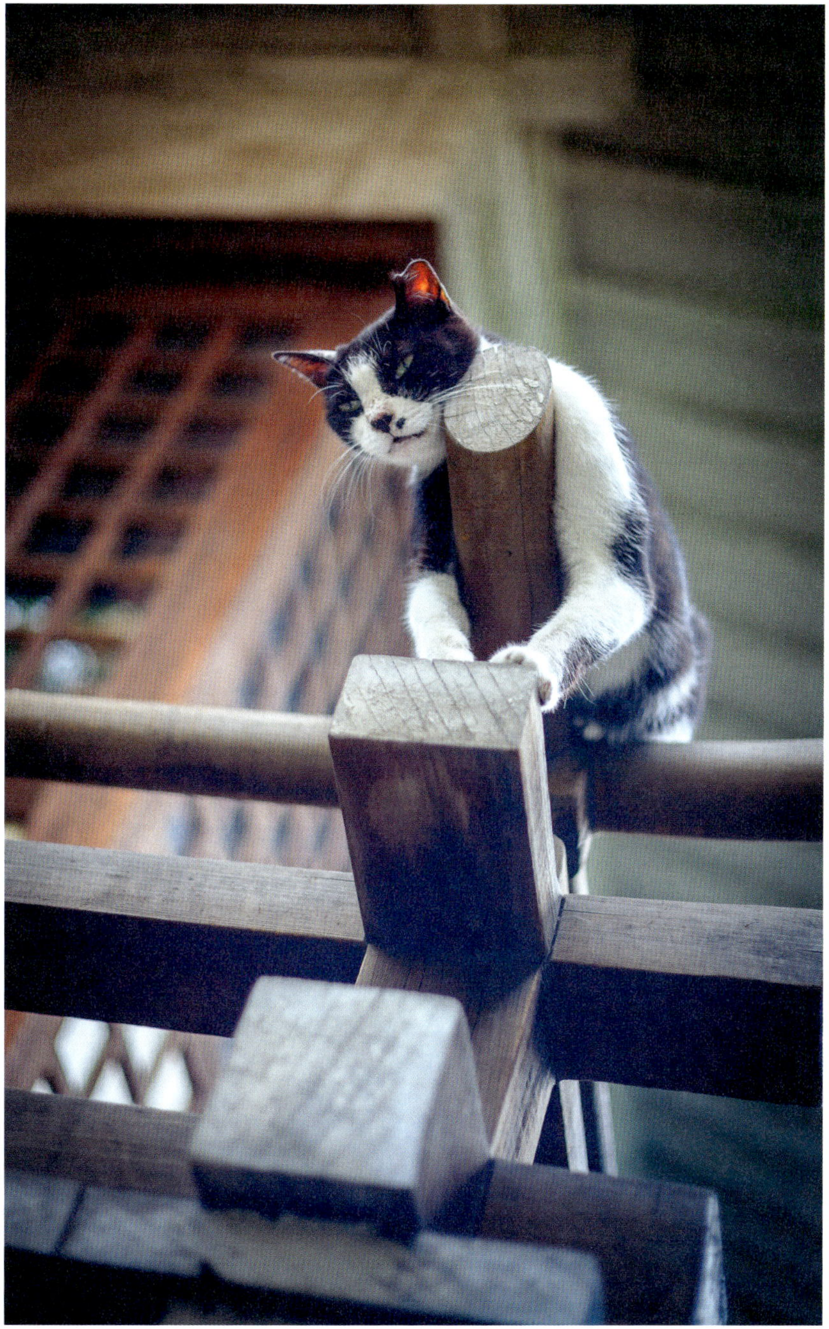

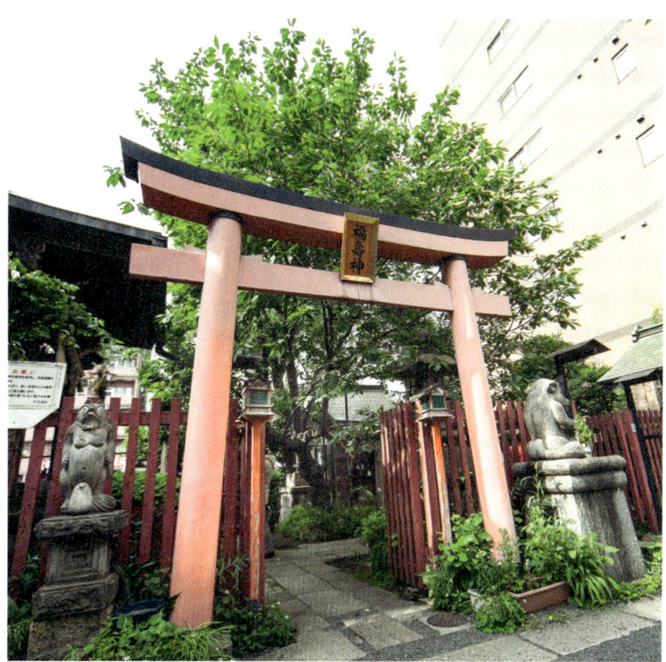

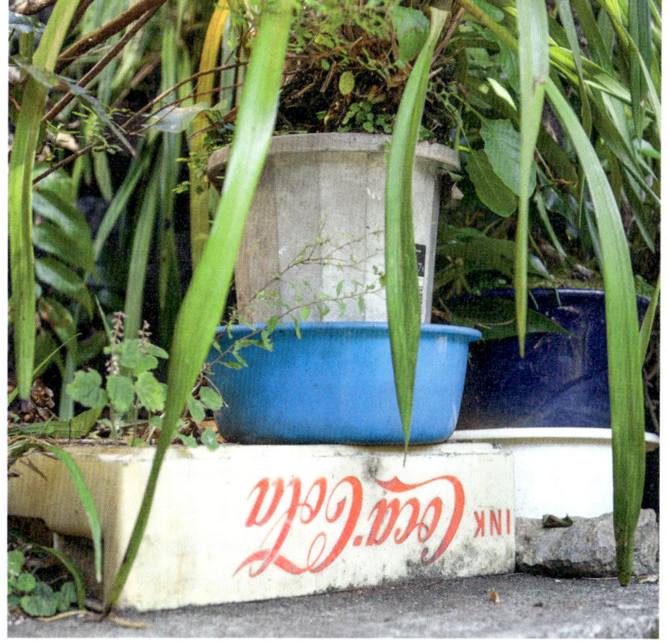

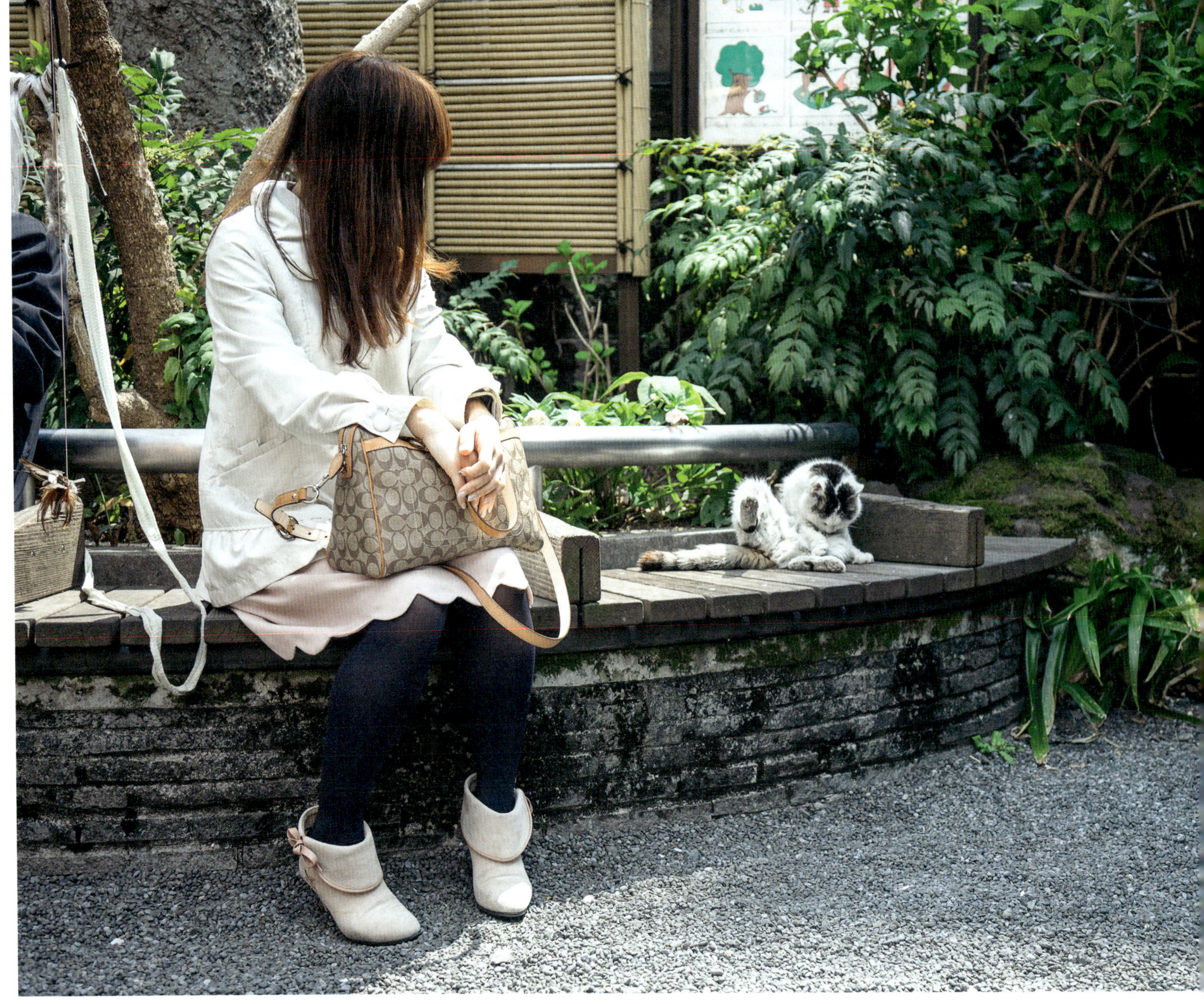

野良猫・NORA NEKO・

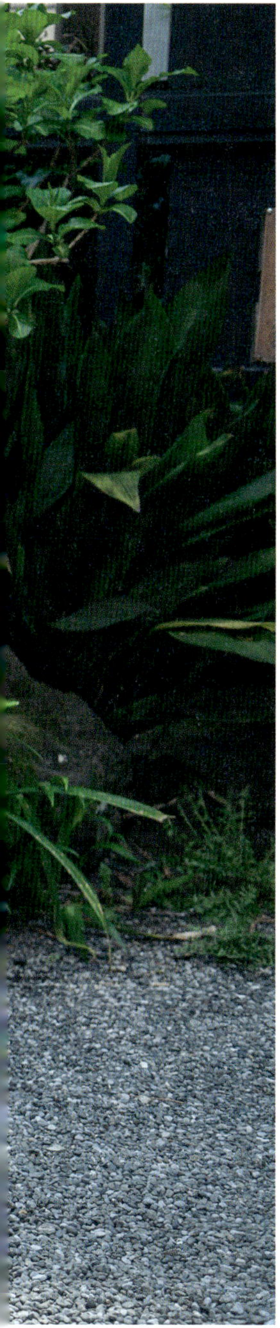

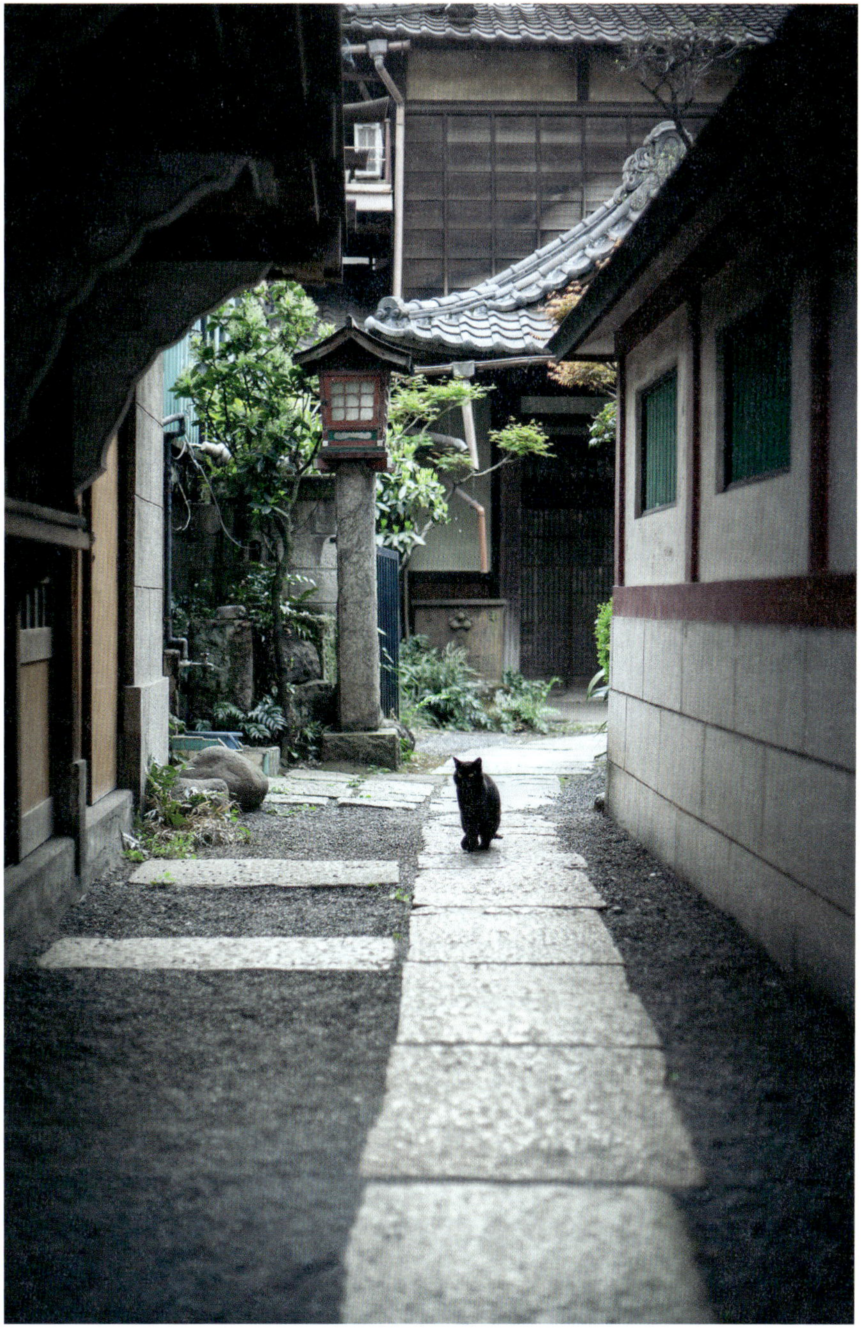

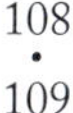

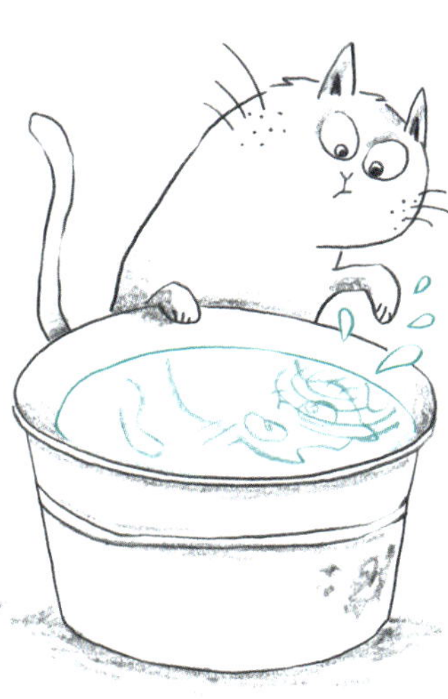

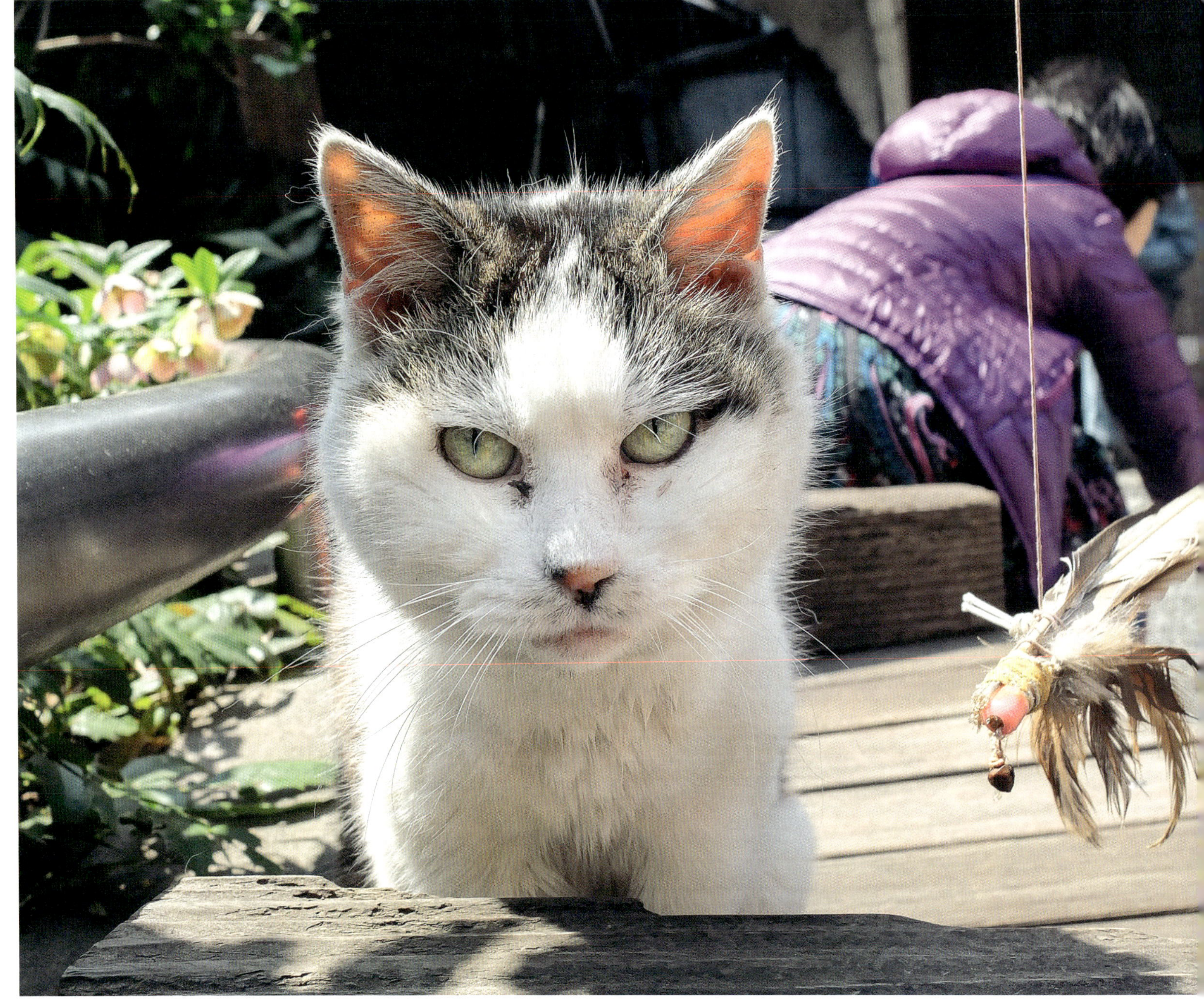

野良猫・
NORA NEKO

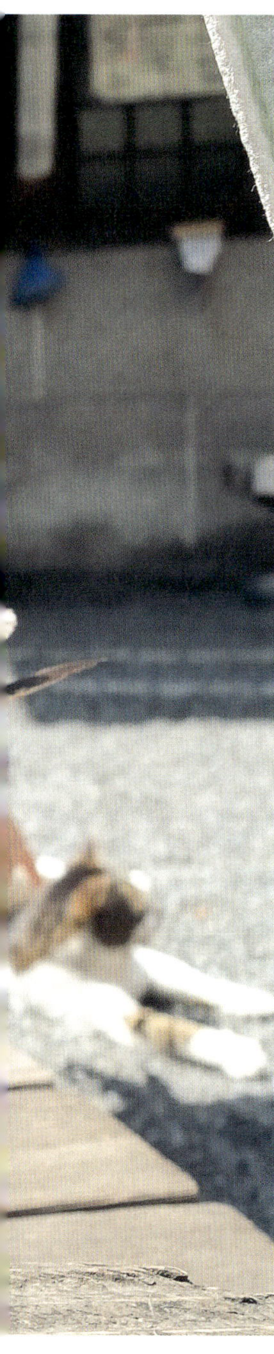

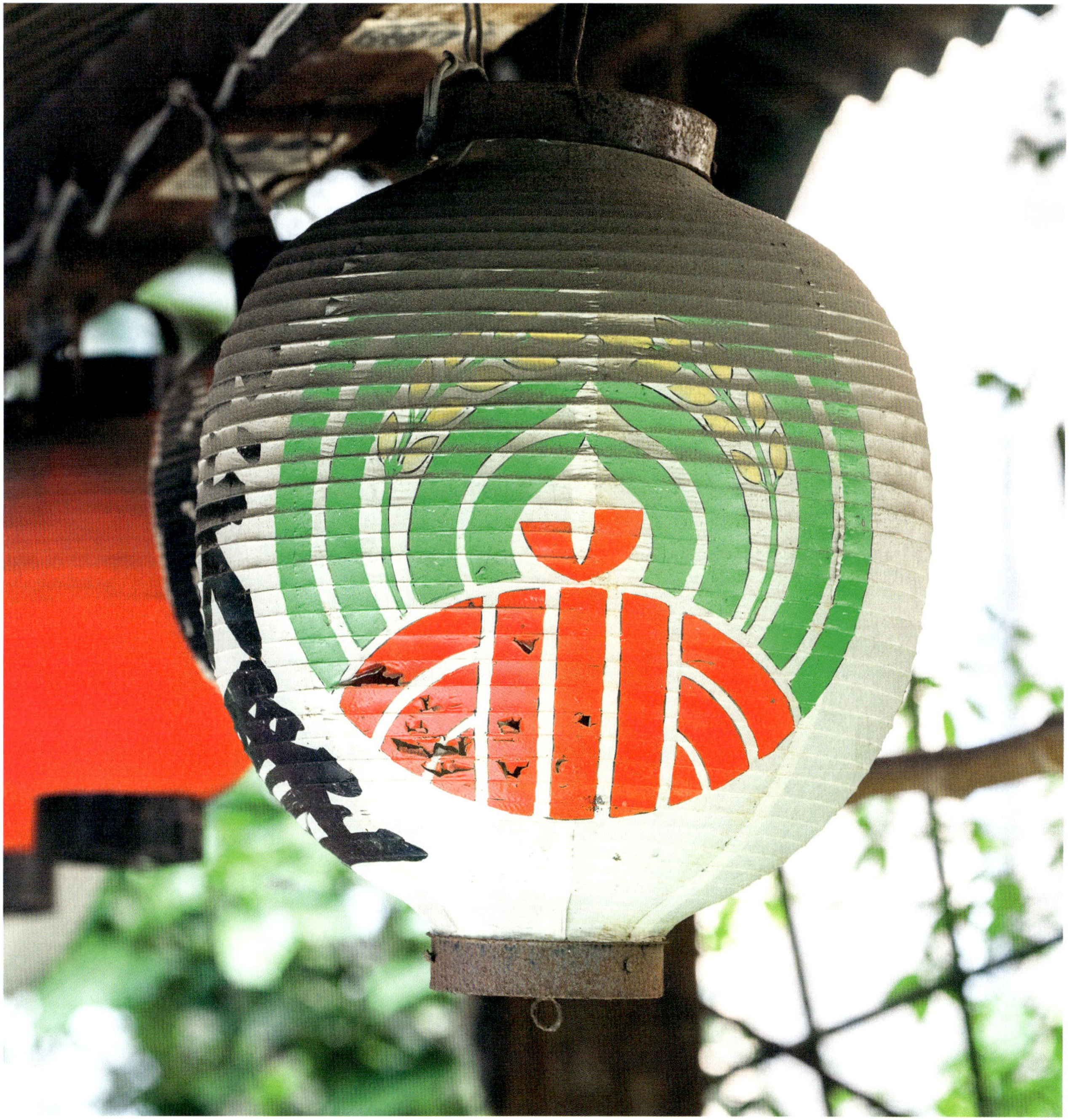

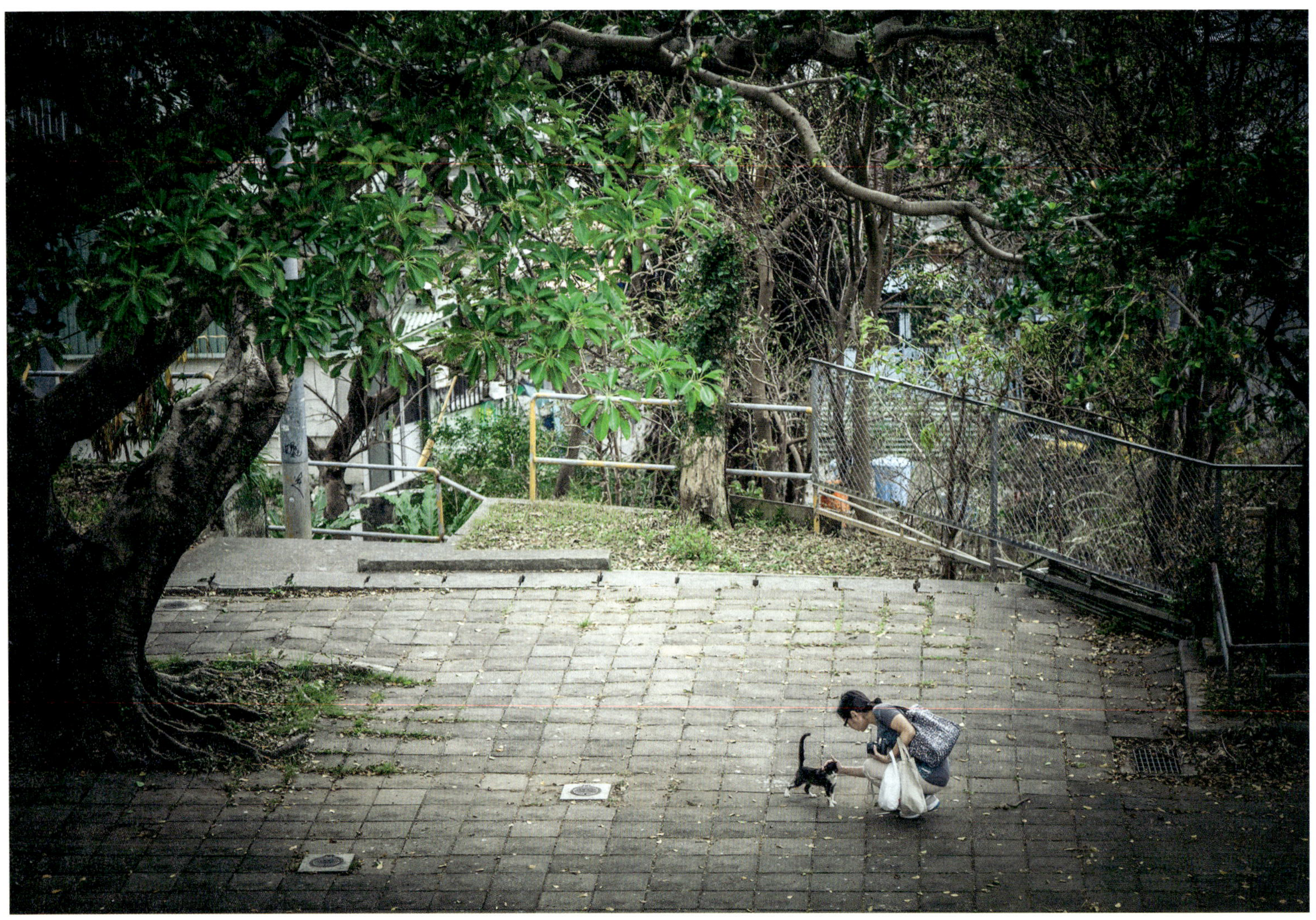

Der verlassene Park von Naha 野良猫

NORA NEKO

Naha ist eine Stadt auf der Hauptinsel von Okinawa. Ich schlendere durch die Straßen mit Haushaltswarengeschäften, ein wenig abgelegen vom Zentrum der Stadt. Ich erspähe eine Katze in einem sehr engen Gässchen. Ich folge ihr und komme zu einem Park dessen eine Hälfte ungepflegt und verlassen ist. Hier haben es sich etwa ein Dutzend Streunerkatzen im Sonnenschein bequem gemacht. Es ist heiss. Der Park ist fast menschenleer. Die Zeit scheint still zu stehen.

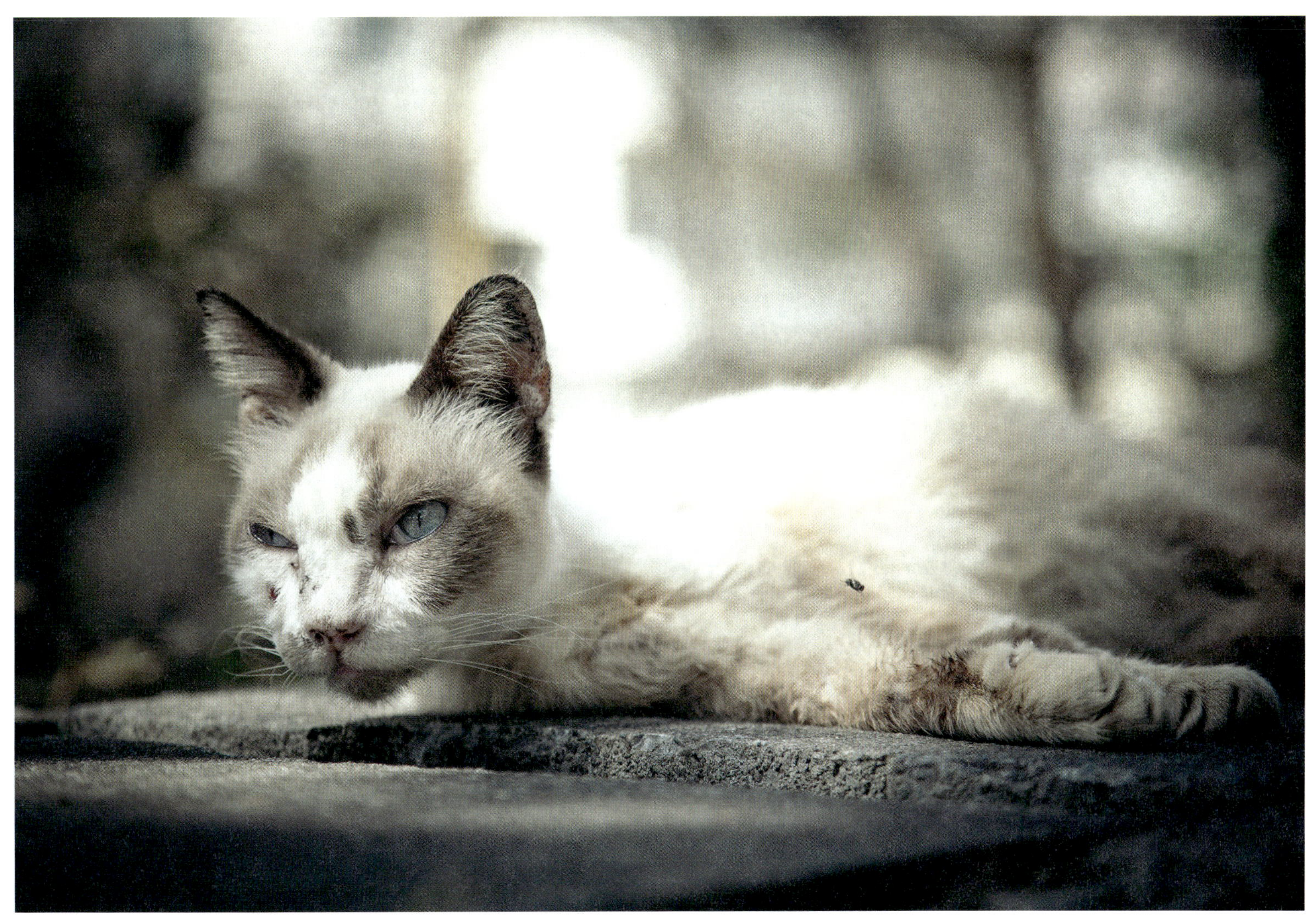

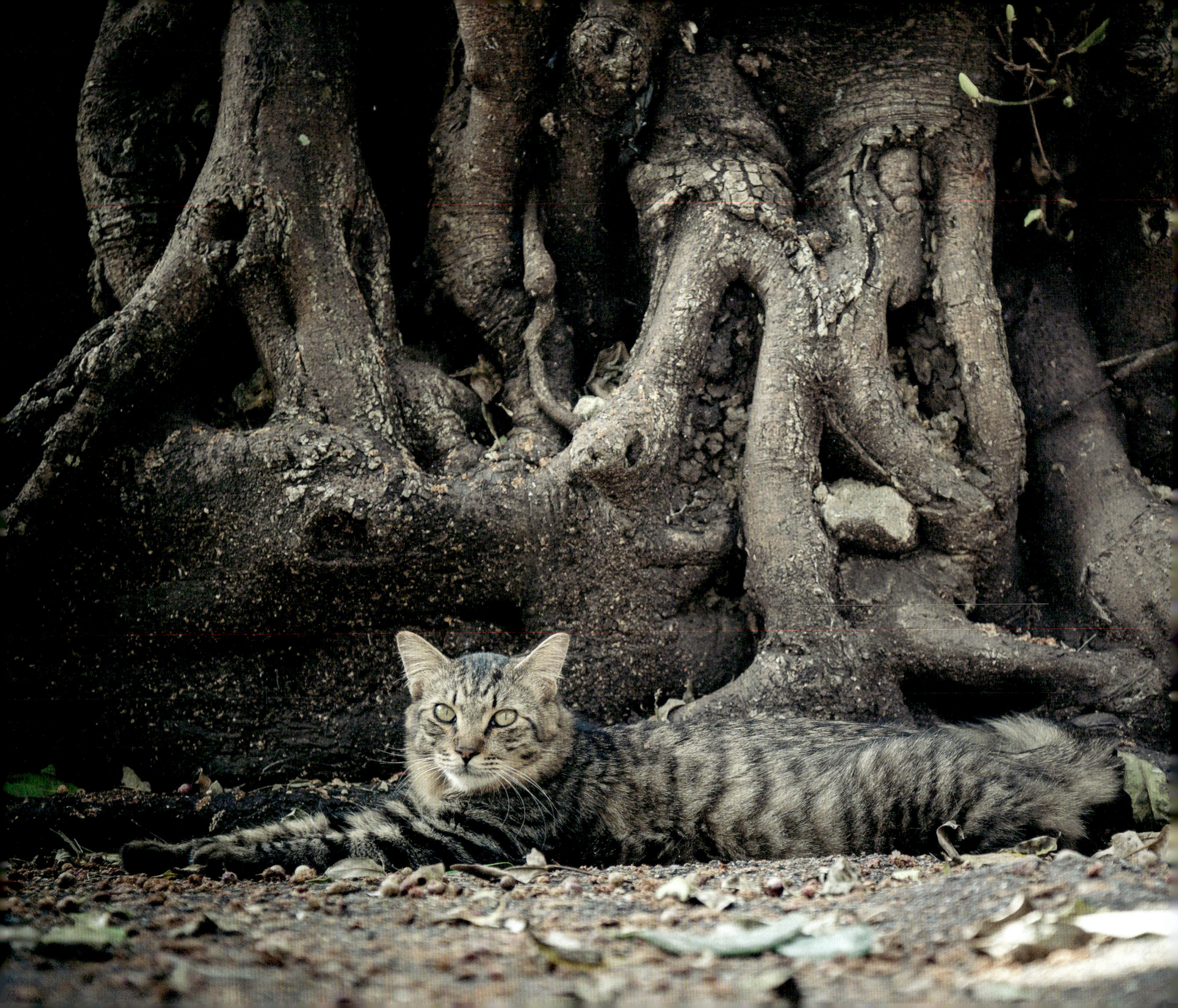

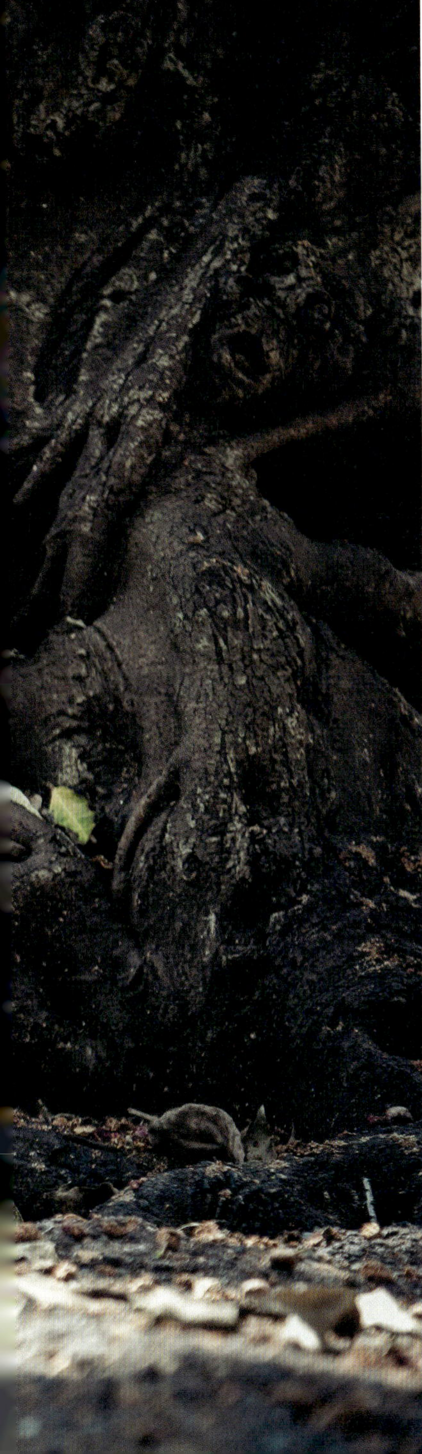

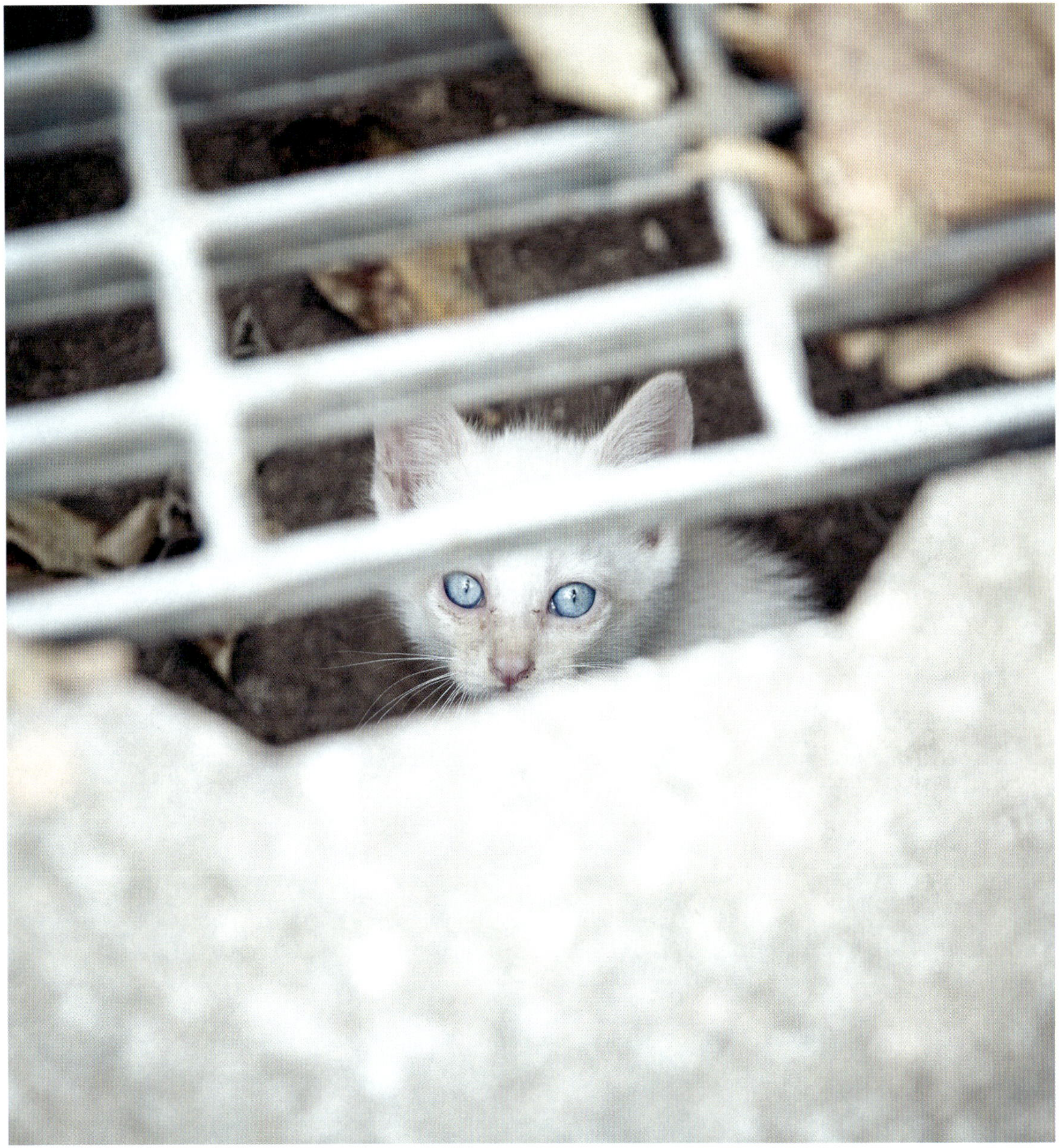

那霸 Naha： *Betonplatten auf dem Weg durch den Park. Eine junge Katze streckt plötzliche den Kopf heraus. Der Rinnstein ist der Rückzugsort einer ganzen Katzenfamilie auf der Suche nach etwas Abkühlung.*

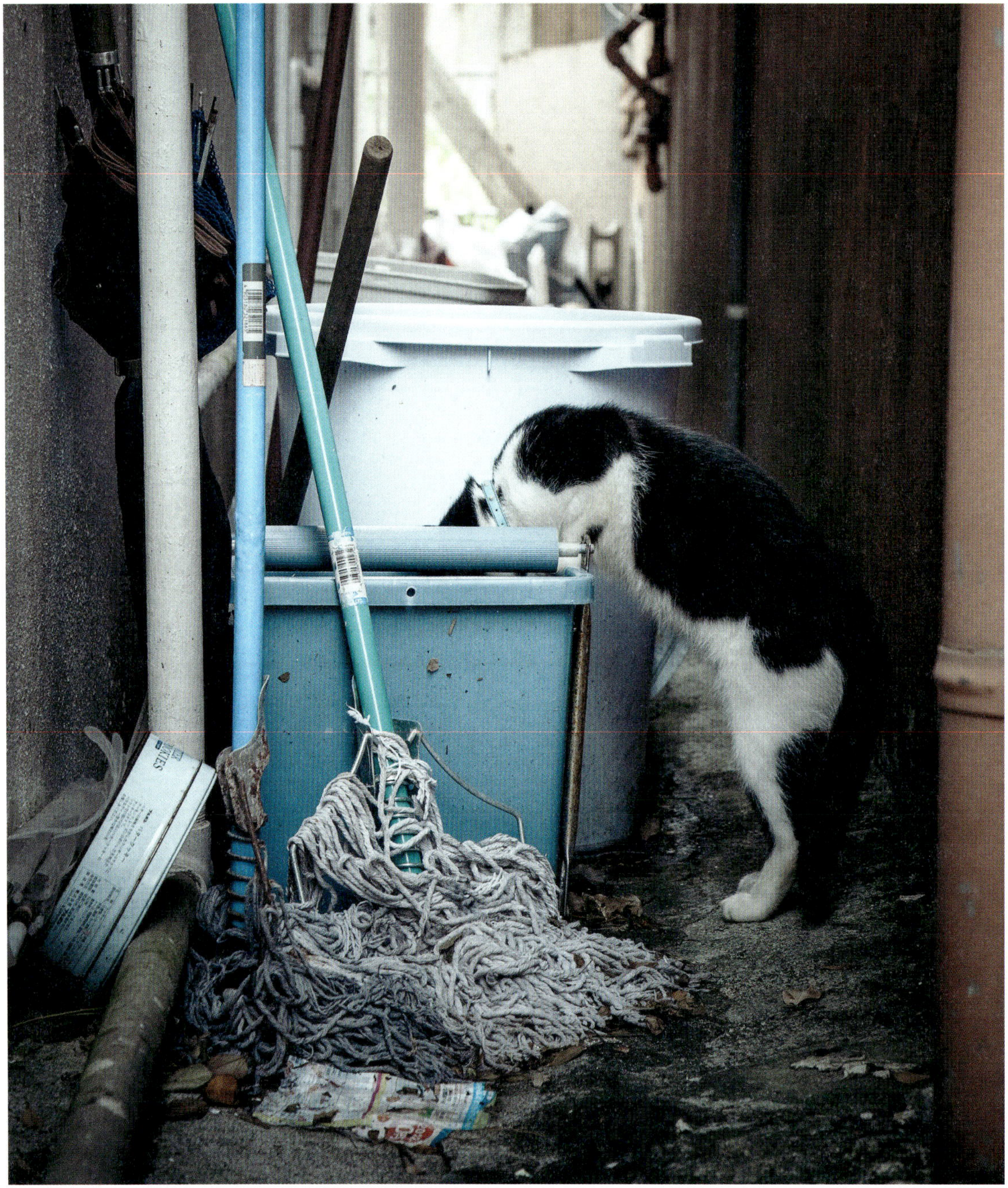

野良猫 ・ NORA NEKO

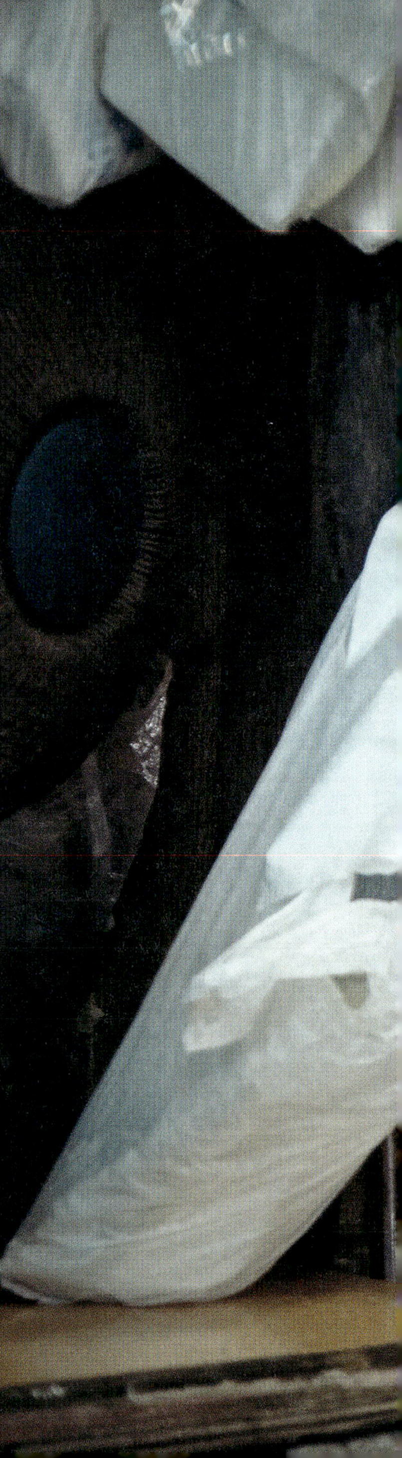

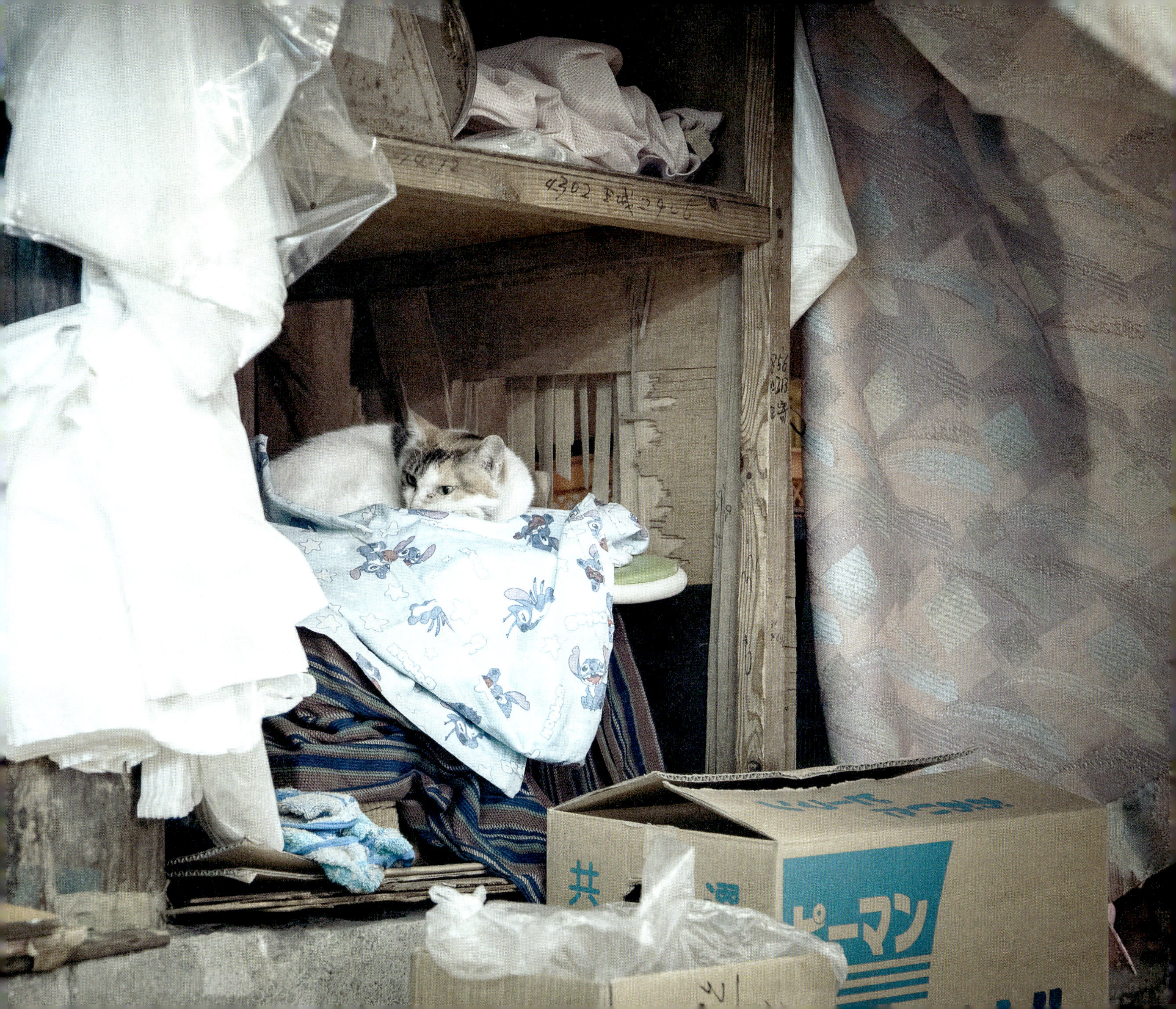

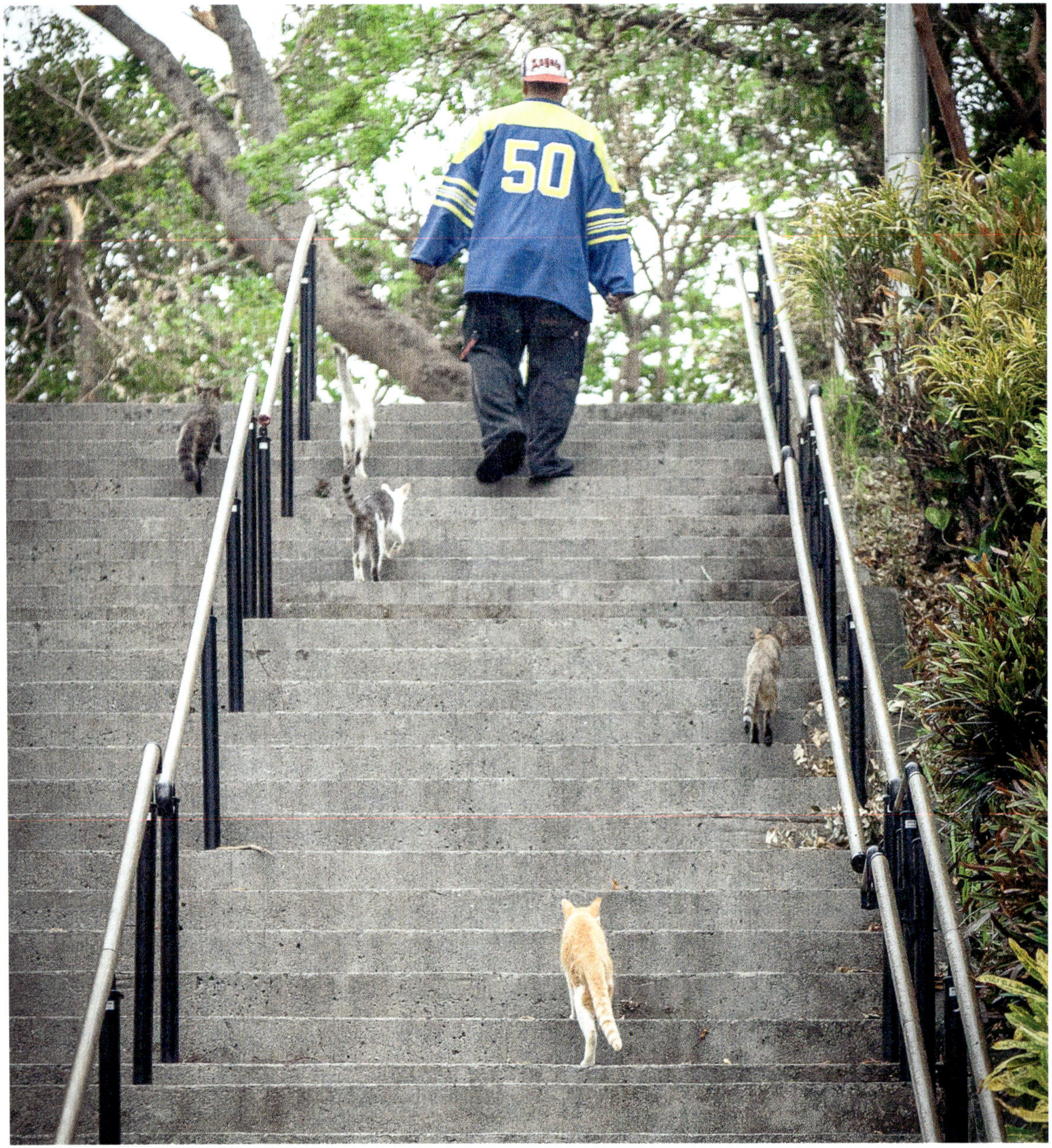

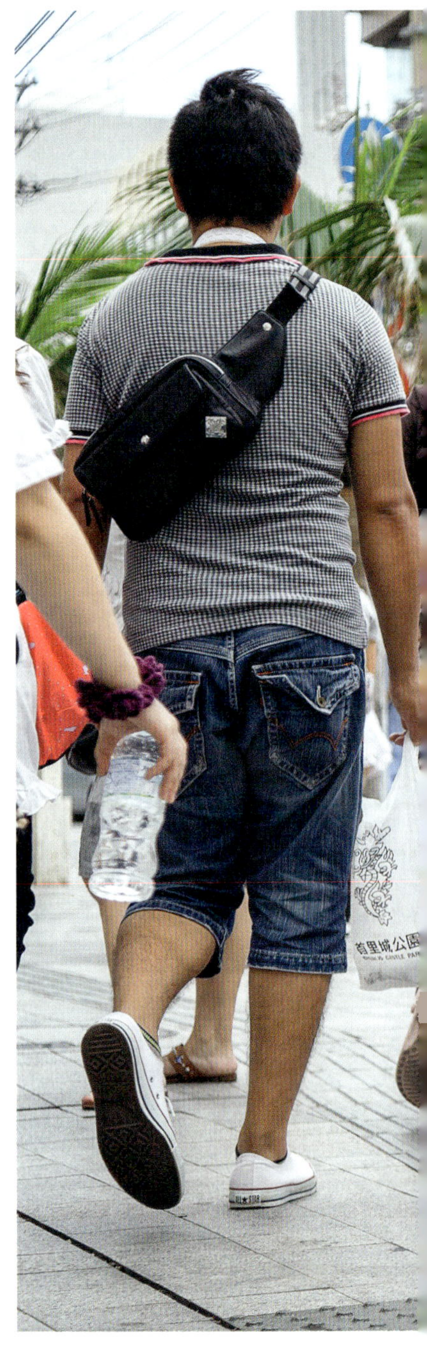

那覇 Naha: *Der „Katzenmann". Im Park von Naha pfeift ein Mann. Und von überall her kommen Katzen angelaufen und folgen ihm auf dem Fuße …*

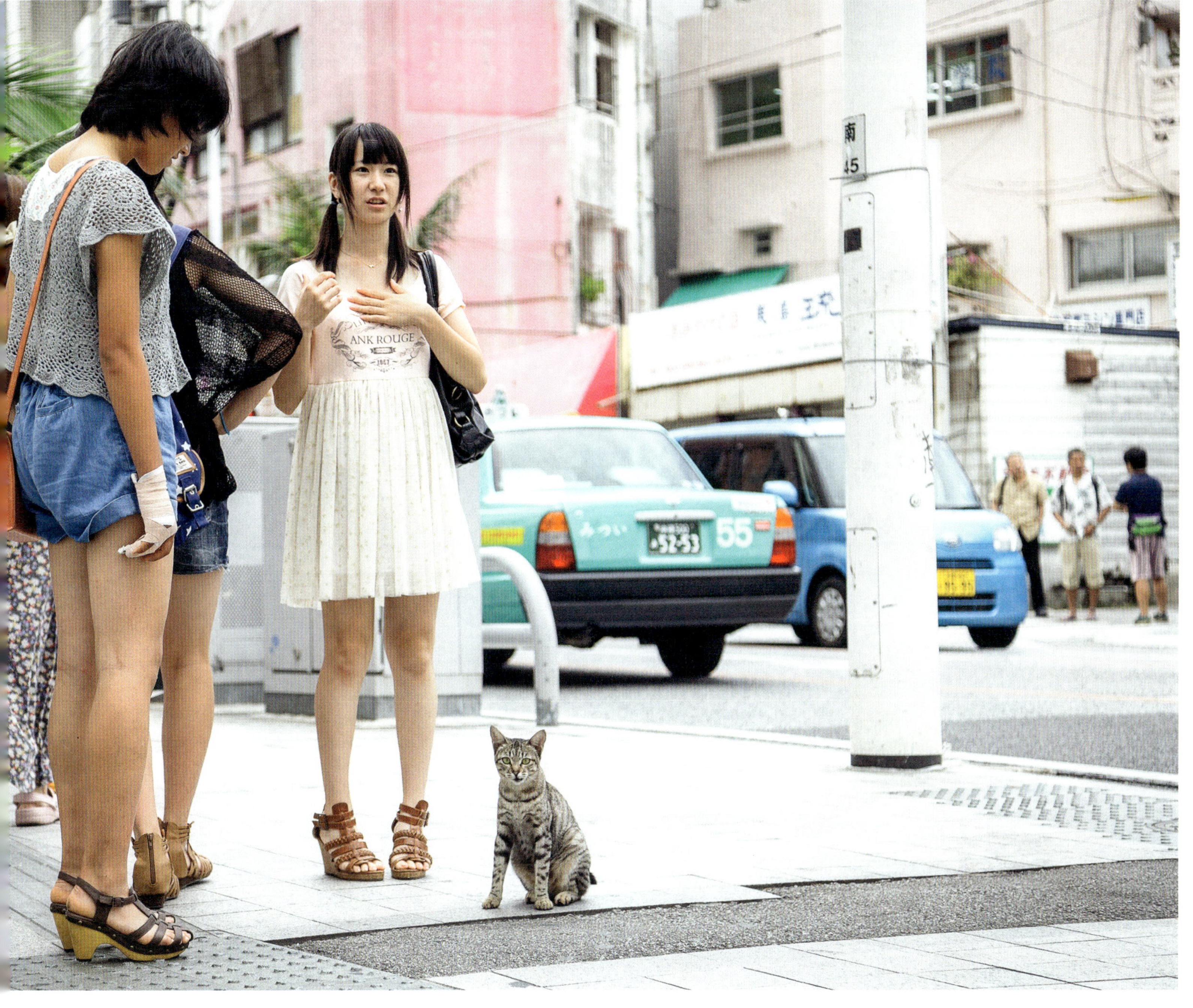

KATZEN IN JAPAN · 猫ランド・ド

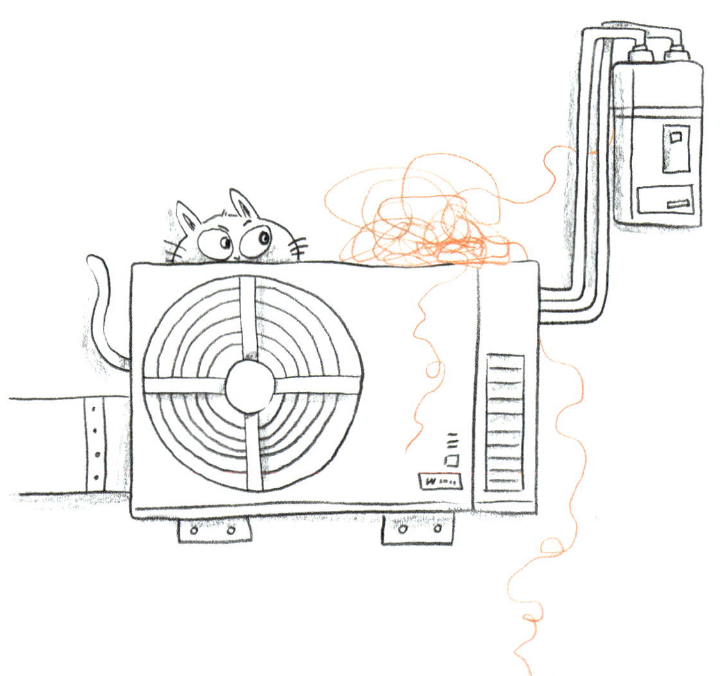
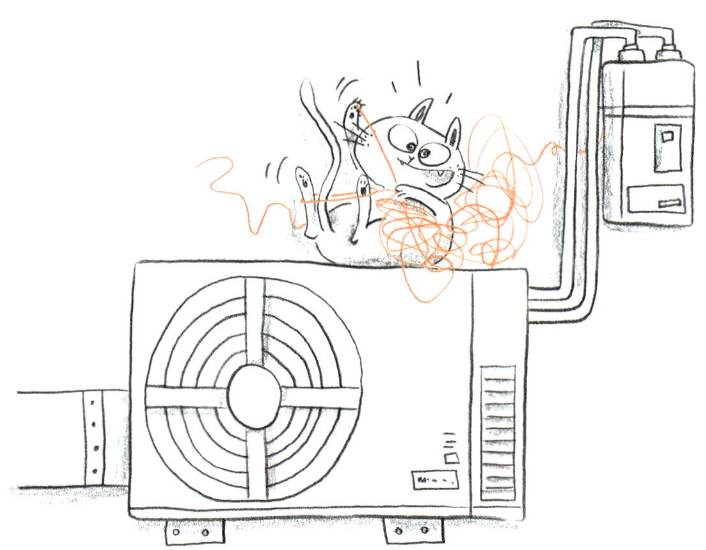

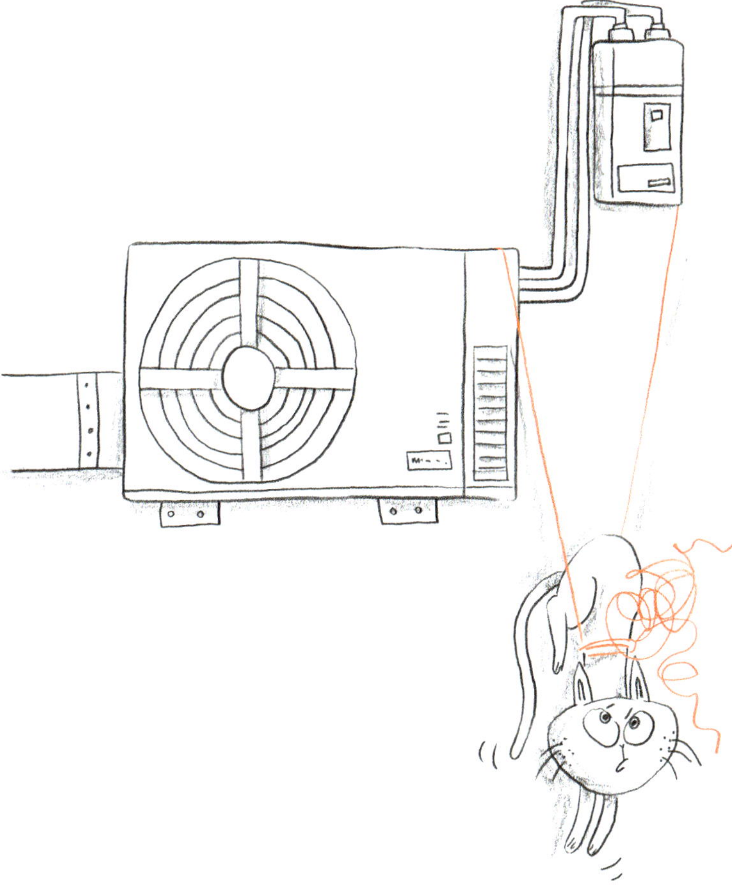

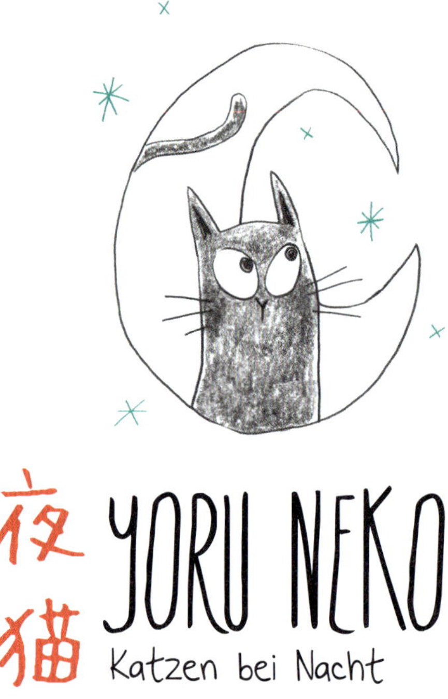

夜猫 YORU NEKO
Katzen bei Nacht

Tagsüber sind sie eher scheu. Katzen sind vor allem in der Nacht und in den frühen Morgenstunden aktiv. Sie kommen heraus um ihre Reviere zu kontrollieren und zu markieren, was zu sehr aufregenden Nächten führen kann. Auch zum Jagen treiben sie sich herum. Tokio ist in ständiger Bewegung und Veränderung begriffen. Häuser verfallen und werden durch neue ersetzt. Alte Stadtviertel werden modernisiert. Baustellen sind ausgezeichnete Jagdreviere. Diese geschützten Gelände, abgeschirmt mit Bauzäunen sind ideale Verstecke. Die Kater können sich dort während der Nacht ungestört ausruhen, bevor sie morgens wieder ihre Hinterhöfe und verträumten Gassen aufsuchen.

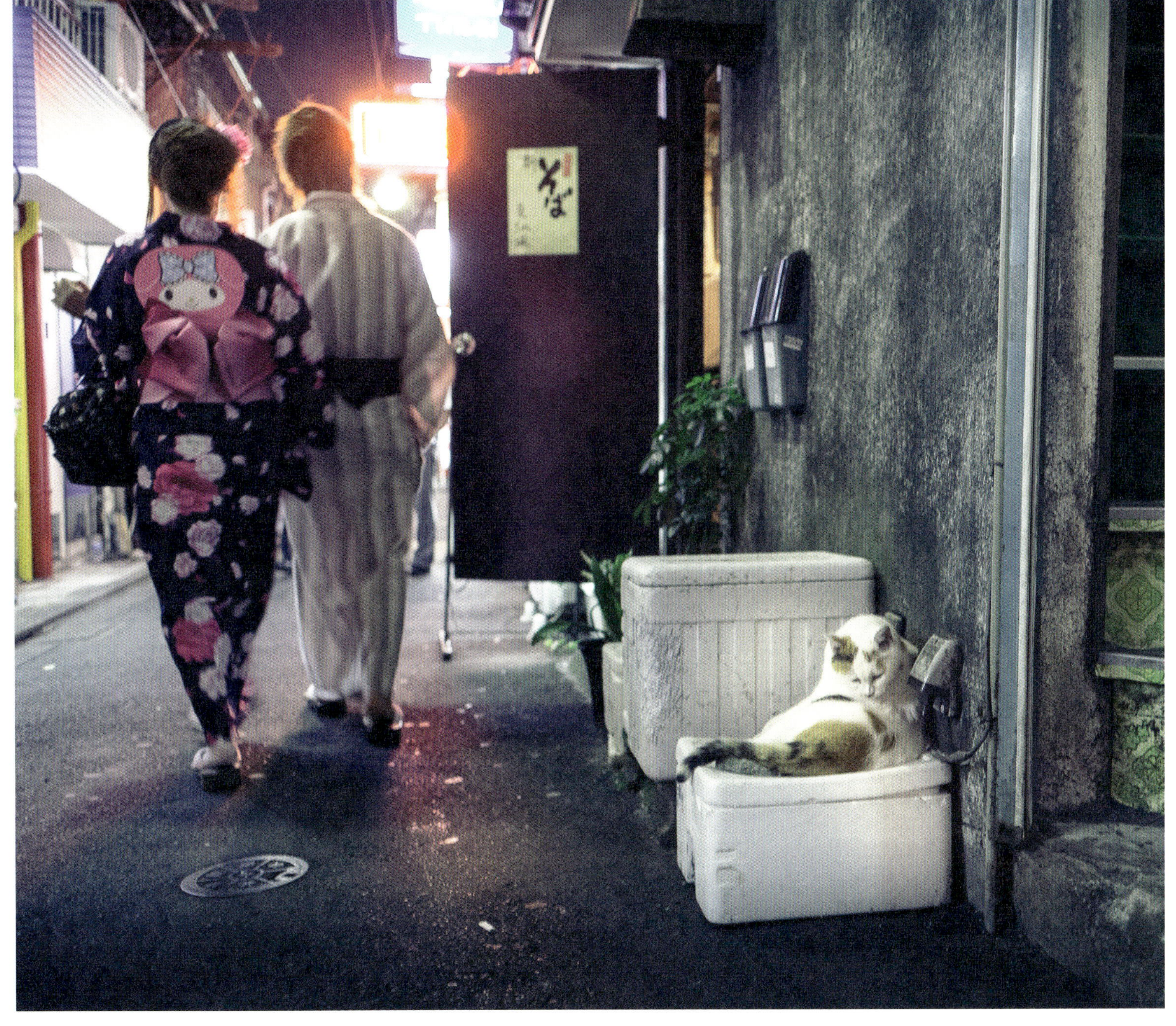

そば

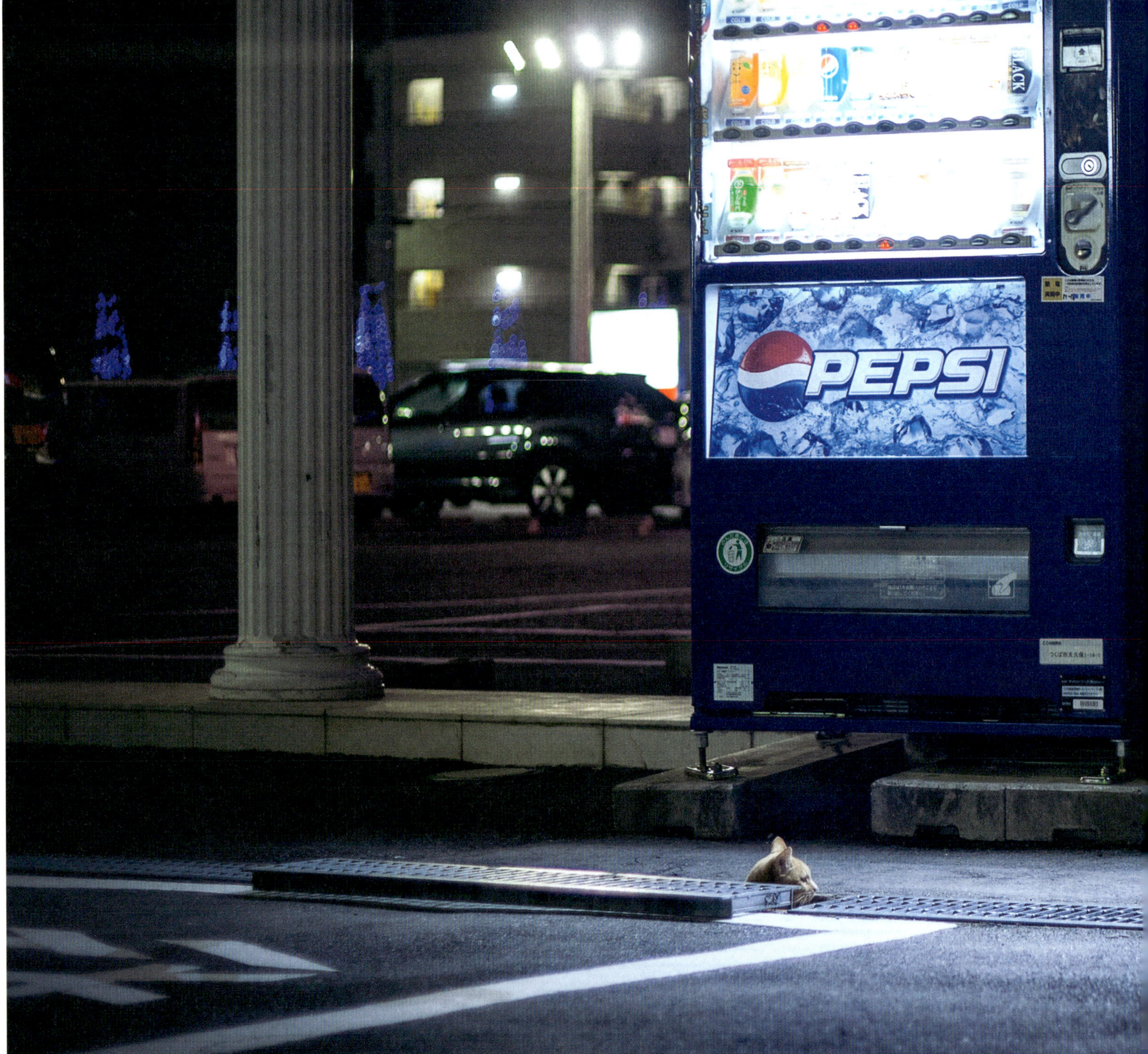

夜猫 · YORU NEKO

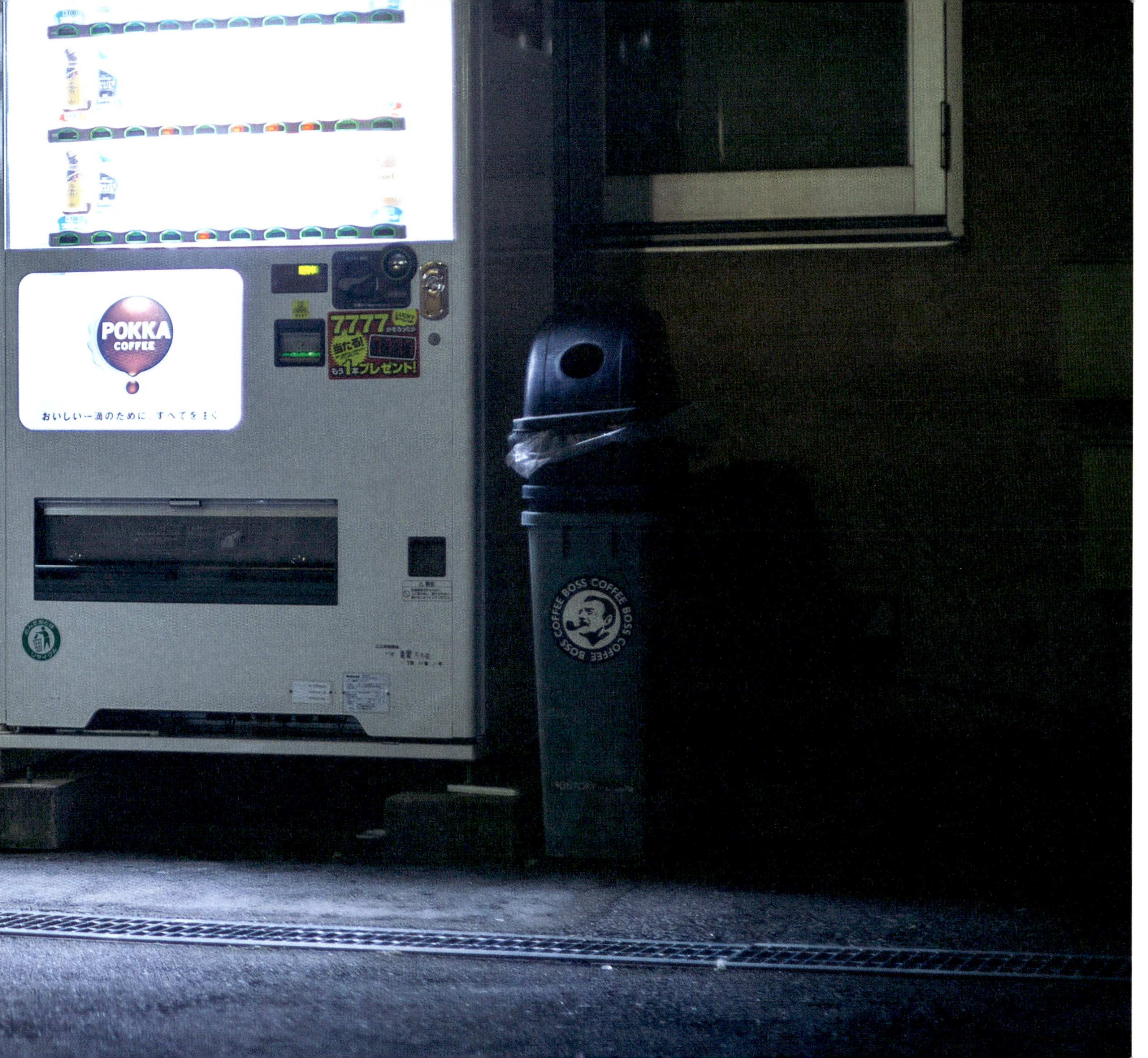

POKKA
COFFEE
おいしい一滴のために、すべてをまく
7777
当たる!
もう1本プレゼント!
COFFEE BOSS COFFEE BOSS COFFEE BOSS
SUNTORY

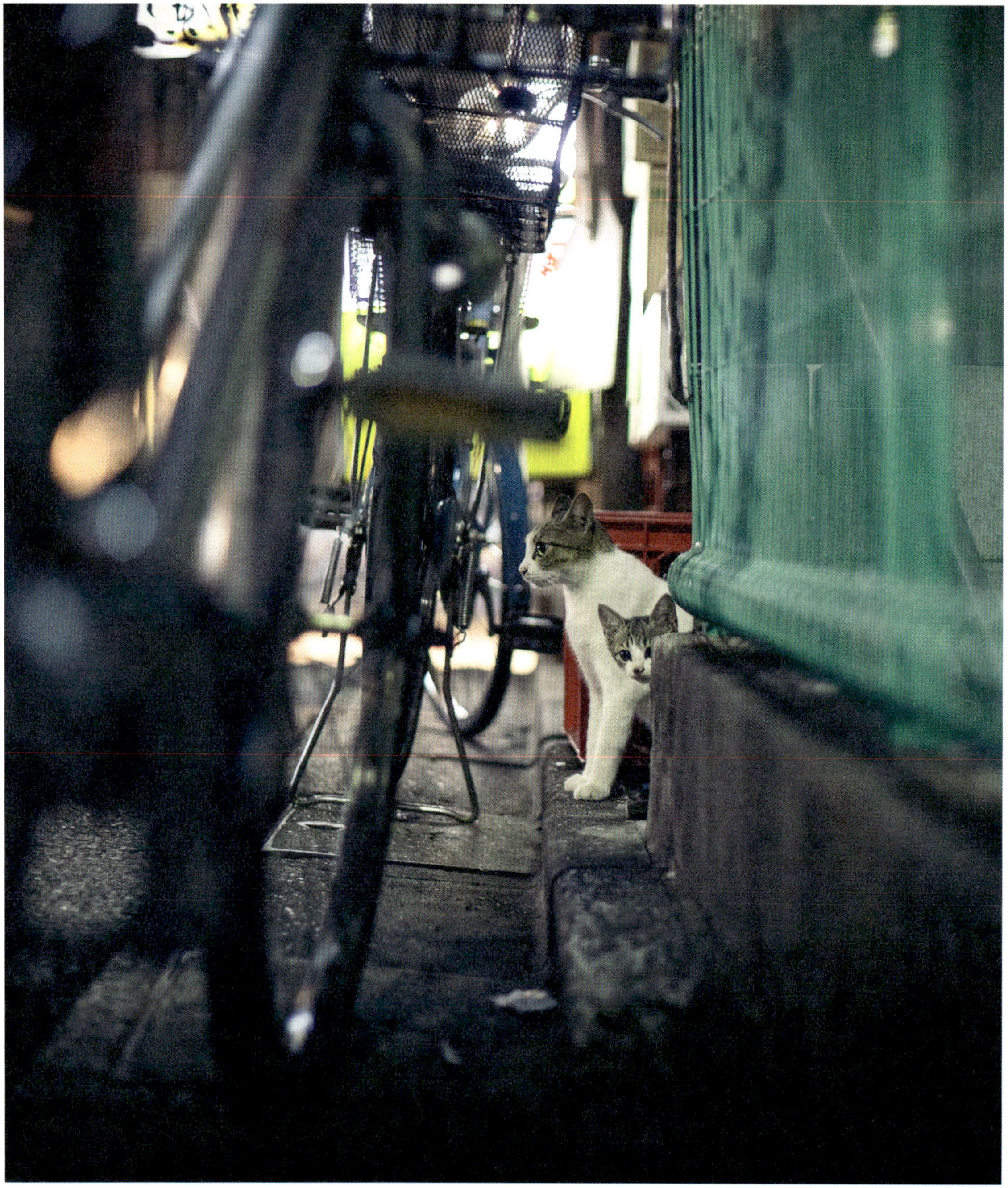

夜猫 · YORU NEKO ·

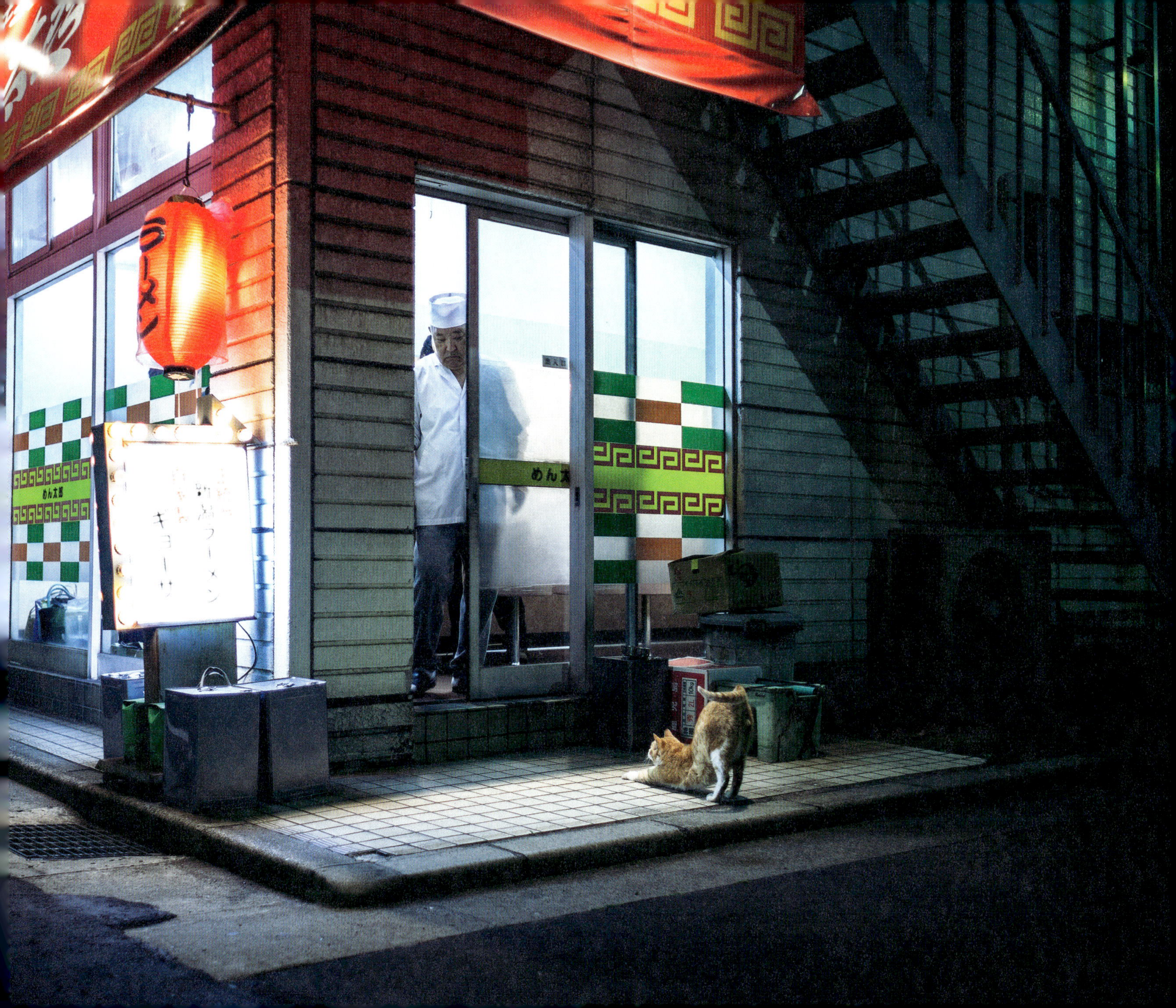
ラーメン
めん太
めん太郎

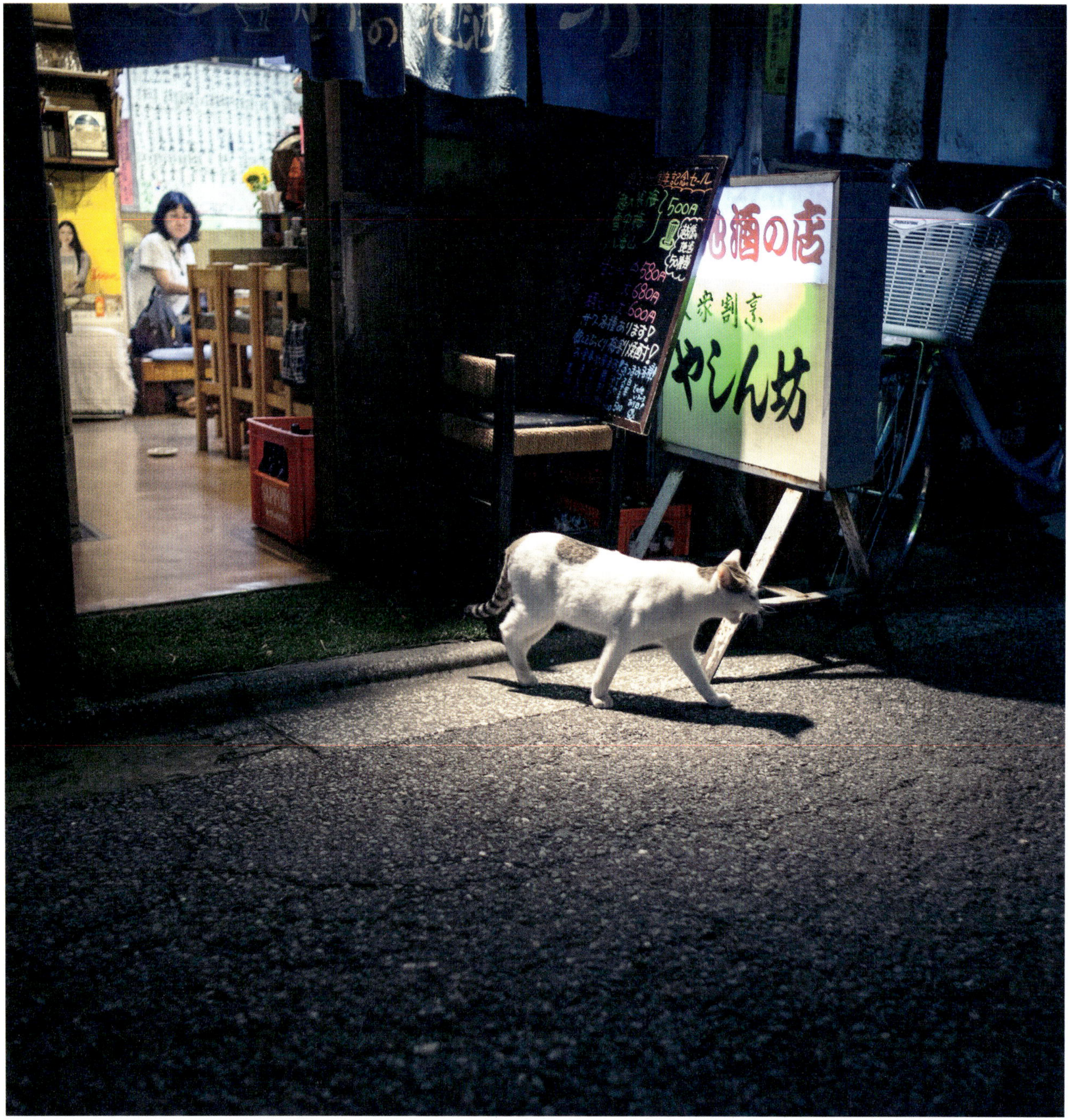

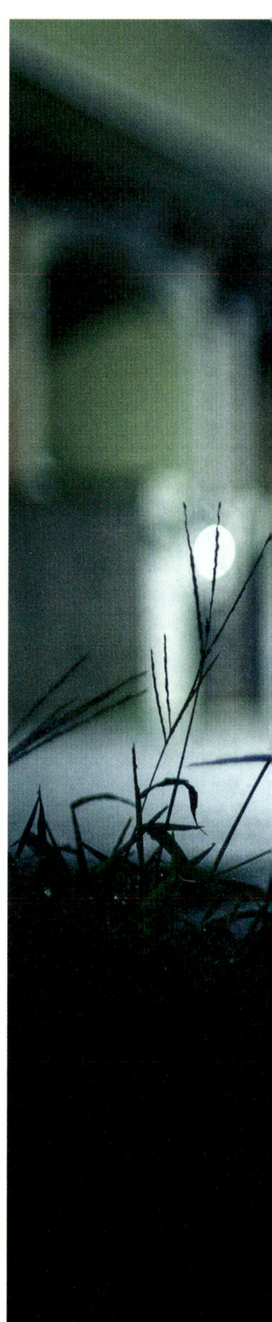

夜猫
JORU NEKO ・

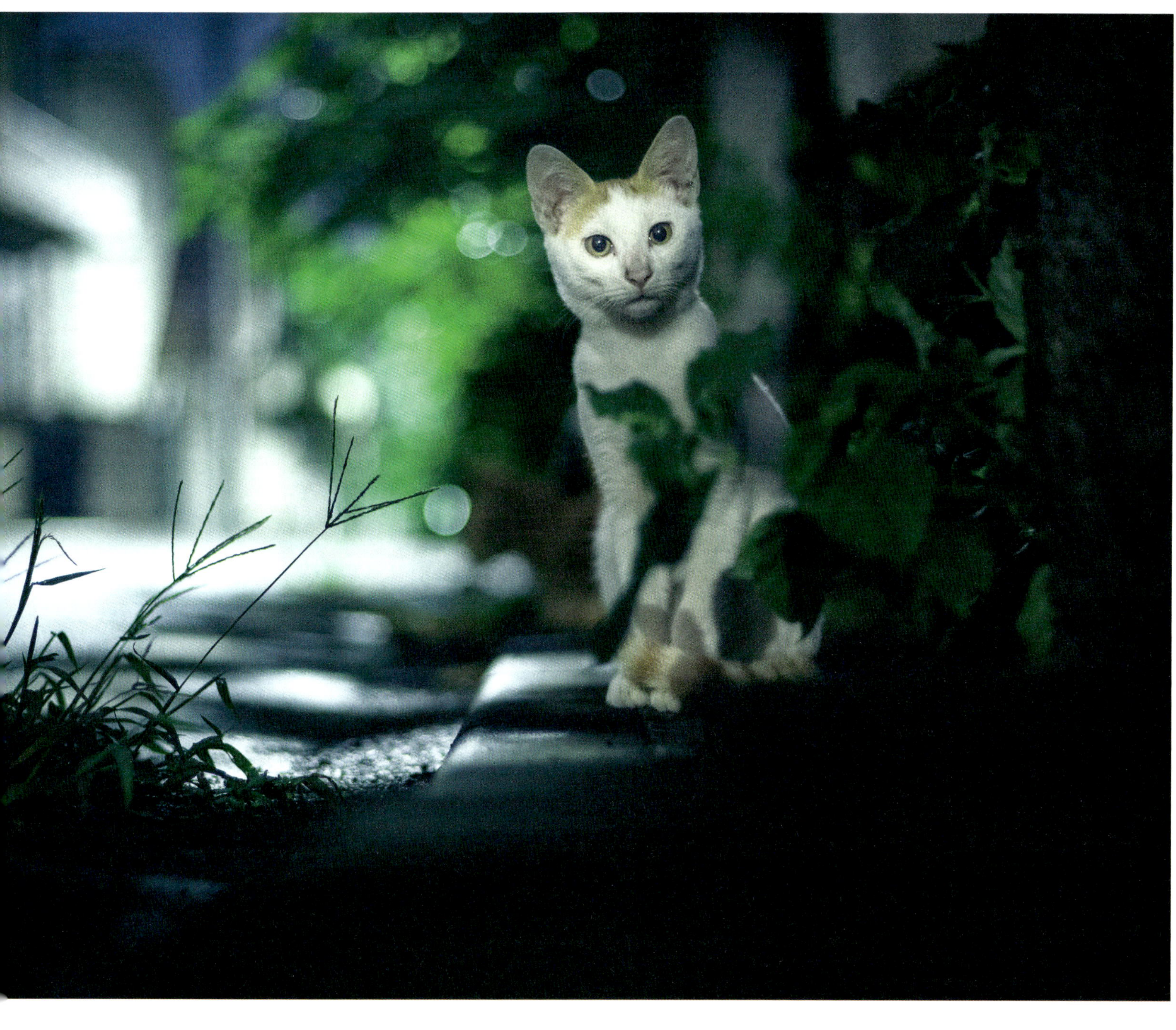

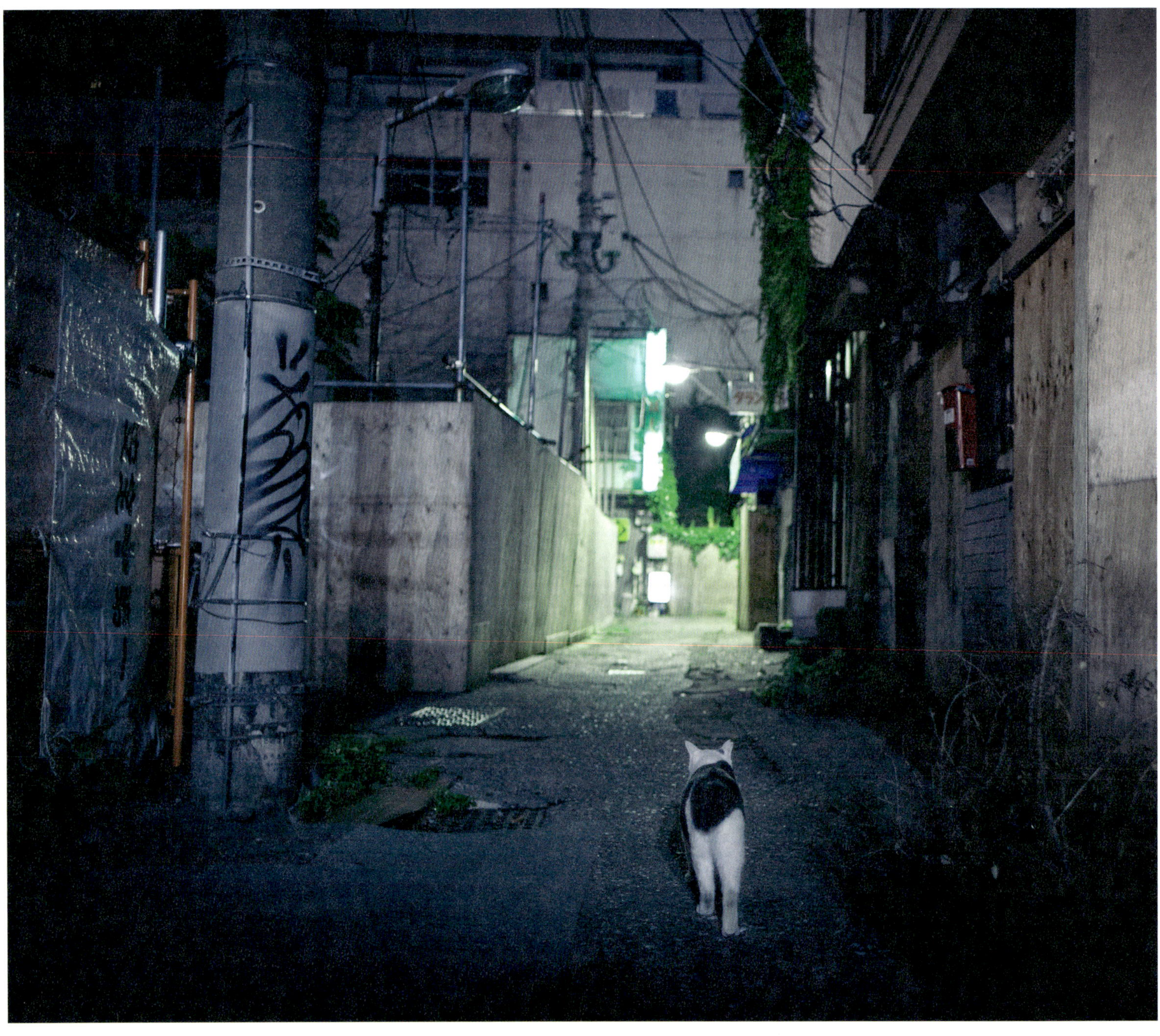
夜猫
YORU NEKO ·

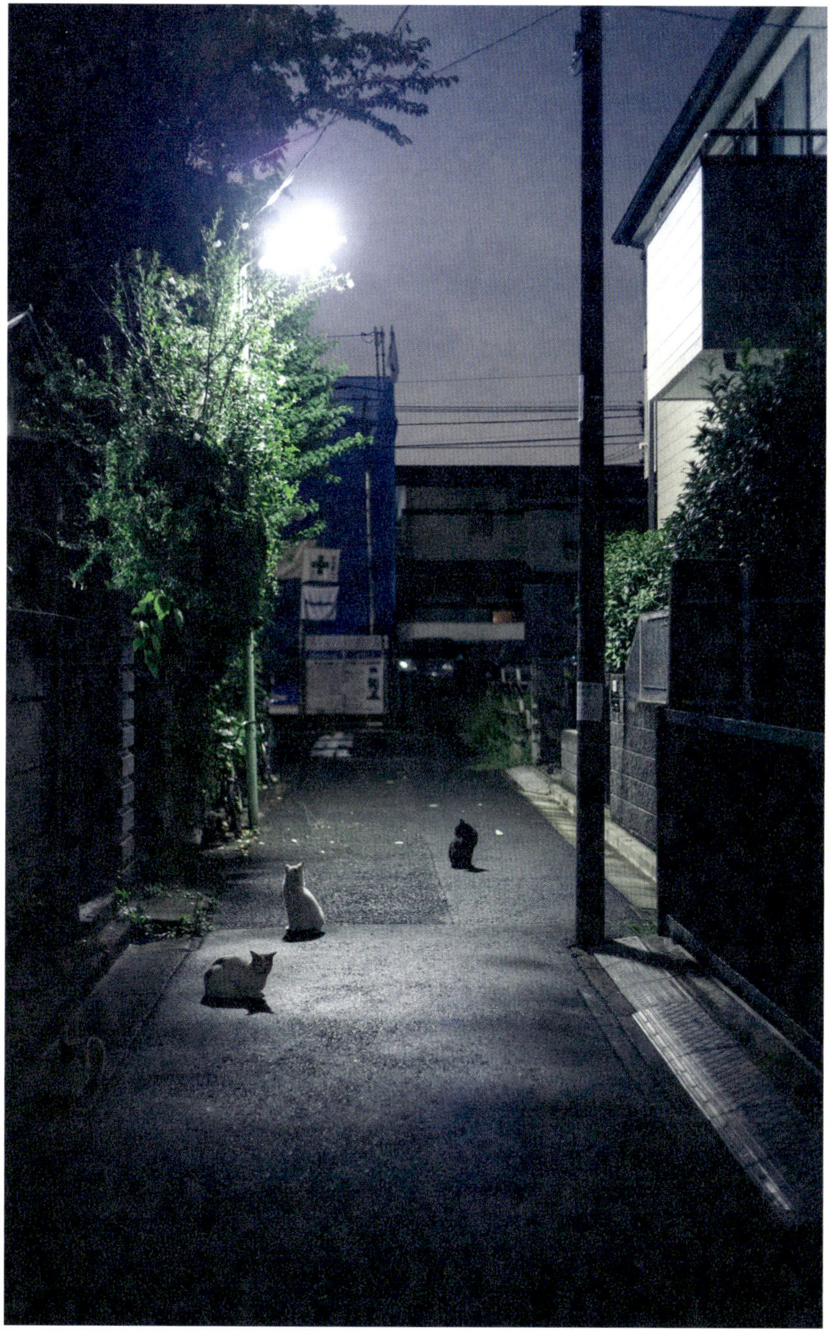

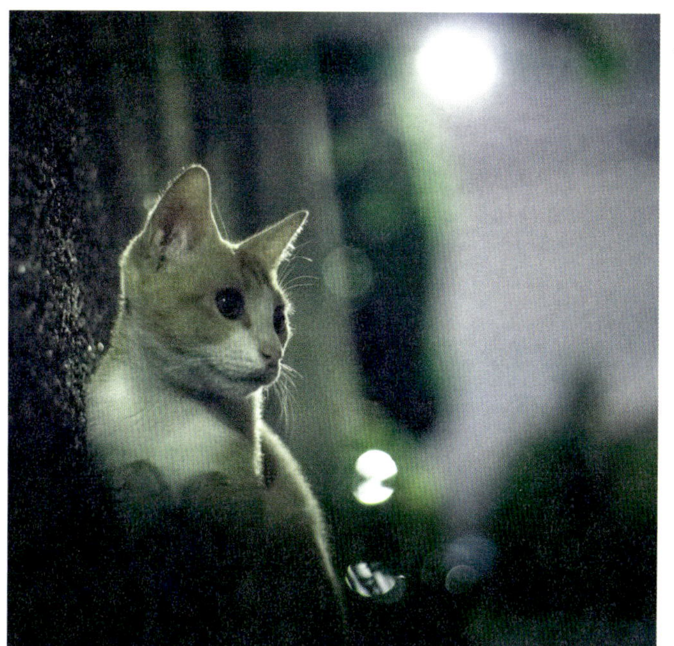

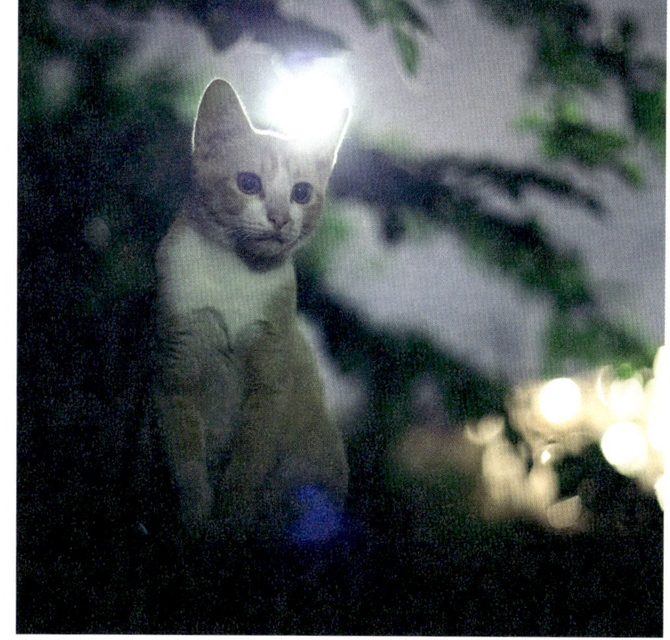

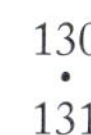

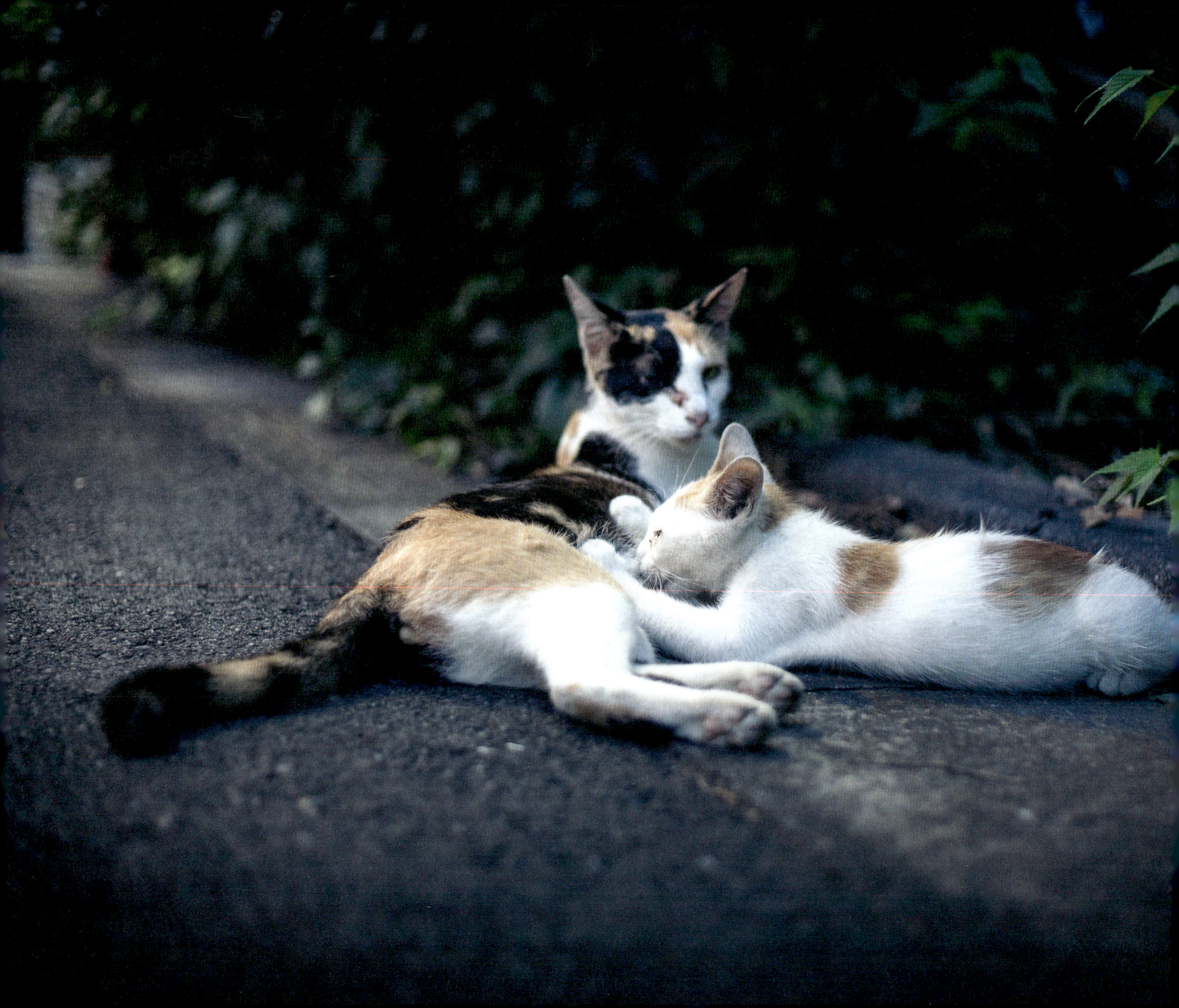

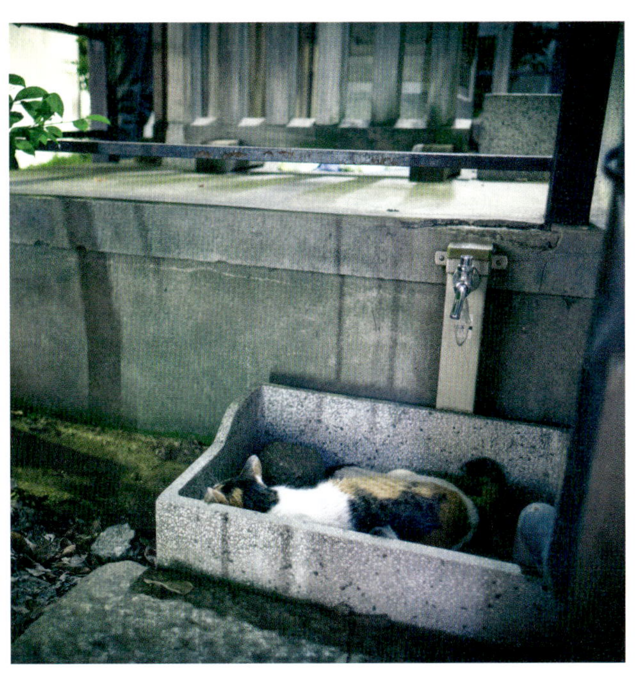

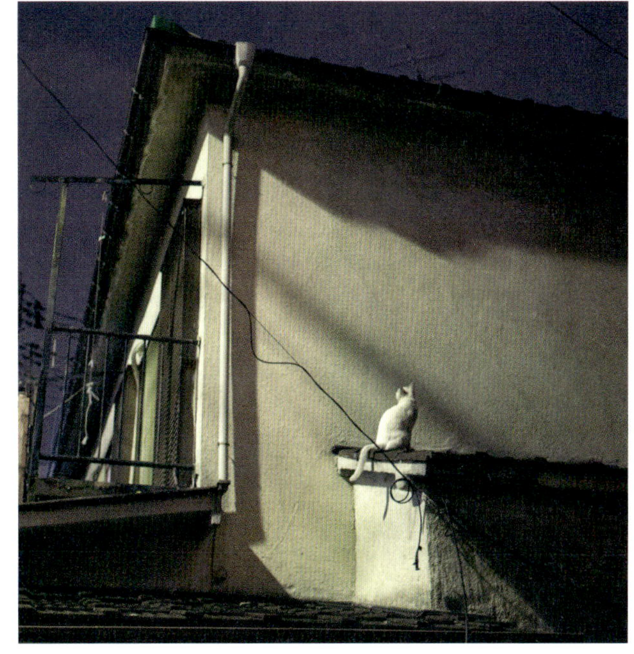

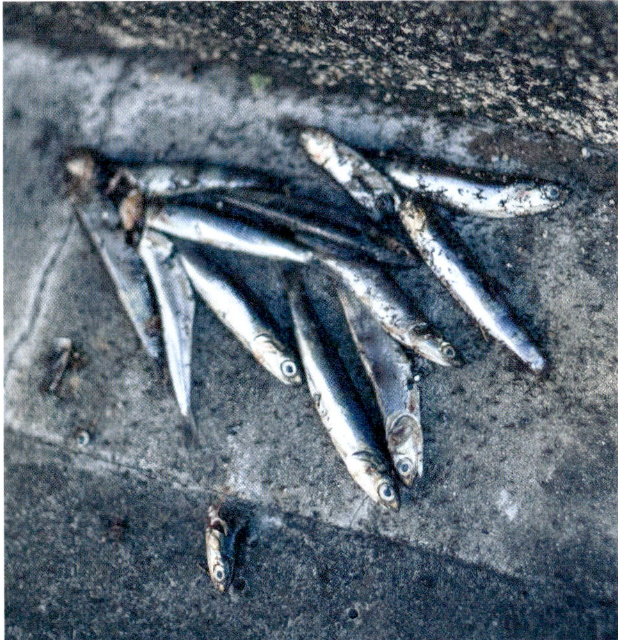

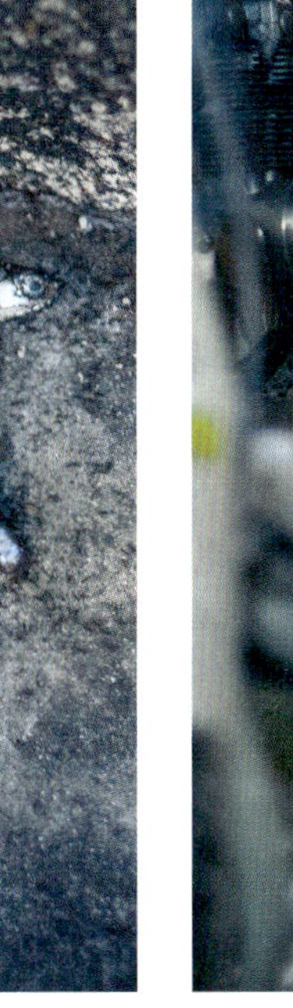

猫ランド・KATZEN IN JAPAN

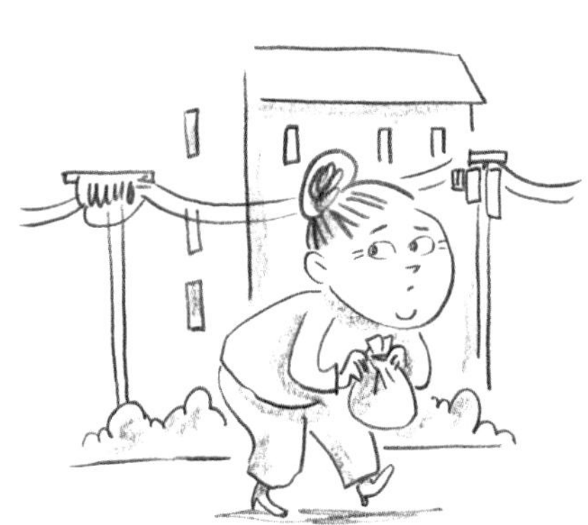

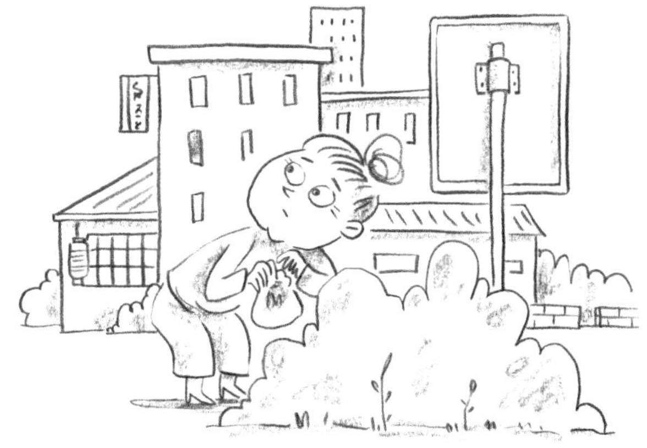

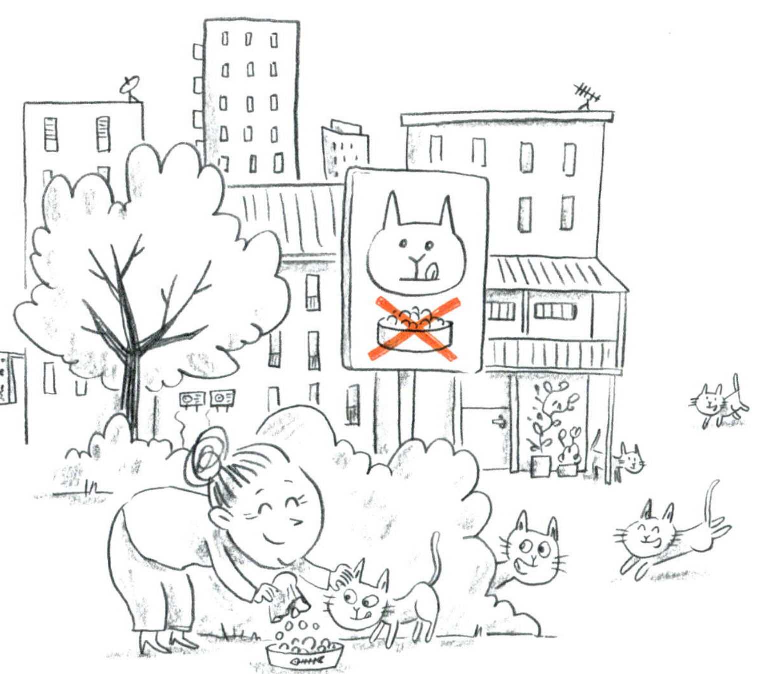

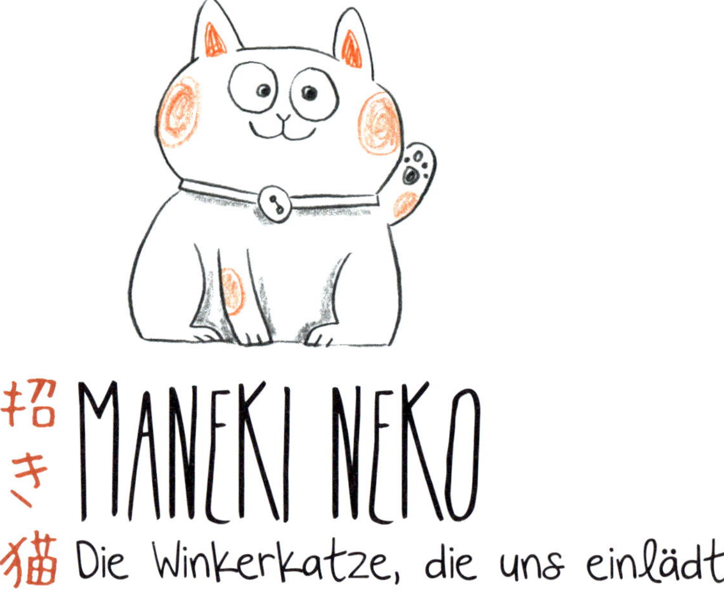

招き猫 MANEKI NEKO
Die Winkerkatze, die uns einlädt

Maneki Neko bedeutet wörtlich übersetzt: „Die Katze, die uns einlädt". Um ihre Herkunft ranken sich viele Legenden. Eine davon erzählt von einer Katze, die mit ihrer Pfote einem Samurai zu winken schien, der unter eincm großen Baum vor dem Platzregen Schutz gesucht hatte. Als er auf die Katze zueilte, fuhr geradewegs ein Blitz hinter ihm in den Baum und verfehlte ihn nur knapp. Seither findet man Maneki Neko in Form einer kleinen Katzenstatue, die die Pfote hoch hält. Mit der linken Pfote soll sie Kunden anlocken. Hebt sie die rechte Pfote, bringt sie Glück. Man findet sie in allen Restaurants und Geschäften. Einige kleine Läden haben sogar „echte" Winkerkatzen: Sie liegen meist dösend auf einem großen Kissen am Eingang des Geschäfts und öffnen von Zeit zu Zeit ein Auge, wenn ein neuer Kunde vorbeikommt. Obwohl niemand beweisen kann, dass die lebendigen Maneki Neko wirklich Glück bringen, ziehen Katzen doch die Sympathie der Kunden und Passanten auf sich: Sie gehen auf die Katzen zu, um sie zu streicheln.

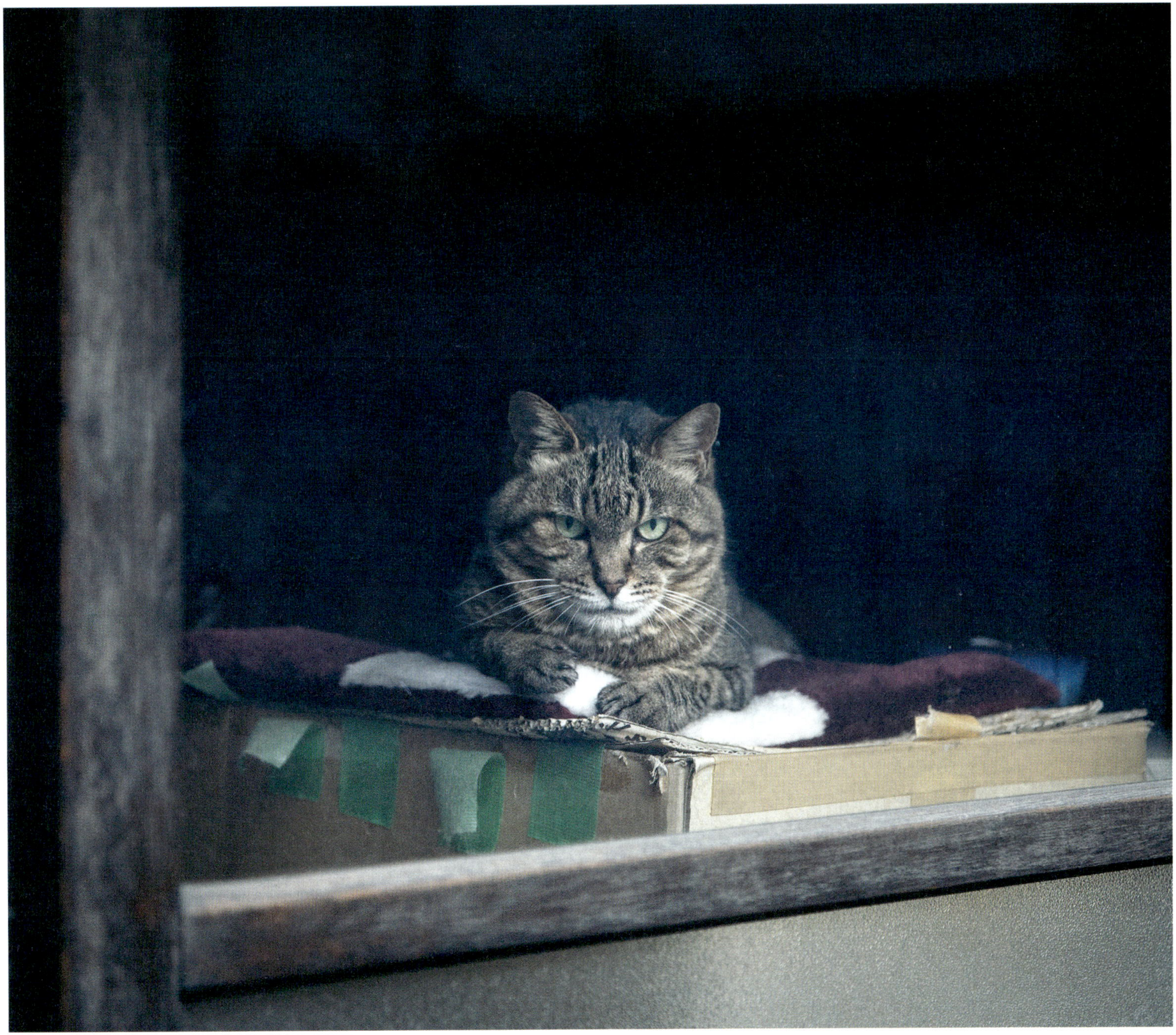

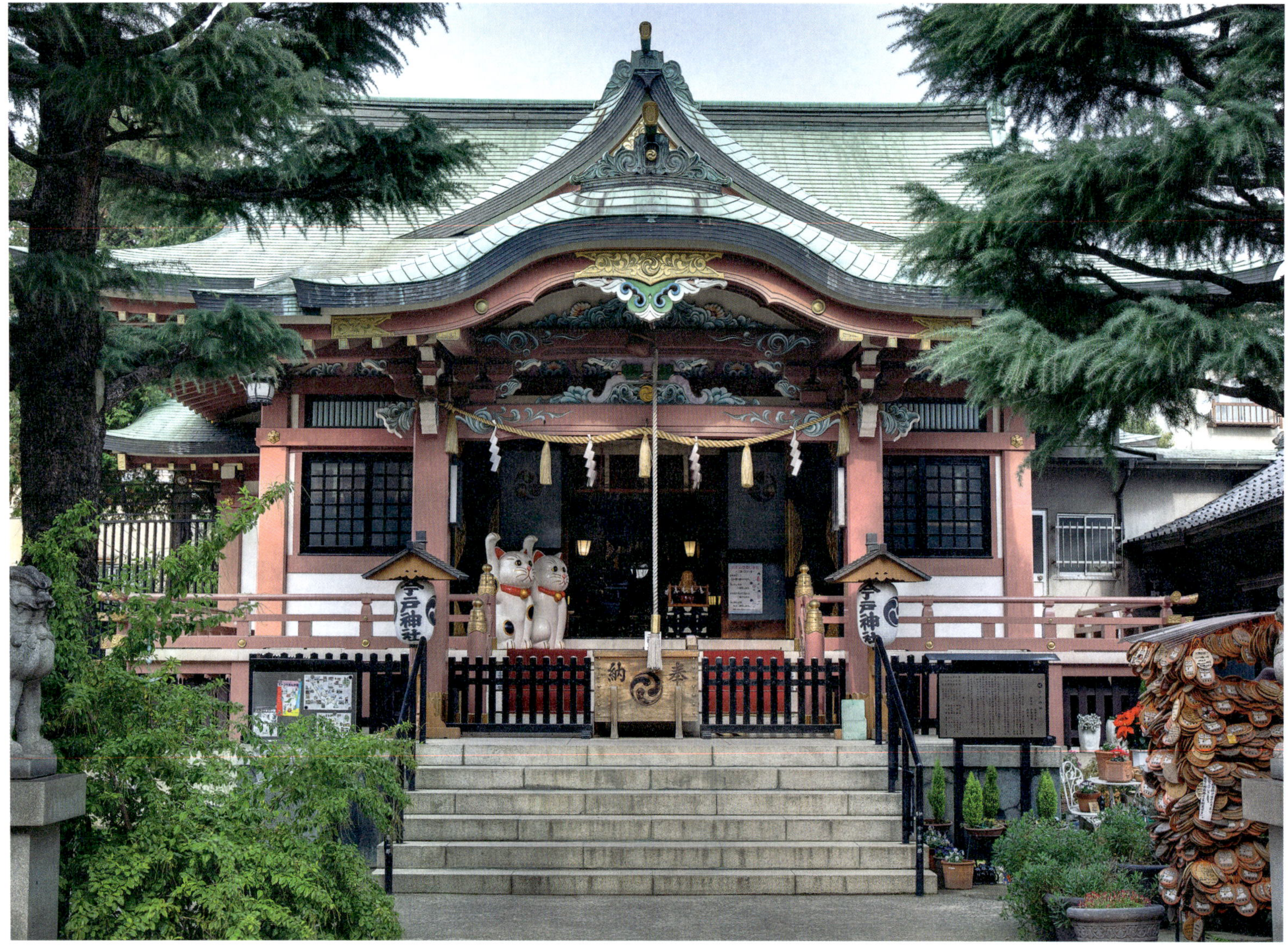

浅草 Asakusa, Tokio：*Der Tempel Imado Jinja ist der Maneki Neko gewidmet.*

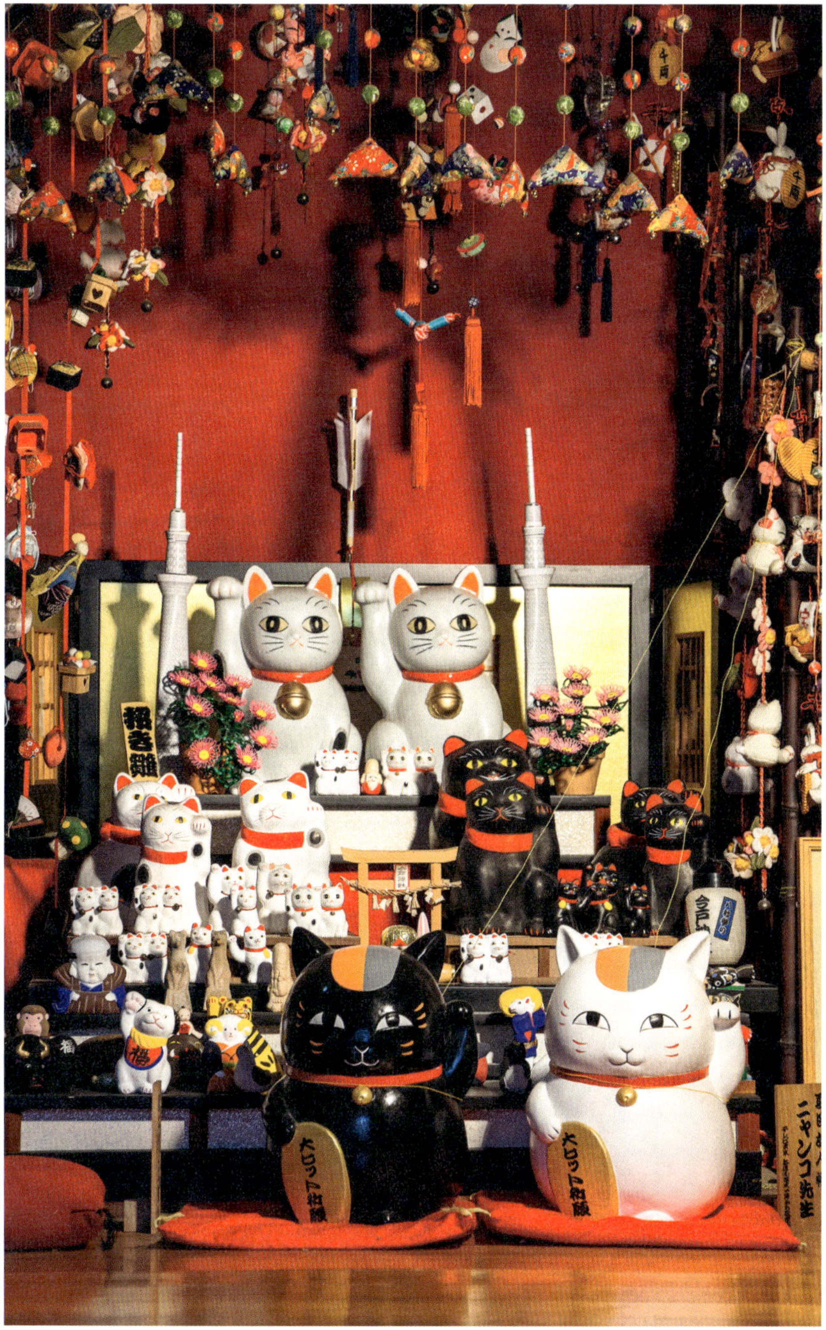

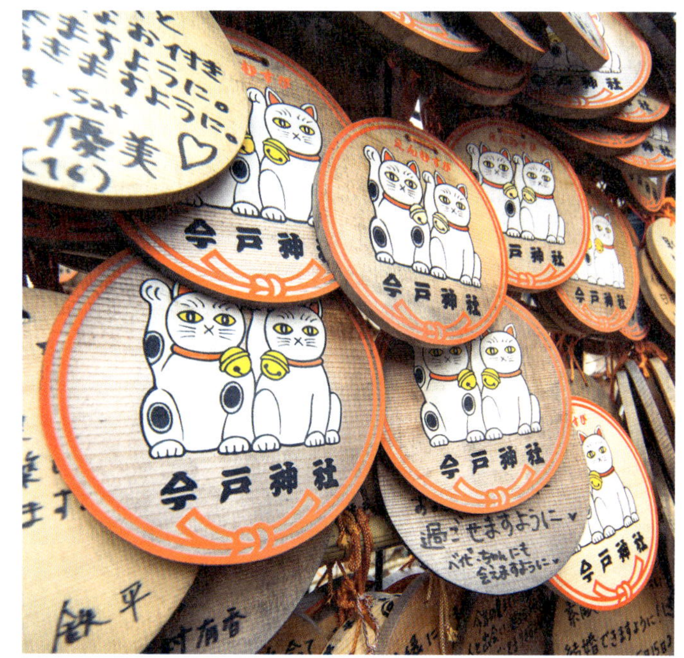
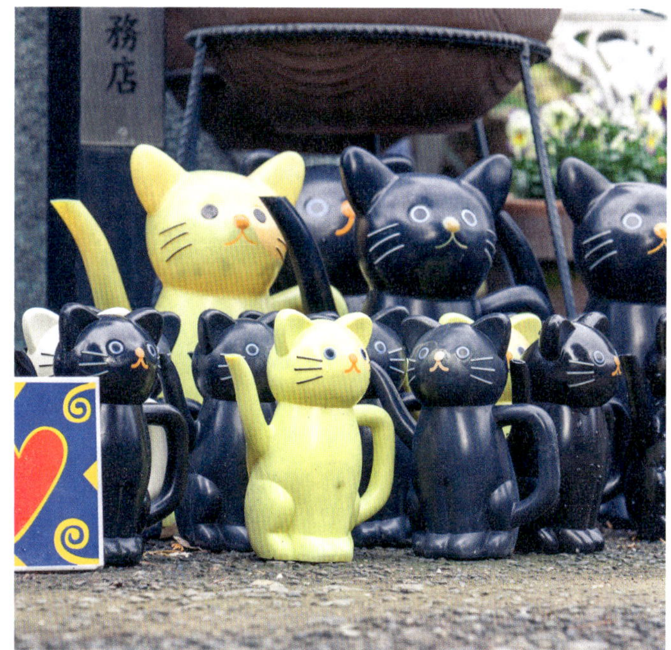
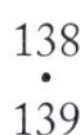

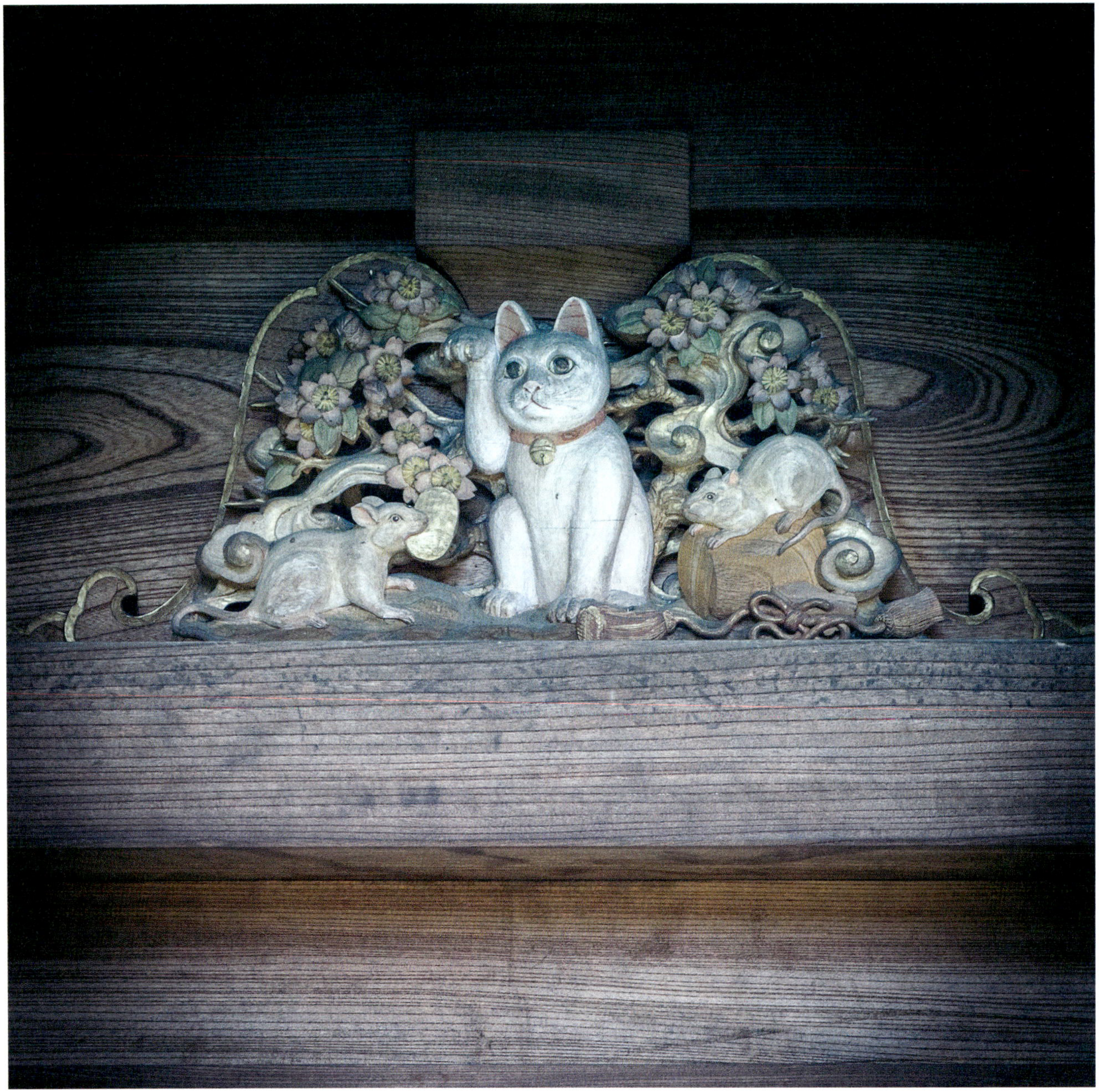

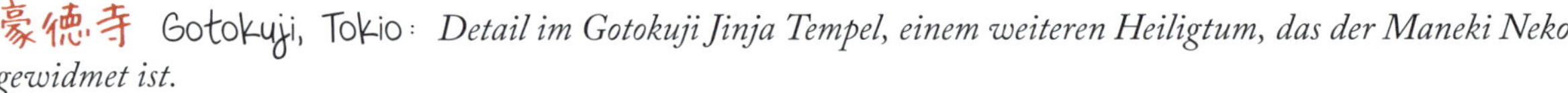

豪徳寺 Gotokuji, Tokio: *Detail im Gotokuji Jinja Tempel, einem weiteren Heiligtum, das der Maneki Neko gewidmet ist.*

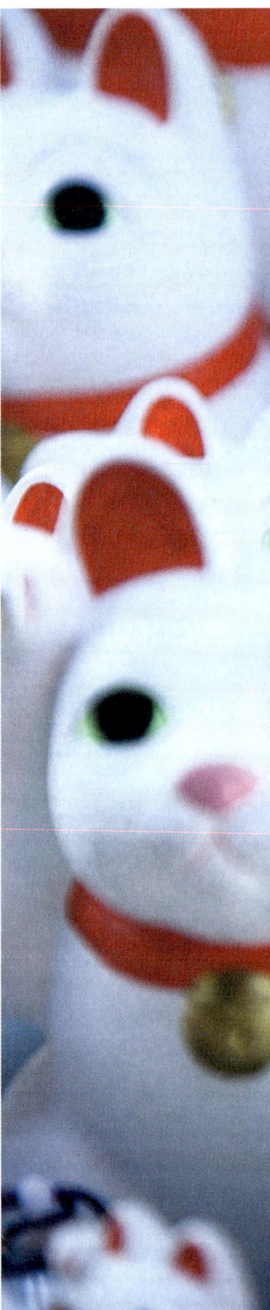

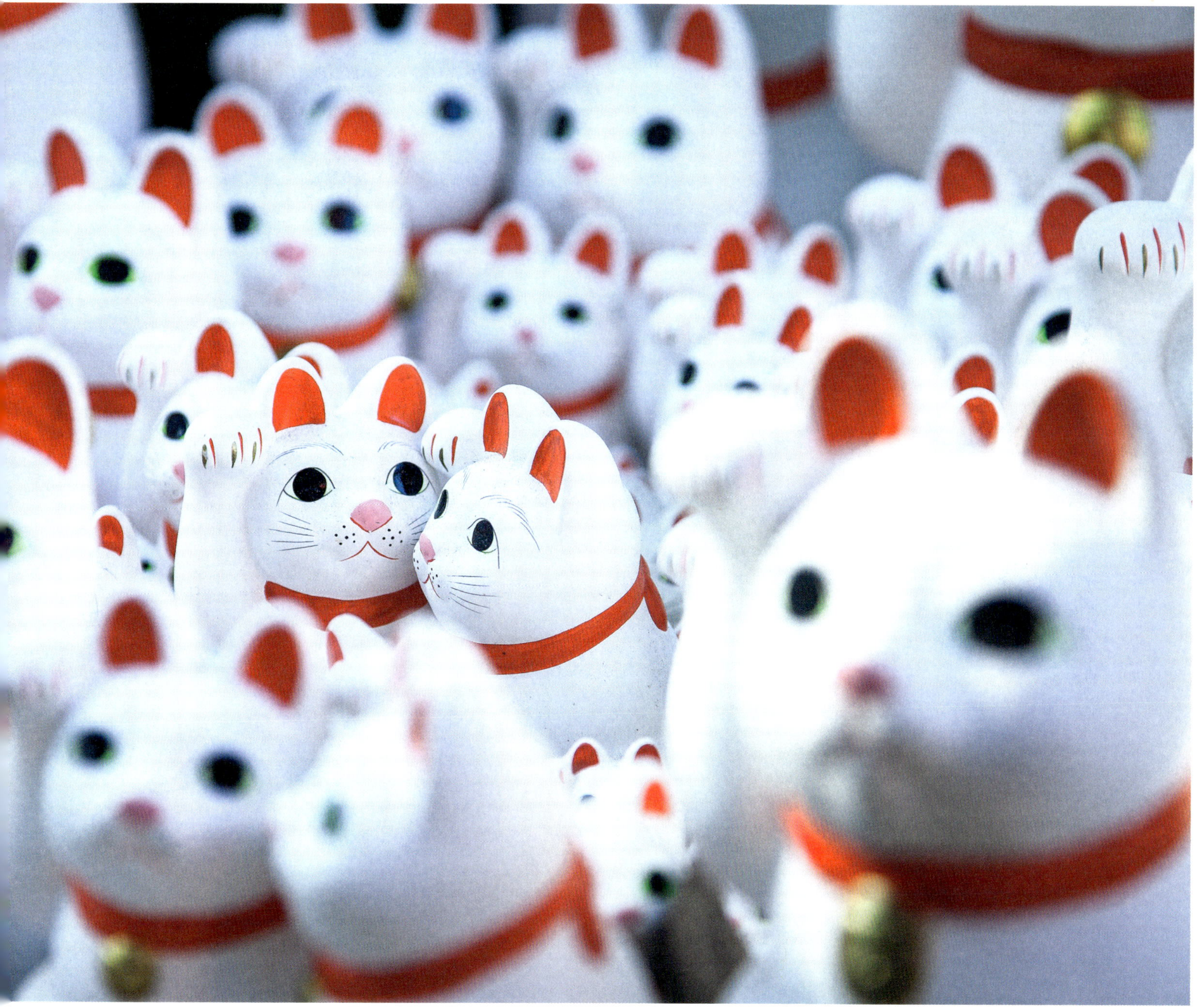

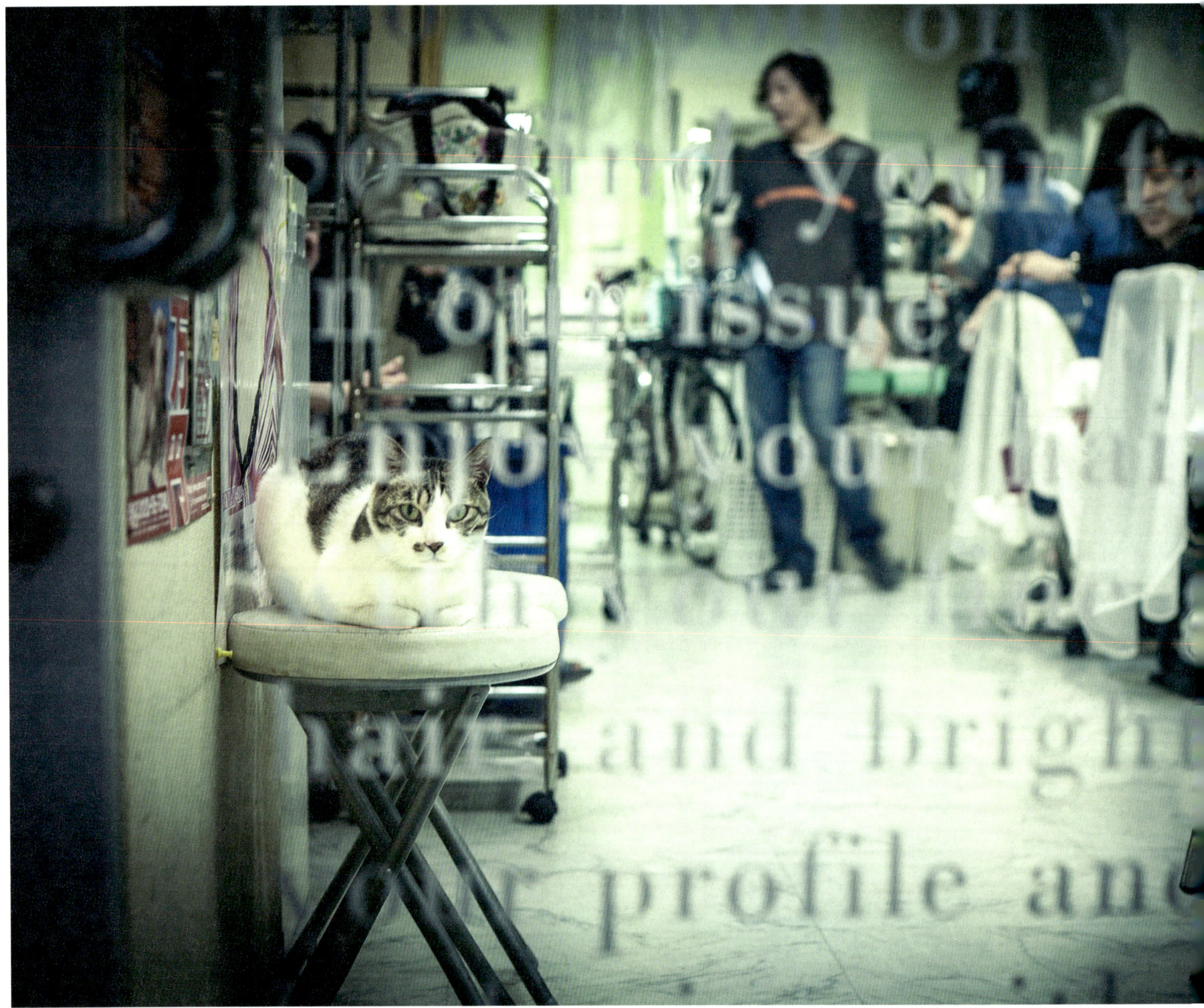

MANEKI NEKO · 招き猫

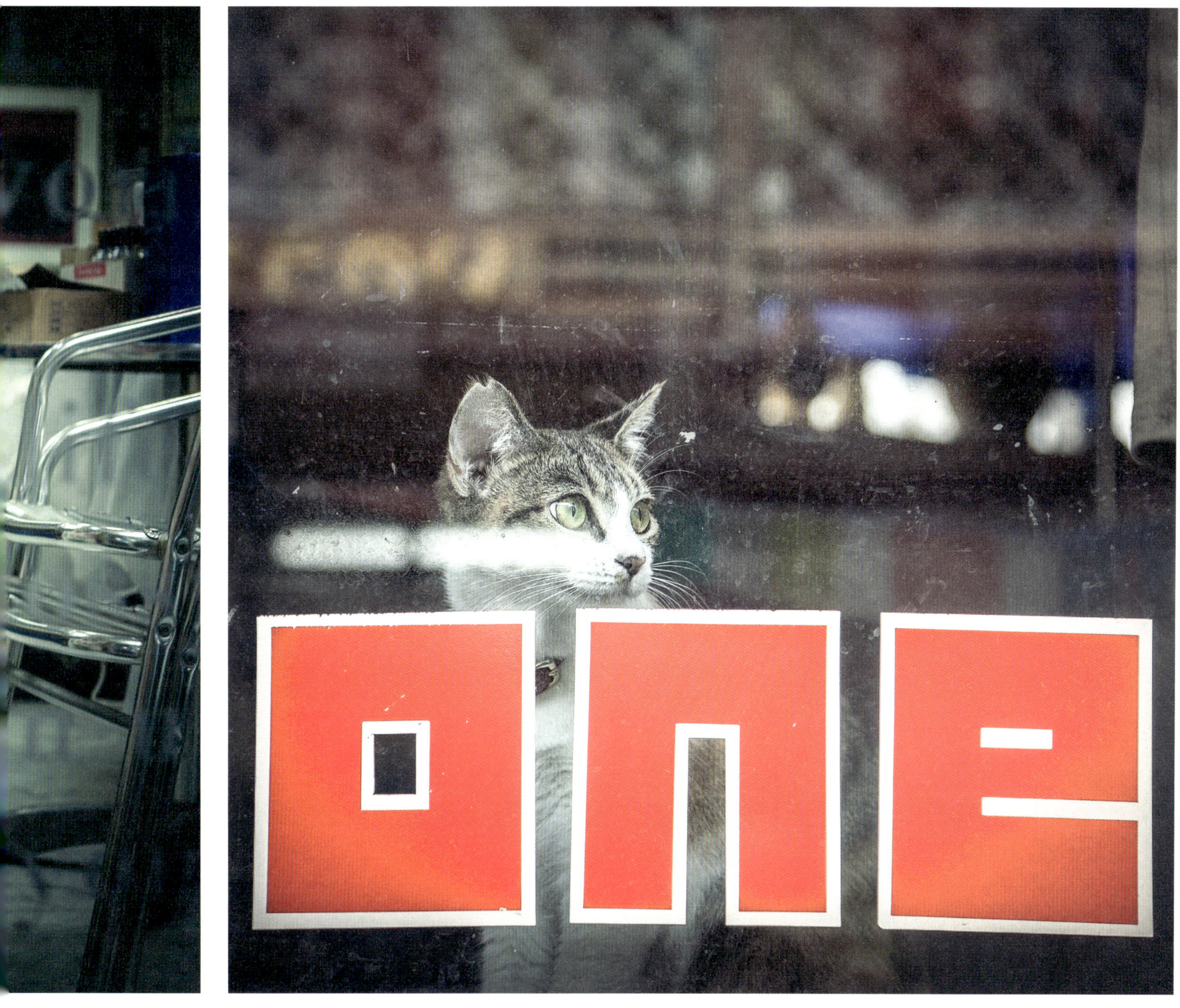
one

招き猫 ・
MANEKI NEKO

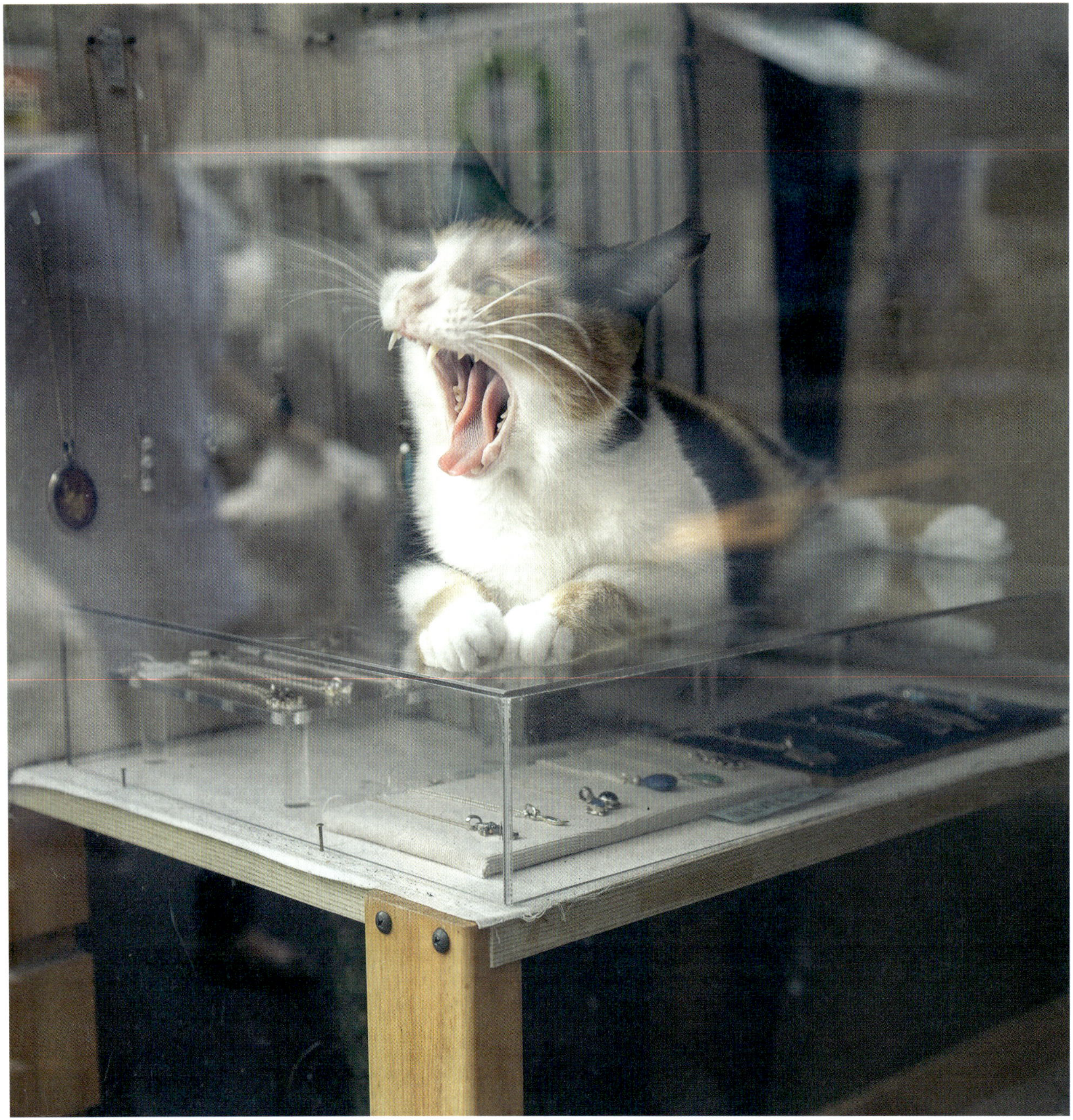

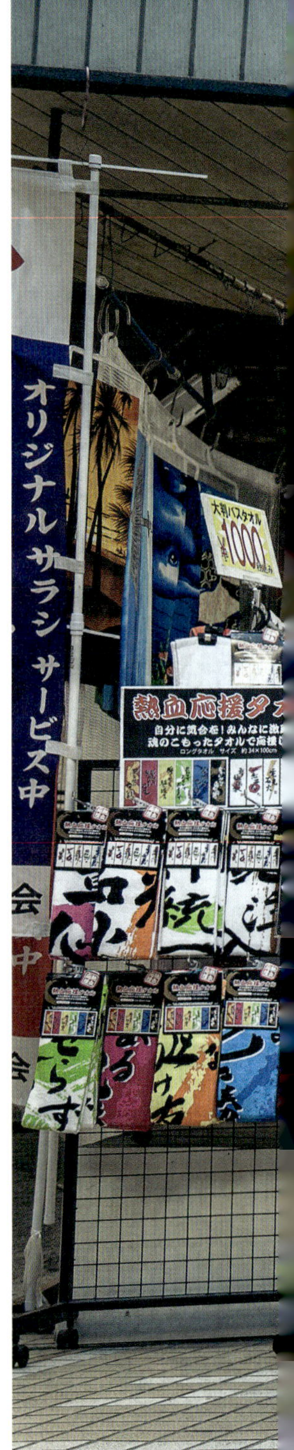
オリジナルサラシ サービス中
会　中
熱血応援タオル
自分に気合を！みんなに激励！
魂のこもったタオルで応援！
ロングタオル サイズ　約34×100cm
大判バスタオル
1000
統

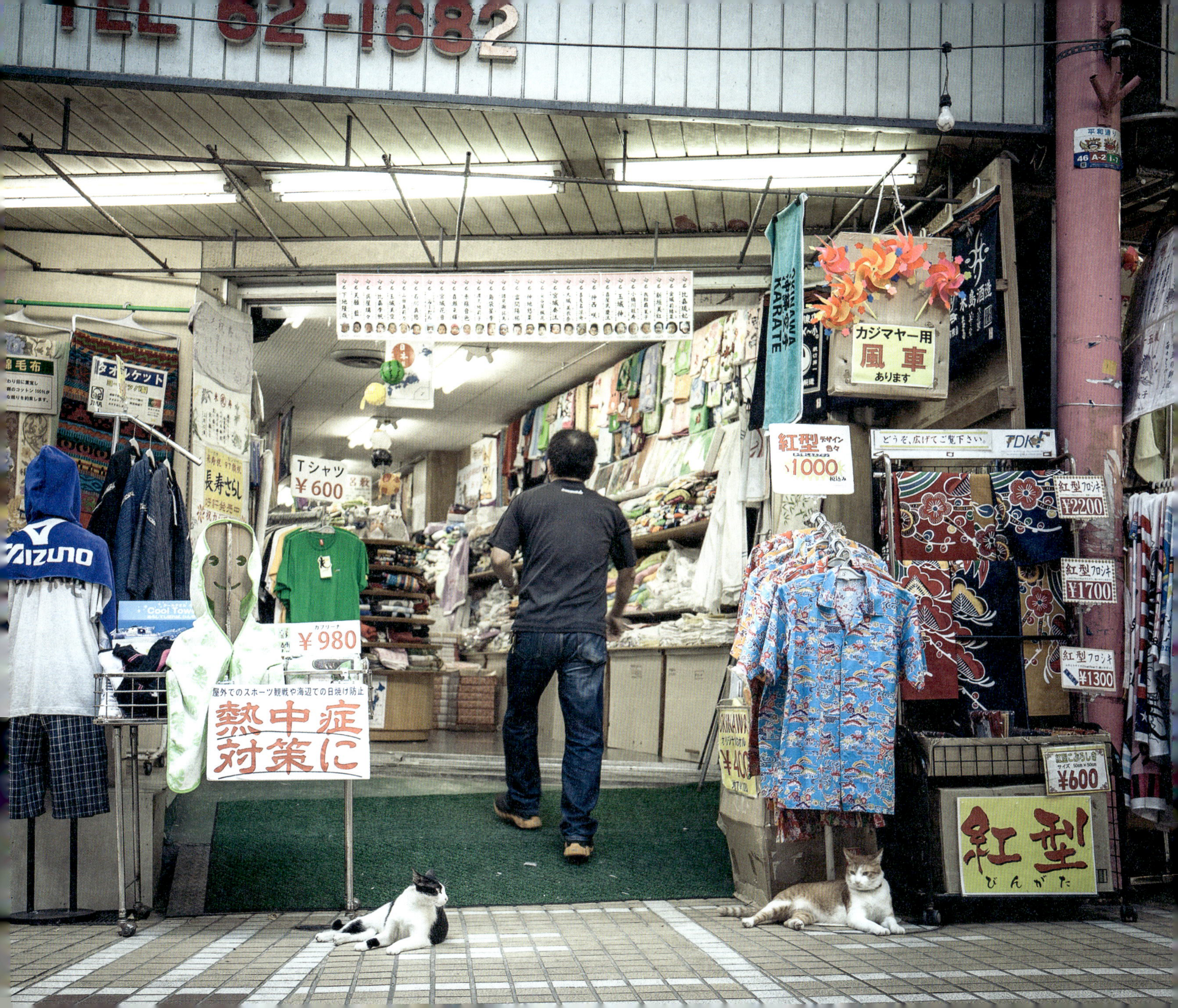

TEL 52-1682
MIZUNO
Cool Town
熱中症
対策に
屋外でのスポーツ観戦や海辺での日焼け防止
¥980
Tシャツ
¥600
長寿さらし
OKINAWA KARATE
カジマヤー用
風車
あります
紅型
¥1000
どうぞ、広げてご覧下さい。
TDK
紅型フロシキ
¥2200
紅型フロシキ
¥1700
紅型フロシキ
¥1300
紅型ごふろし台
¥600
紅型
びんがた
平和通り

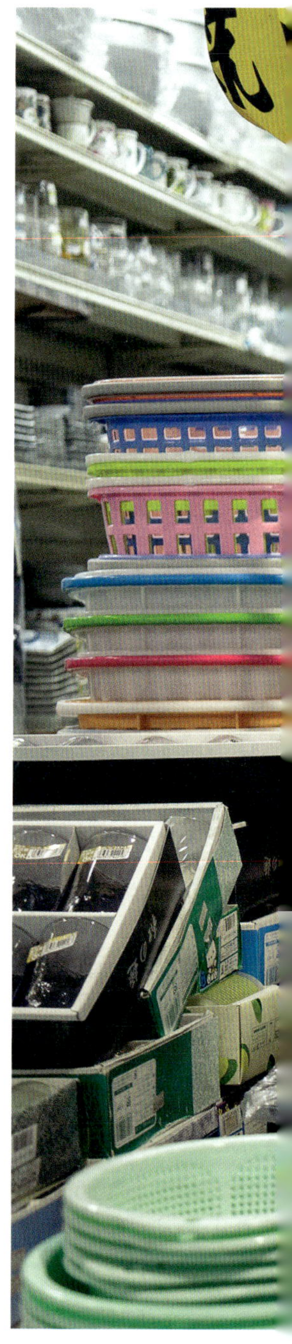

招き猫 · MANEKI NEKO ·

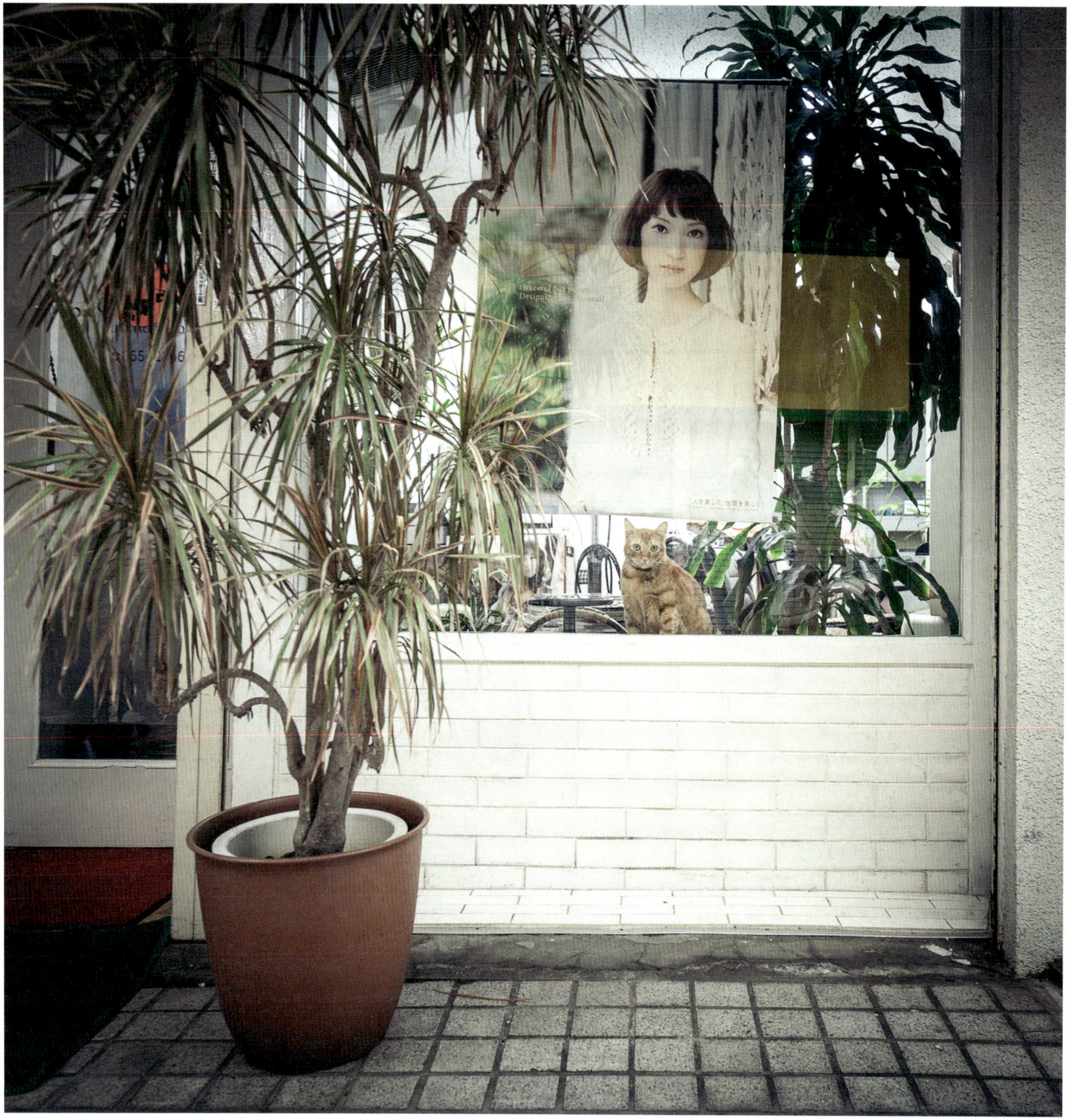

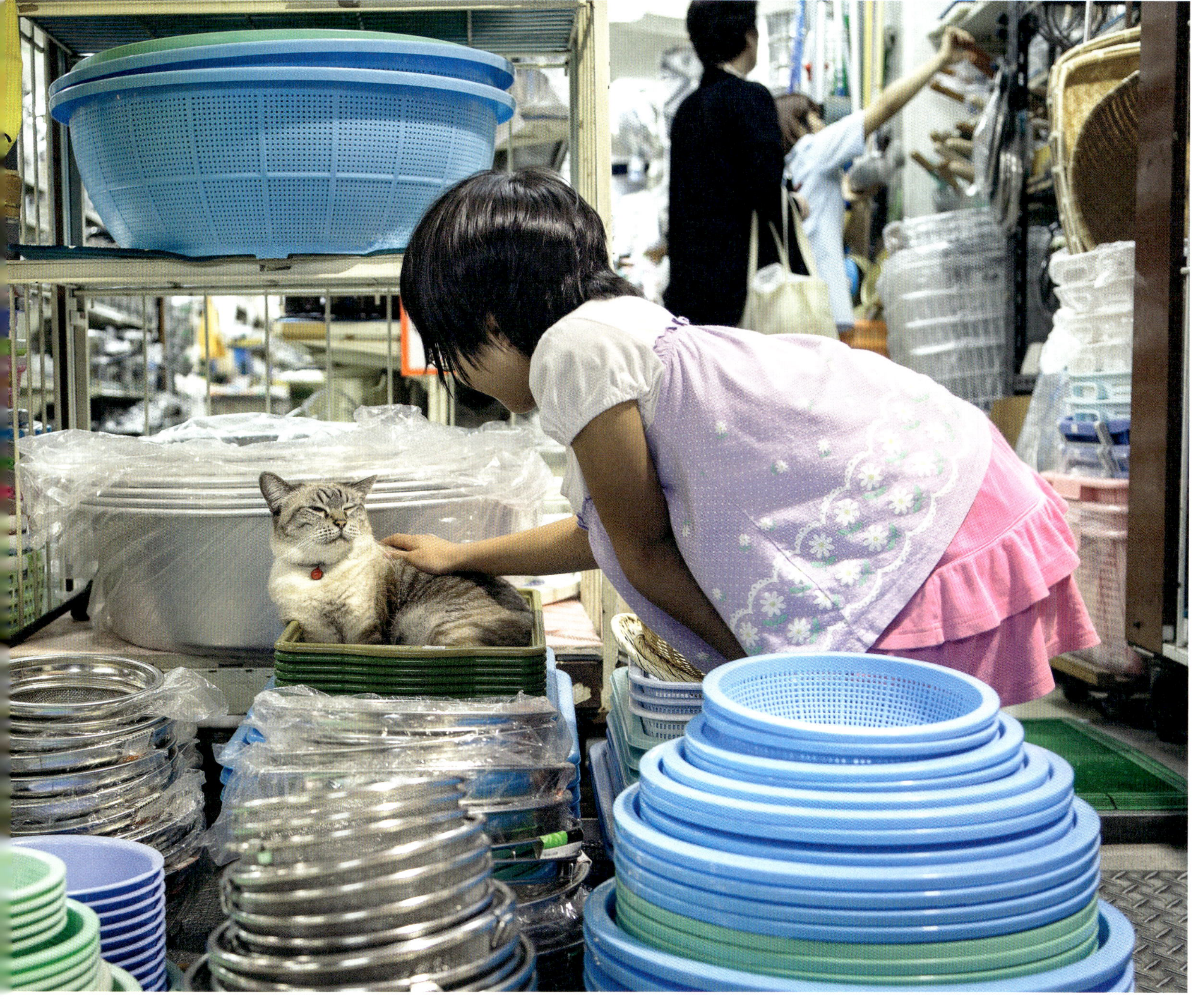

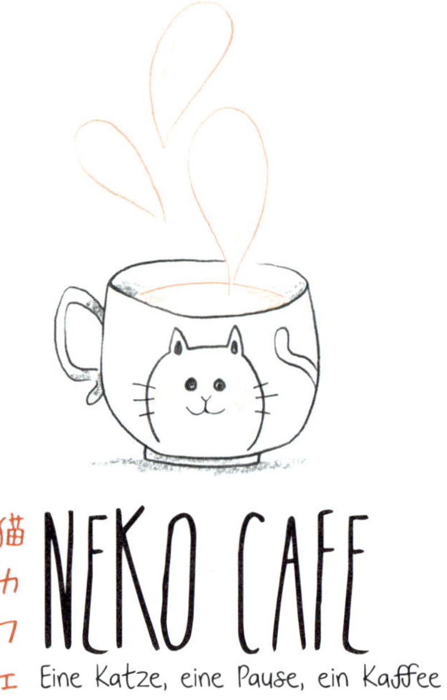

Katzencafés sind eine relativ neue Erfindung. Es gibt sie erst seit 2005. Die Idee: Man trinkt Kaffee in Anwesenheit von Katzen. Man legt am Eingang seine Sachen in ein Schließfach, wäscht sich die Hände, zieht die Schuhe aus und schlüpft in Pantoffel, bevor man den Salon betritt – wie allgemein üblich in Japan. Dort gibt es Tische und Kissen, die mehr an ein Kinderzimmer erinnern als an ein Café oder einen Teesalon. Es gibt jede Menge Spielsachen zum Zeitvertreib mit den Katzen. Aber Vorsicht: Es ist untersagt, sie zu stören, wenn sie Siesta halten. Katzen, die ungestört sein möchten, können in einen Raum laufen, der nur für Felltiger durch eine Katzentüre zugänglich ist. Sie sind oft nicht besonders spielfreudig und ein wenig gleichgültig gegenüber dem Kommen und Gehen der Kundschaft des Cafés. In Tokio finden Sie sehr leicht ein Katzencafé. Aber dort eine Katze zu finden, die etwas lebhafter ist, ist schon schwieriger. Das Konzept des Katzencafés mag erstaunlich erscheinen. Es wird aber verständlich, wenn man weiss, dass das Halten von Haustieren in der Wohnung oft verboten ist. Die Japaner haben zudem lange Arbeitszeiten und nicht unbedingt die Zeit, sich selbst um ein Haustier zu kümmern.

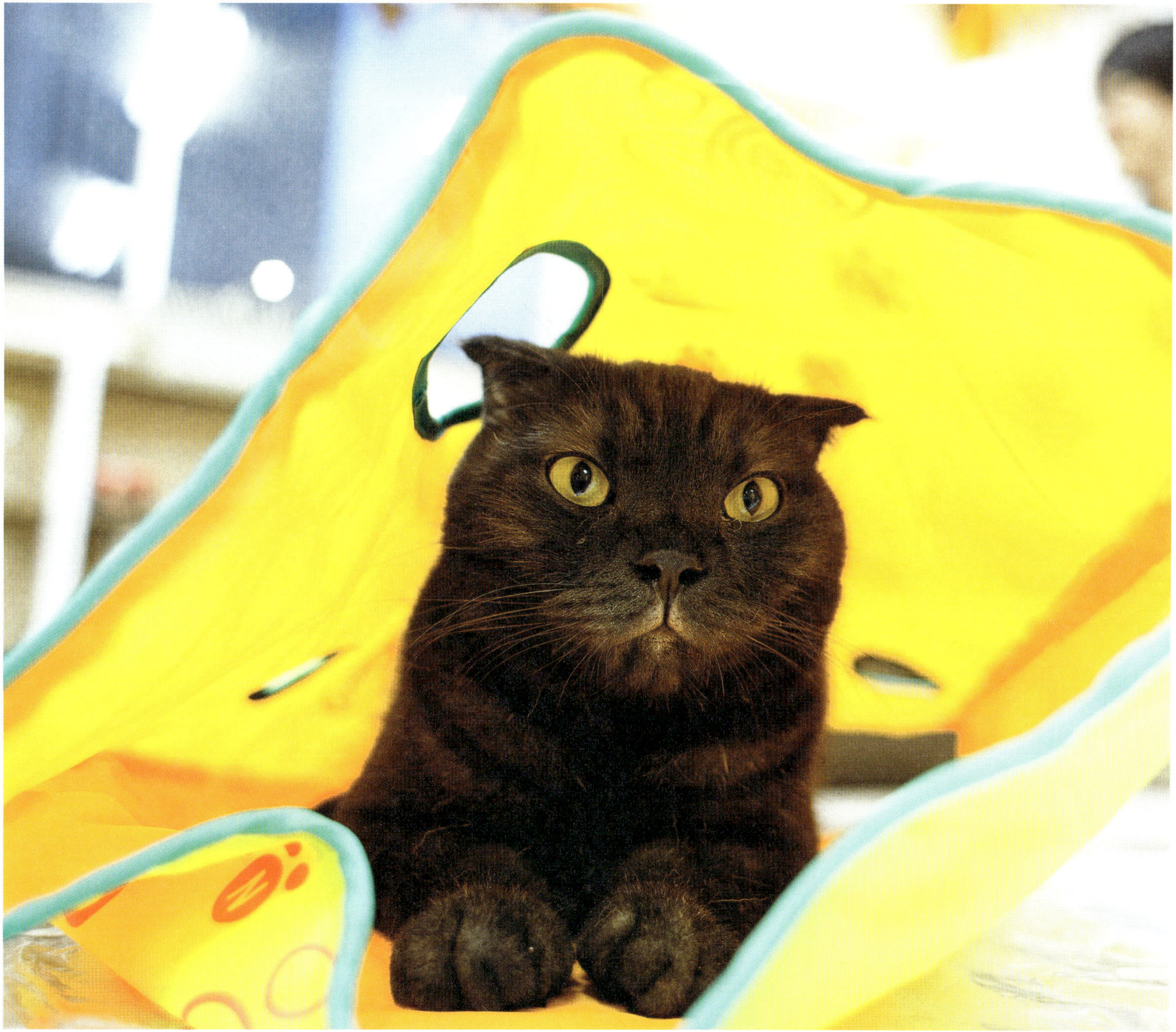

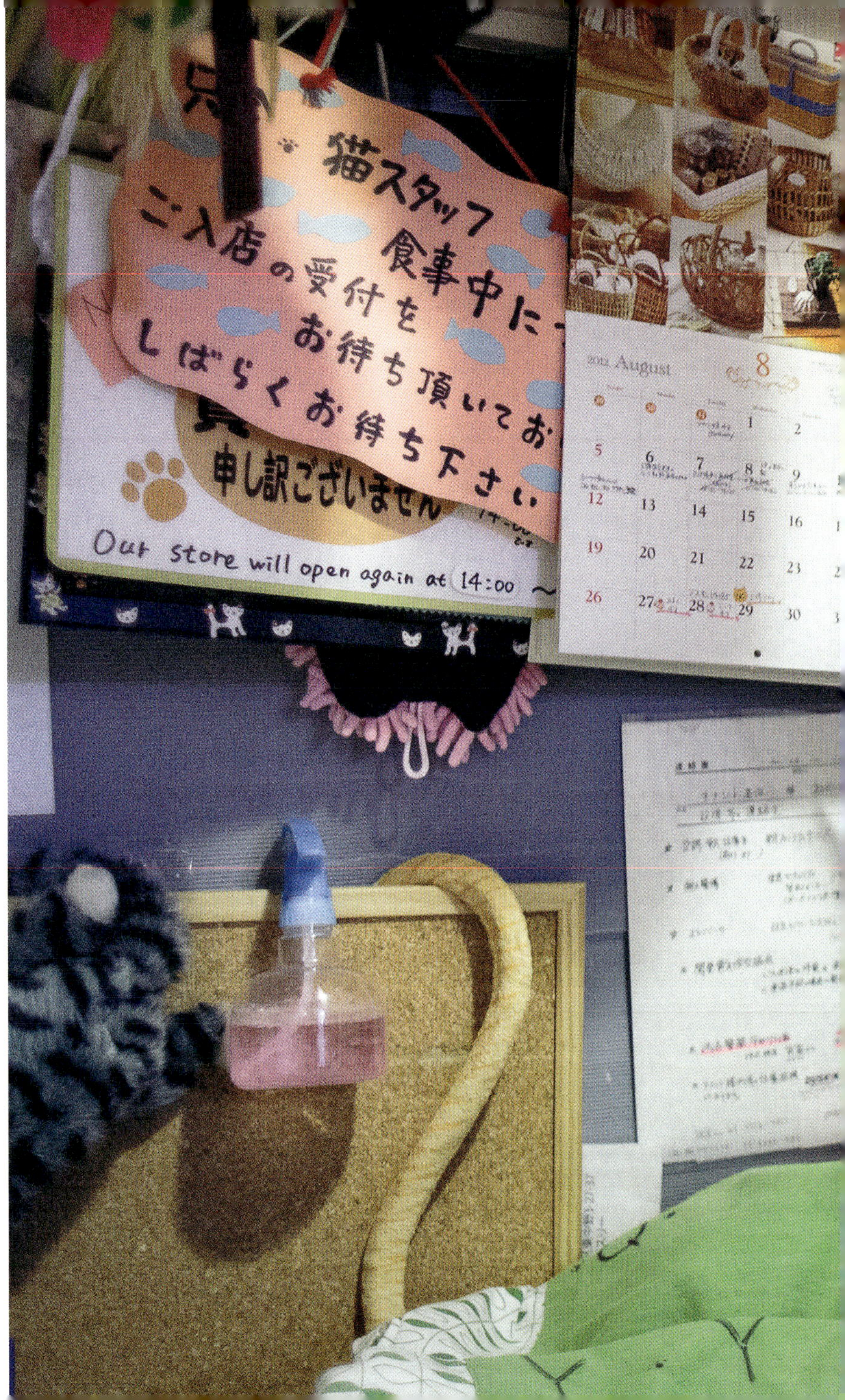

猫カフェ・
NEKO CAFE

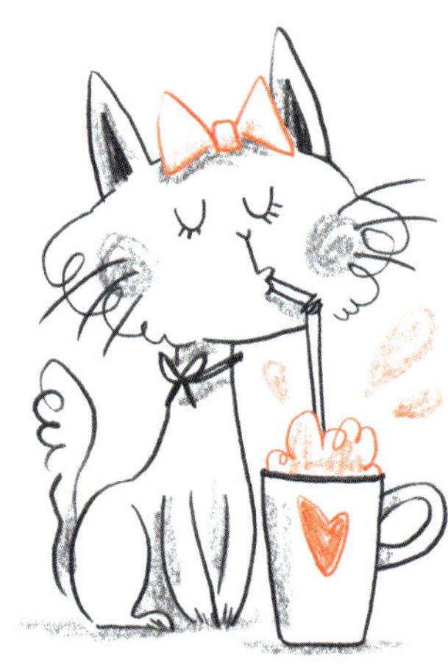

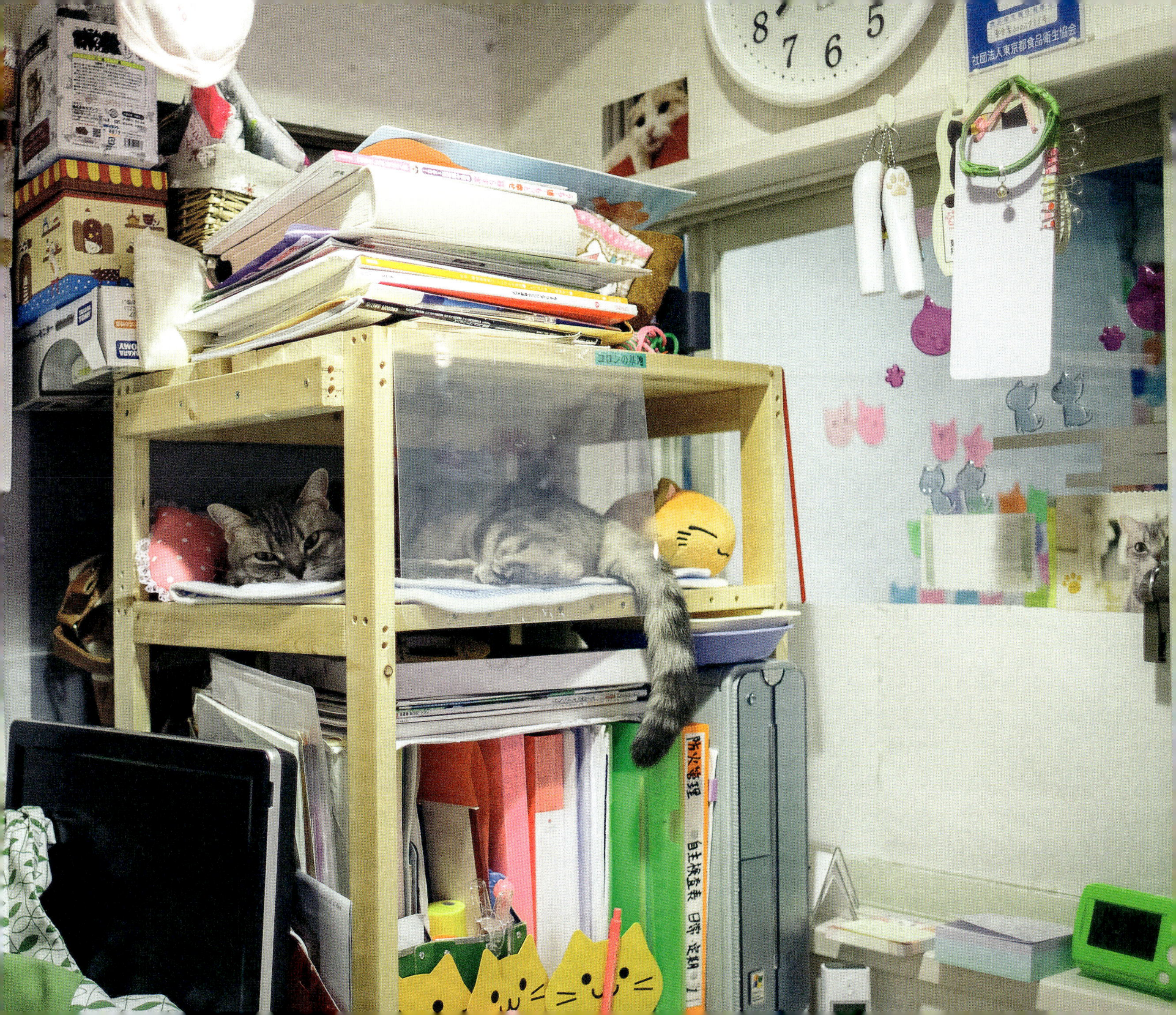

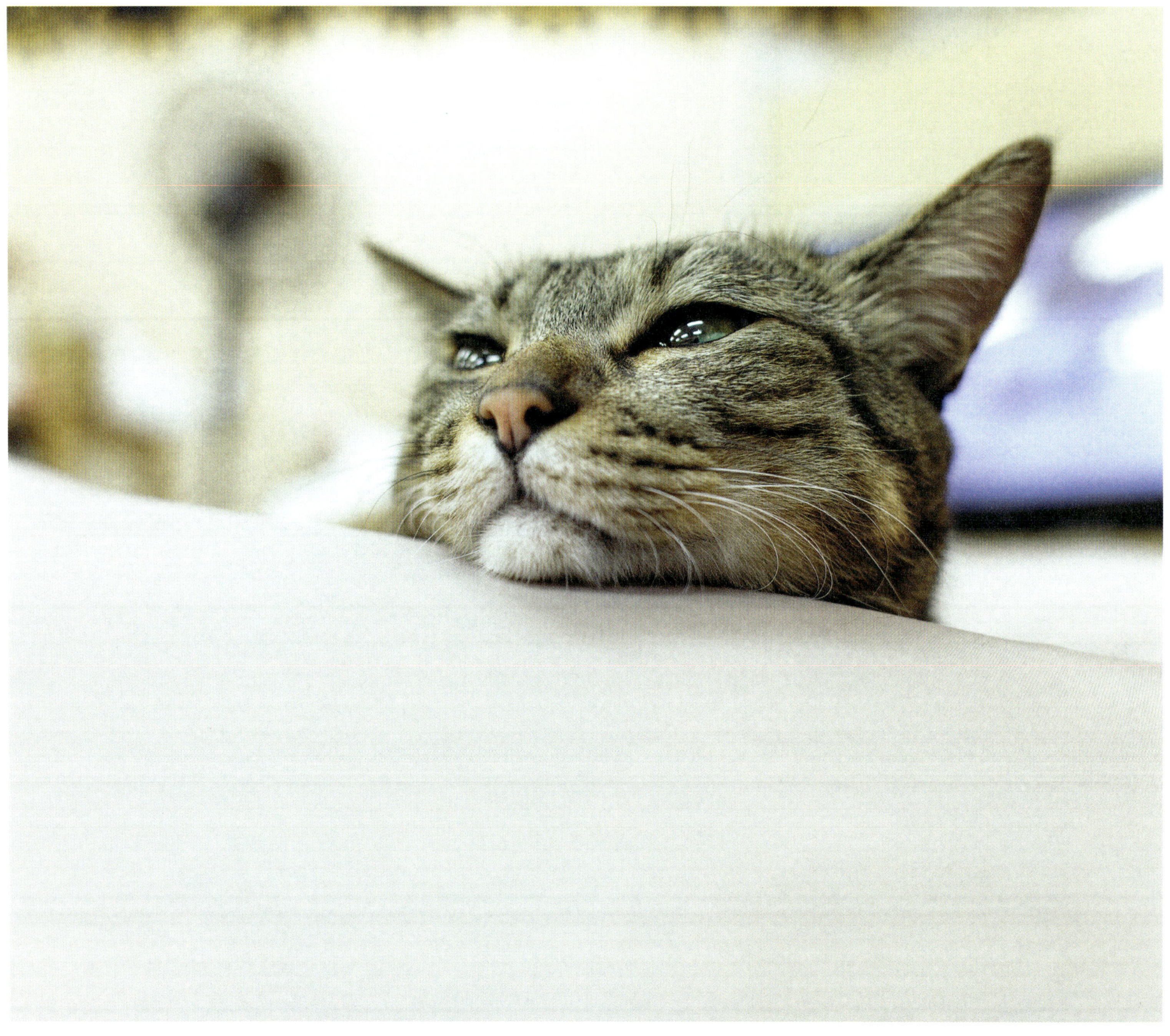
猫カフェ・
NEKO CAFE

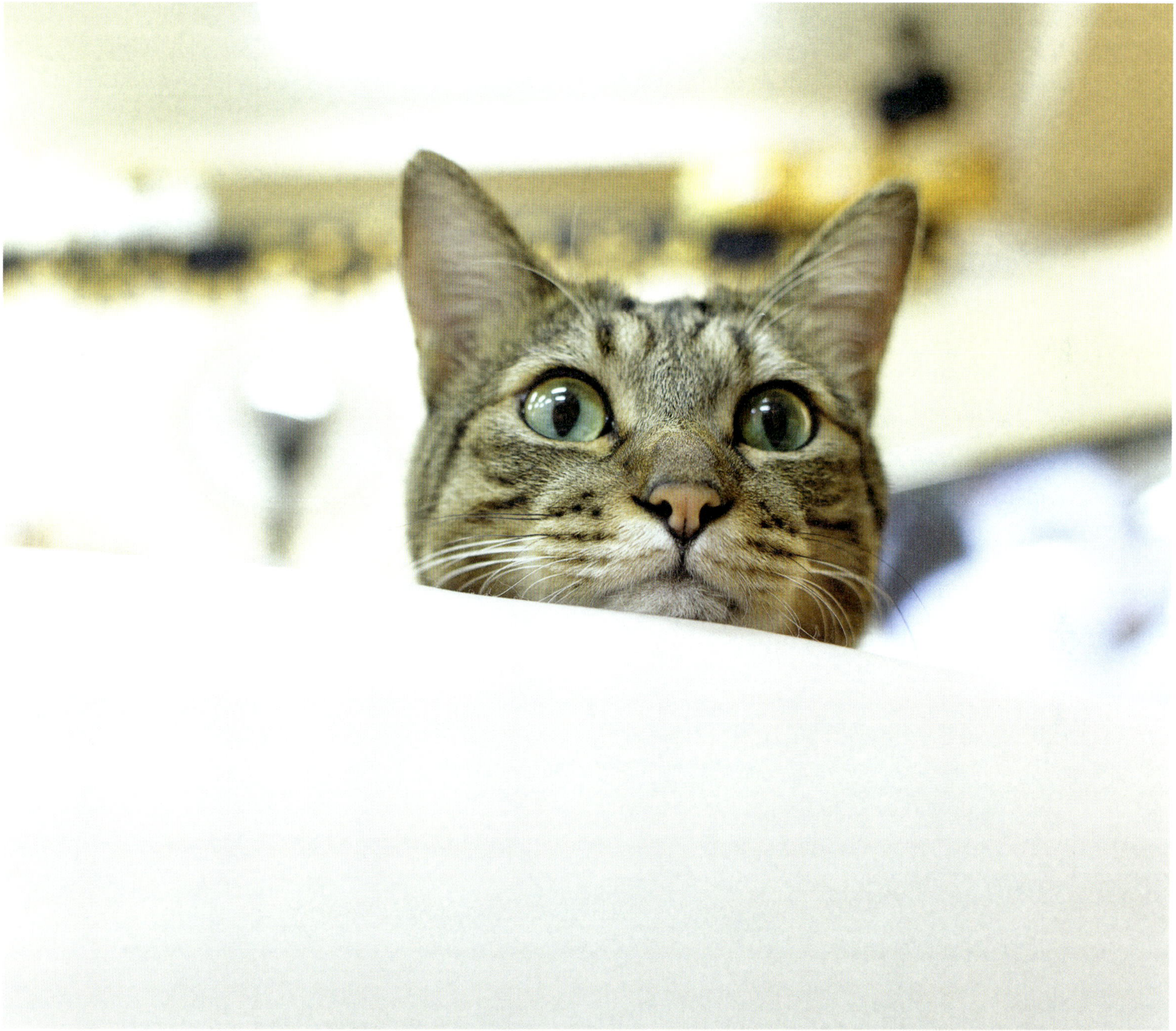

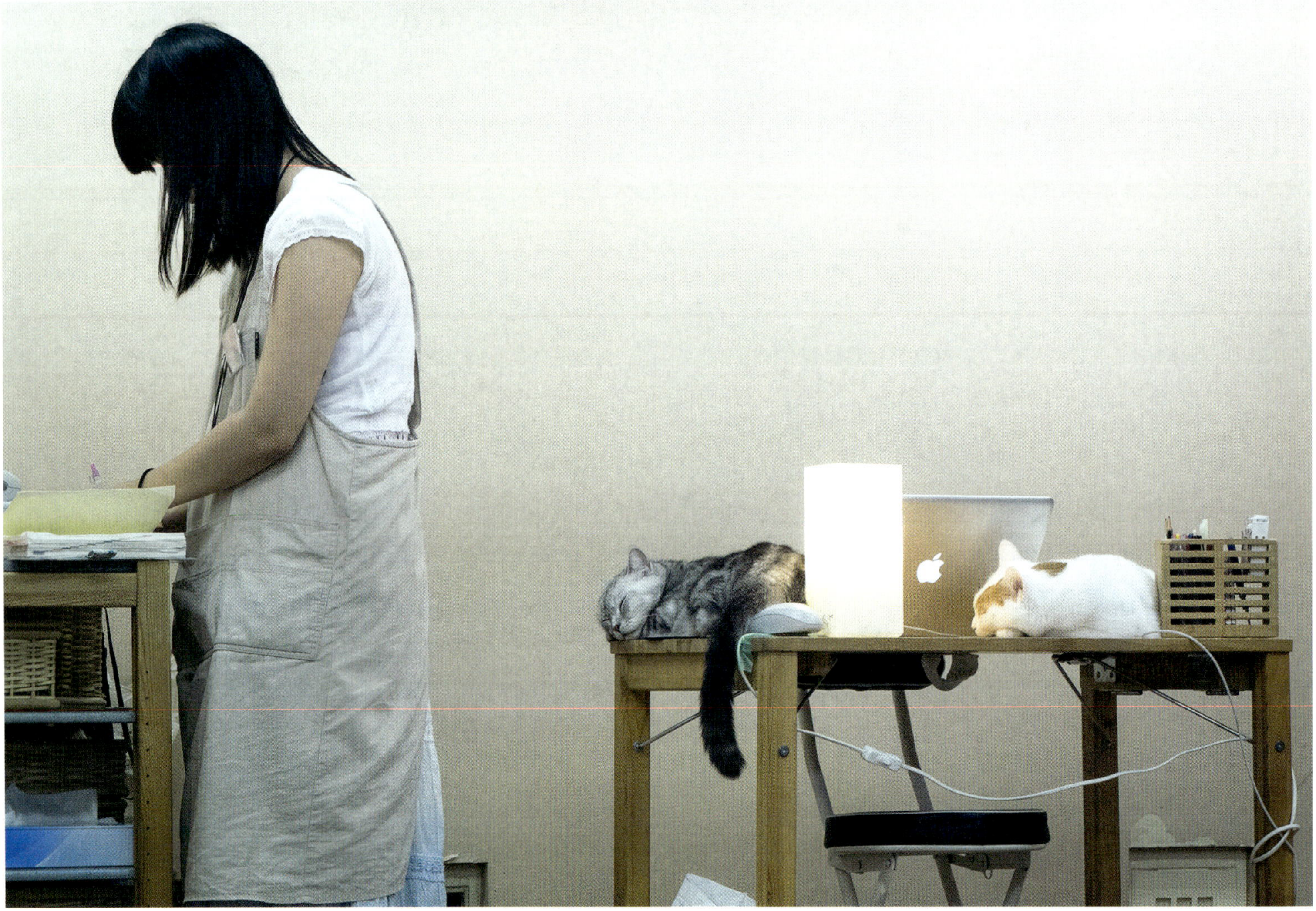

猫カフェ・
NEKO CAFE

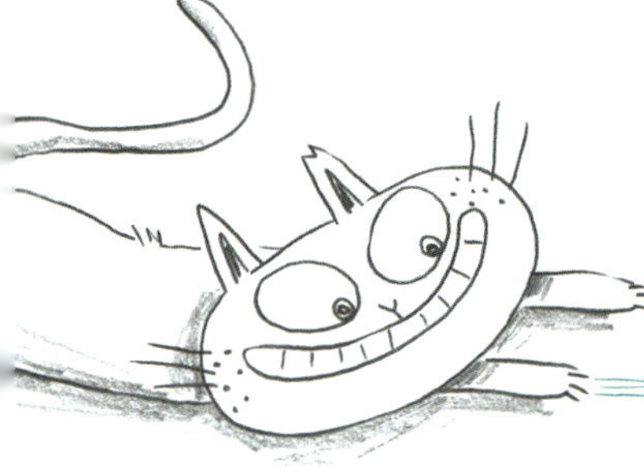

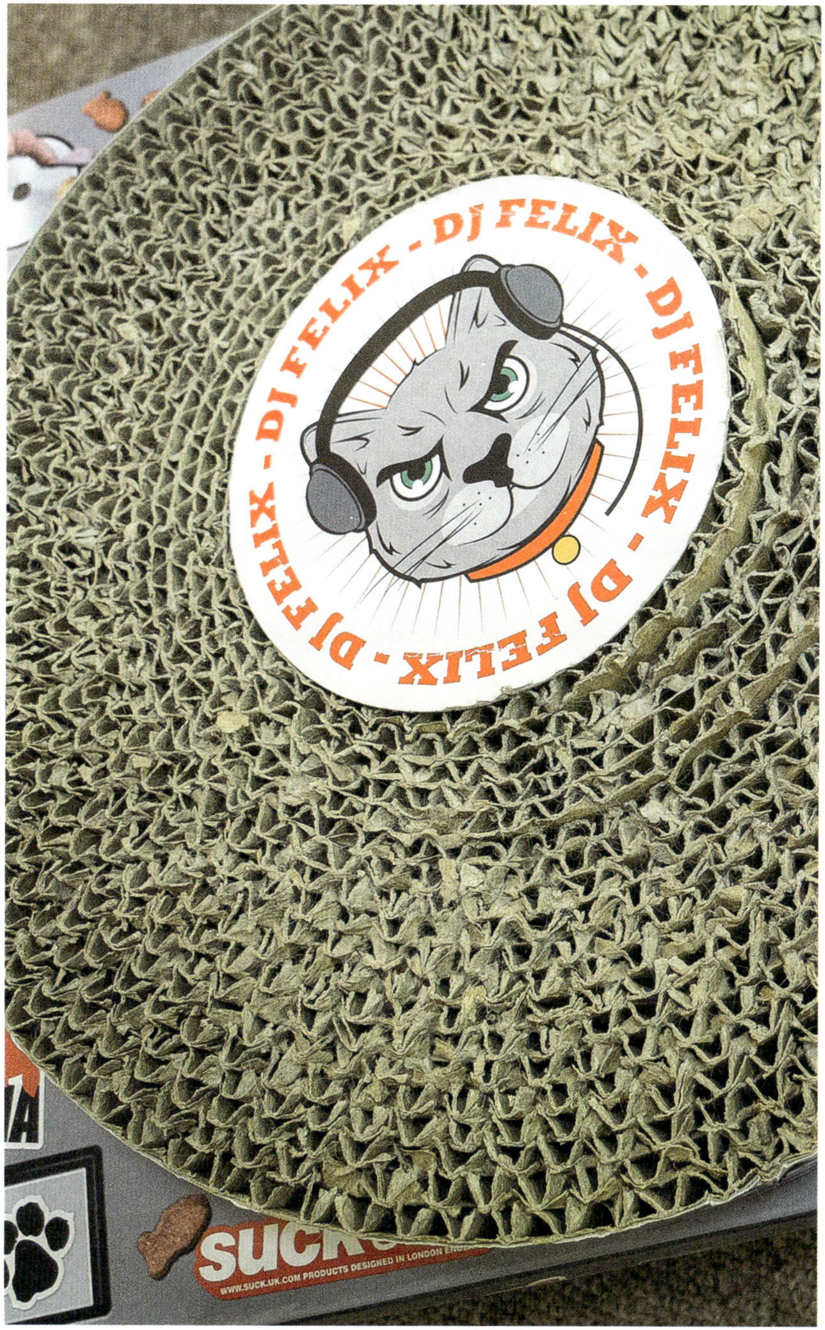

DJ FELIX · DJ FELIX · DJ FELIX · DJ FELIX · DJ FELIX · DJ FELIX · DJ FELIX
SUCK
WWW.SUCK-UK.COM PRODUCTS DESIGNED IN LONDON ENGLAND

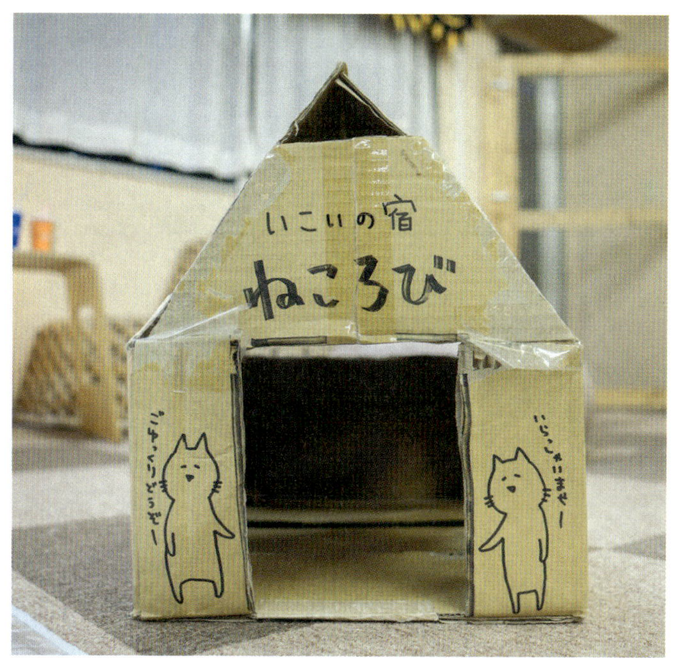
いこいの宿
ねころび
ごゆっくりどうぞ〜
いらっしゃいませ〜

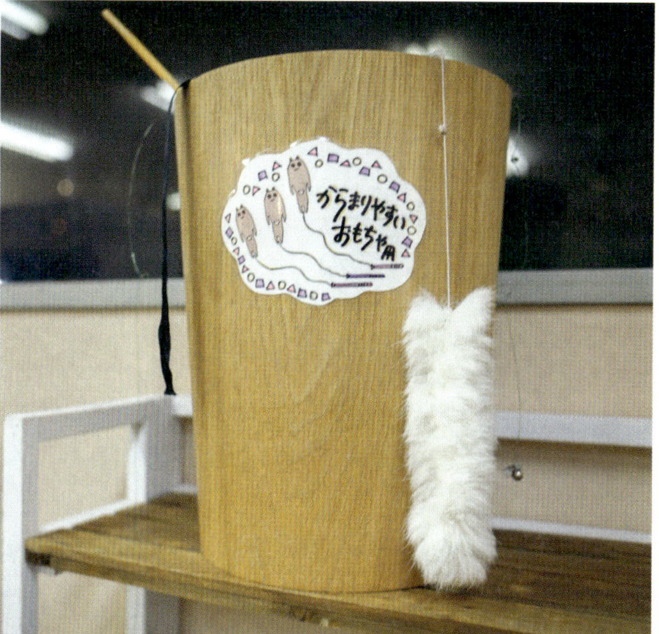
からまりやすい
おもちゃ用

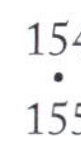

猫カフェ・
NEKO CAFE

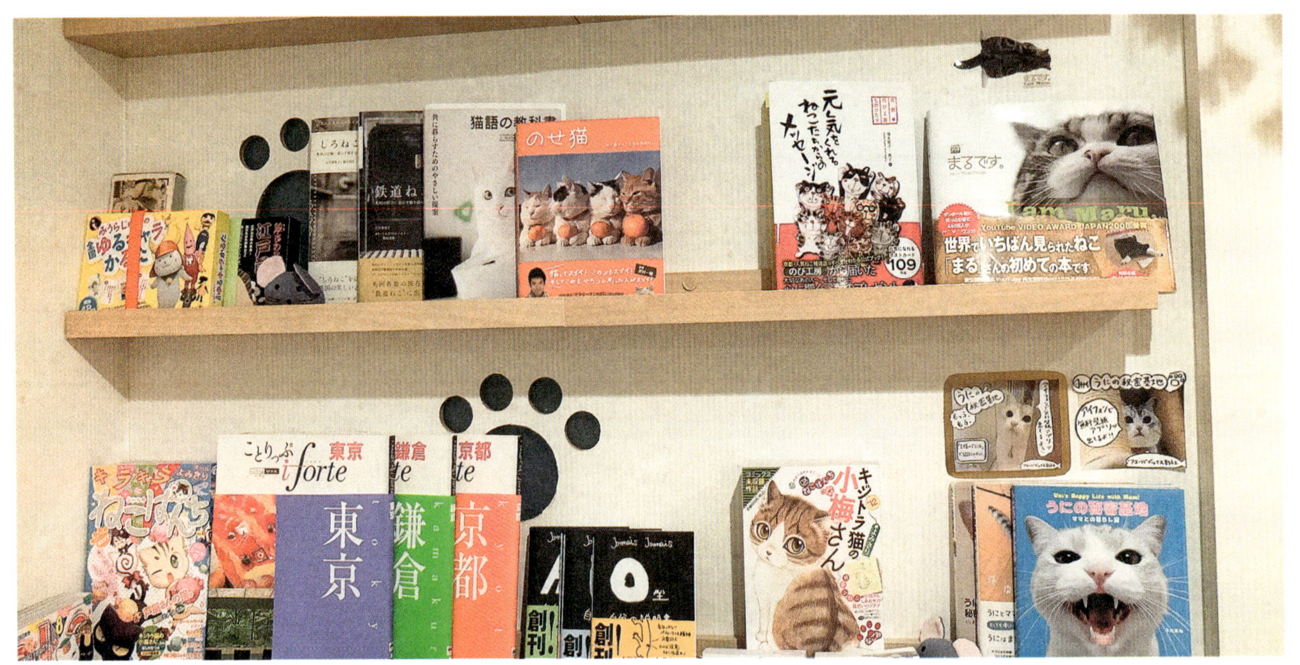

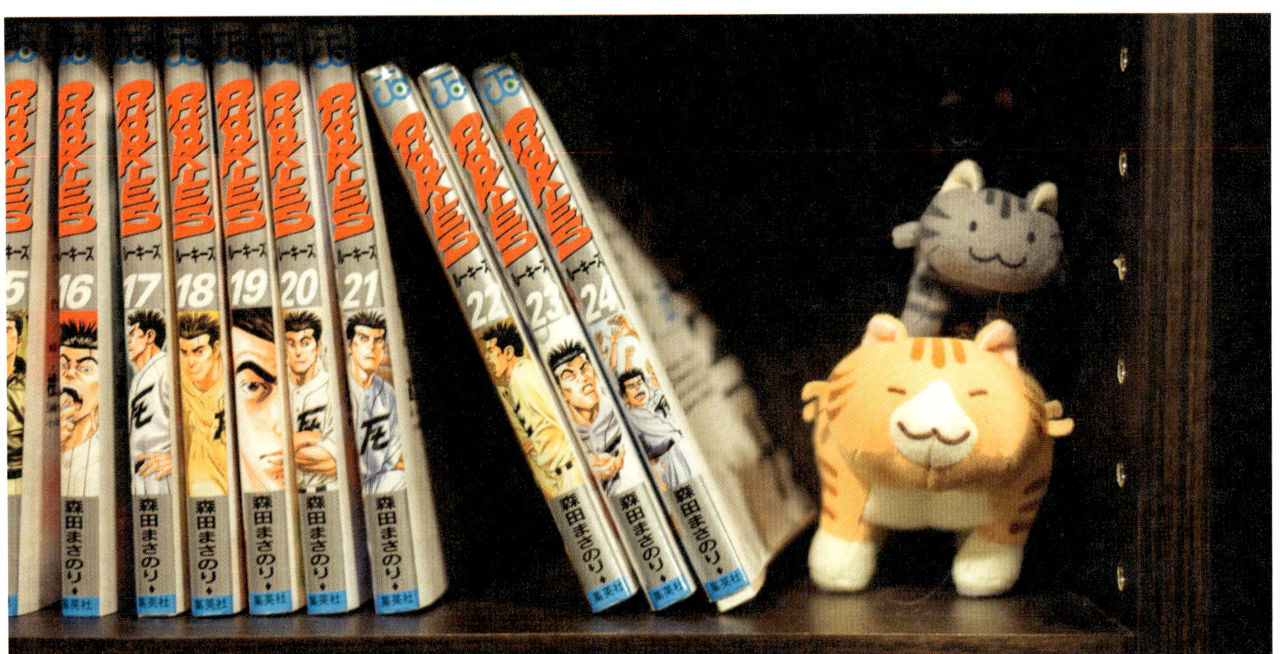

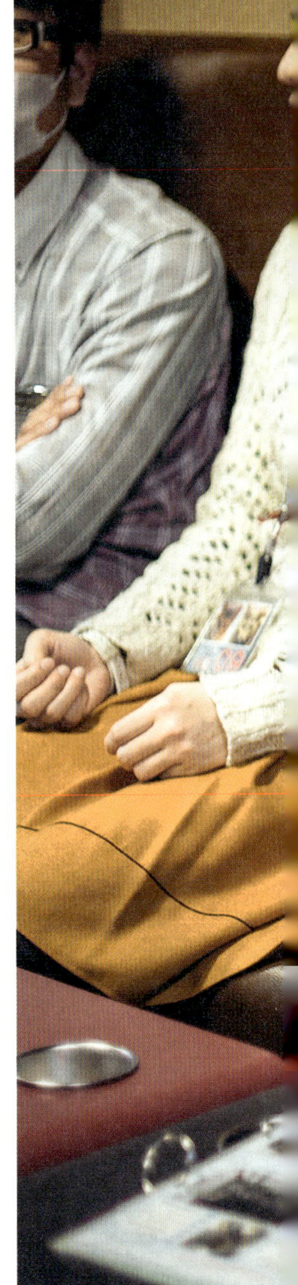

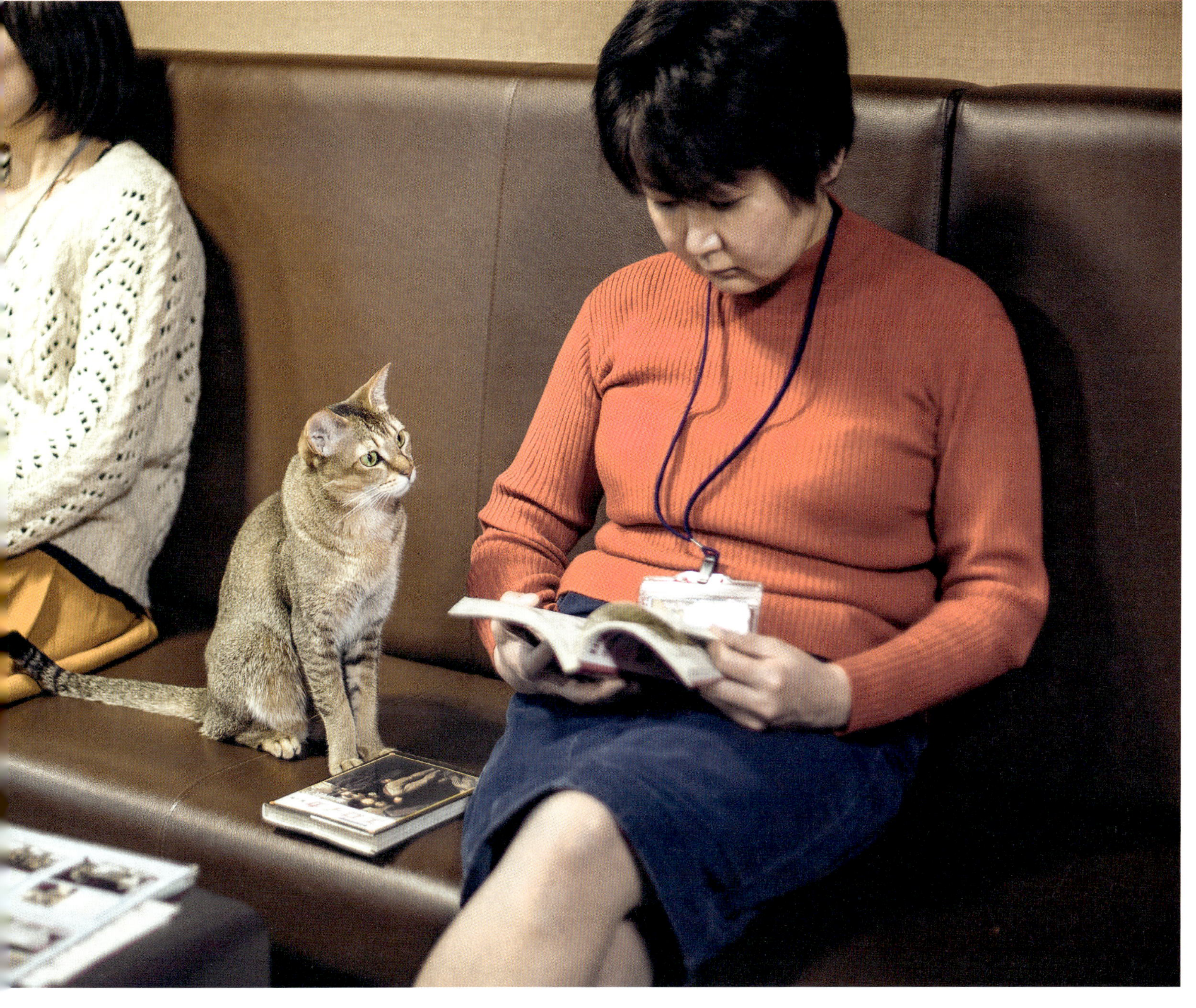

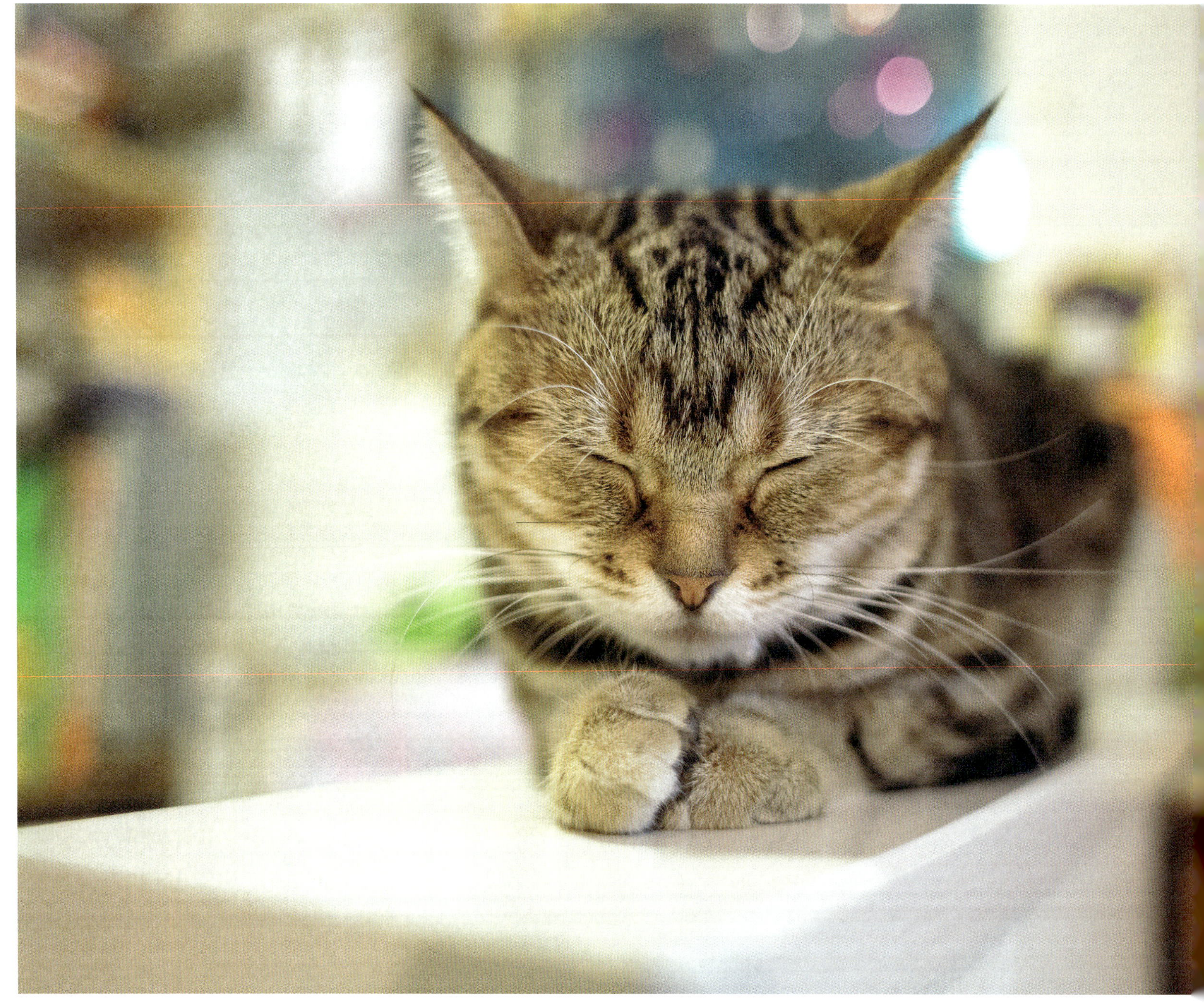

猫カフェ・NEKO CAFE

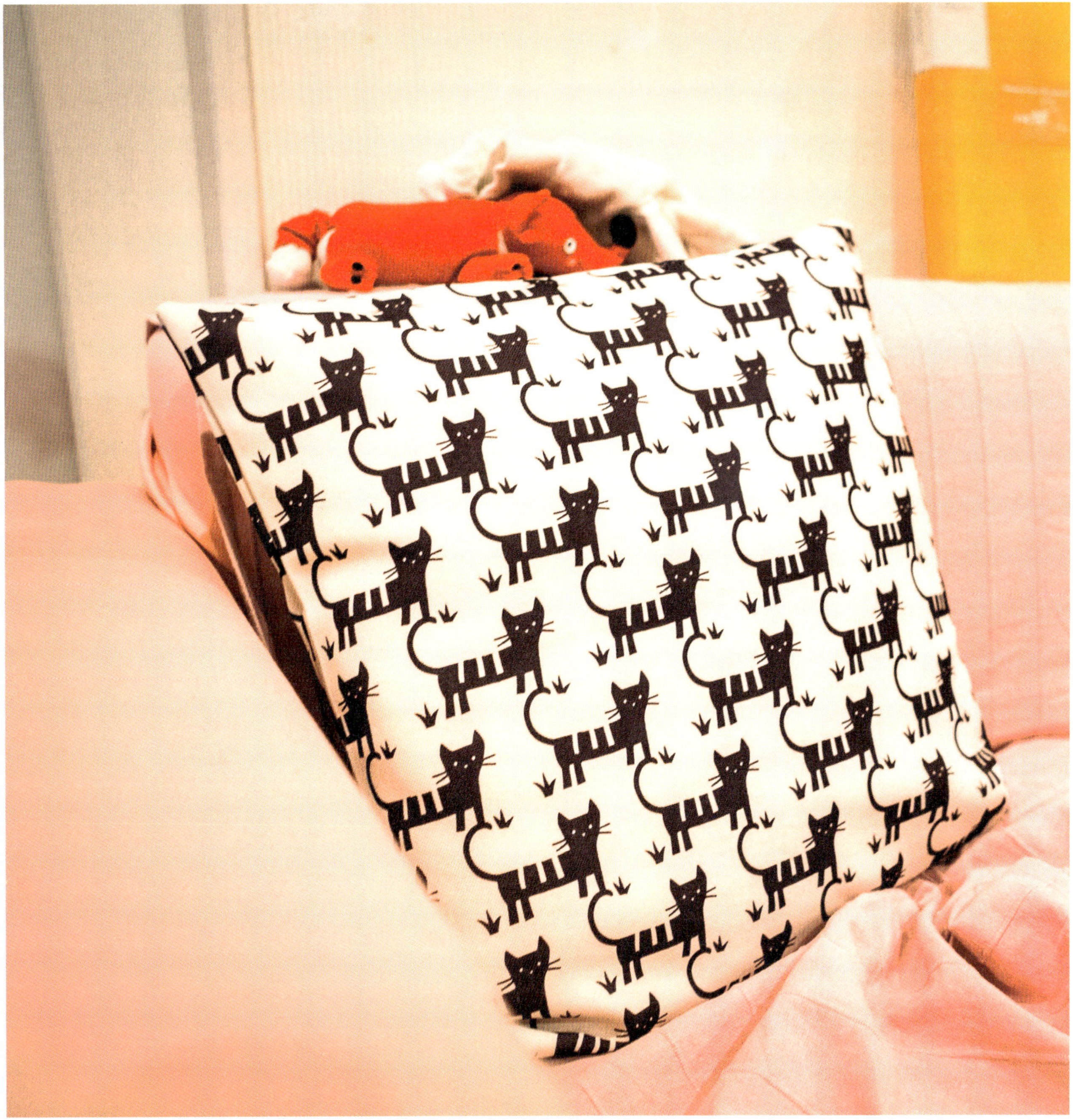

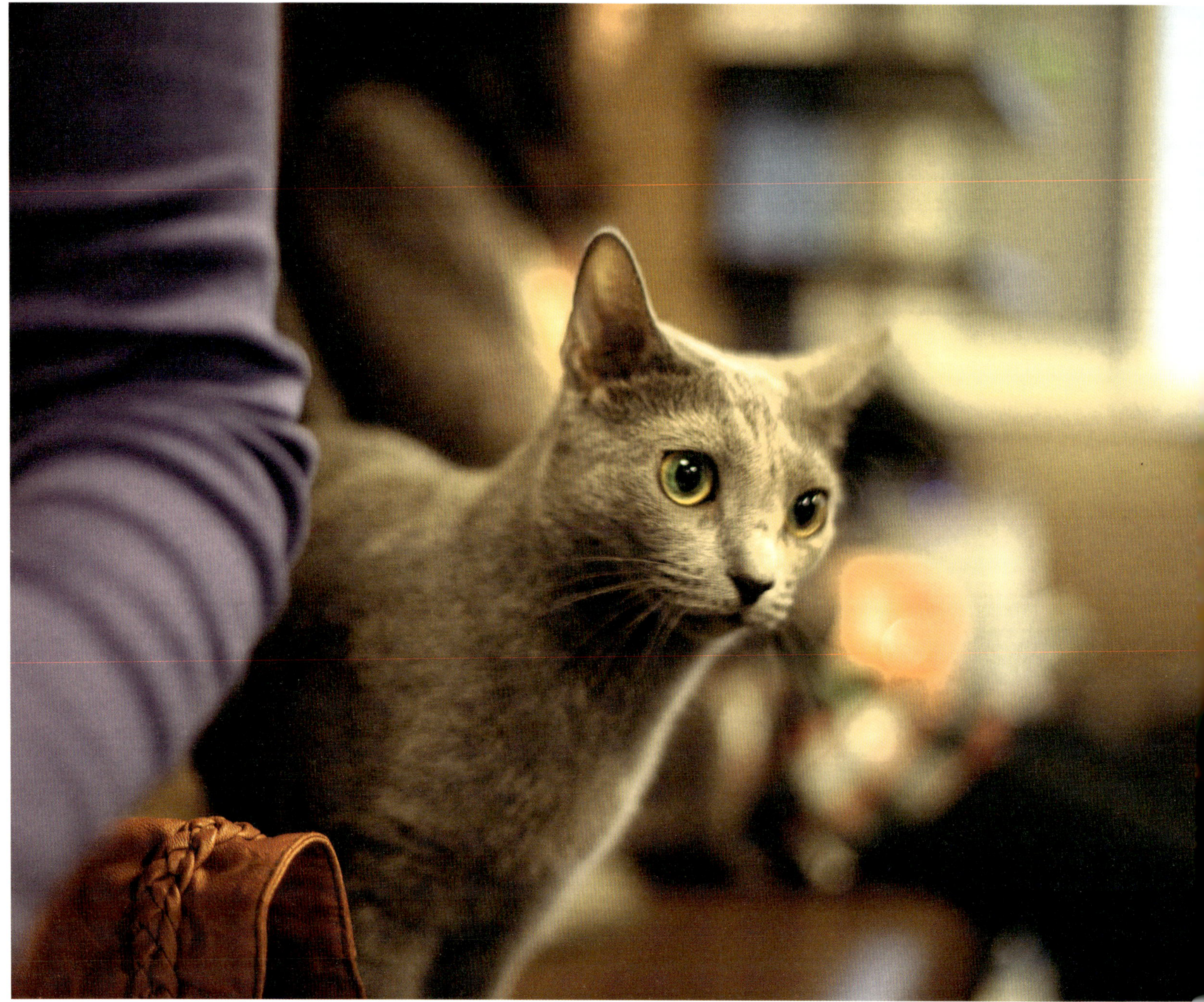

猫カフェ・NEKO CAFE

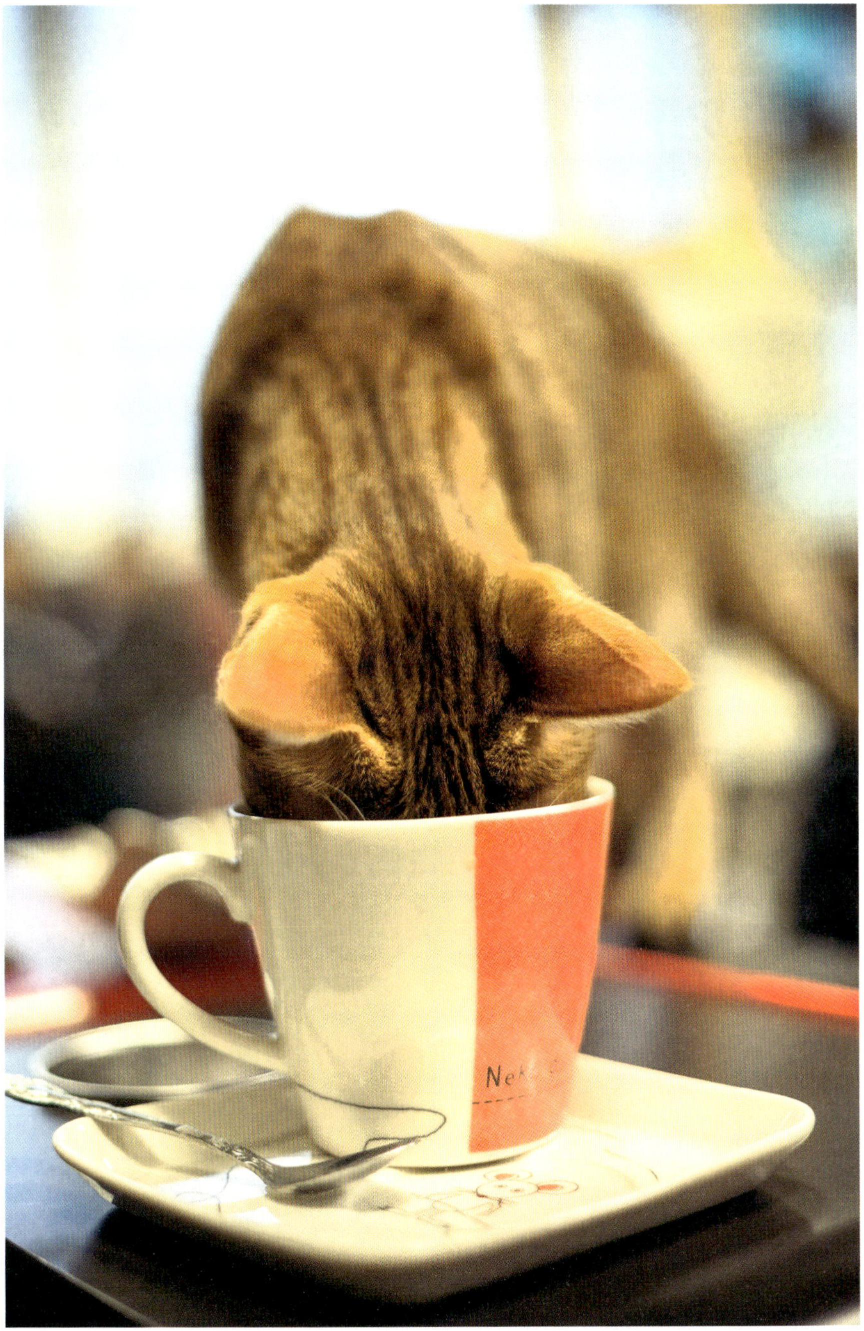

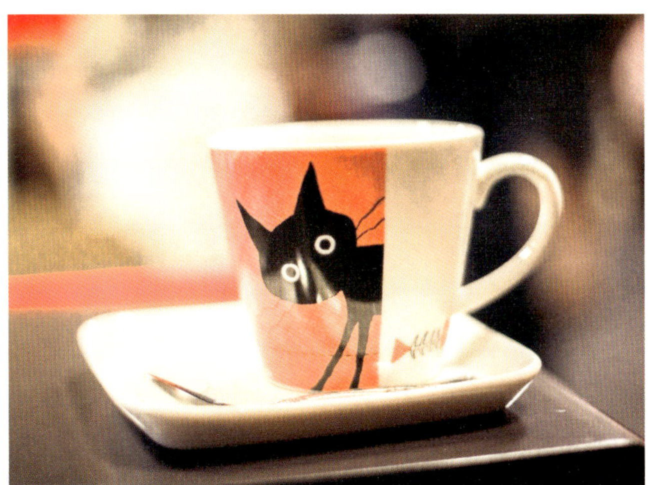

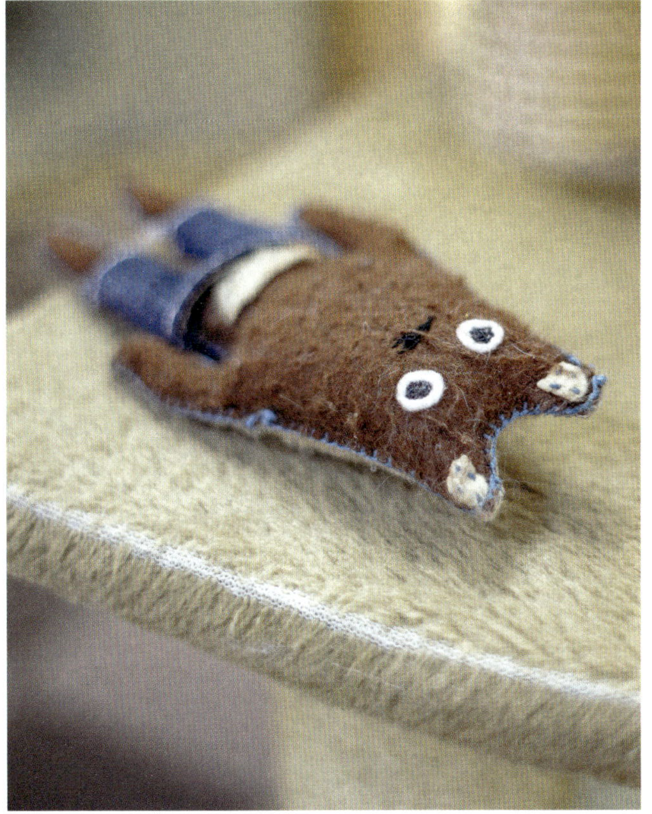

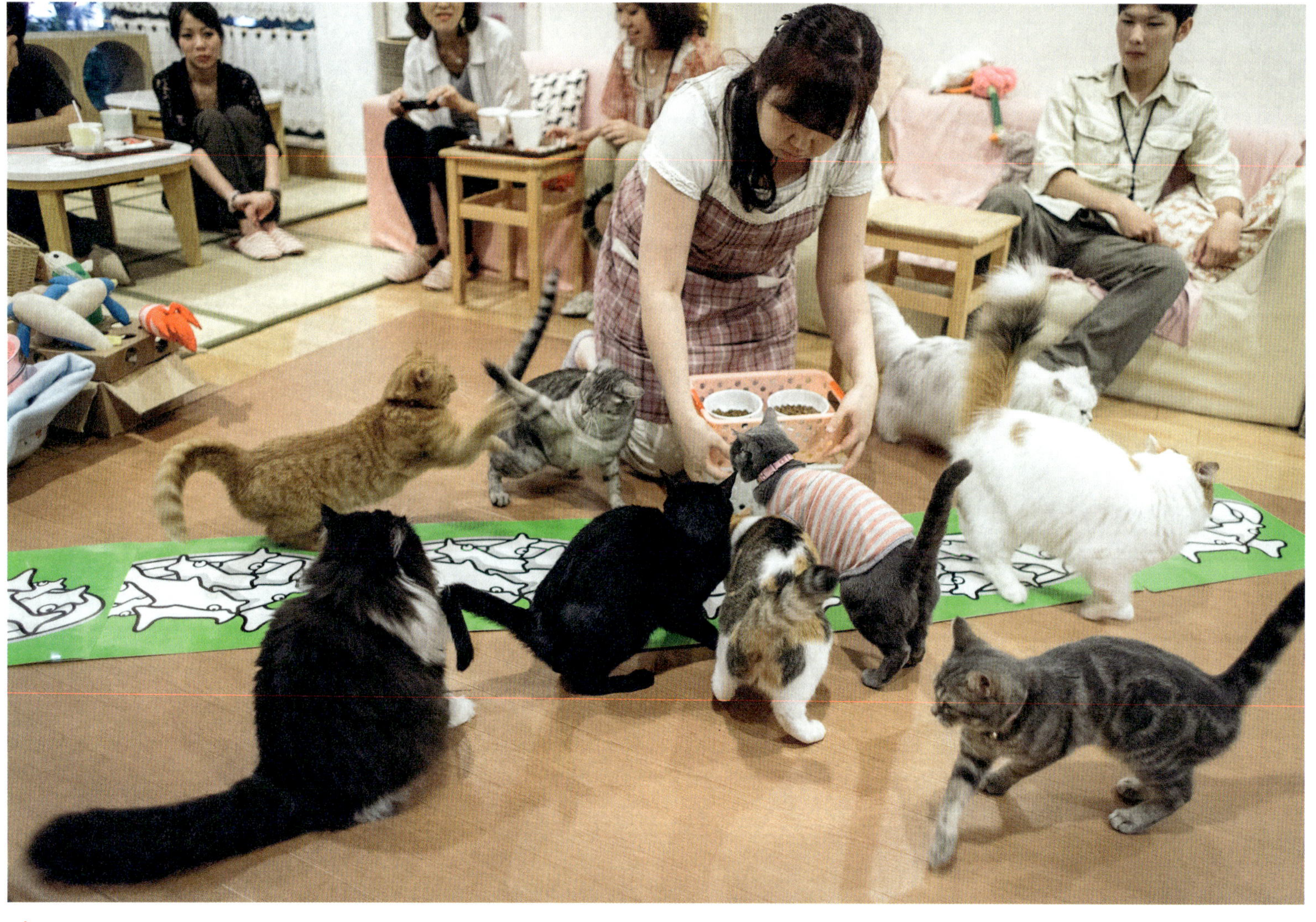

渋谷 Shibuya, Tokio: *Zeit für das Mittagessen. Jede Katze bekommt einen Fressnapf mit ihrem Namen – was ihnen aber eher egal ist …*

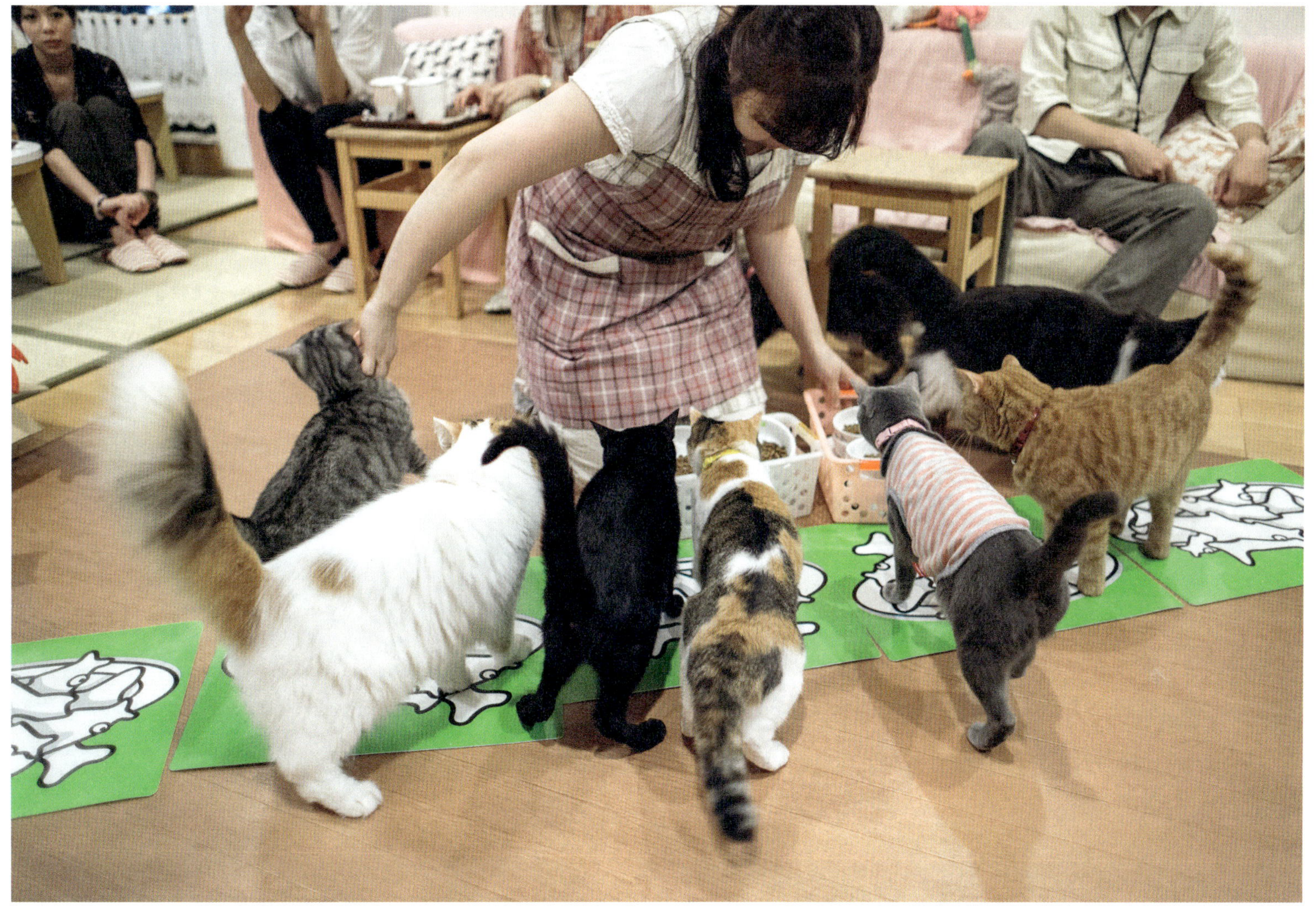

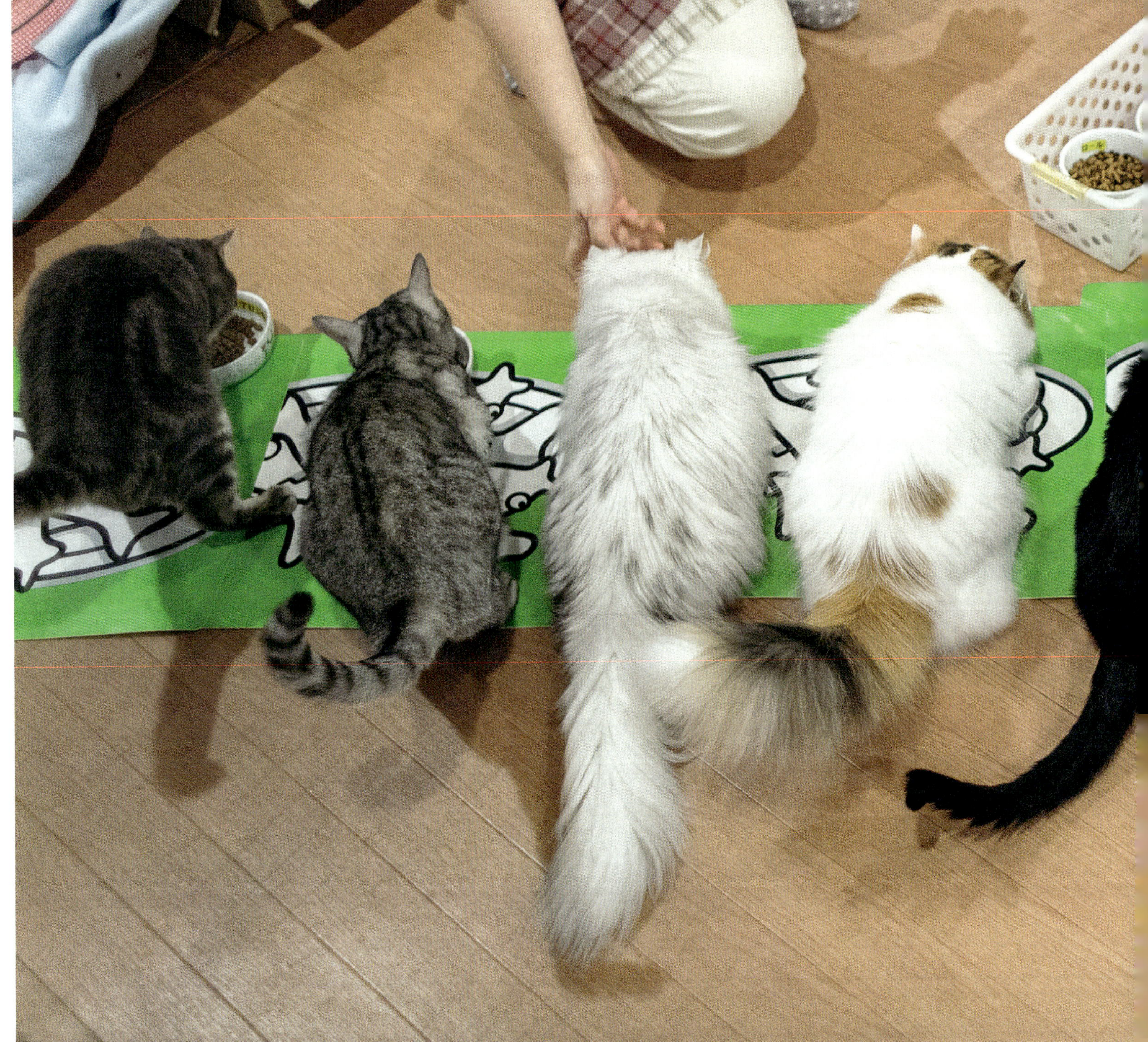

猫カフェ・
NEKO CAFE ·

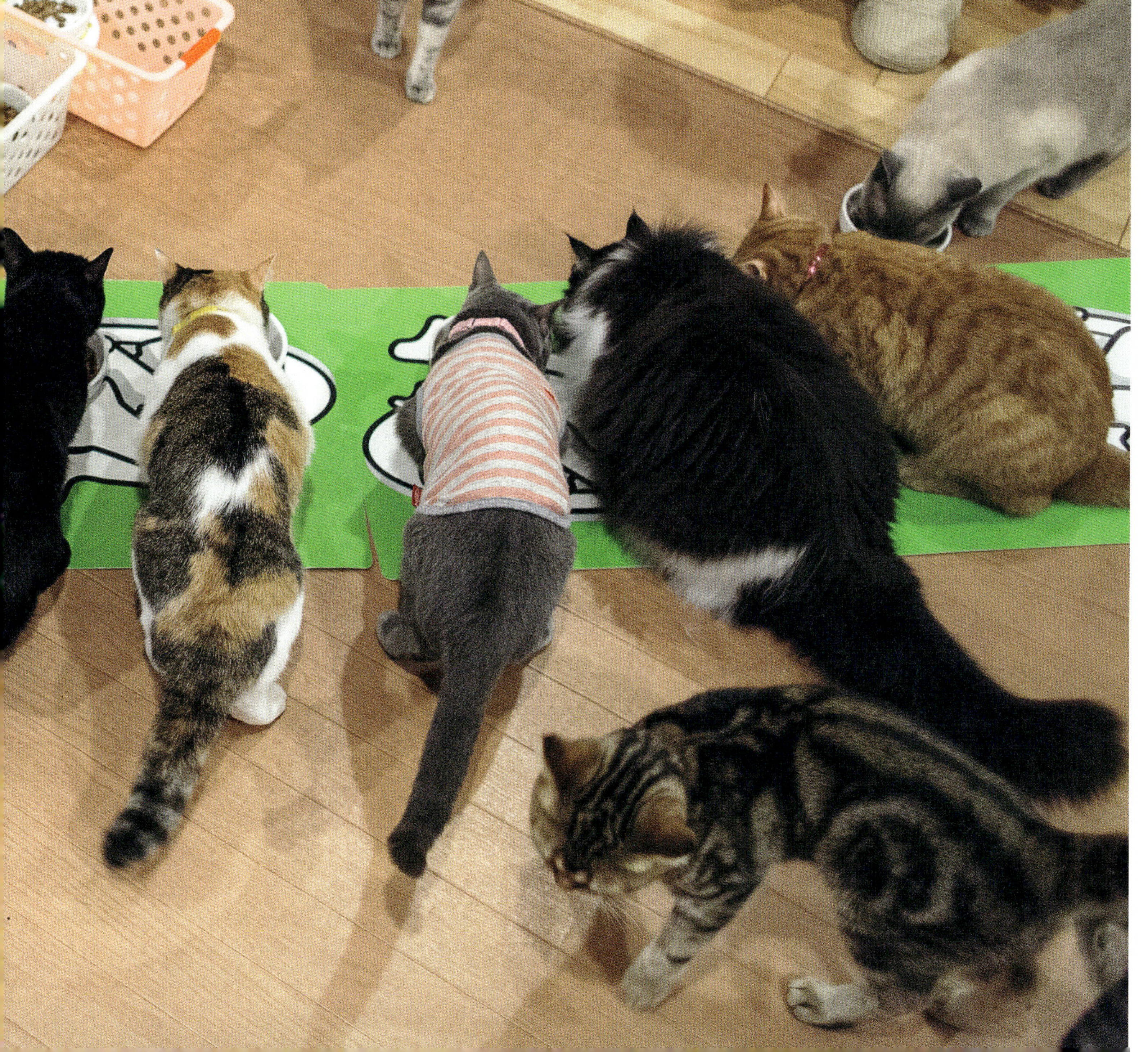

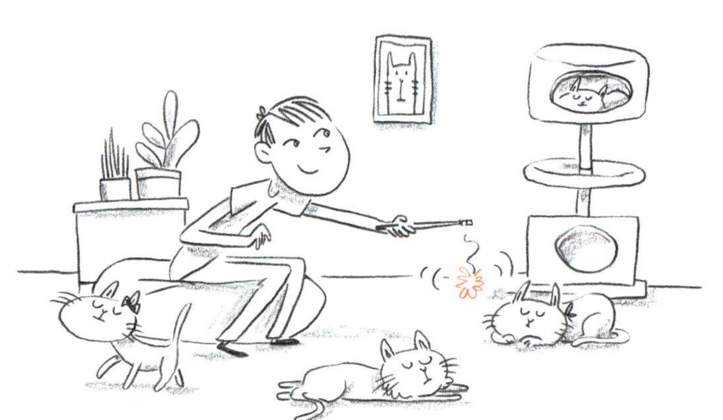
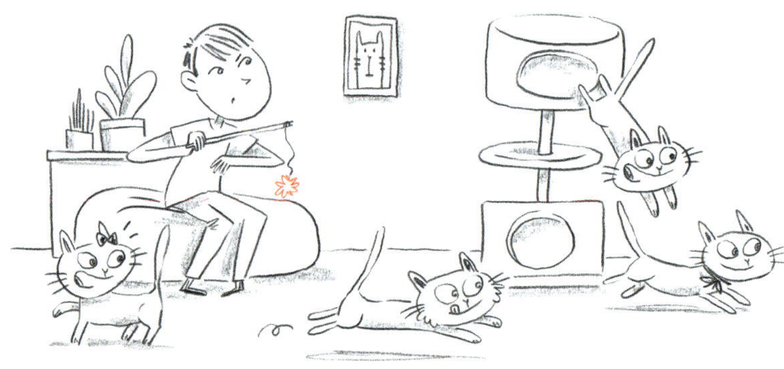

KATZEN IN JAPAN · 猫ランド

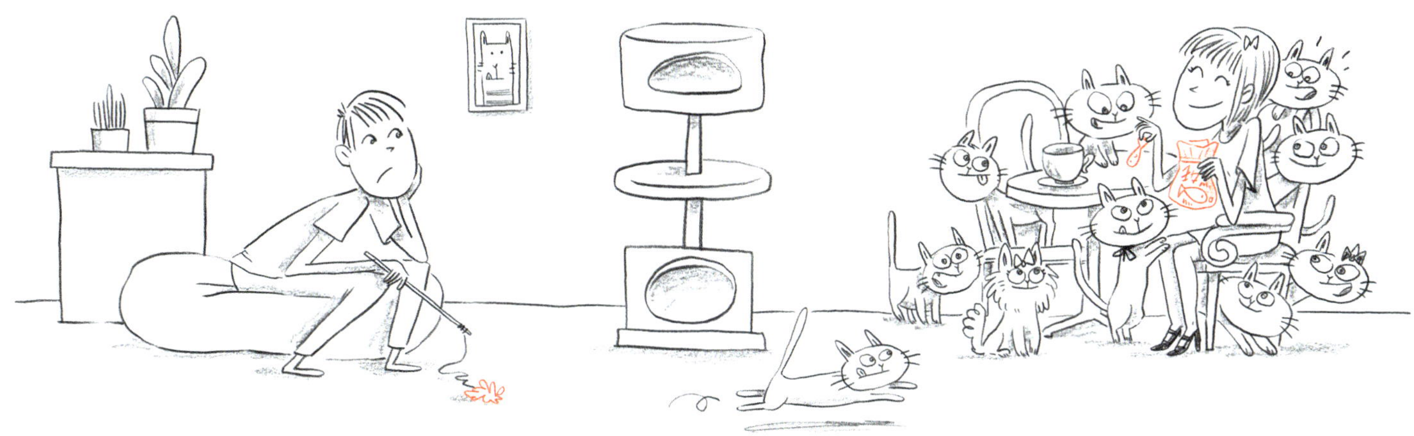

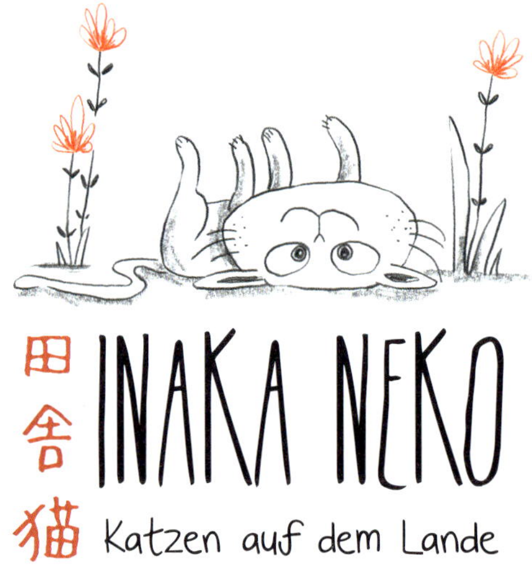

Japan ist von vulkanisch zerklüfteten Landschaften durchzogen. Die landwirtschaftlichen Flächen sind nicht besonders fruchtbar, die Parzellen oft klein. Maschinelle Bodenbearbeitung ist kaum möglich. Daher sind die angebauten Feldfrüchte und Gemüse sehr teuer. Das Land besteht aus kleinen Dörfern und Fischerhäfen, die mehr und mehr verlassen werden und unter einer überalternden Bevölkerung leiden. Die Gebäude verkommen zu Ruinen. Es ist oft gar nicht so leicht auszumachen, ob noch Menschen in den Häusern wohnen. Katzen sind meistens die einzigen Bewohner, die man in diesen Dörfern antrifft.

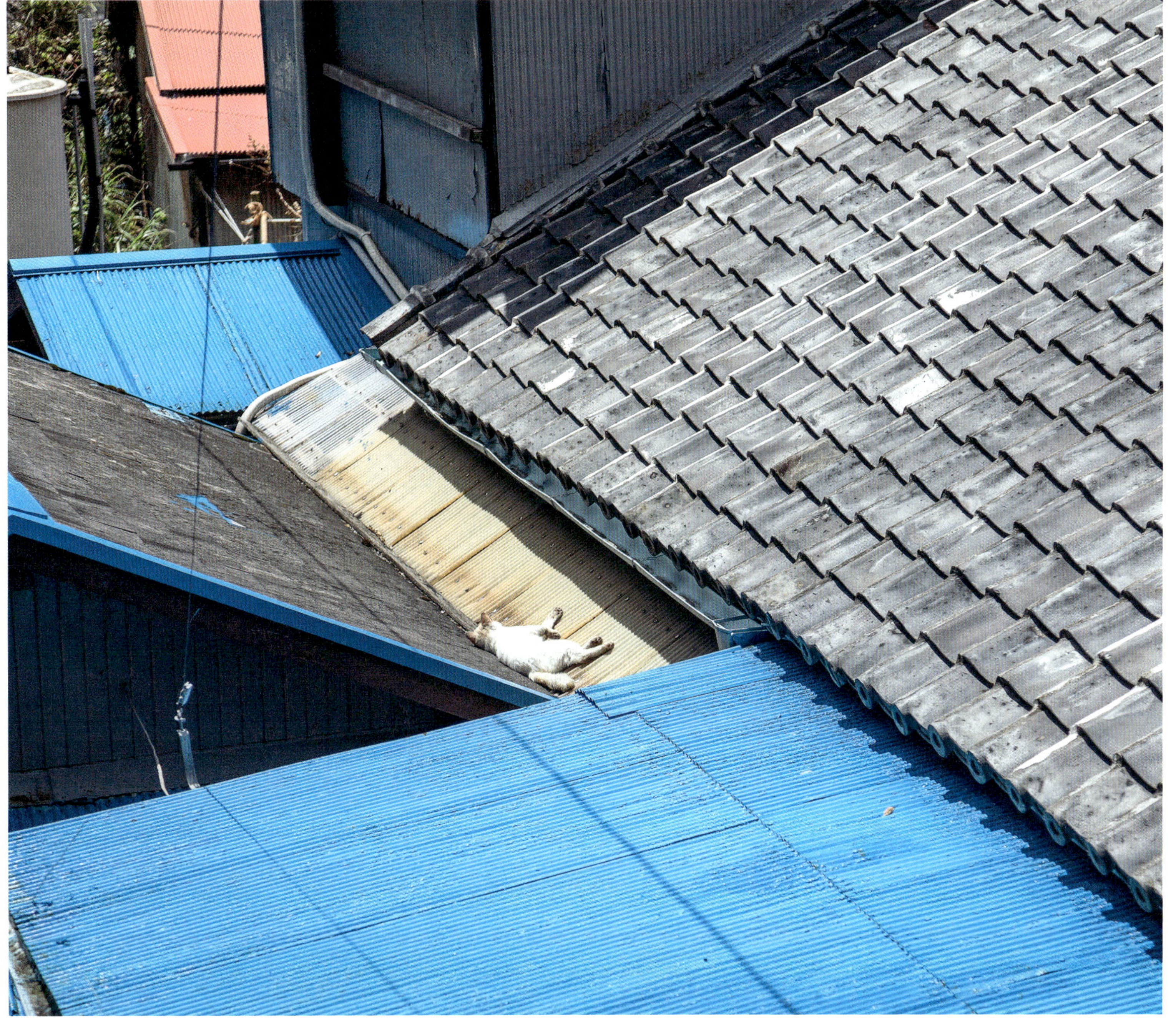

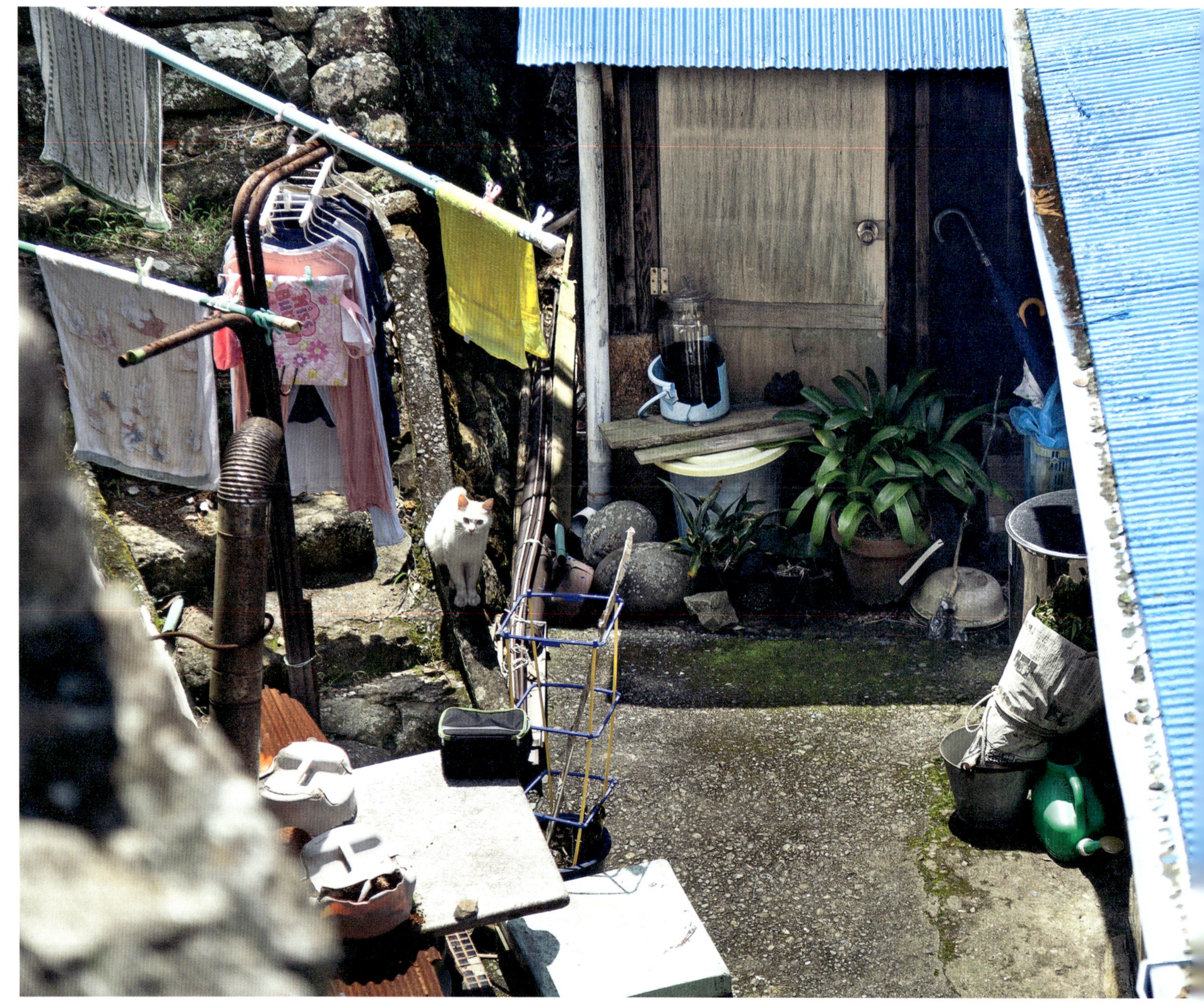

田舎猫 ・ INAKA NEKO

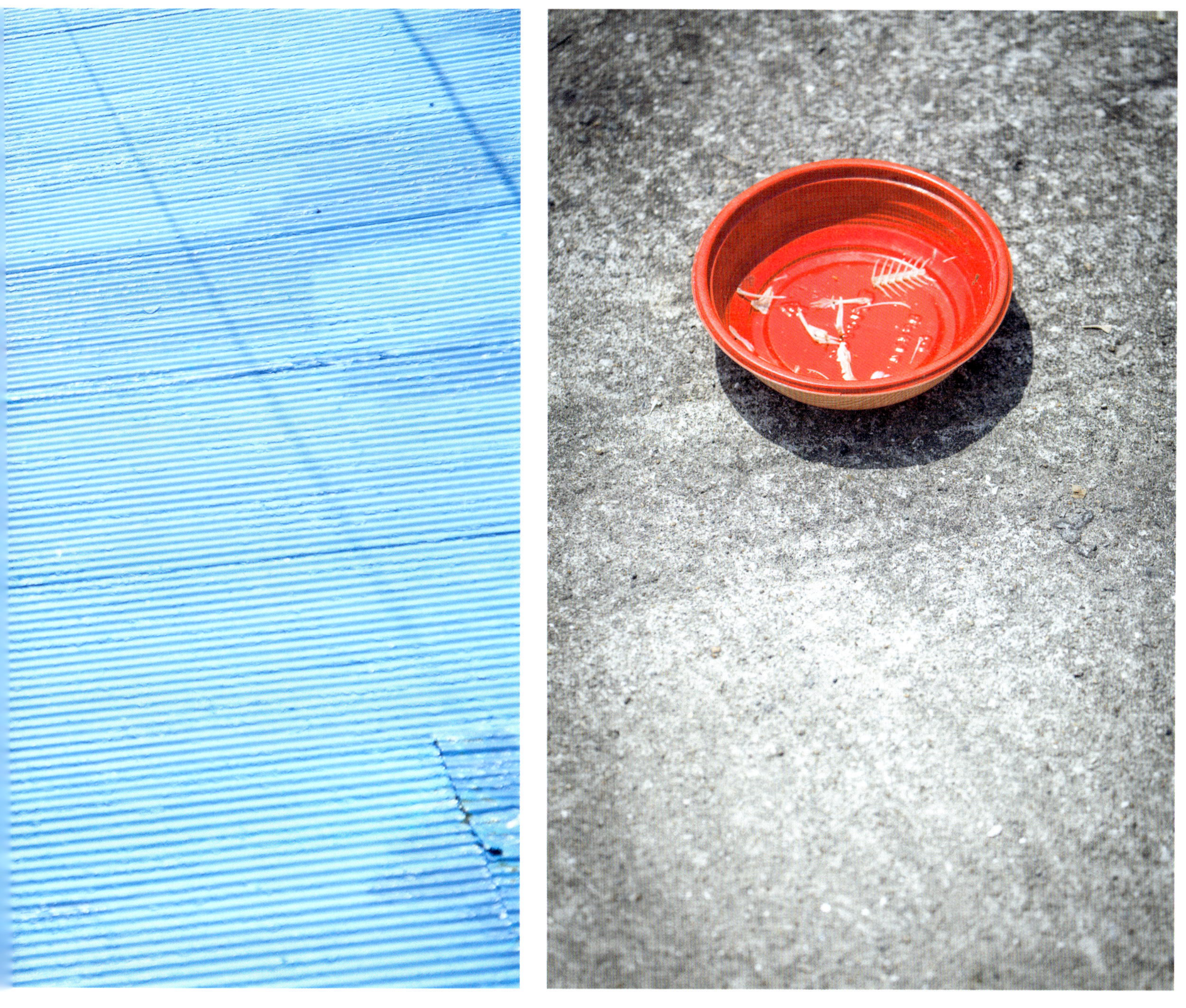

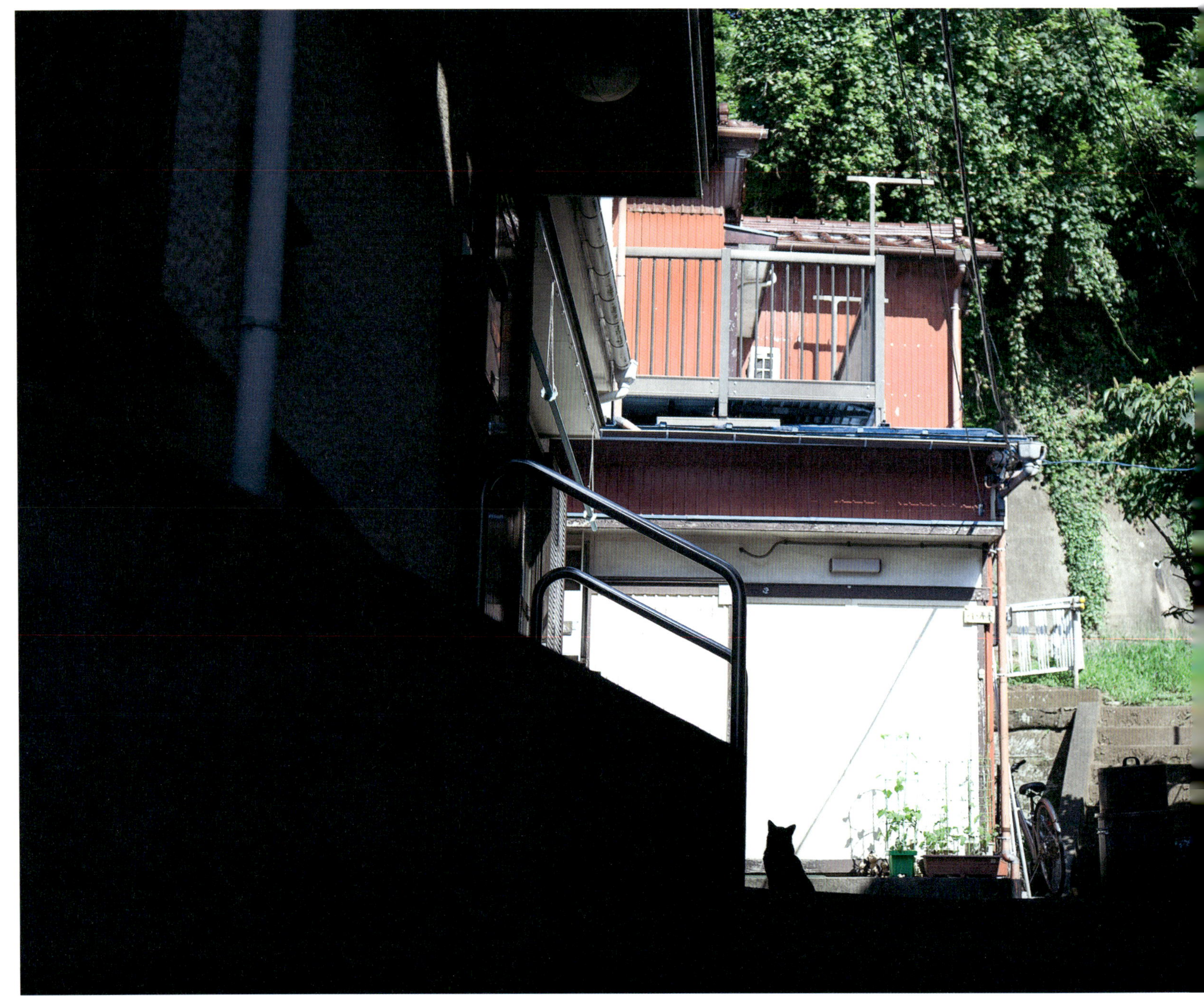
田舎猫 · INAKA NEKO

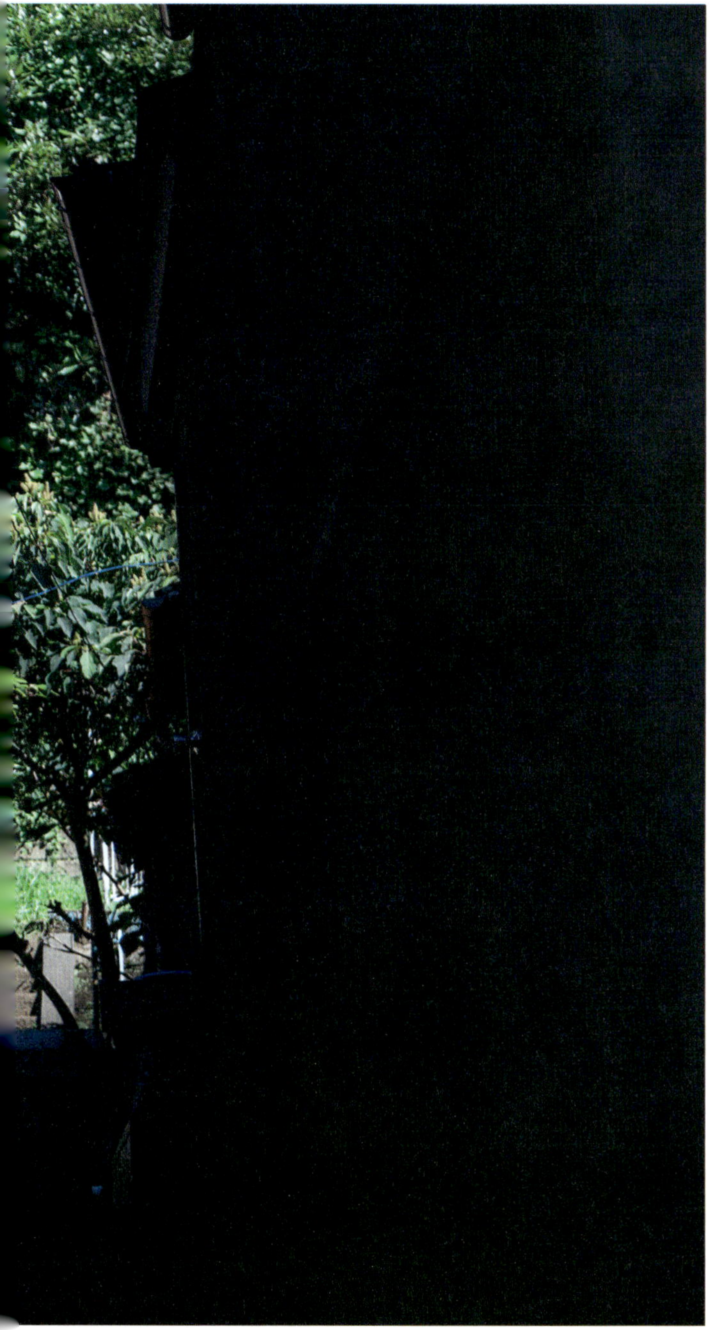

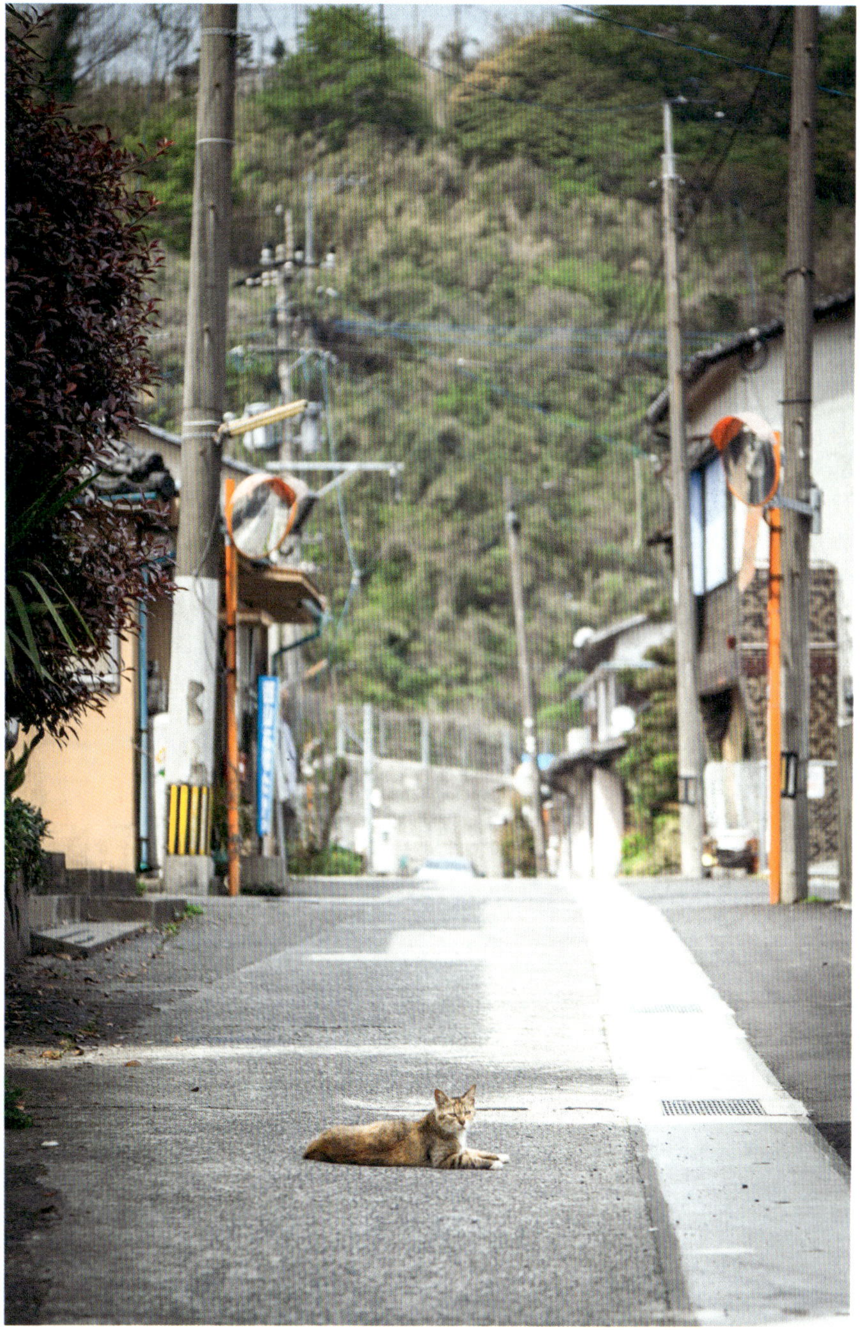

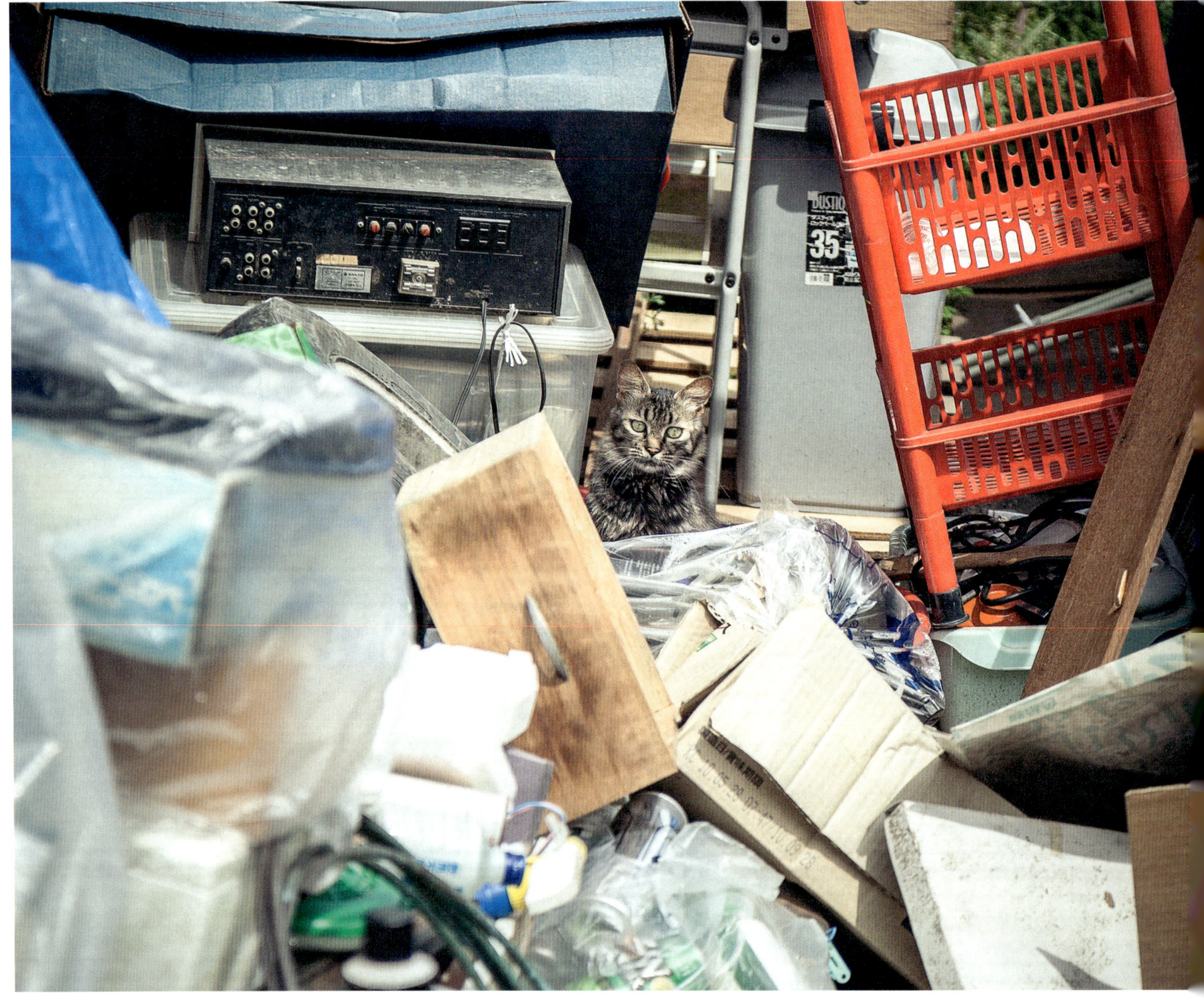

田舎猫
INAKA NEKO .

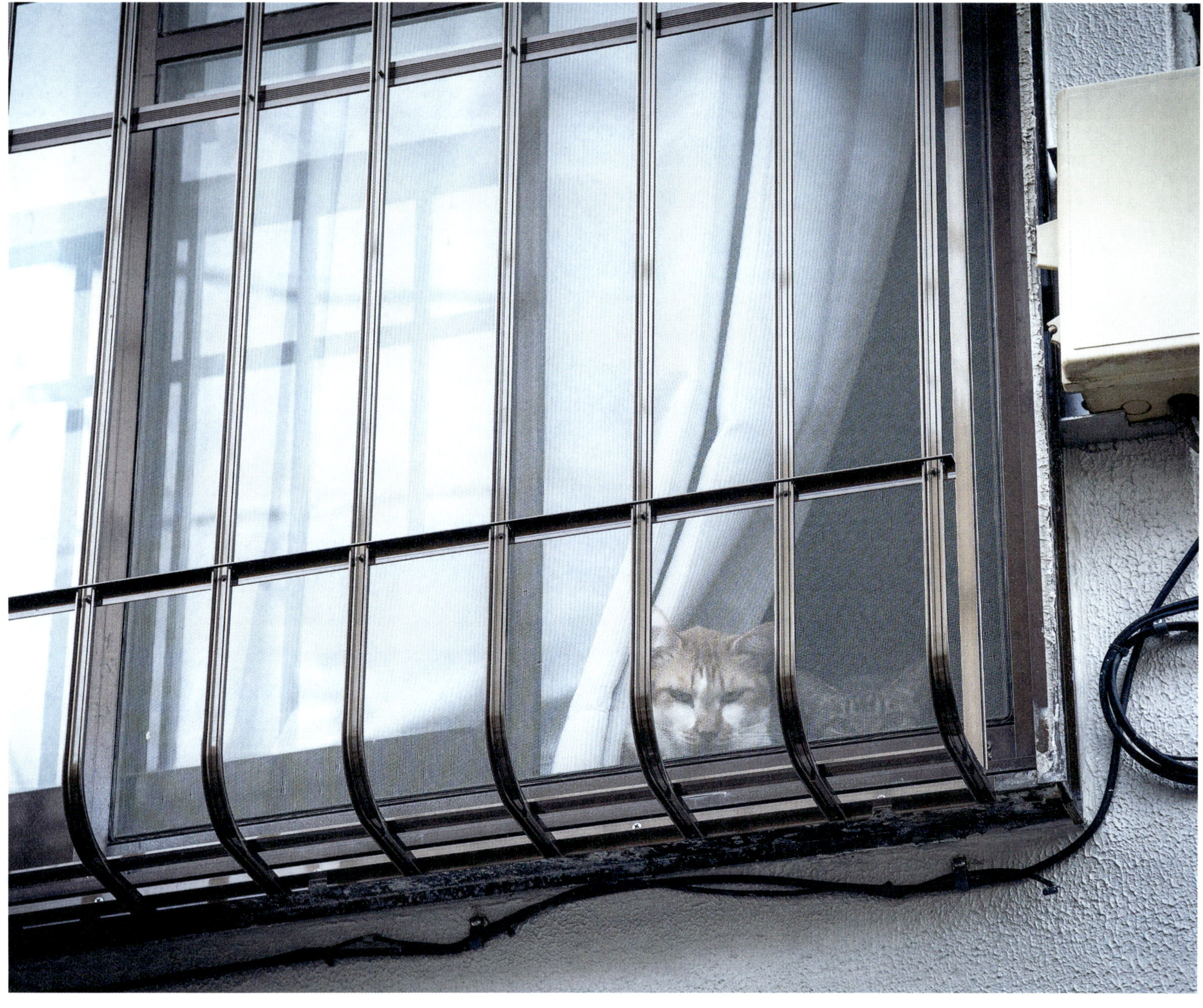

下田 Shimoda, Izu: *Die Gassen sind verlassen – aber wir werden vom Fenster aus beobachtet ...*

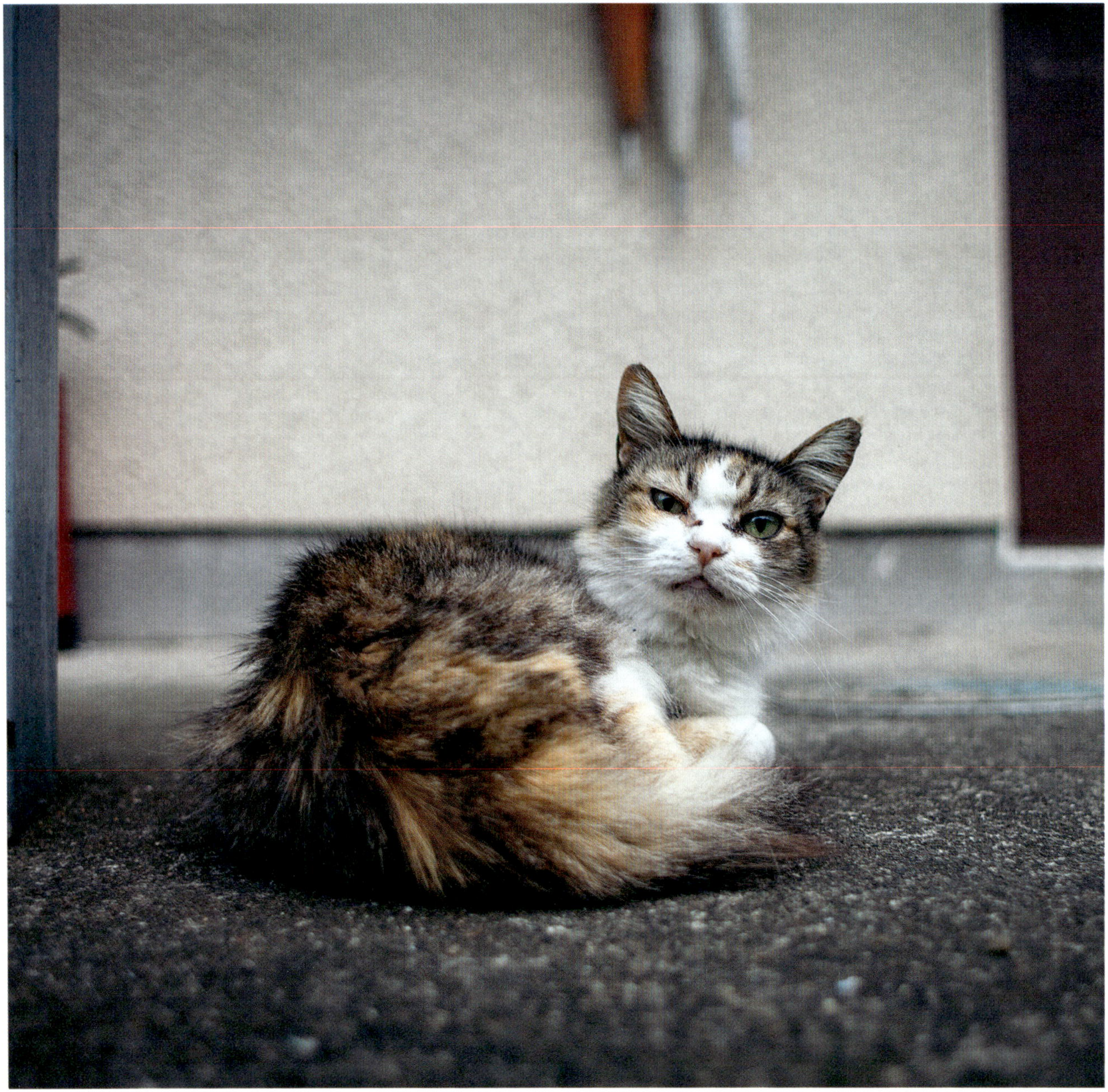

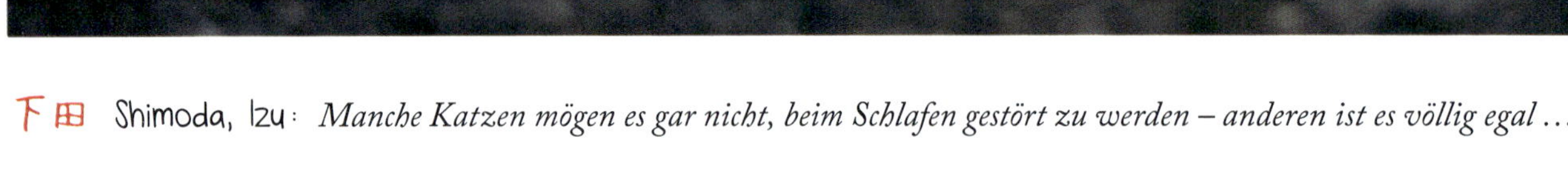

下田 Shimoda, Izu: *Manche Katzen mögen es gar nicht, beim Schlafen gestört zu werden – anderen ist es völlig egal …*

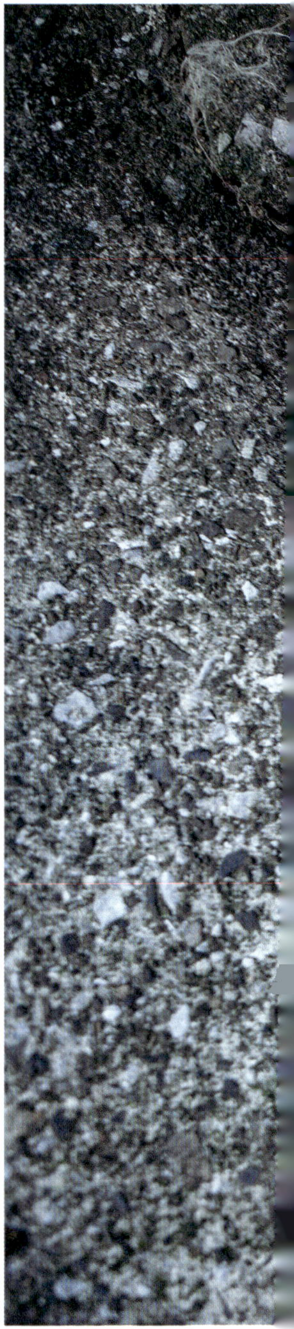

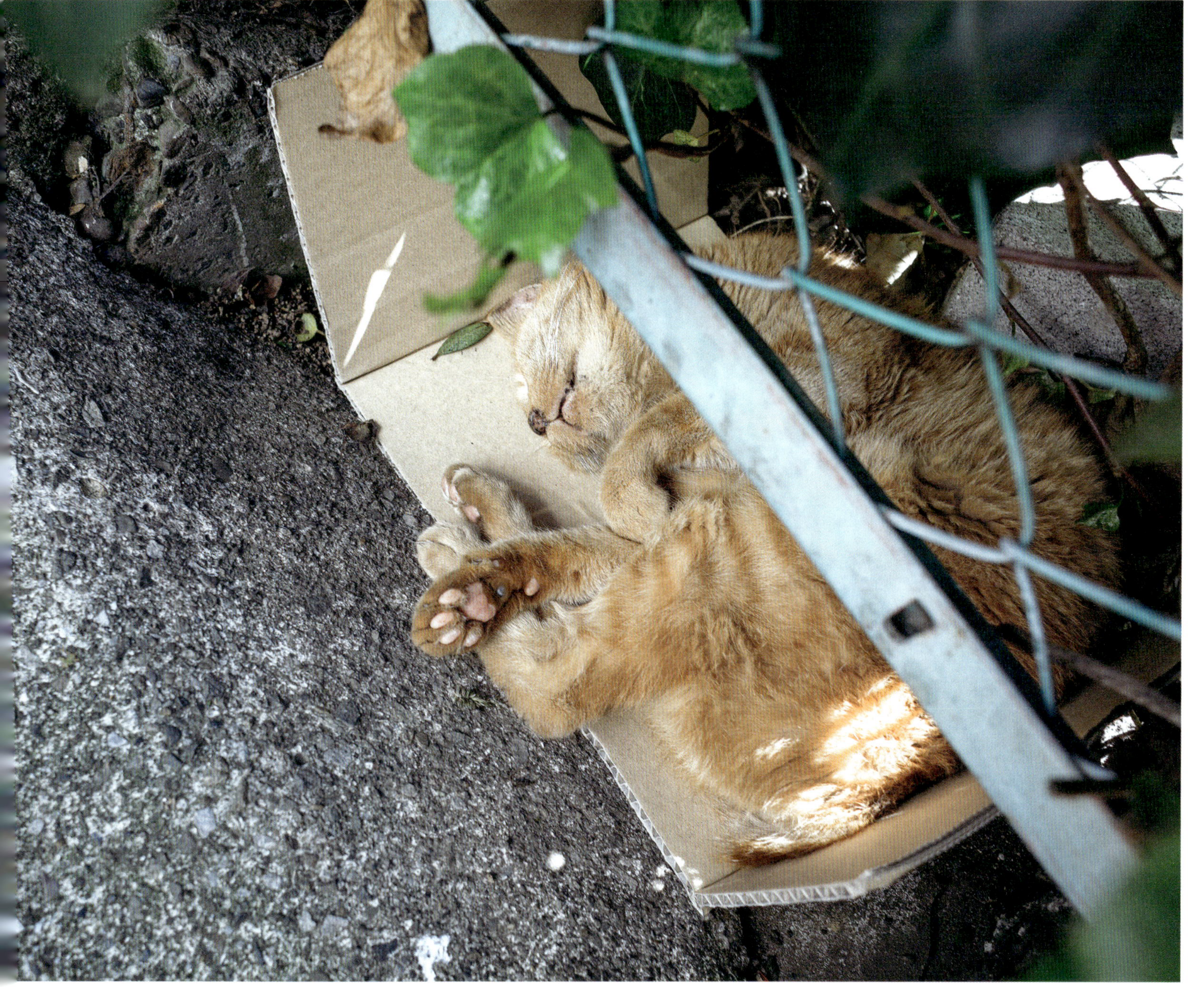

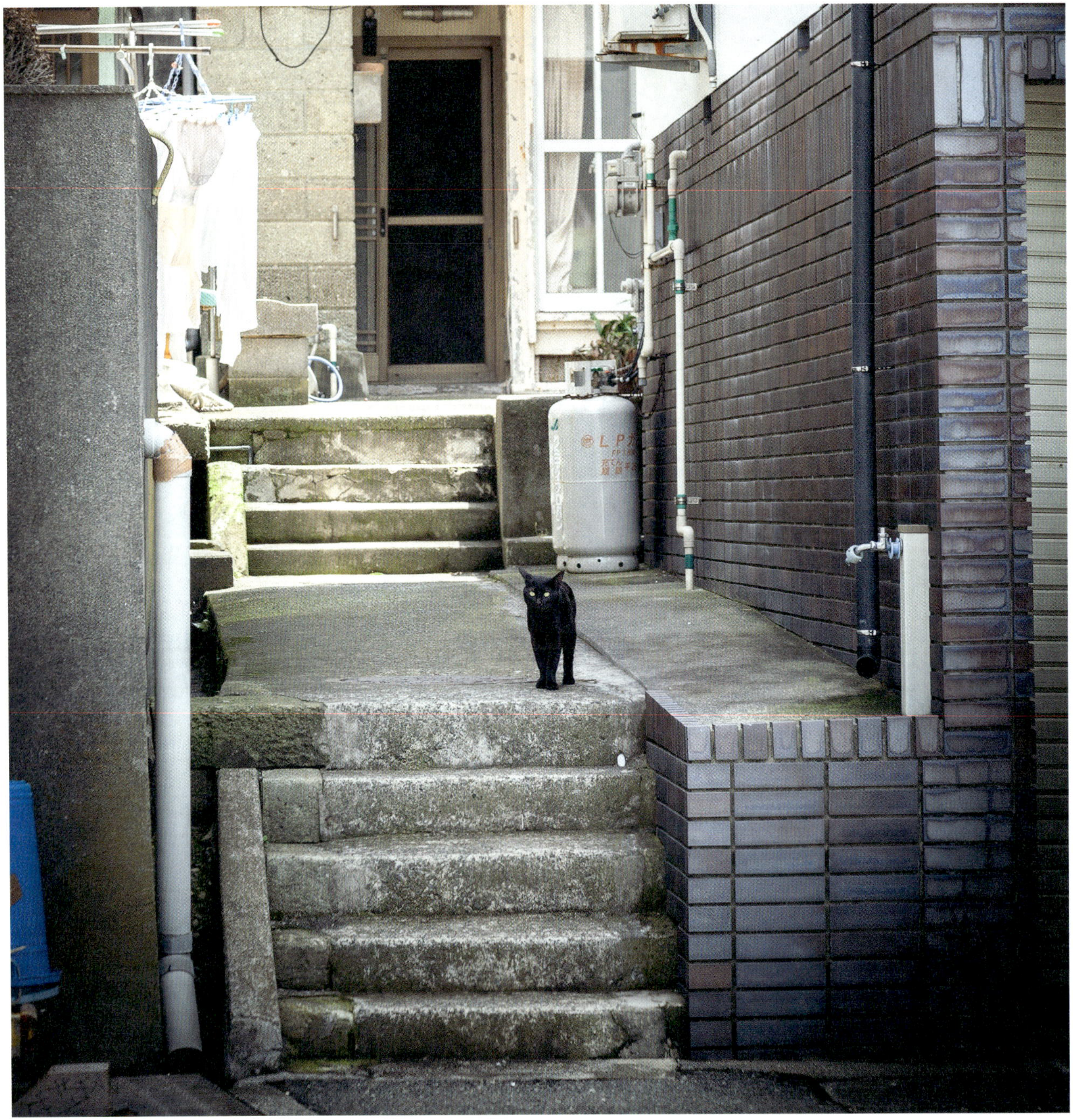

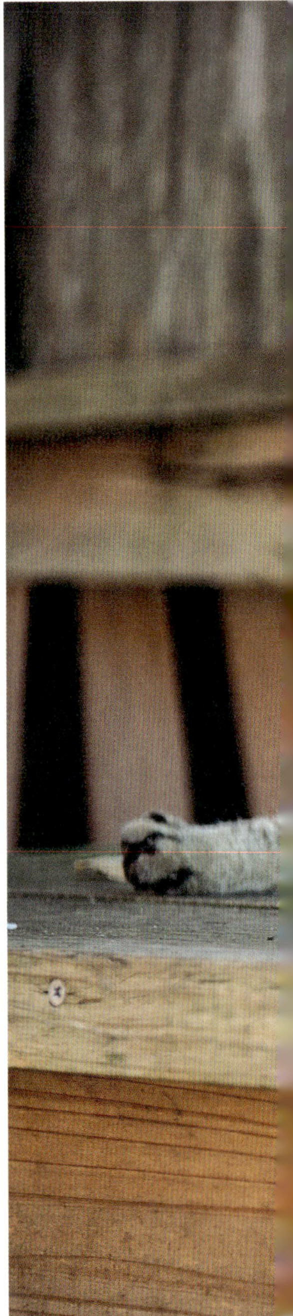

田舎猫 ・ INAKA NEKO ・

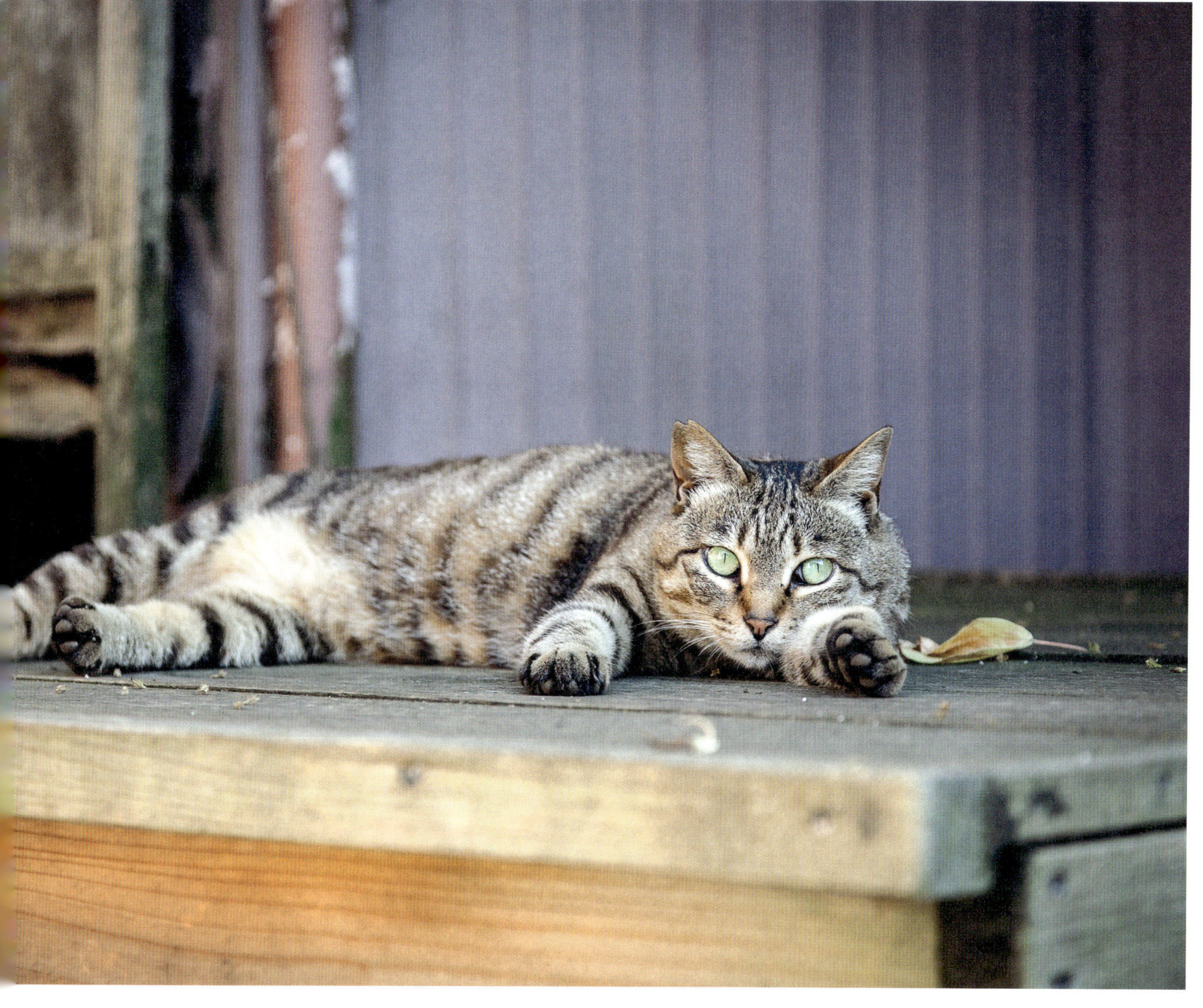

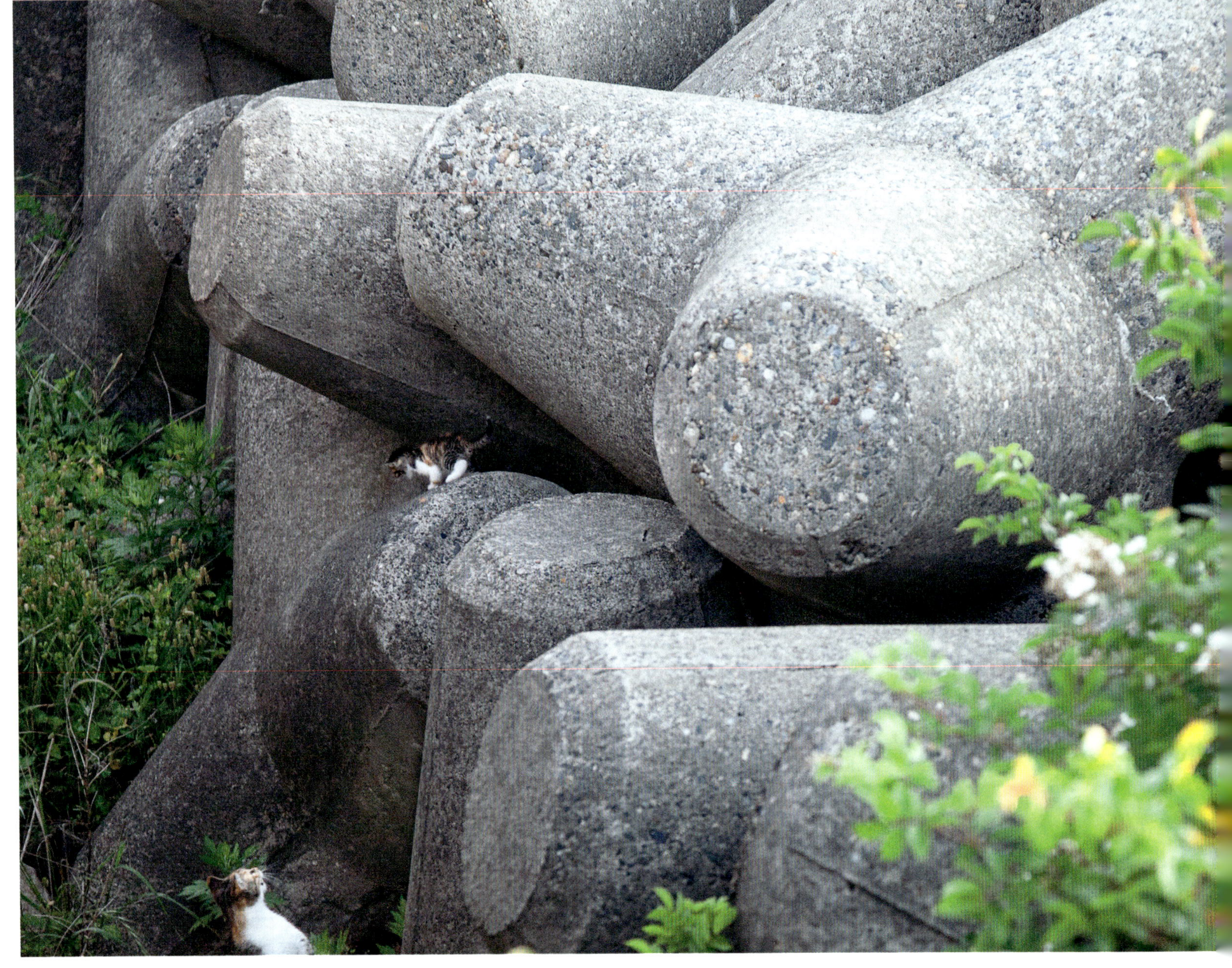

田舎猫 · INAKA NEKO

新潟 Niigata: *Katzen am Strand von Niigata inmitten der Betontetraeder, die als „Wellenbrecher" dienen.*

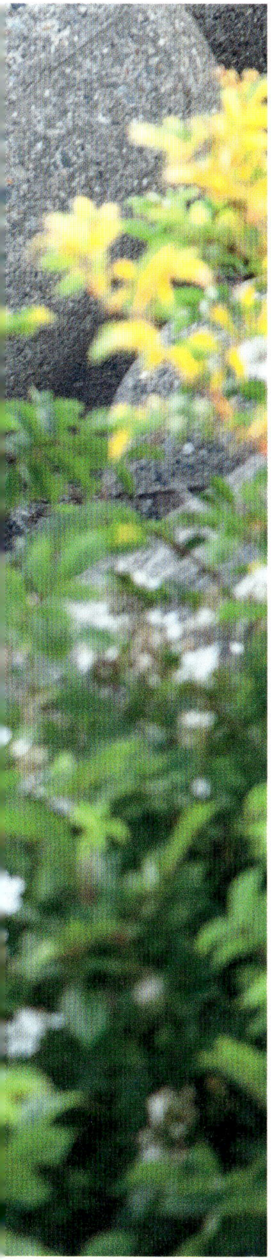

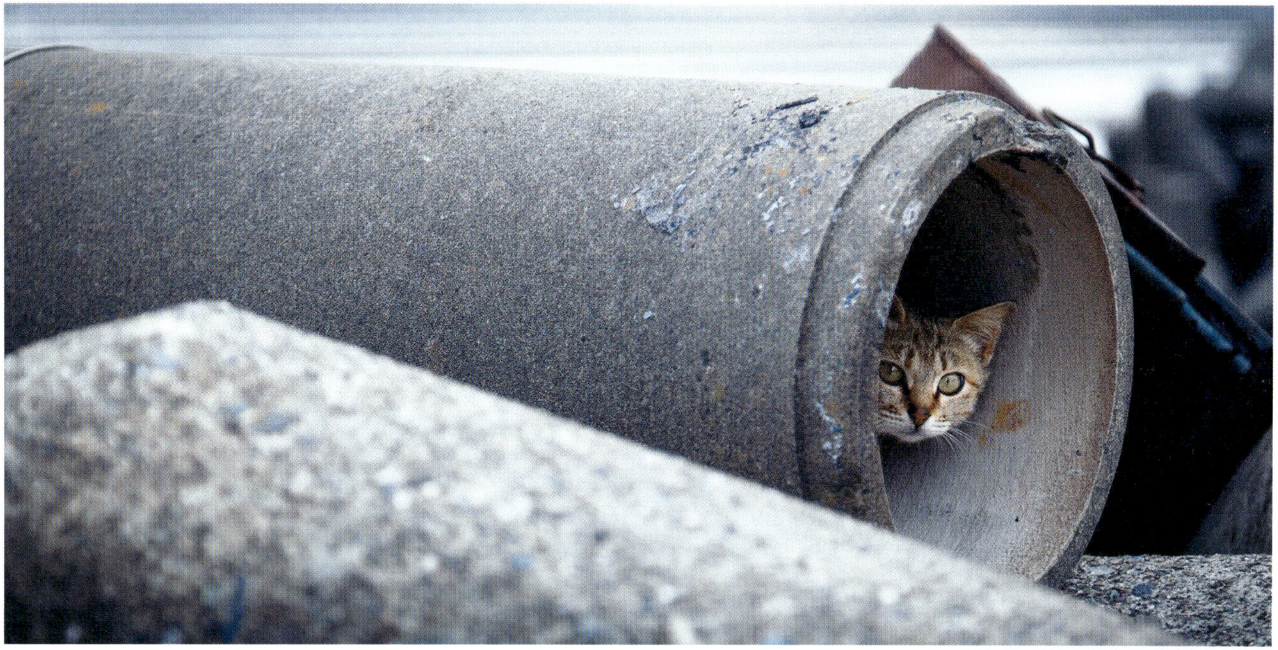

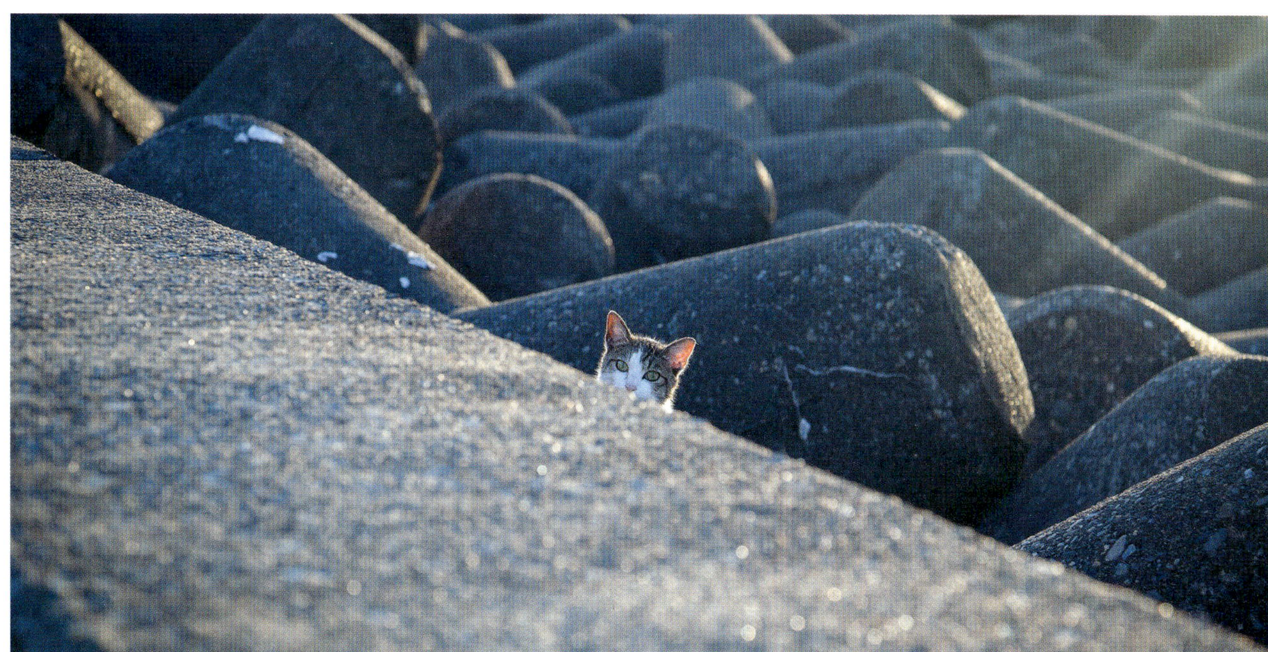

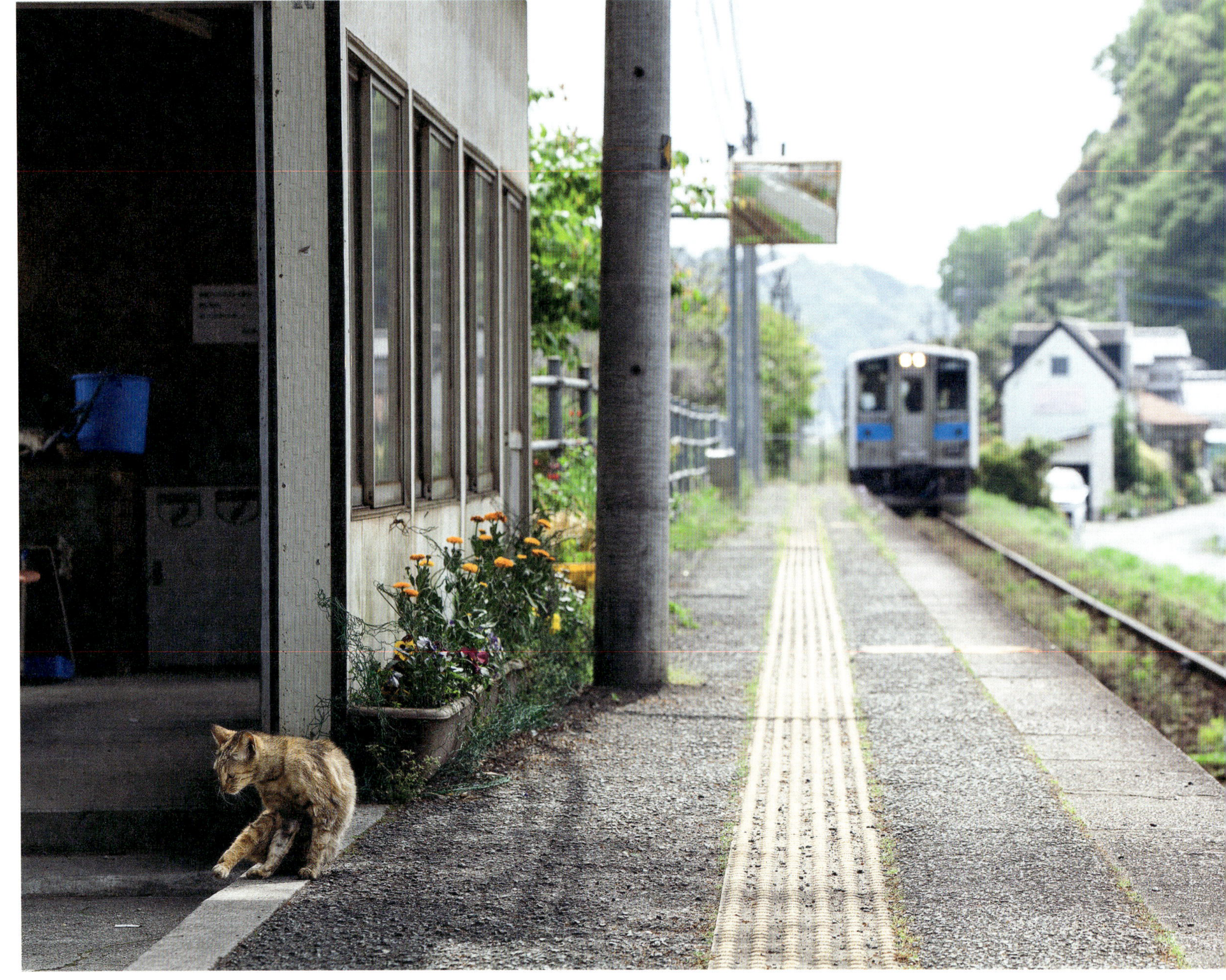

三角 Misumi, Kyushu: *Ein Bahnsteig mitten auf dem Land, einige Kilometer von der Stadt Kumamoto entfernt.*

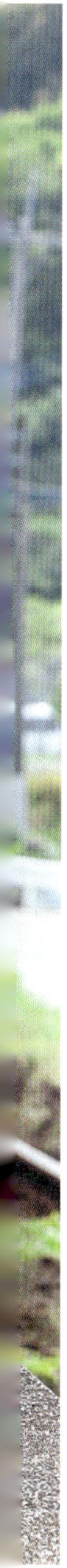

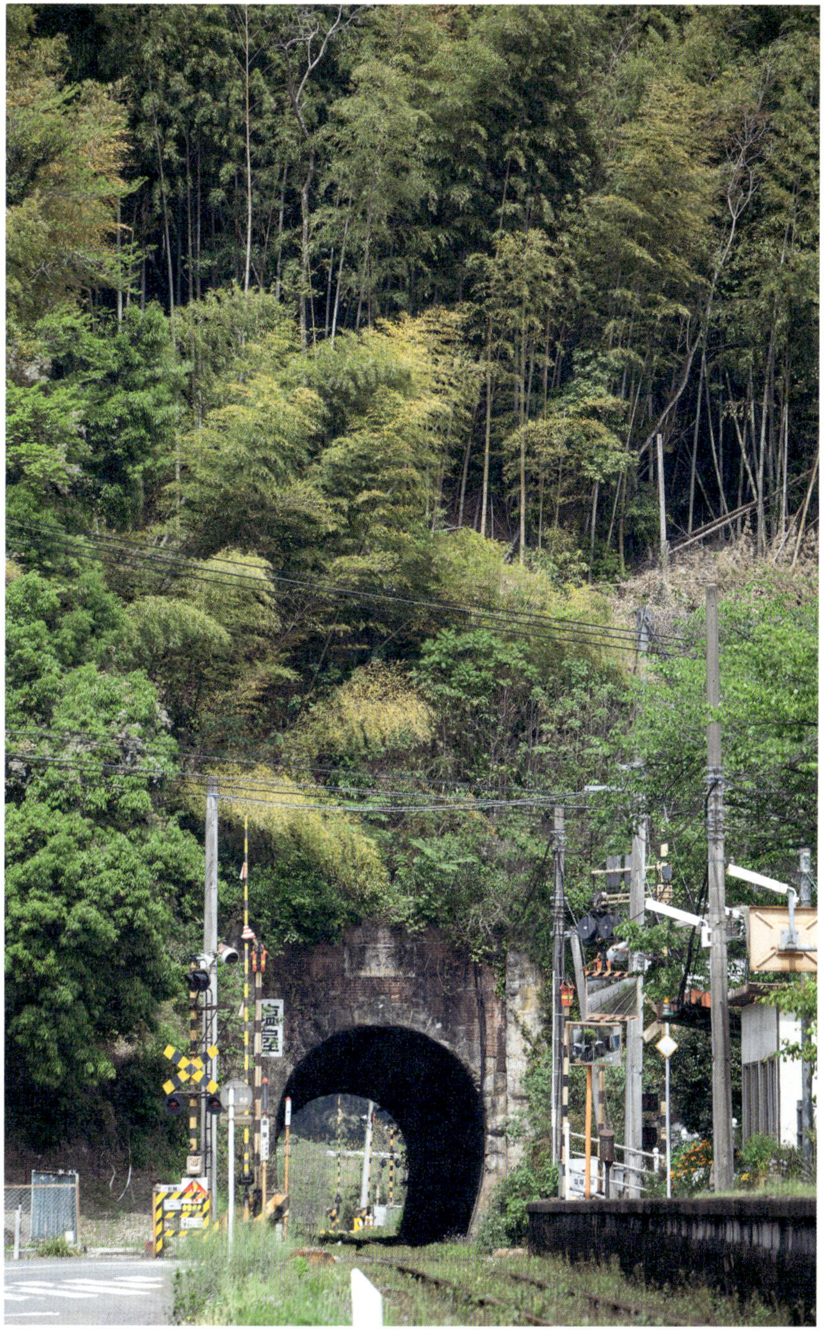

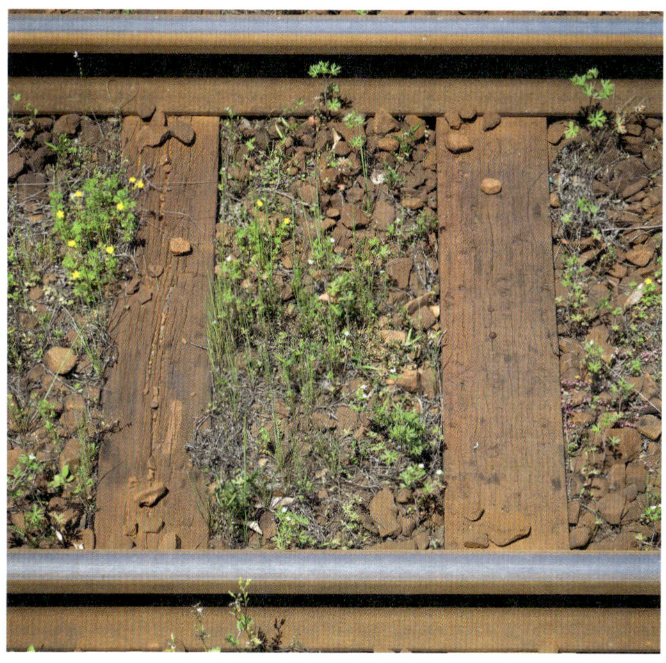

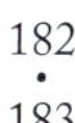

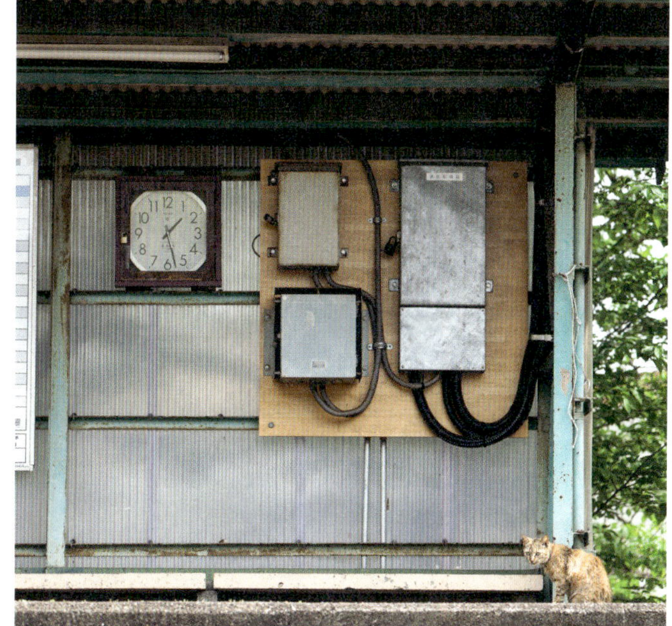

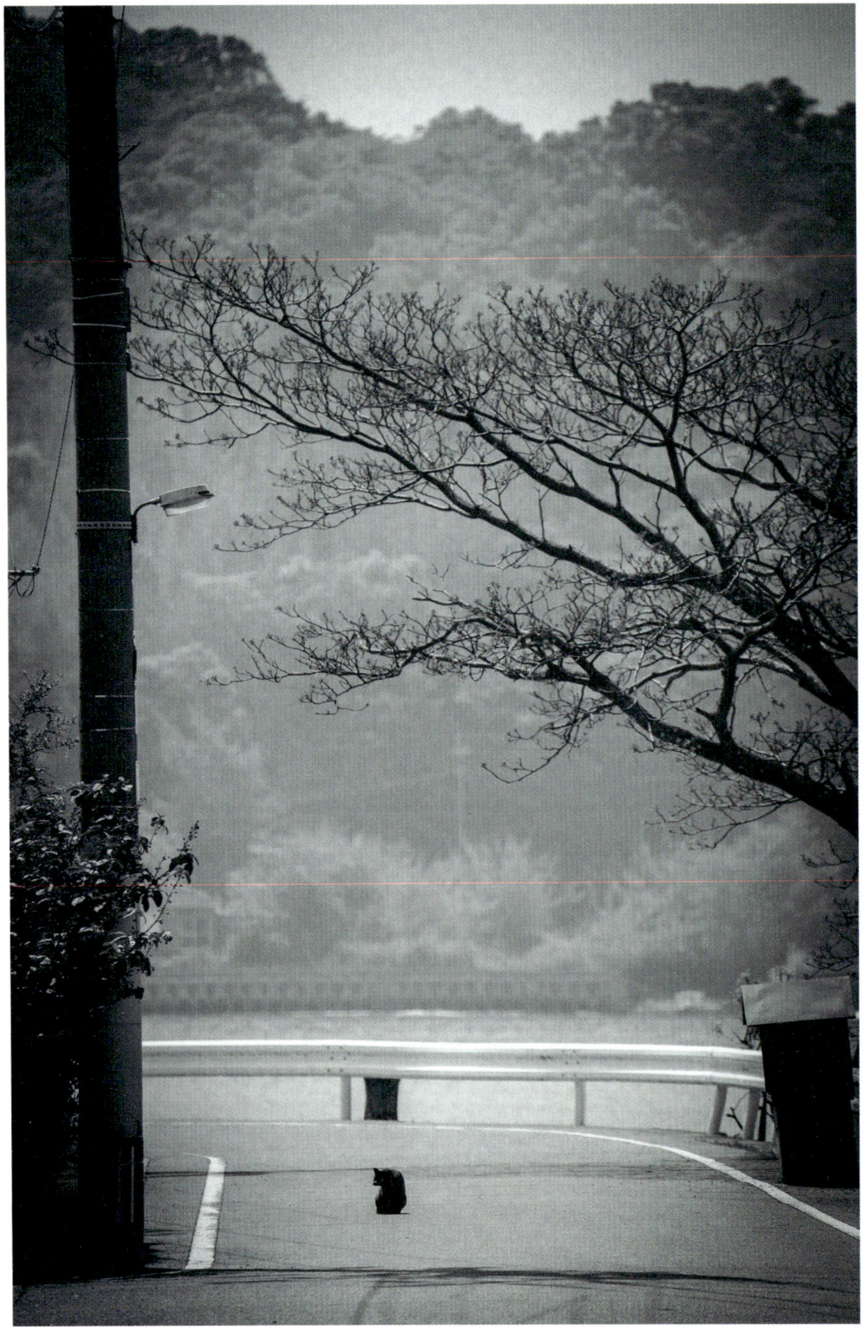

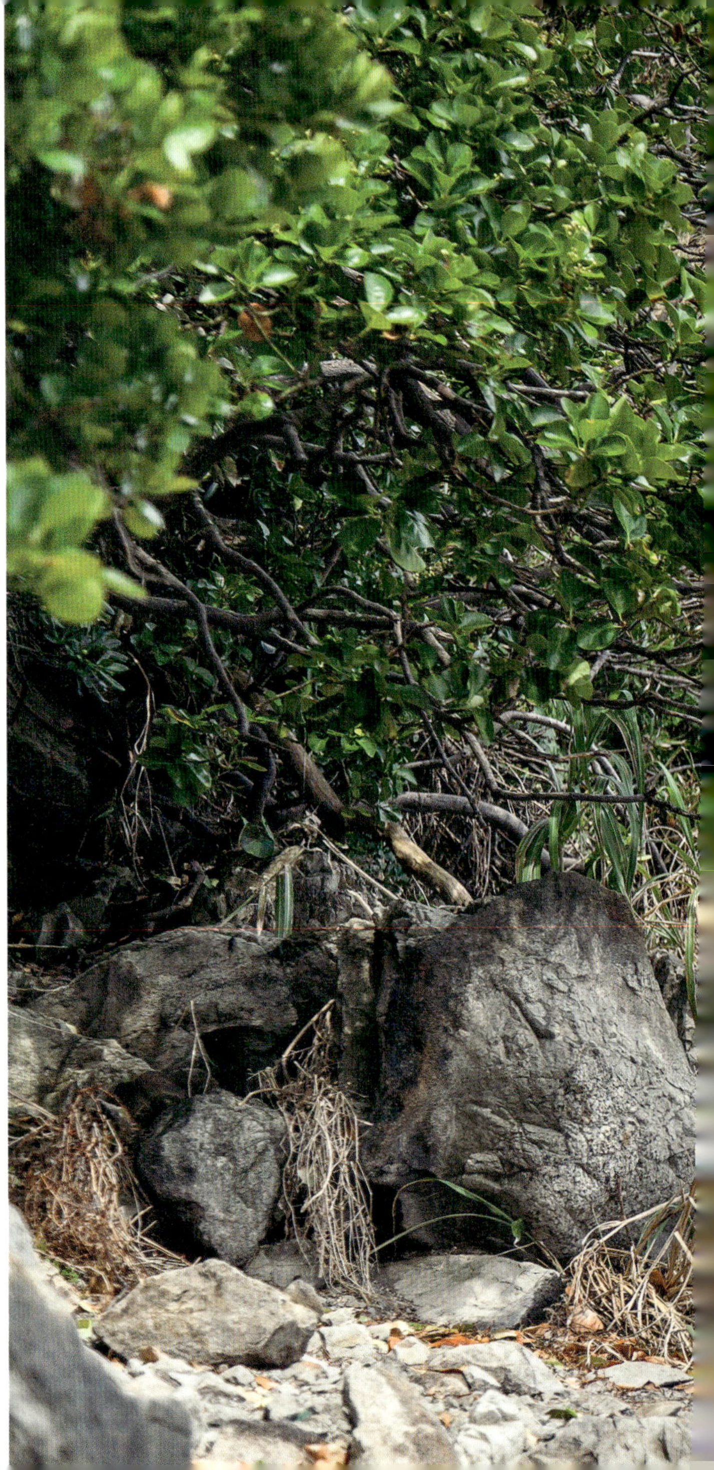

田舎猫 ・ INAKA NEKO

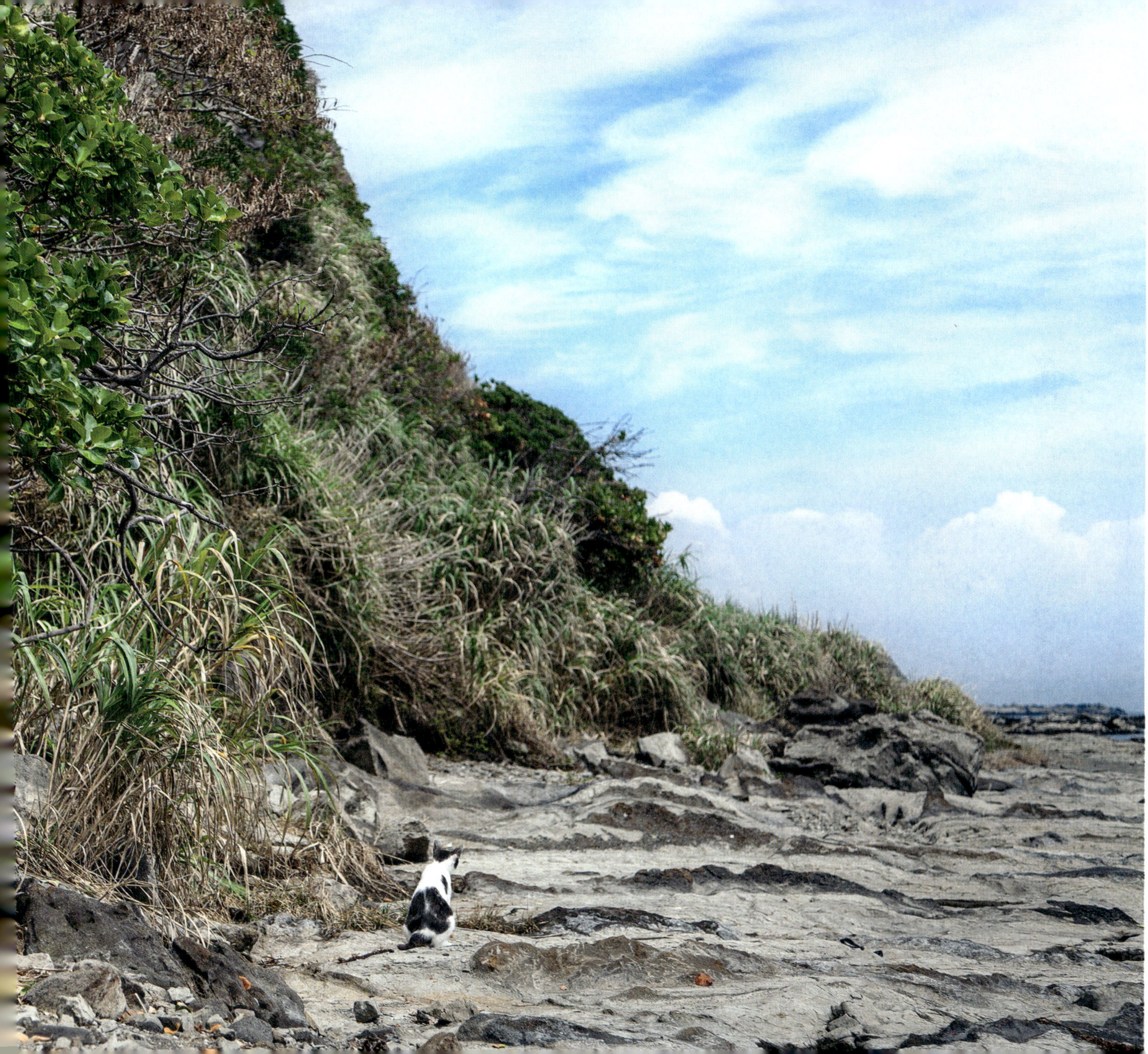

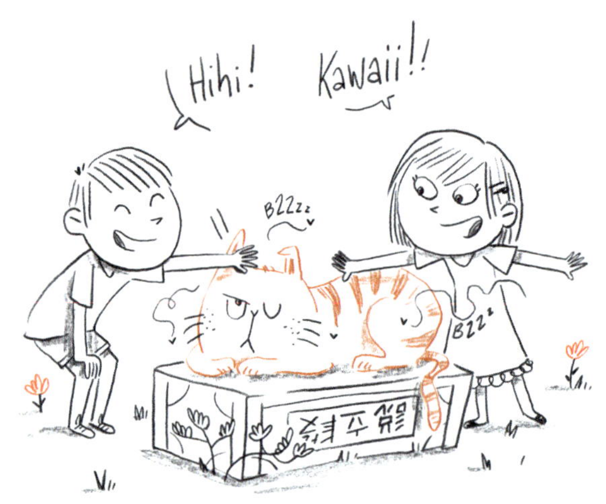

Hihi!
Kawaii!!
Bzzzz
Bzzz

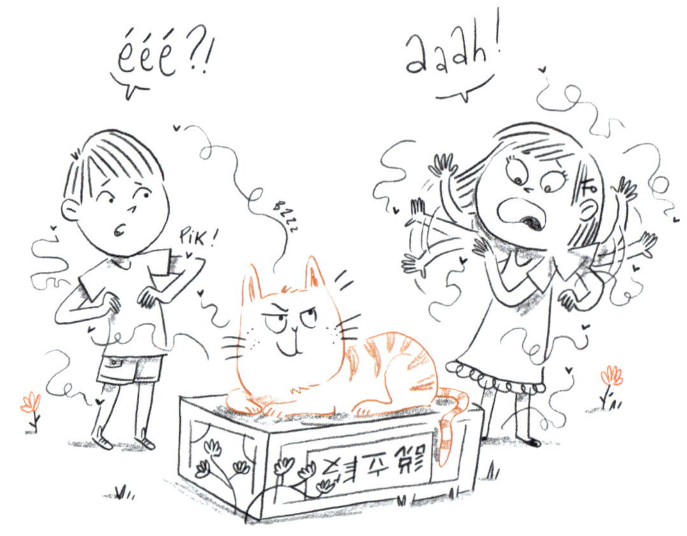

ééé?!
aaah!
Pik!
Bzzz

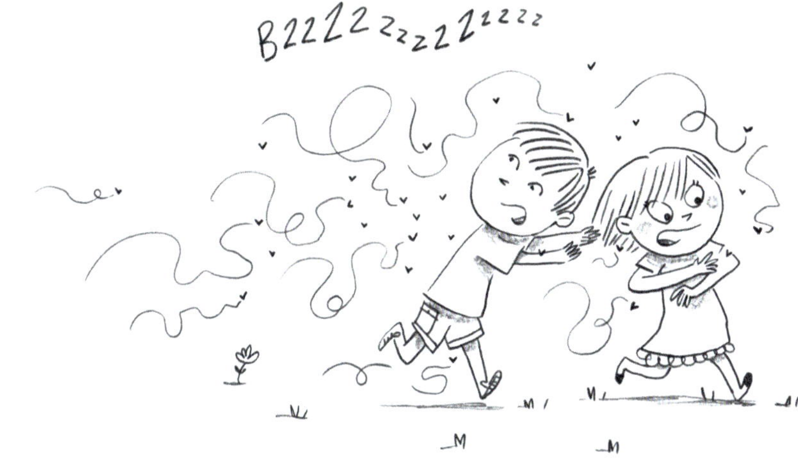

BzZZZ zzzz zZ z z z z

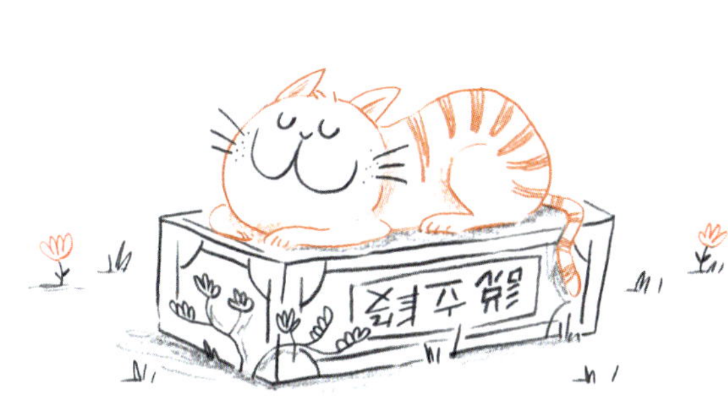

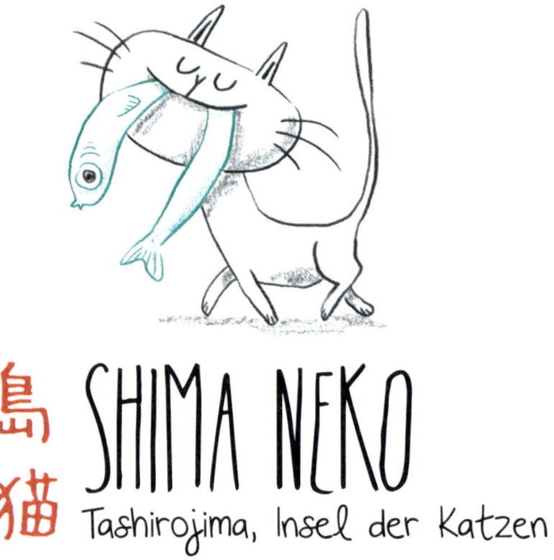

島猫 SHIMA NEKO
Tashirojima, Insel der Katzen

Die Insel Tashirojima befindet sich im Norden Japans und liegt auf gleicher Höhe wie die Stadt Sendai. Tashirojima ist bekannt für eine Population von etwa 150 Katzen, die in den Straßen des Dorfes leben. Sie sind die Hauptattraktion dieser Insel, die in den 1980er-Jahren noch fast 1000 Einwohner zählte. Es gab damals sogar eine Schule. Heute ist sie eine Ruine. Leider harren auf der Insel nur noch wenige Fischer aus, von denen die Hälfte heute schon über 60 Jahre alt ist. Um auf die Insel zu gelangen, gibt es nur eine Bootsverbindung von der Stadt Ishinomaki aus. Leider hat der Tsunami Ishinomaki sehr hart getroffen. Er hat Menschenleben gekostet und materielle Schäden angerichtet. Der Hafen wurde total zerstört. Auch in Tashirojima gab es Zerstörungen und es war von der Aussenwelt komplett abgeschnitten. Das amerikanische Militär hat die Katzen sogar aus der Luft versorgt und Trockenfutter aus Helikoptern abgeworfen. Die Fischerei wurde nach dem Tsunami für mehrere Monate eingestellt, weil die Infrastruktur des Hafens zu sehr in Mitleidenschaft gezogen war. Derzeit sind nur noch drei oder vier Fischerboote und ein kleiner Fischdampfer in Betrieb.

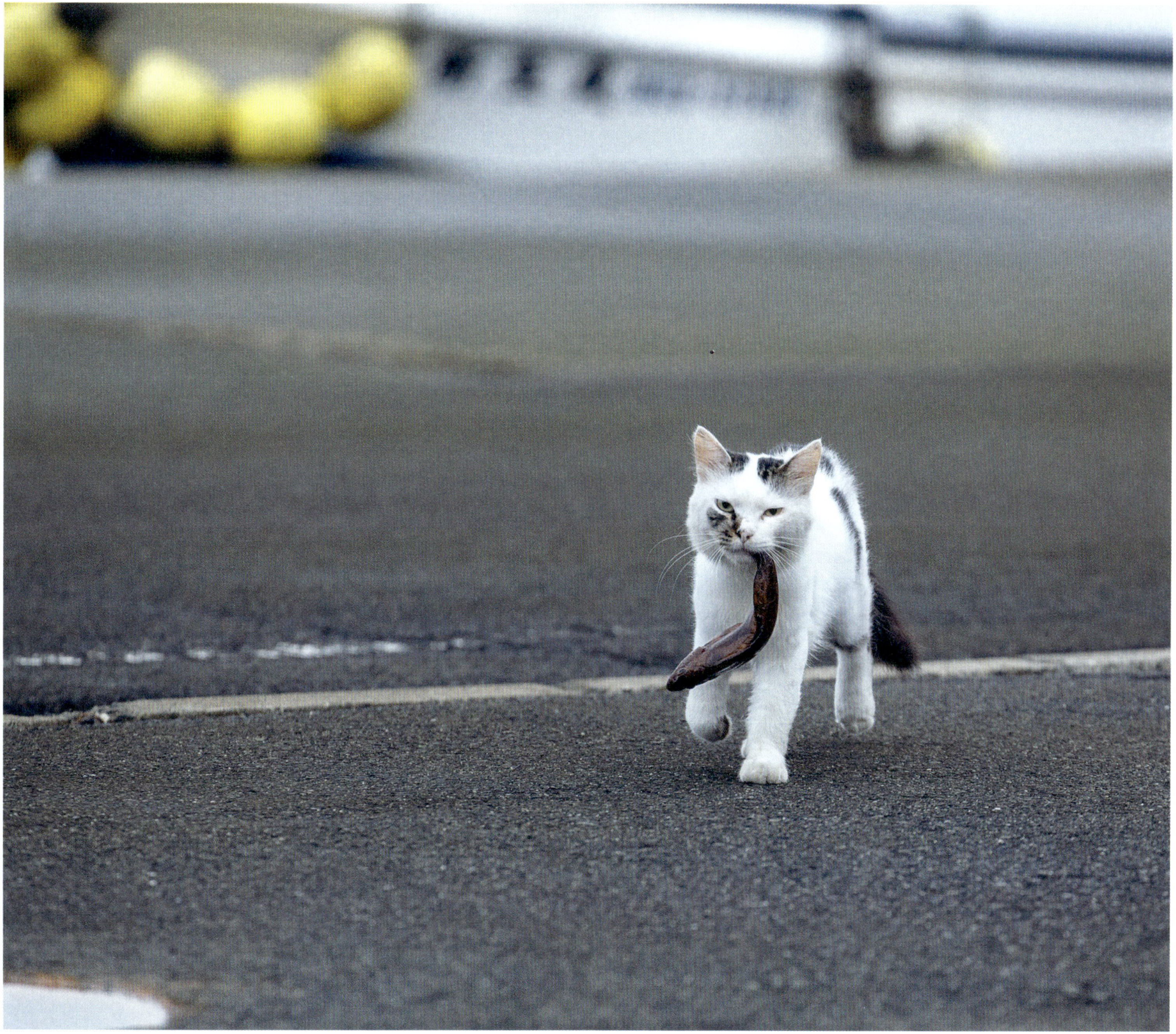

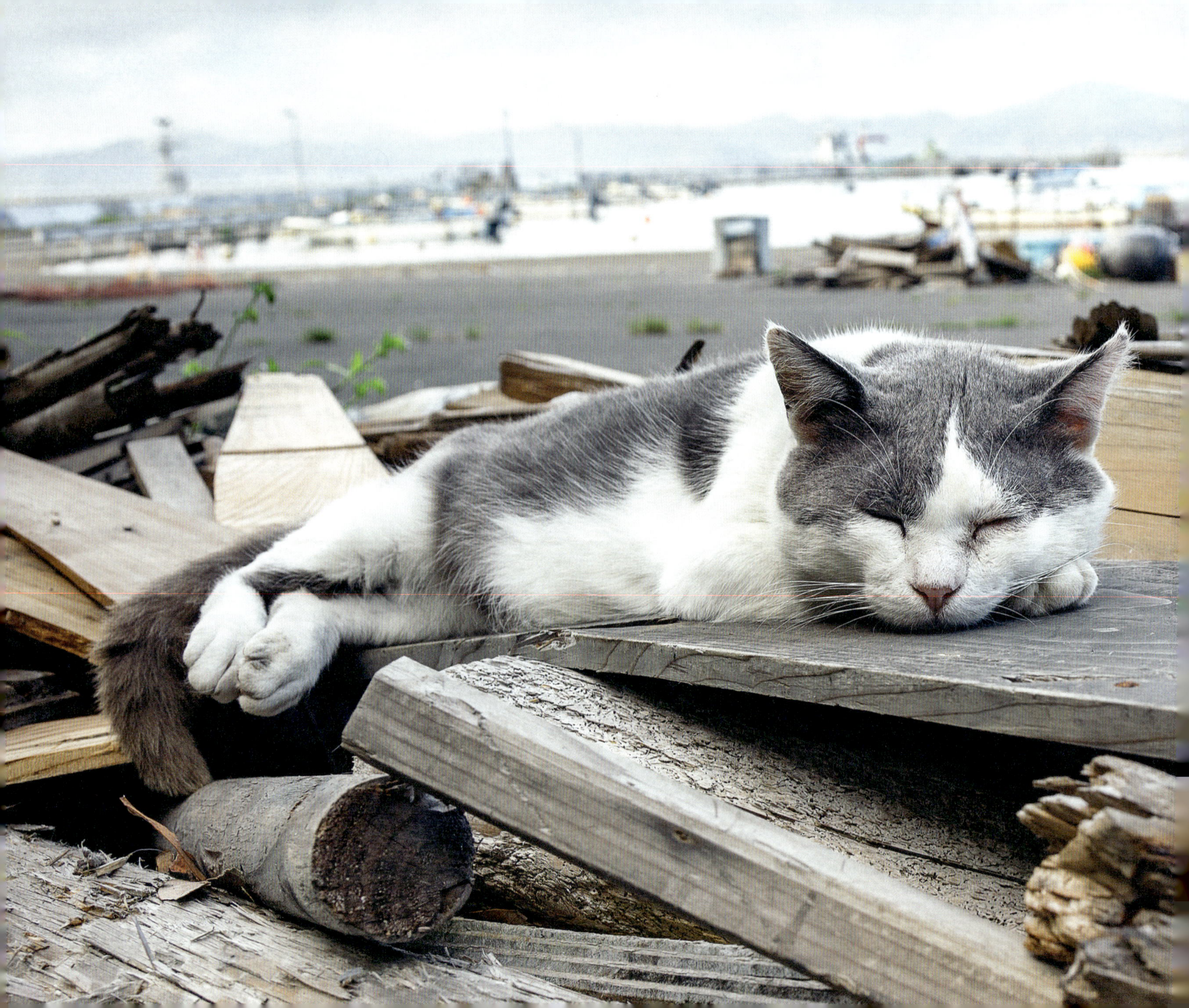

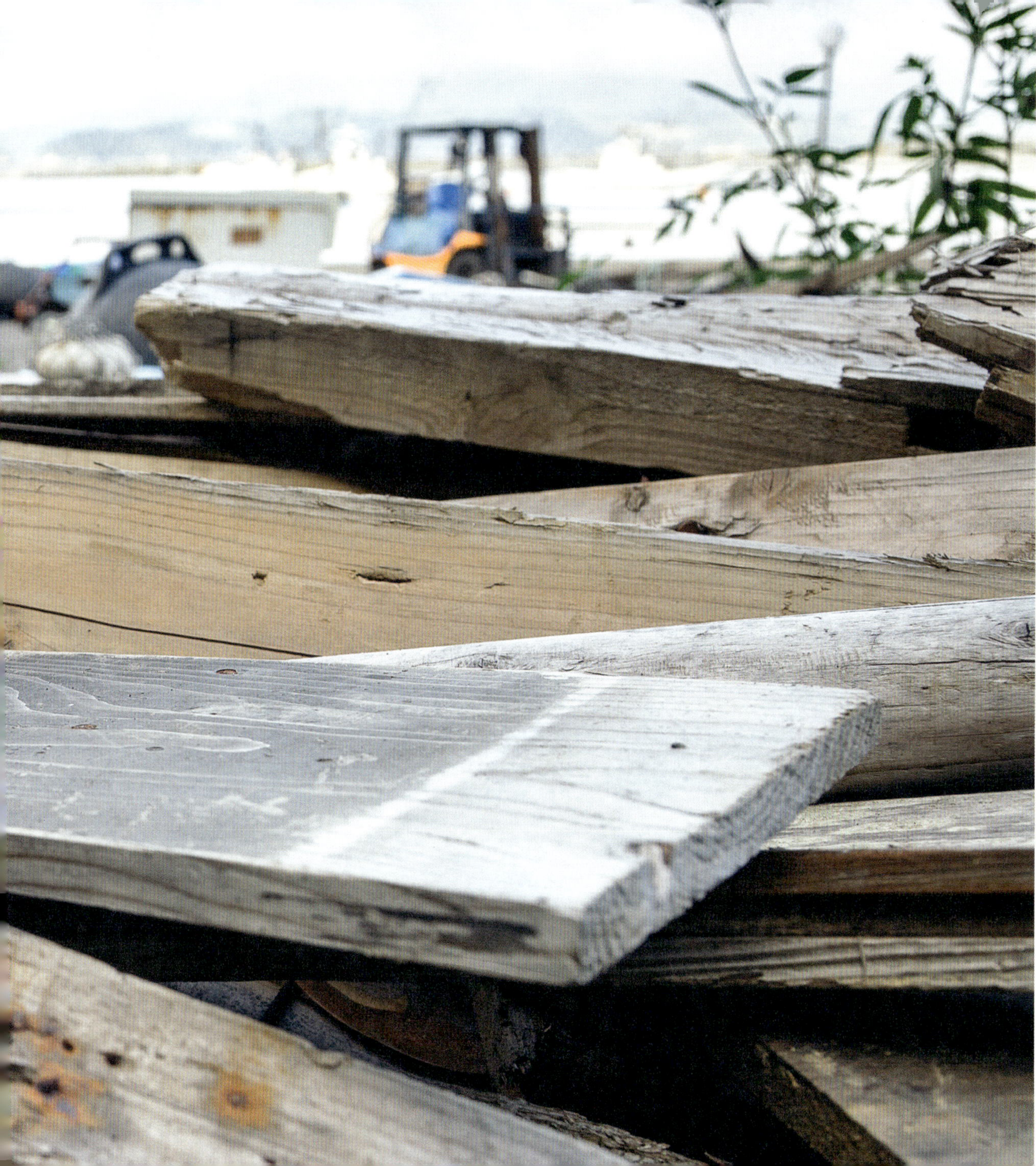

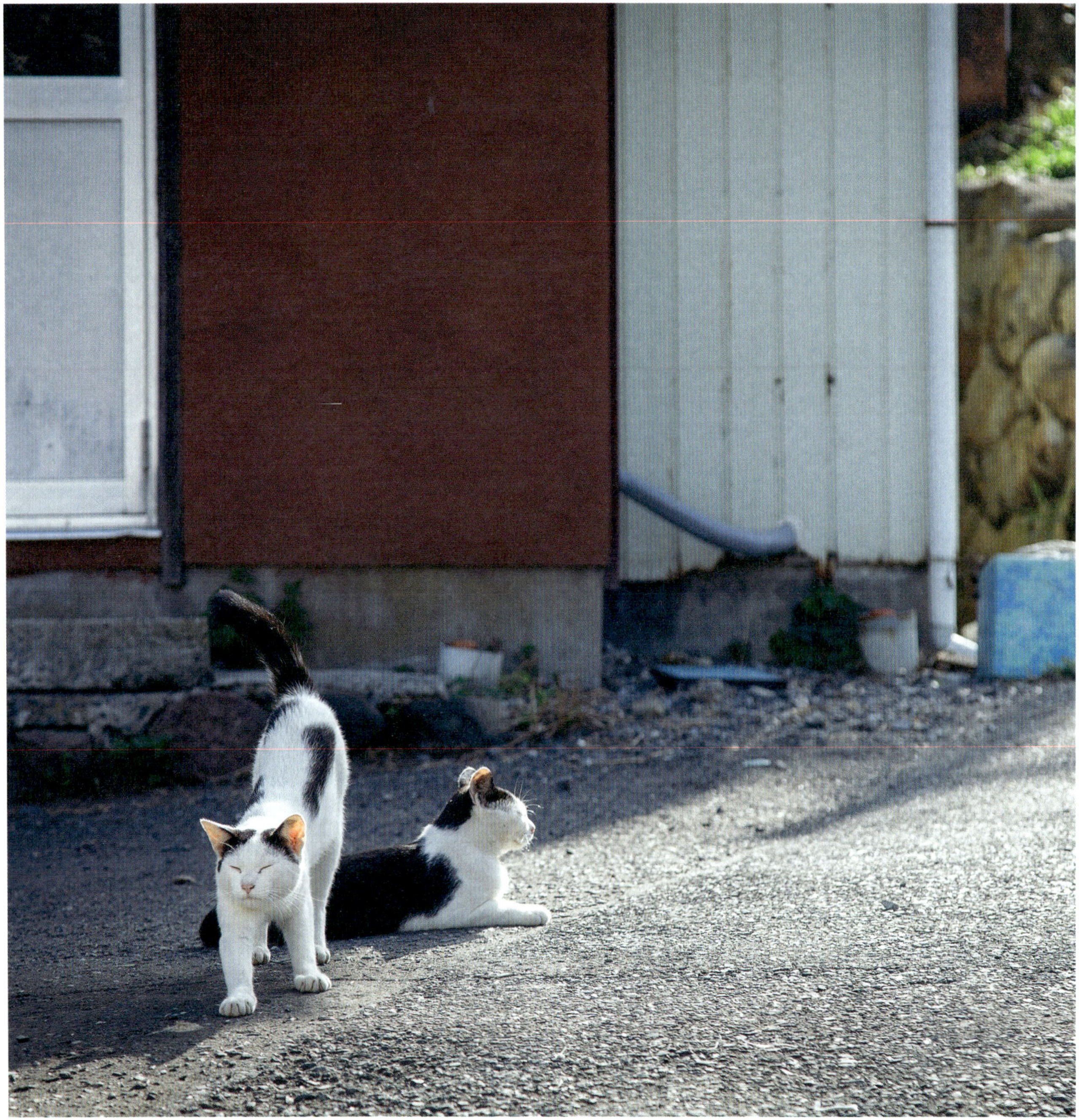

島猫
SHIMA NEKO ·

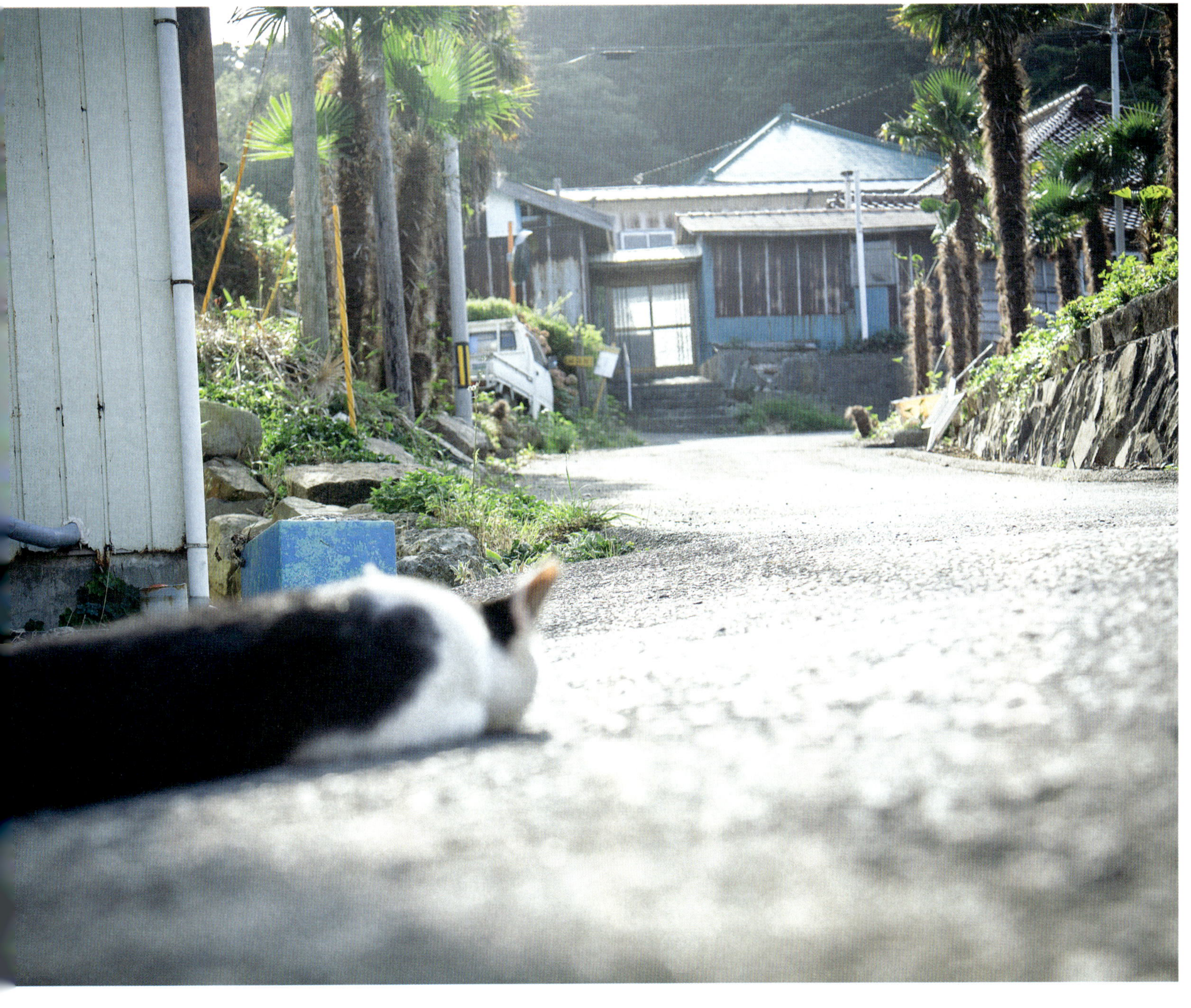

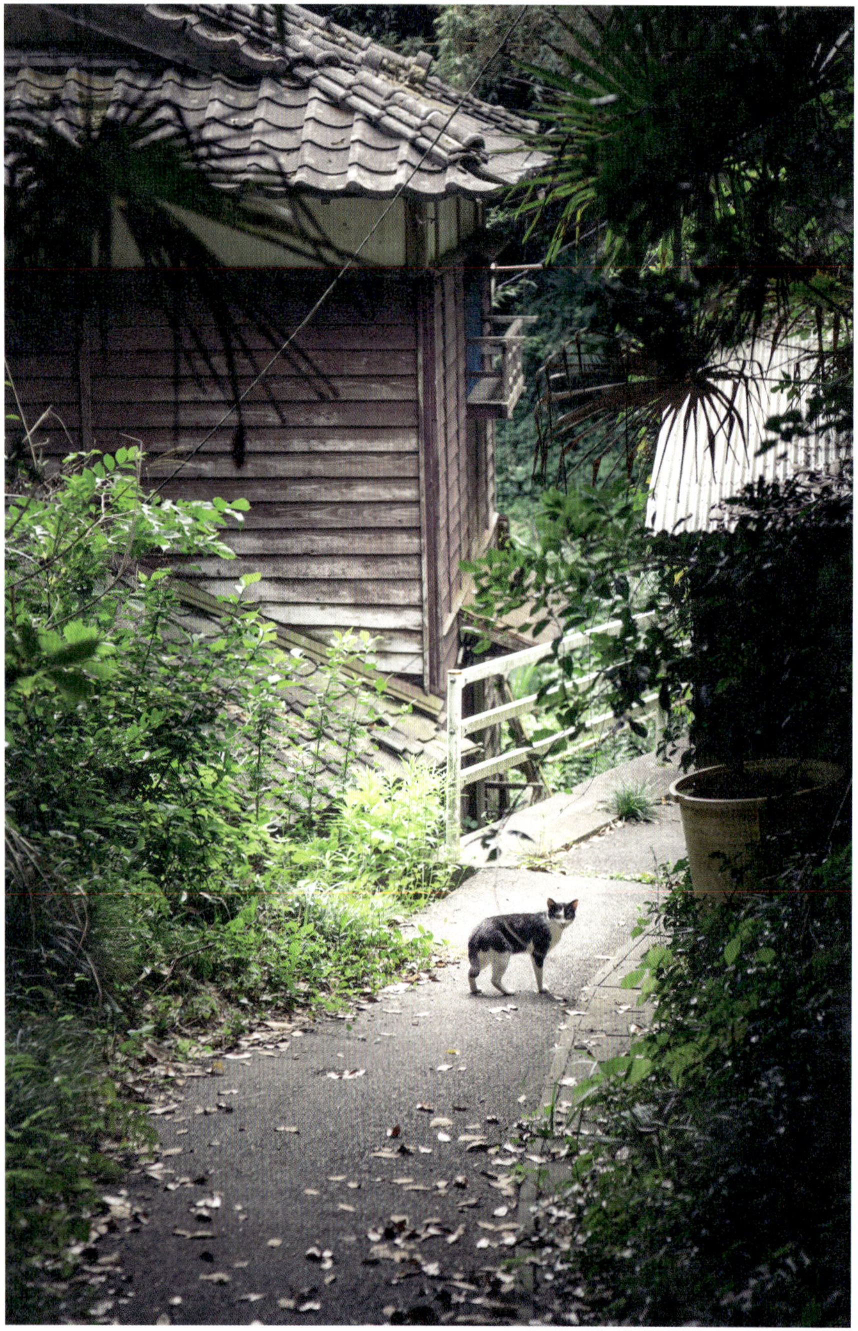

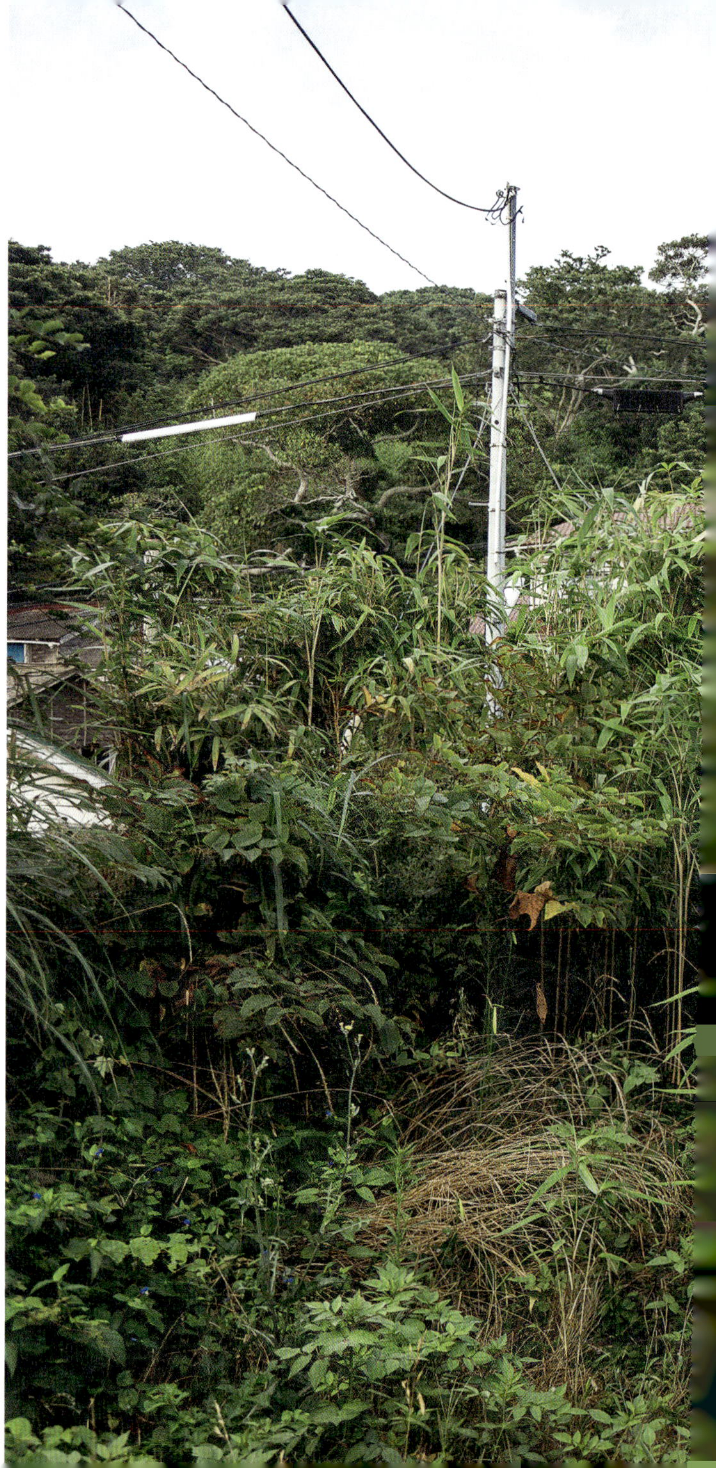

島猫
SHIMA NEKO ·

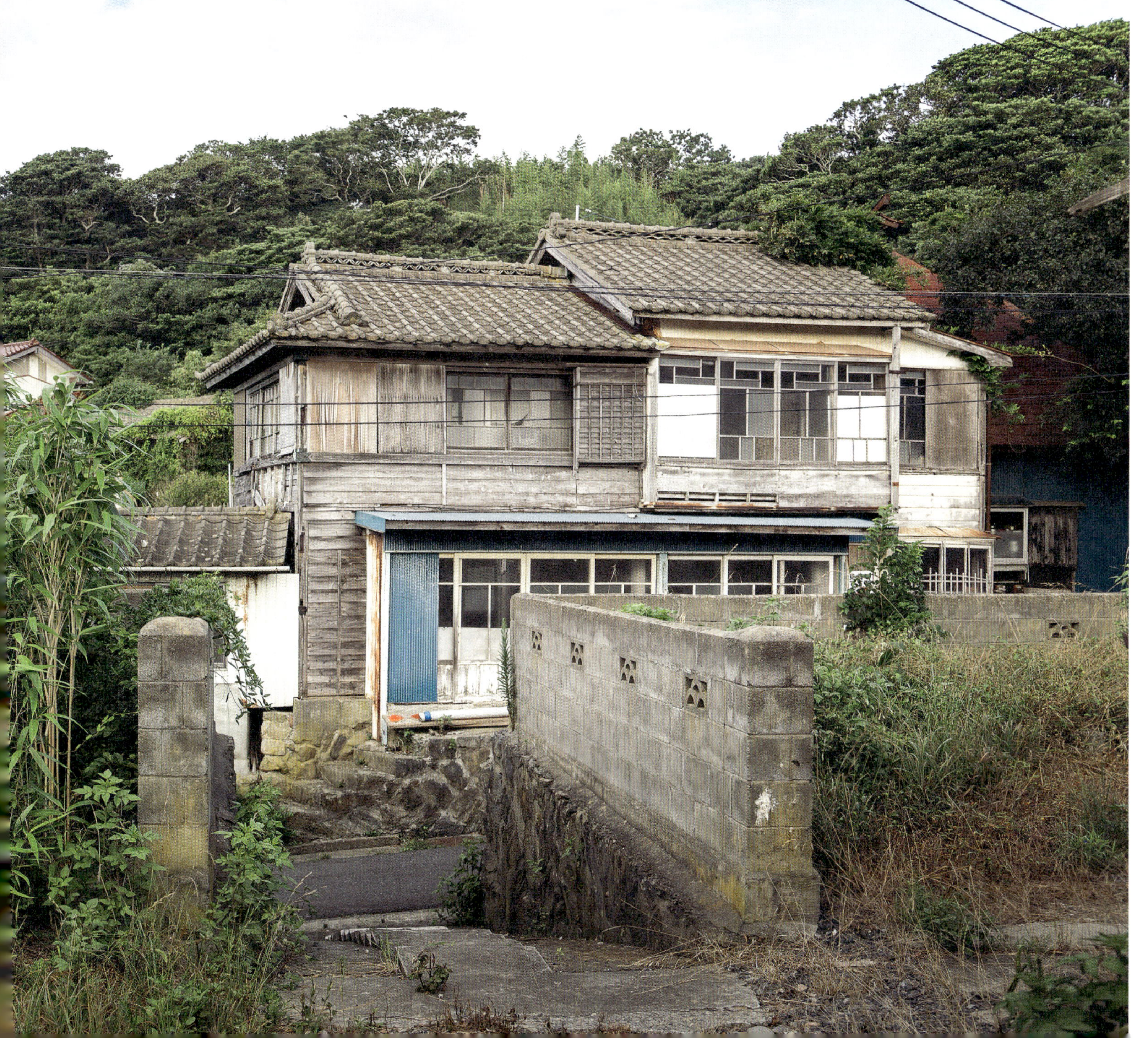

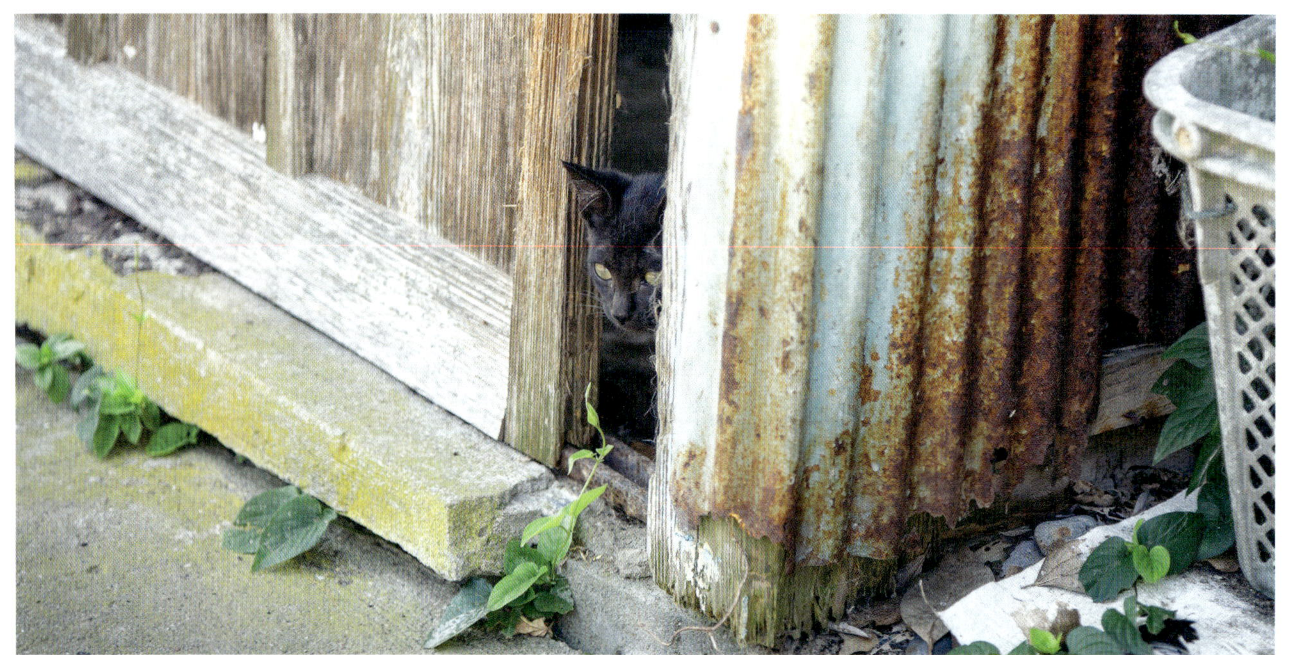

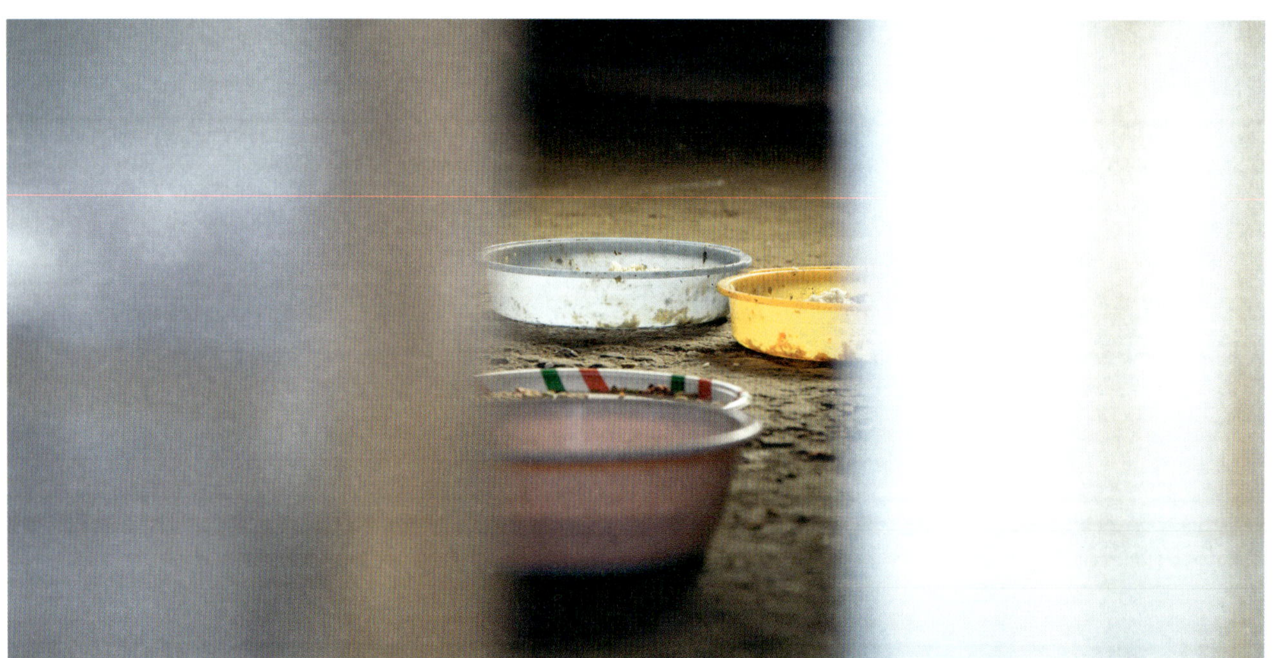

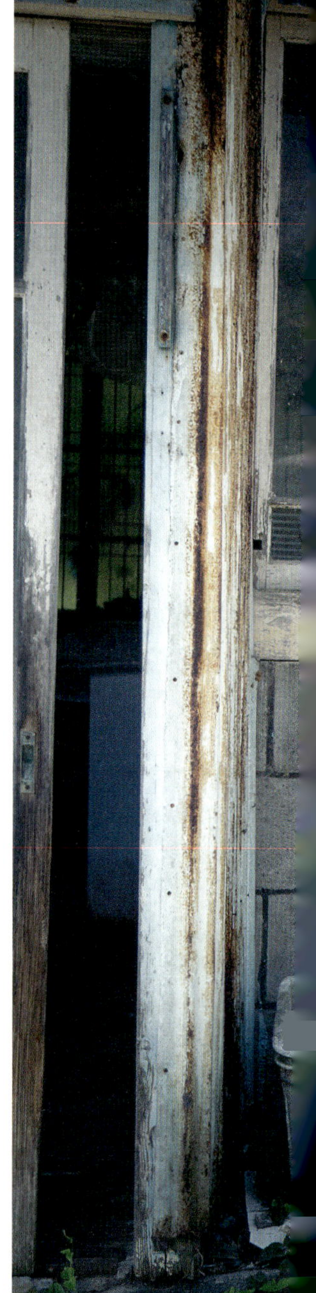

島猫 ・
SHIMA NEKO

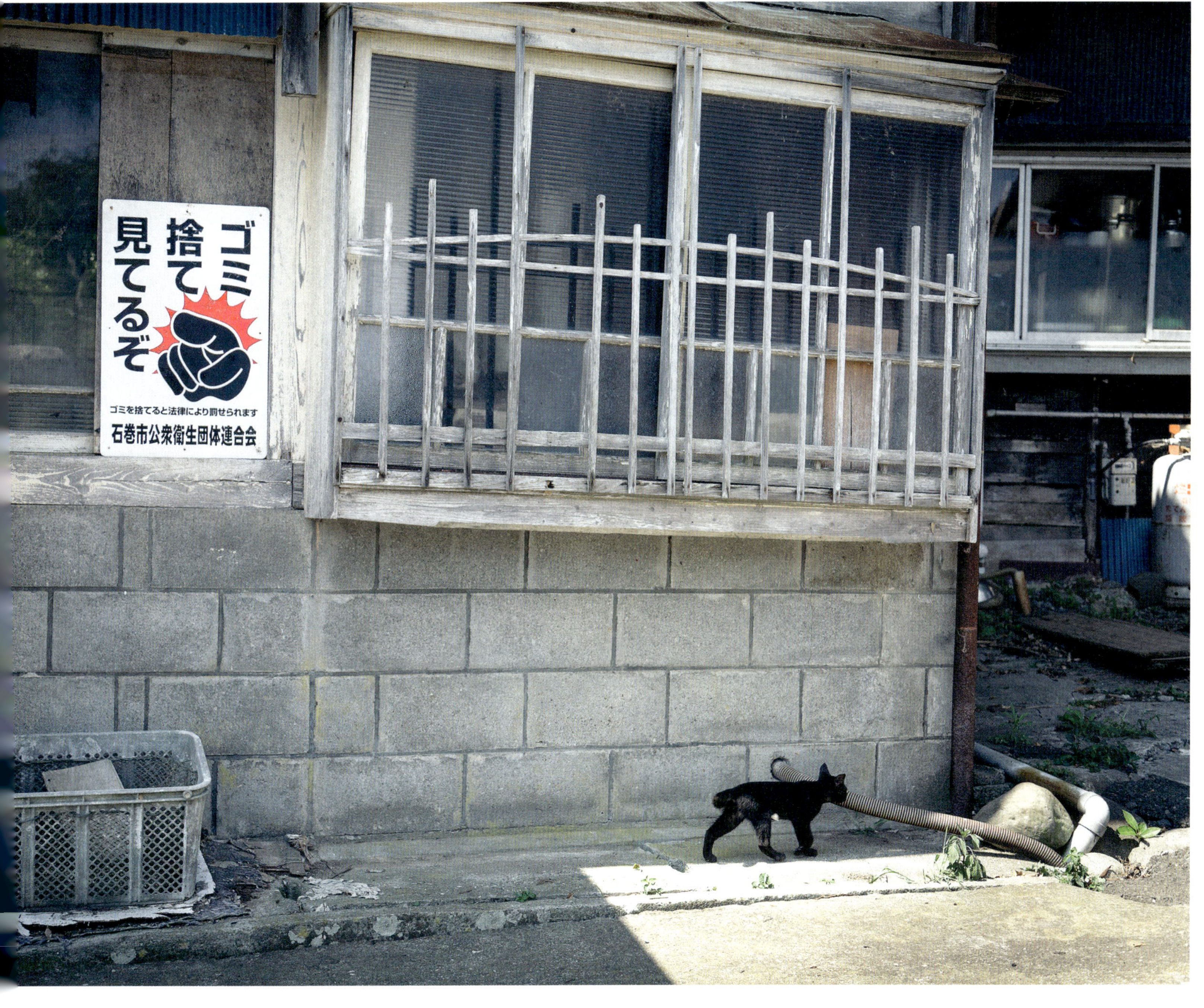

ゴミ
捨て
見てるぞ
ゴミを捨てると法律により罰せられます
石巻市公衆衛生団体連合会

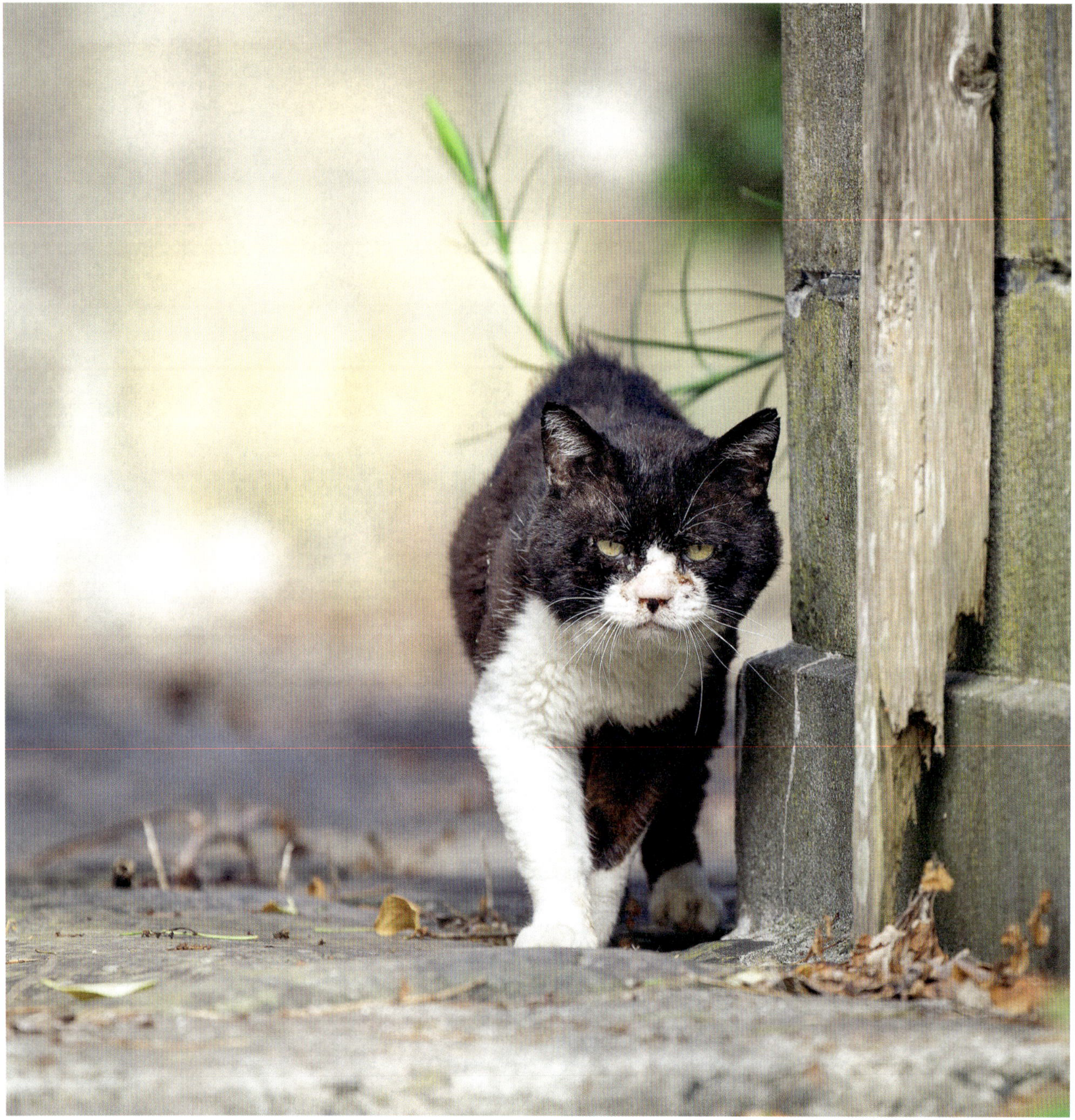

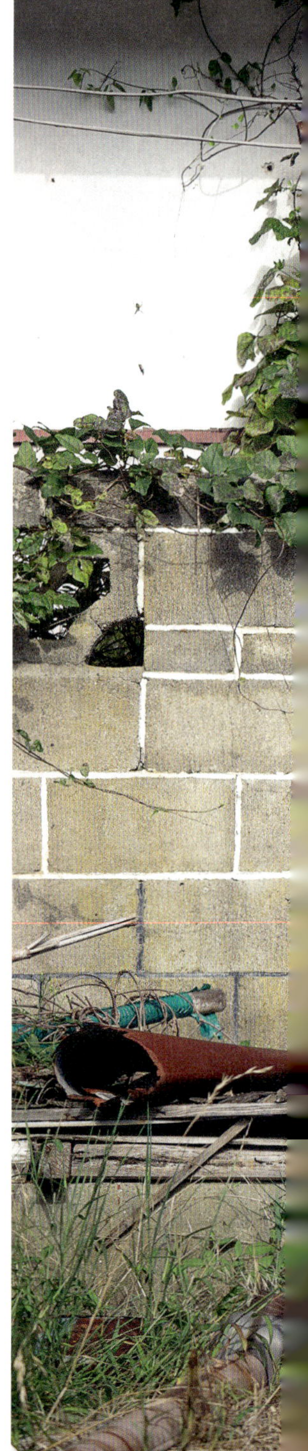

島
猫
SHIMA NEKO ·

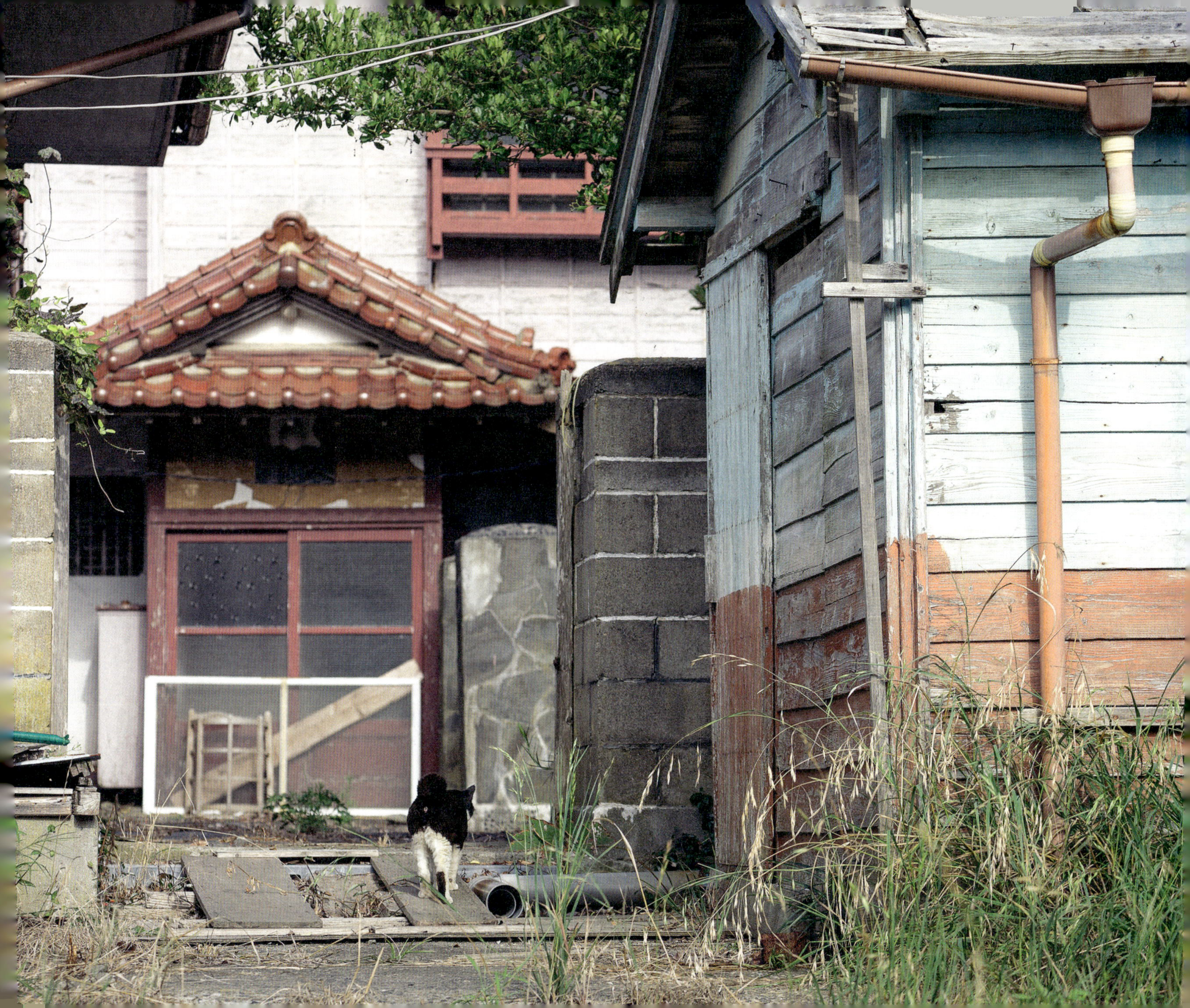

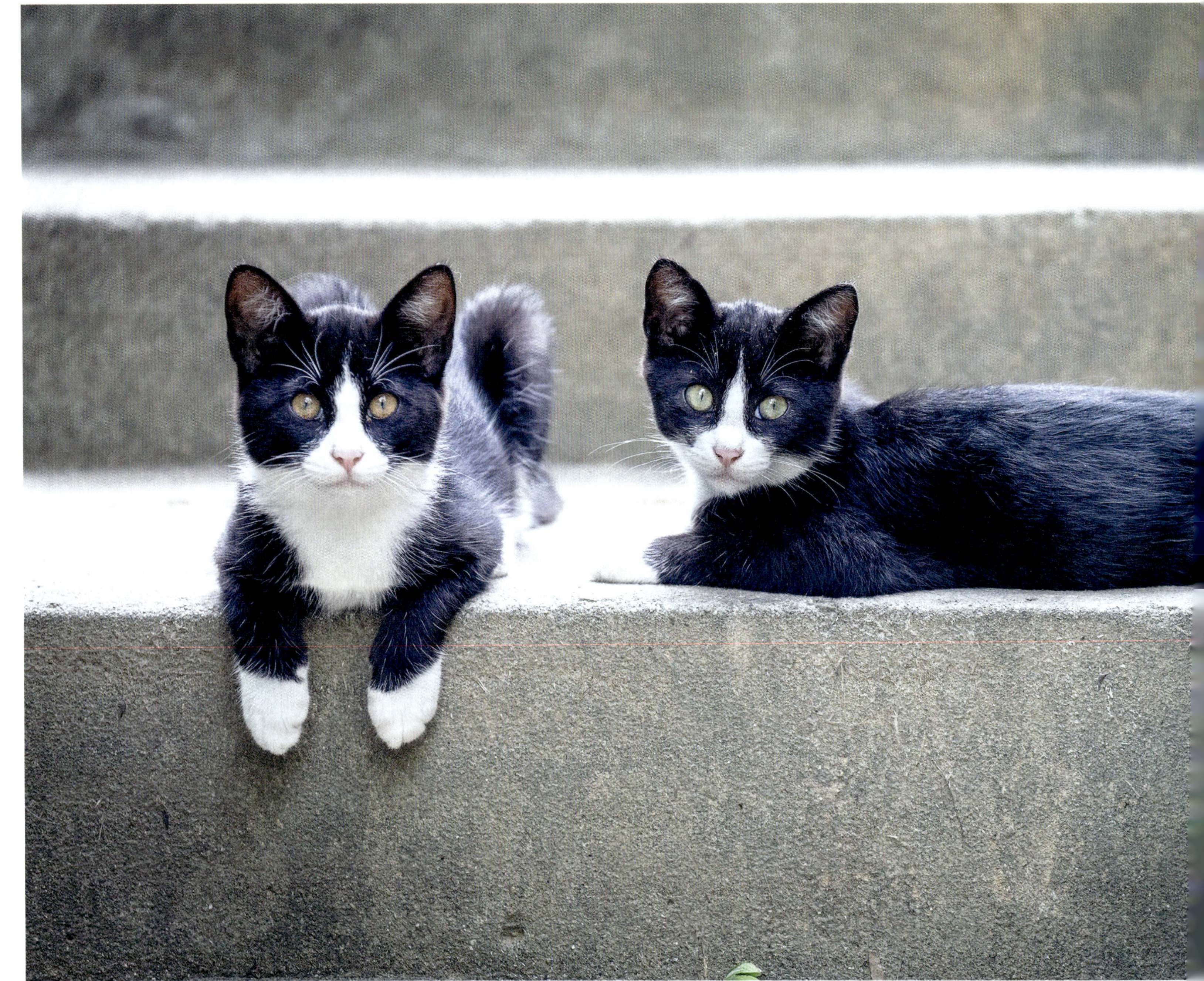

島猫
SHIMA NEKO ·

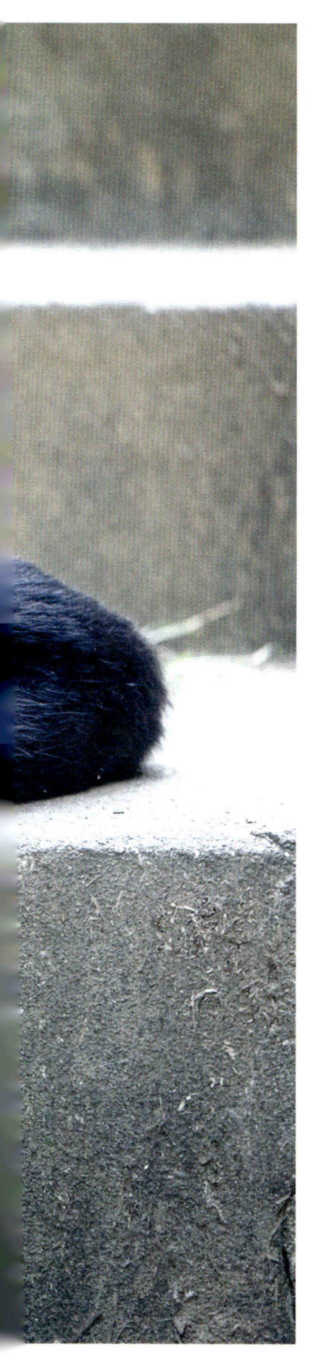

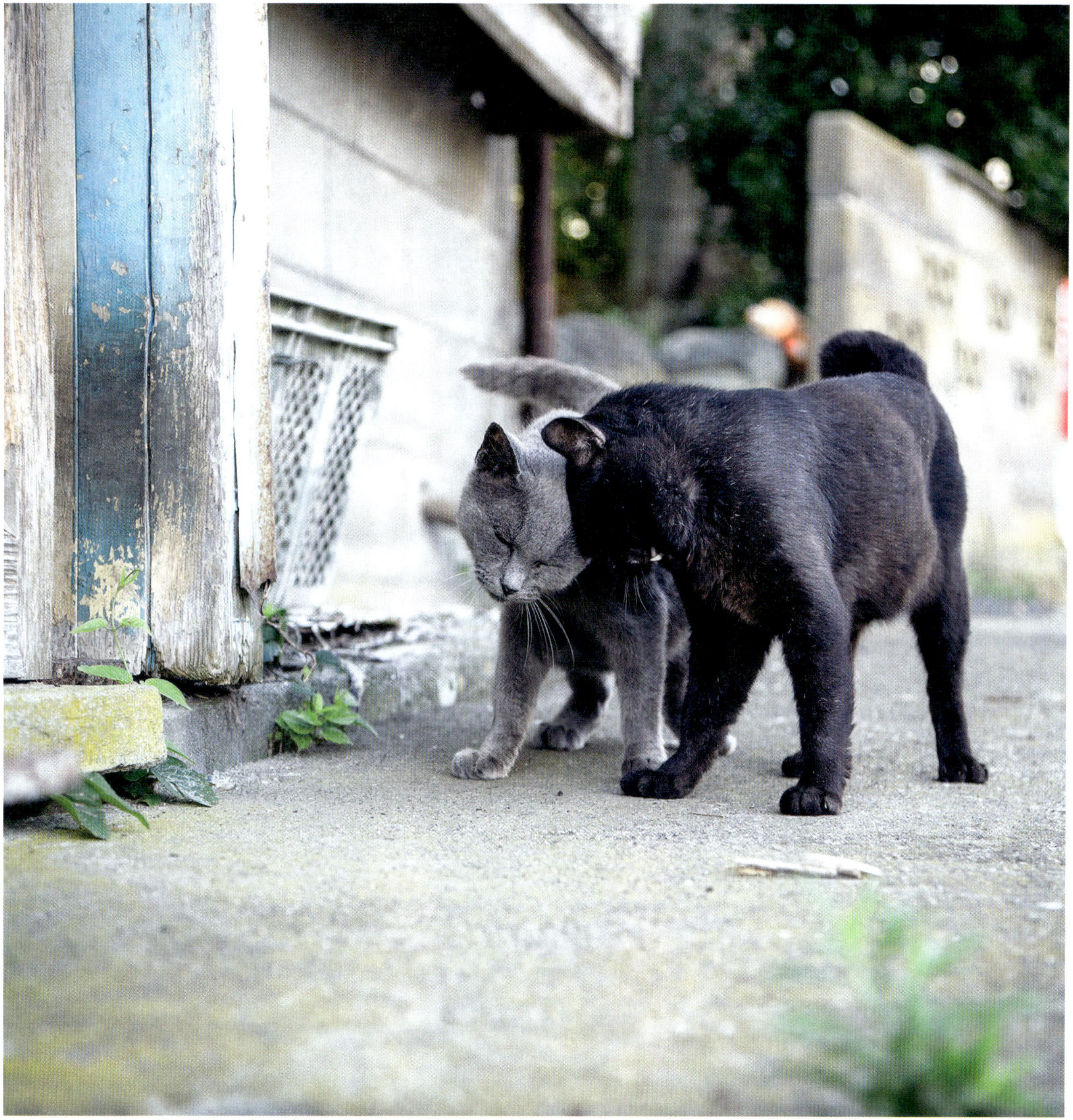

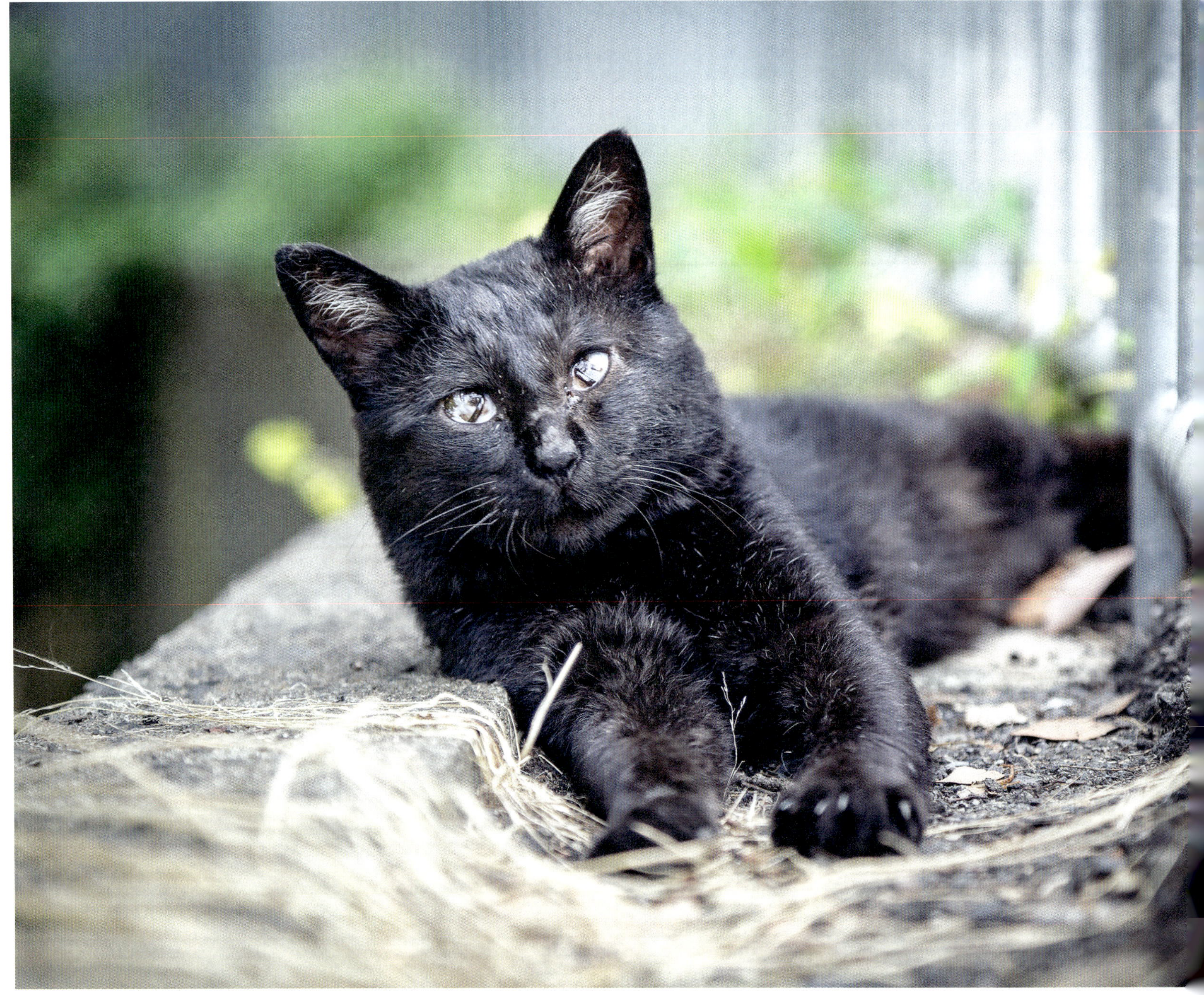
SHIMA NEKO · 島猫

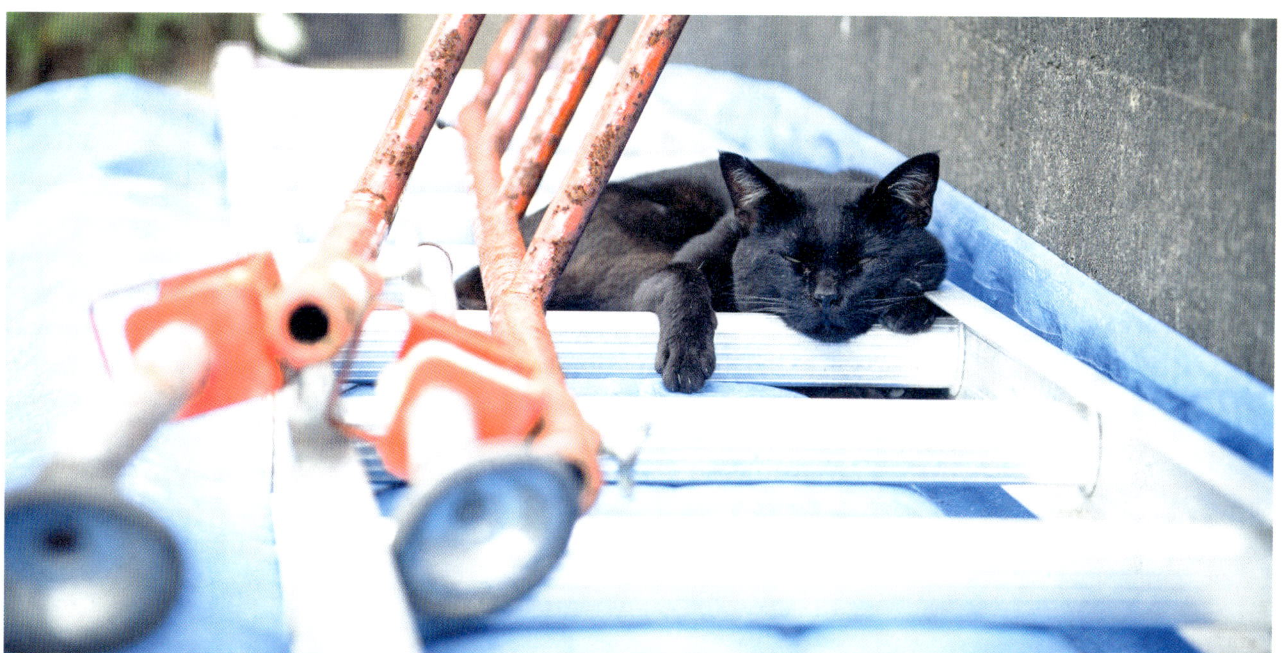

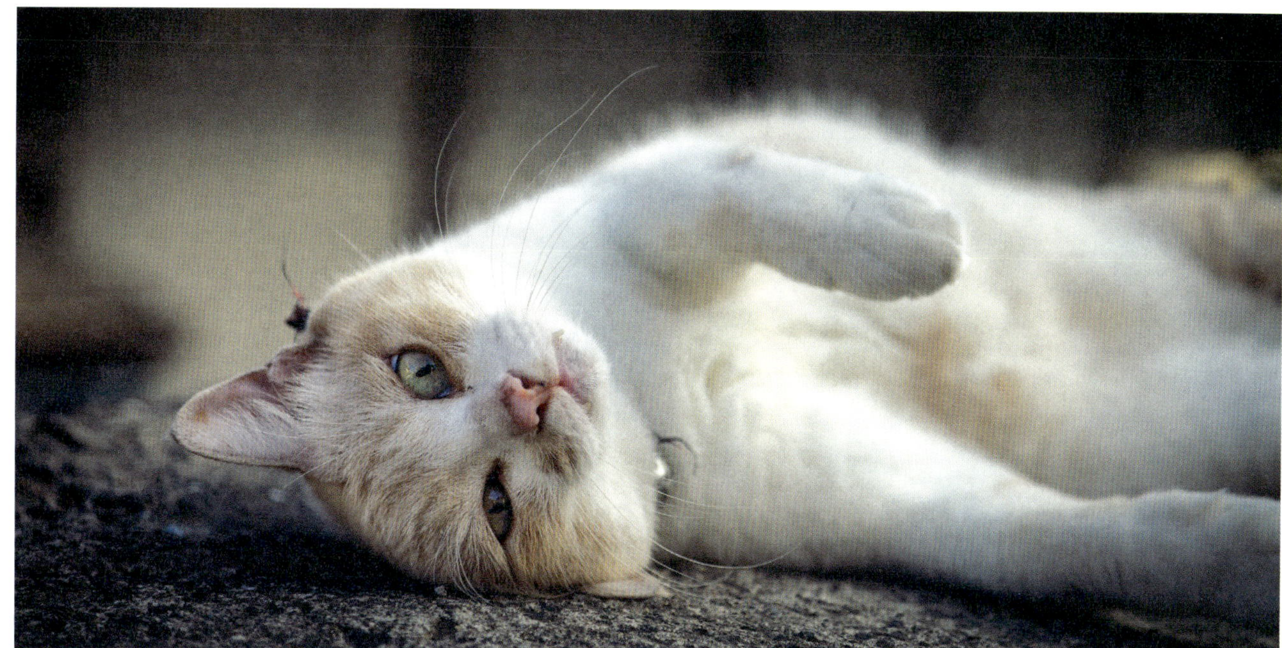

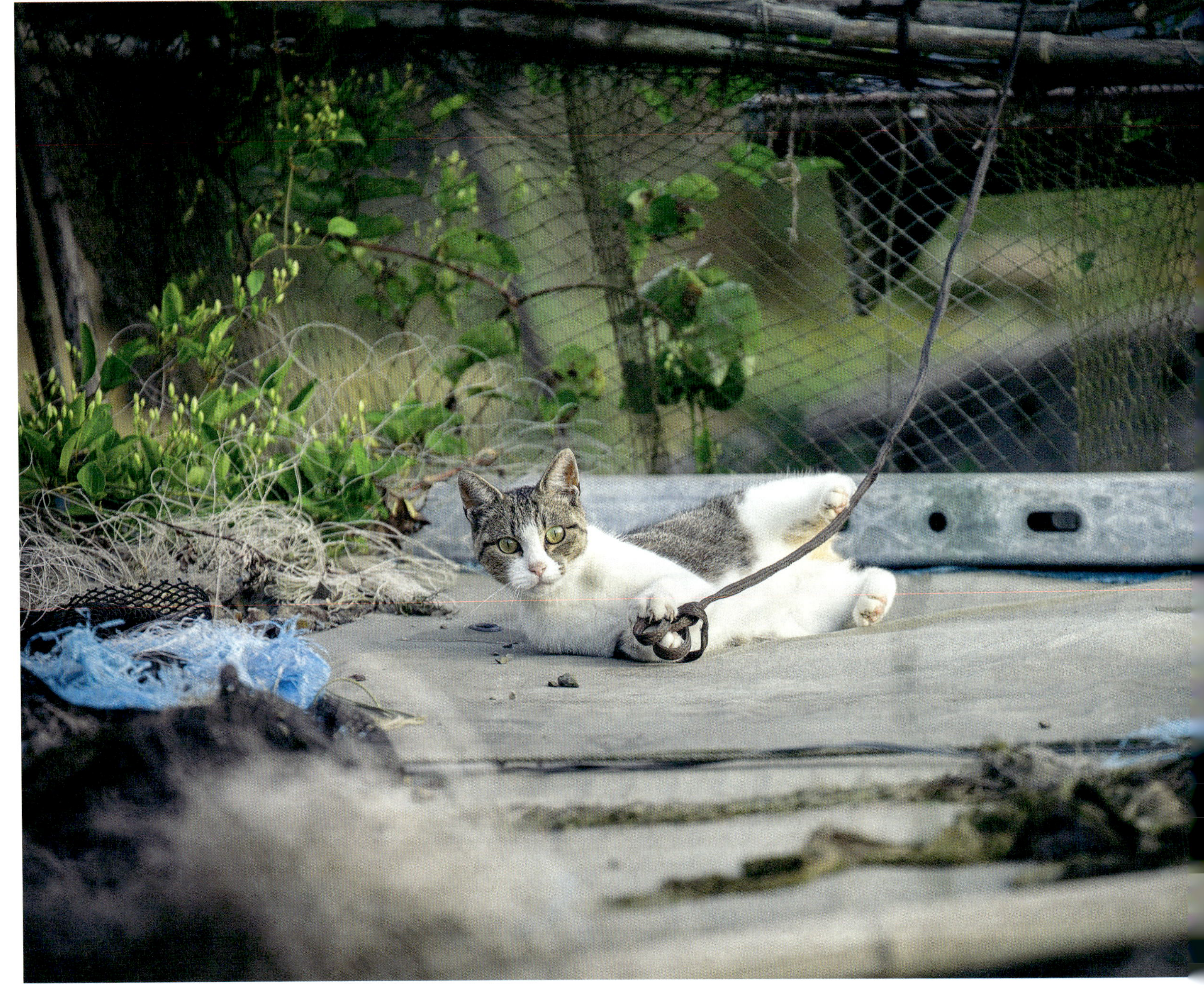

島猫 ・ SHIMA NEKO

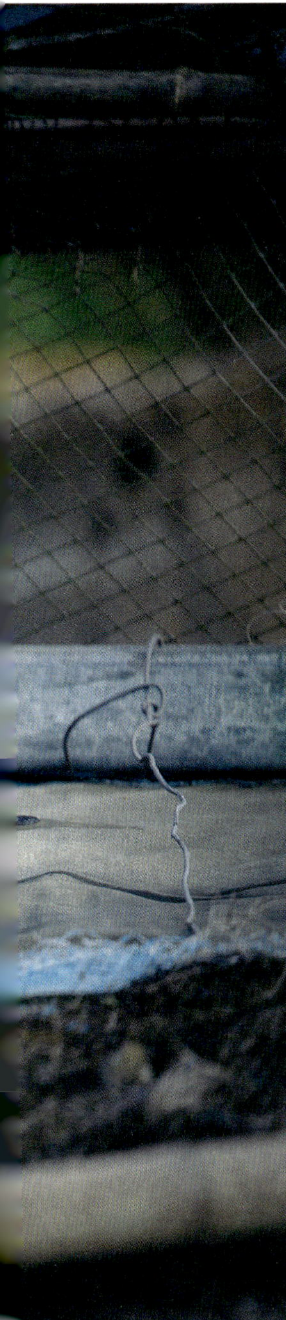

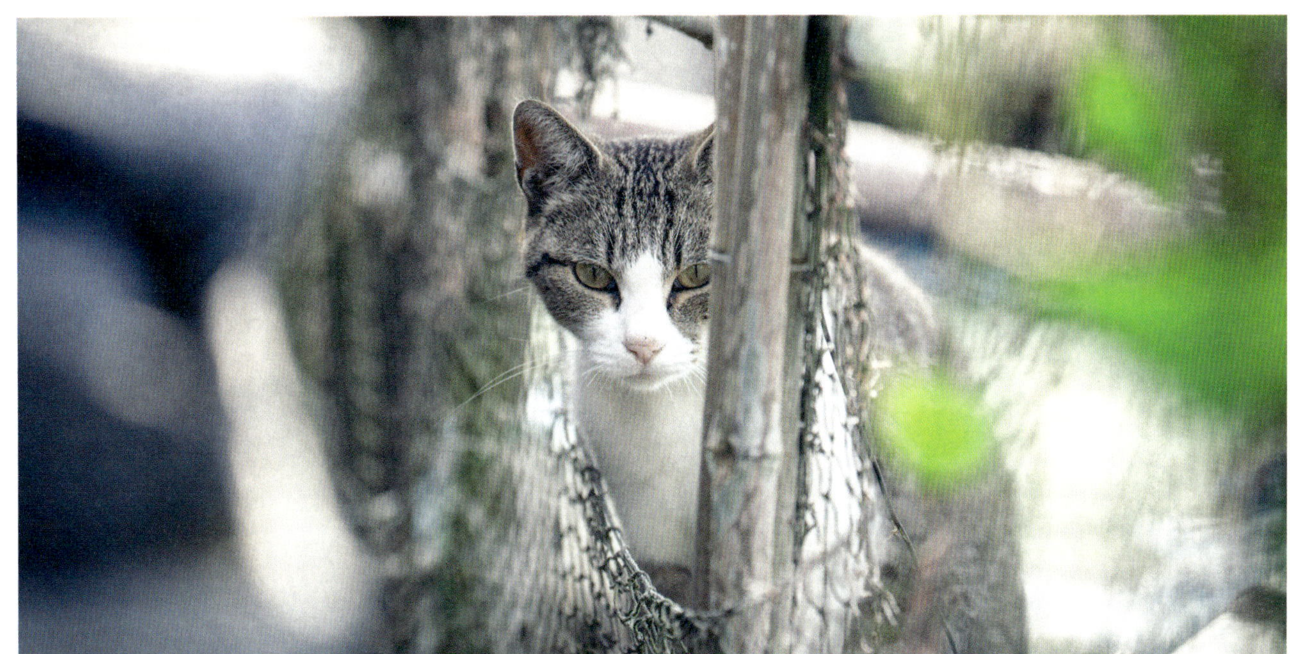

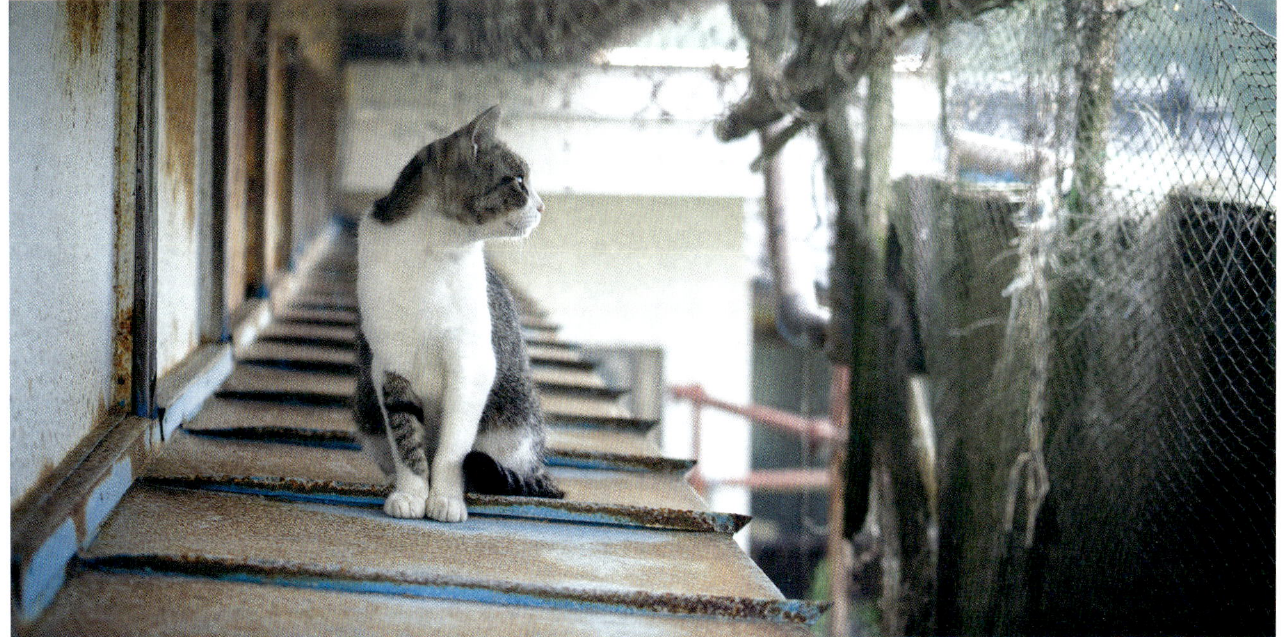

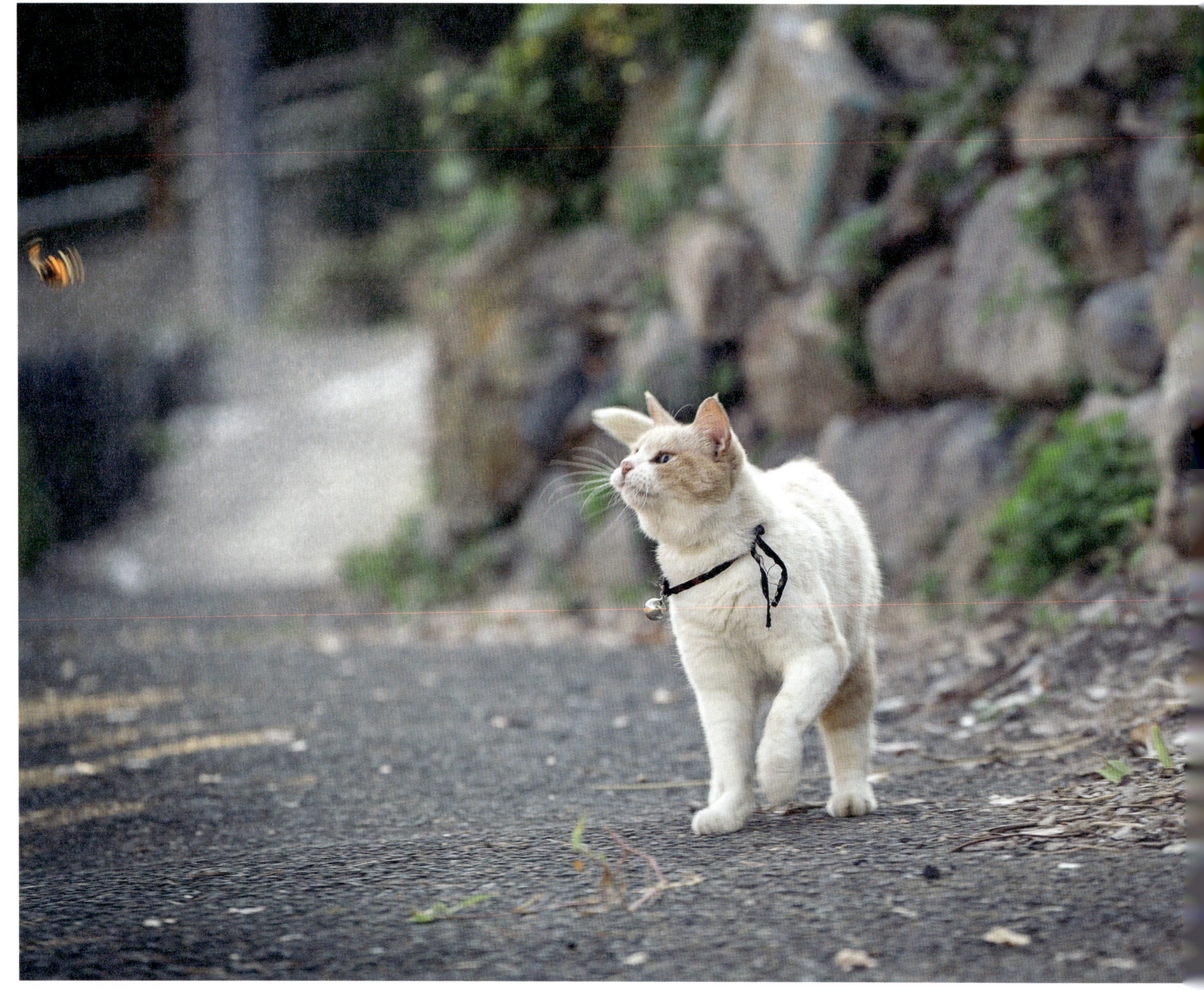

島猫・SHIMA NEKO

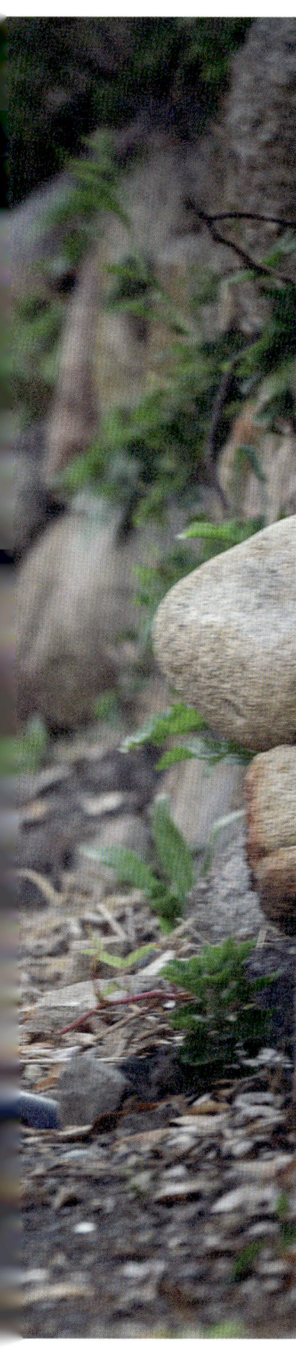

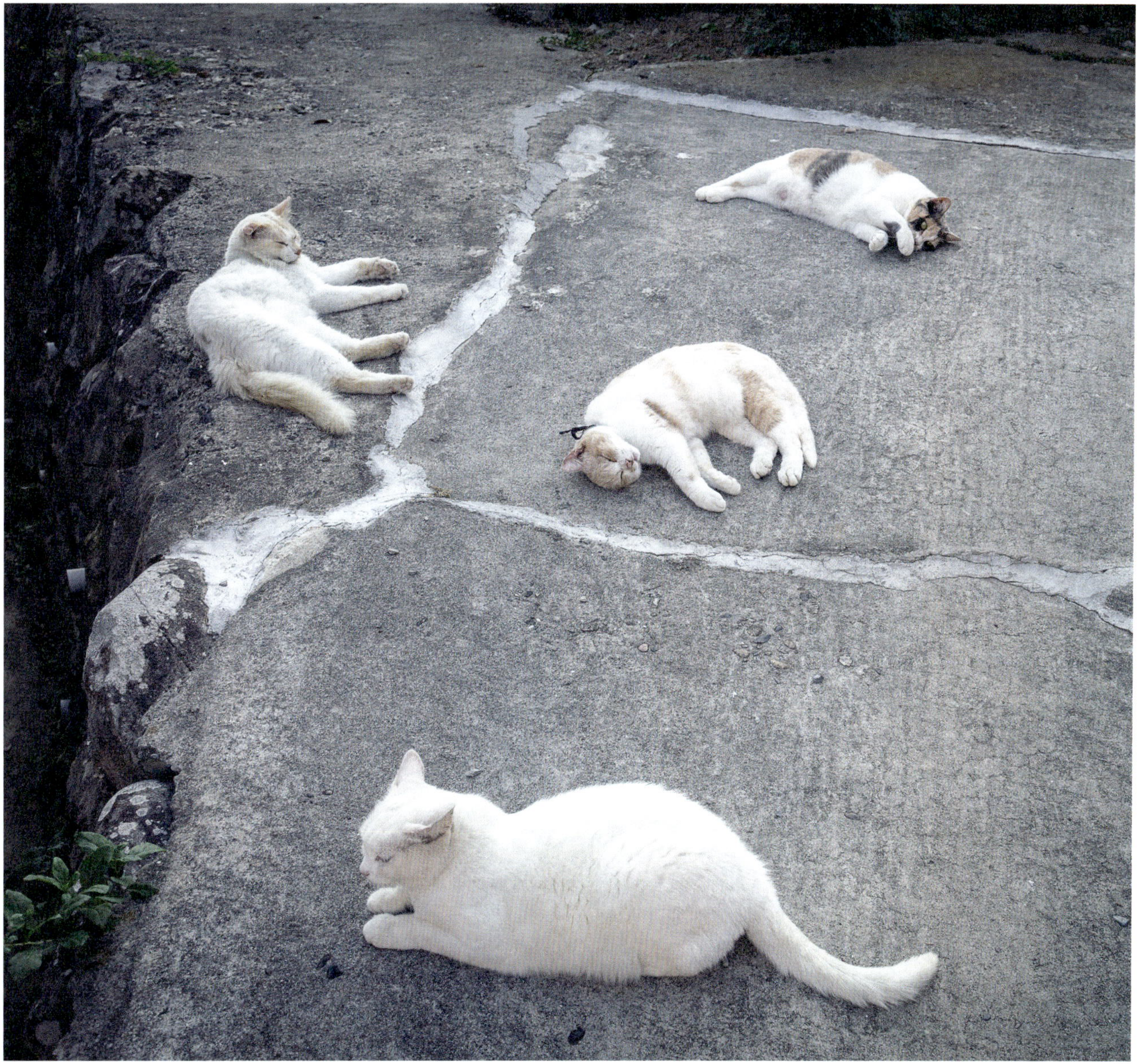

田代島 Tashirojima, Miyagi: *Warum so viele Katzen? Die Region war früher ein großes Zentrum für Seidenraupenzucht. Seidenraupen sind eine sehr willkommene Speise für Mäuse. Katzen wurden importiert, um sie zu jagen. Die Seidenraupenproduktion wurde eingestellt. Die Katzen sind geblieben.*

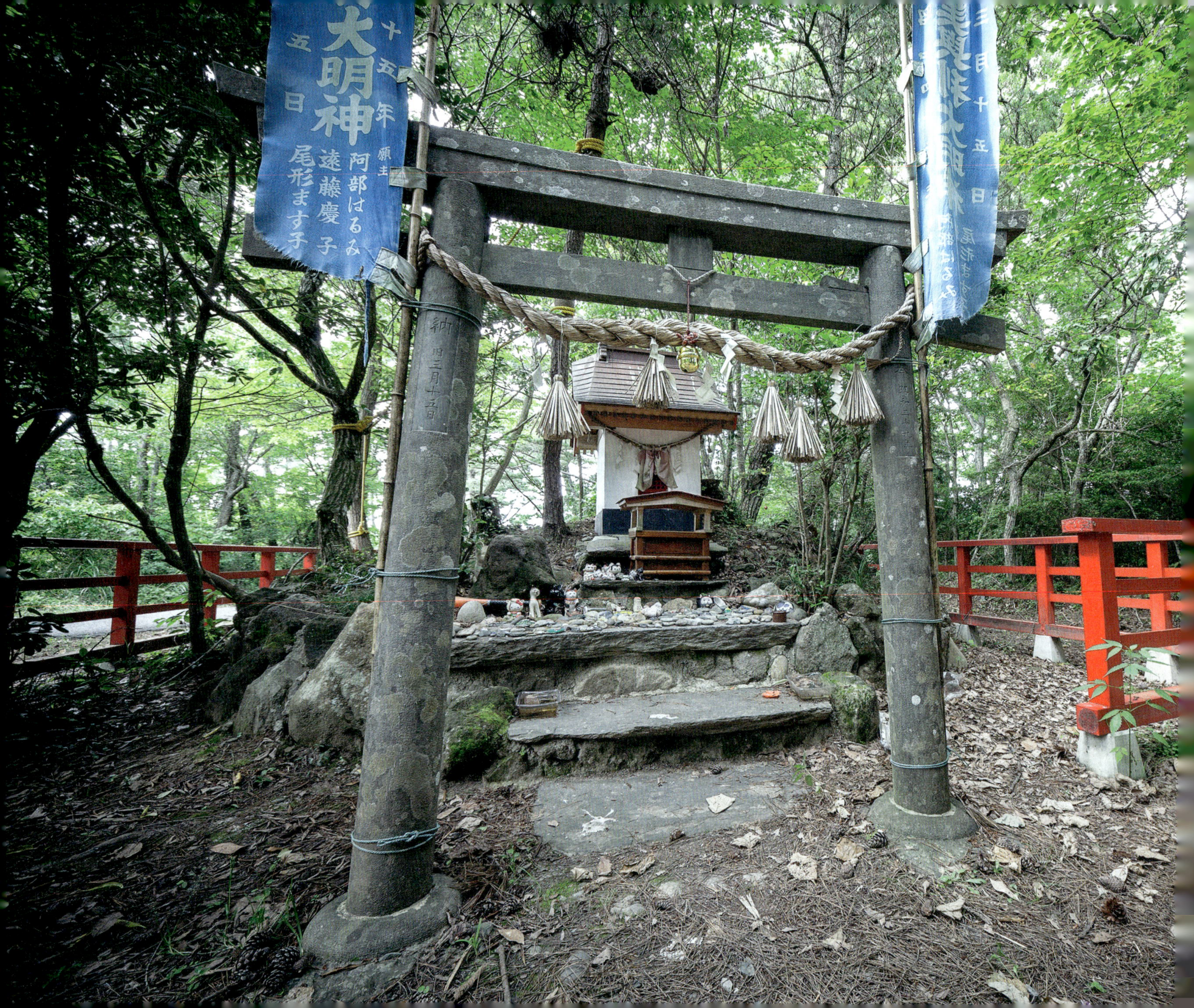
大明神
十五年
五日
願主
阿部はるみ
遠藤慶子
尾形ます子

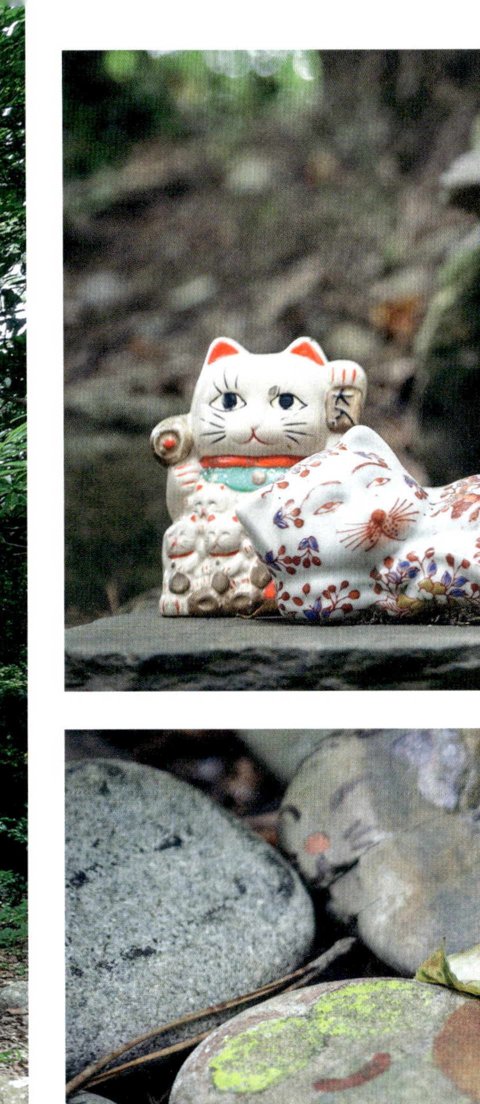
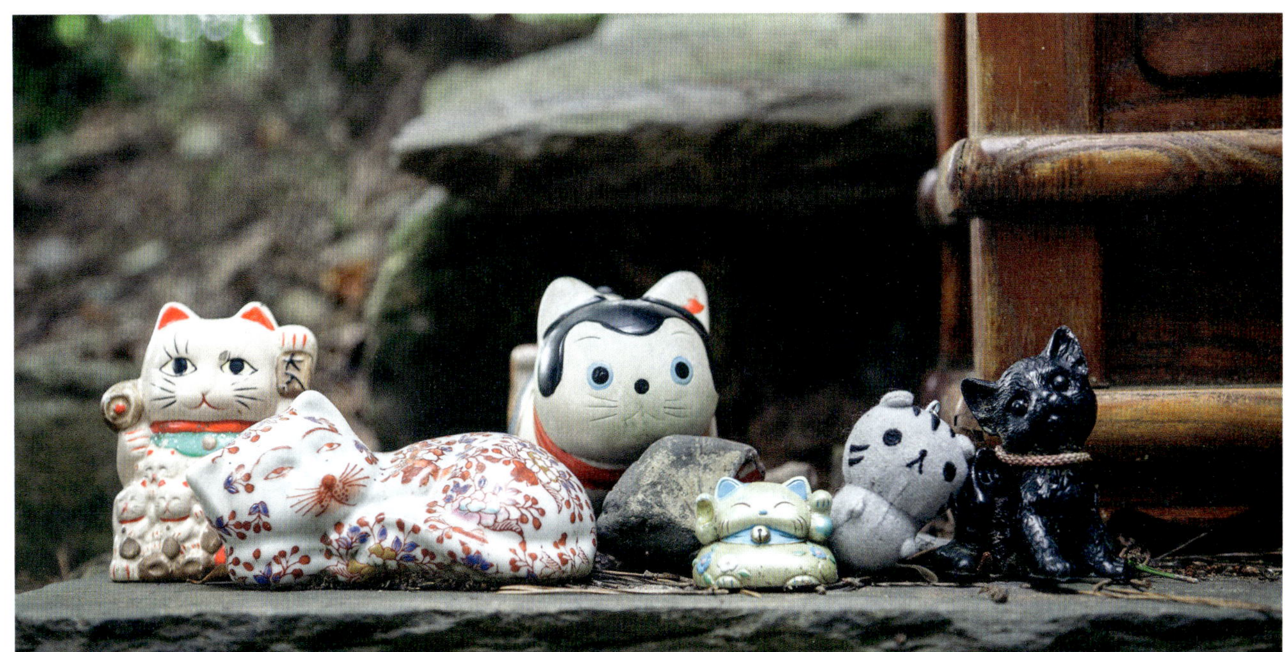
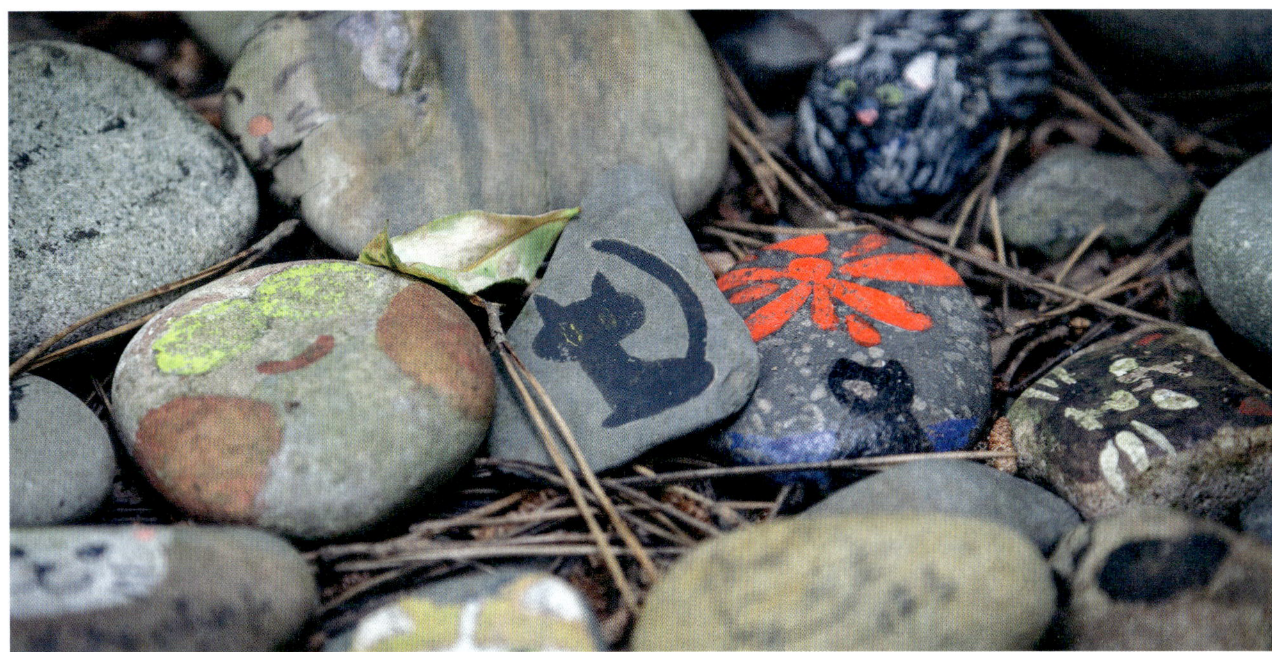

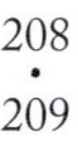

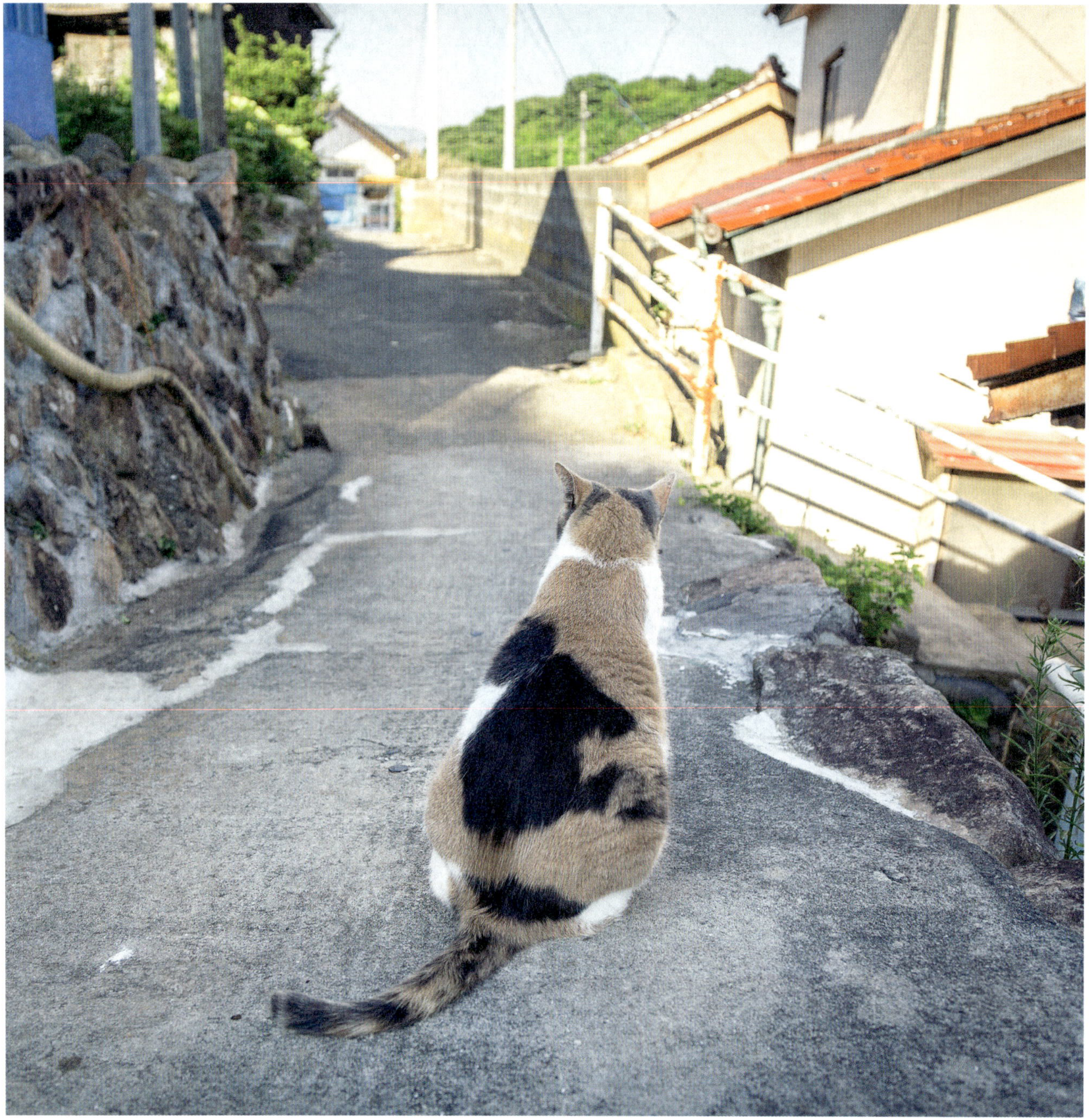

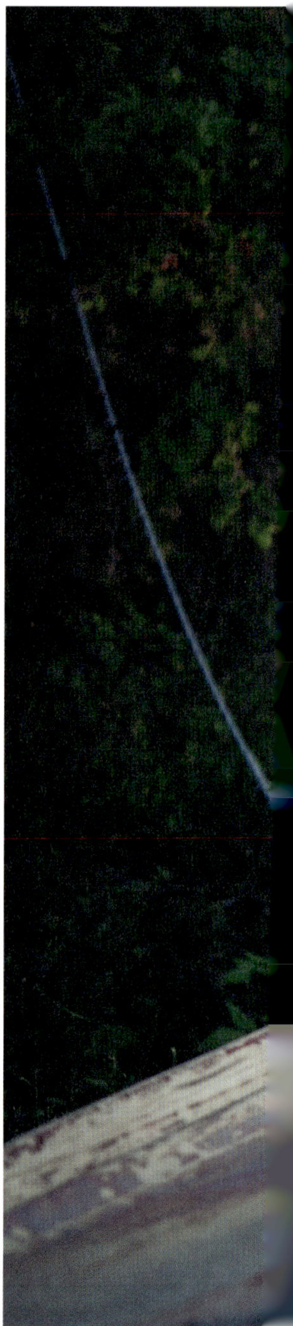

島猫
SHIMA NEKO •

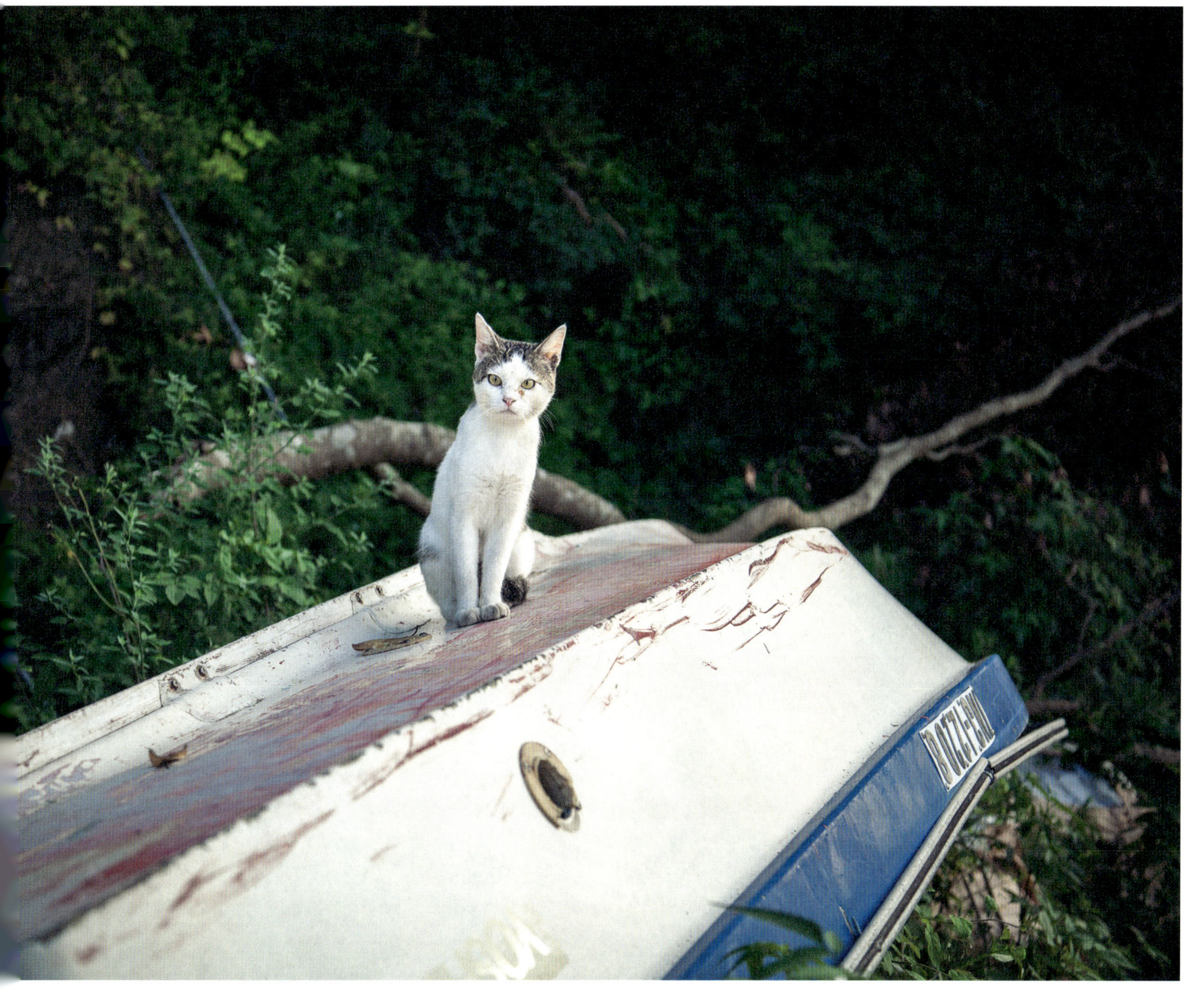

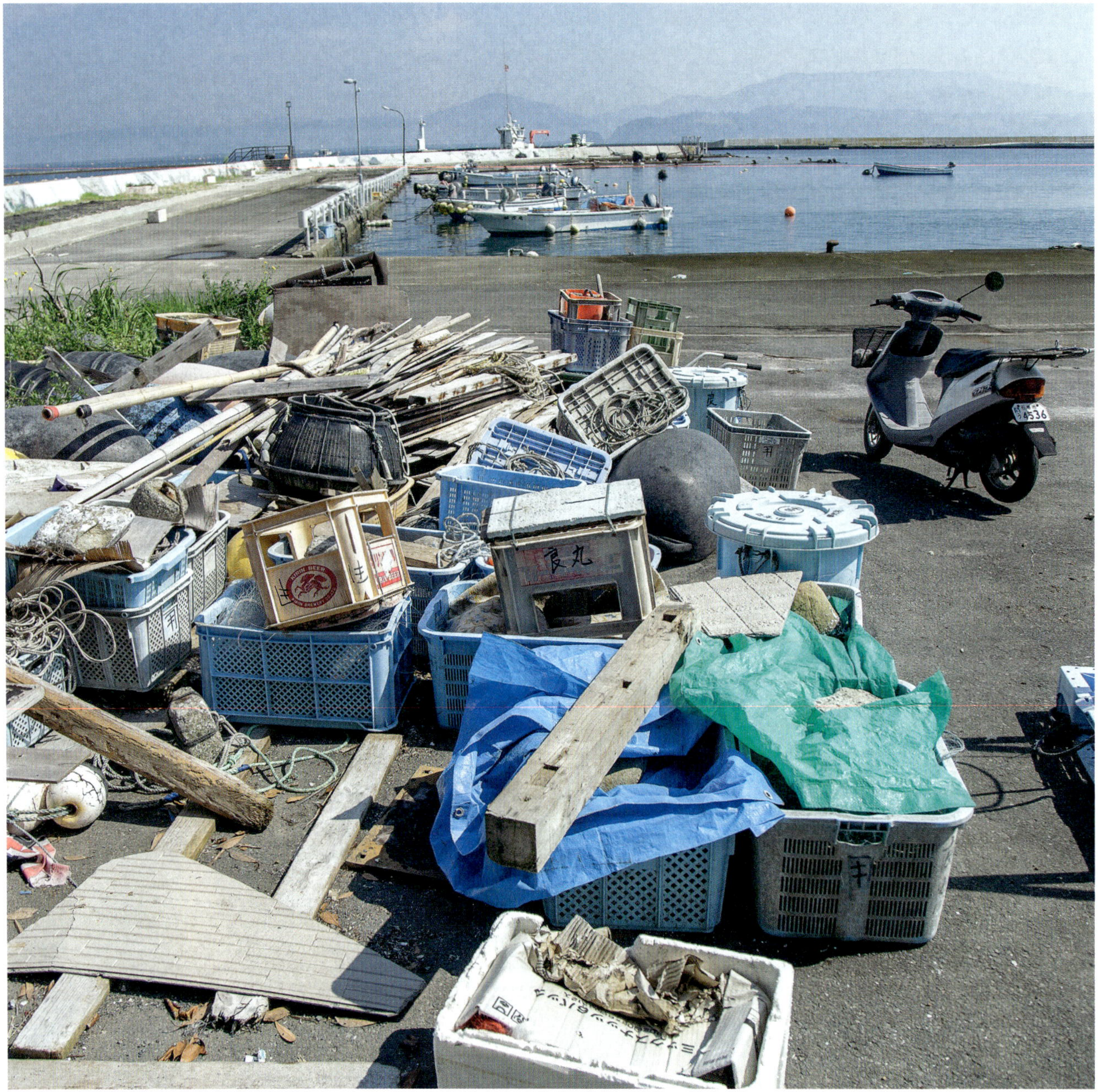

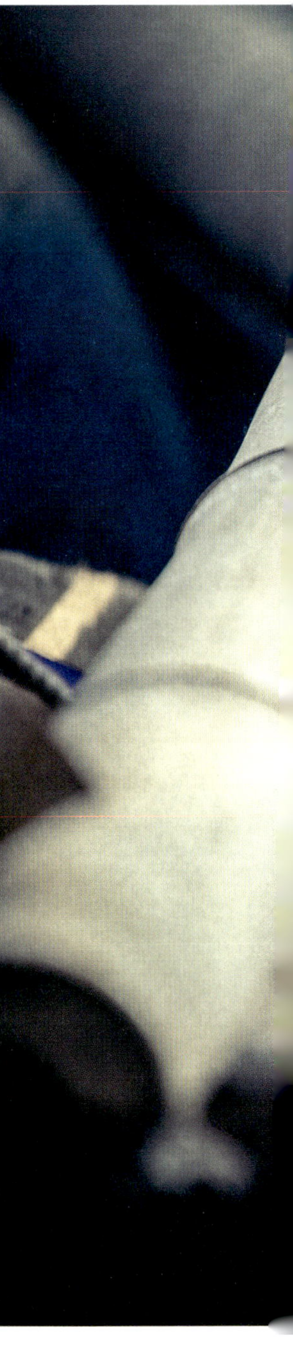

田代島 Tashirojima Miyagi: *Notdürftig gelagerte Überreste der Tsunami-Katastrophe.*

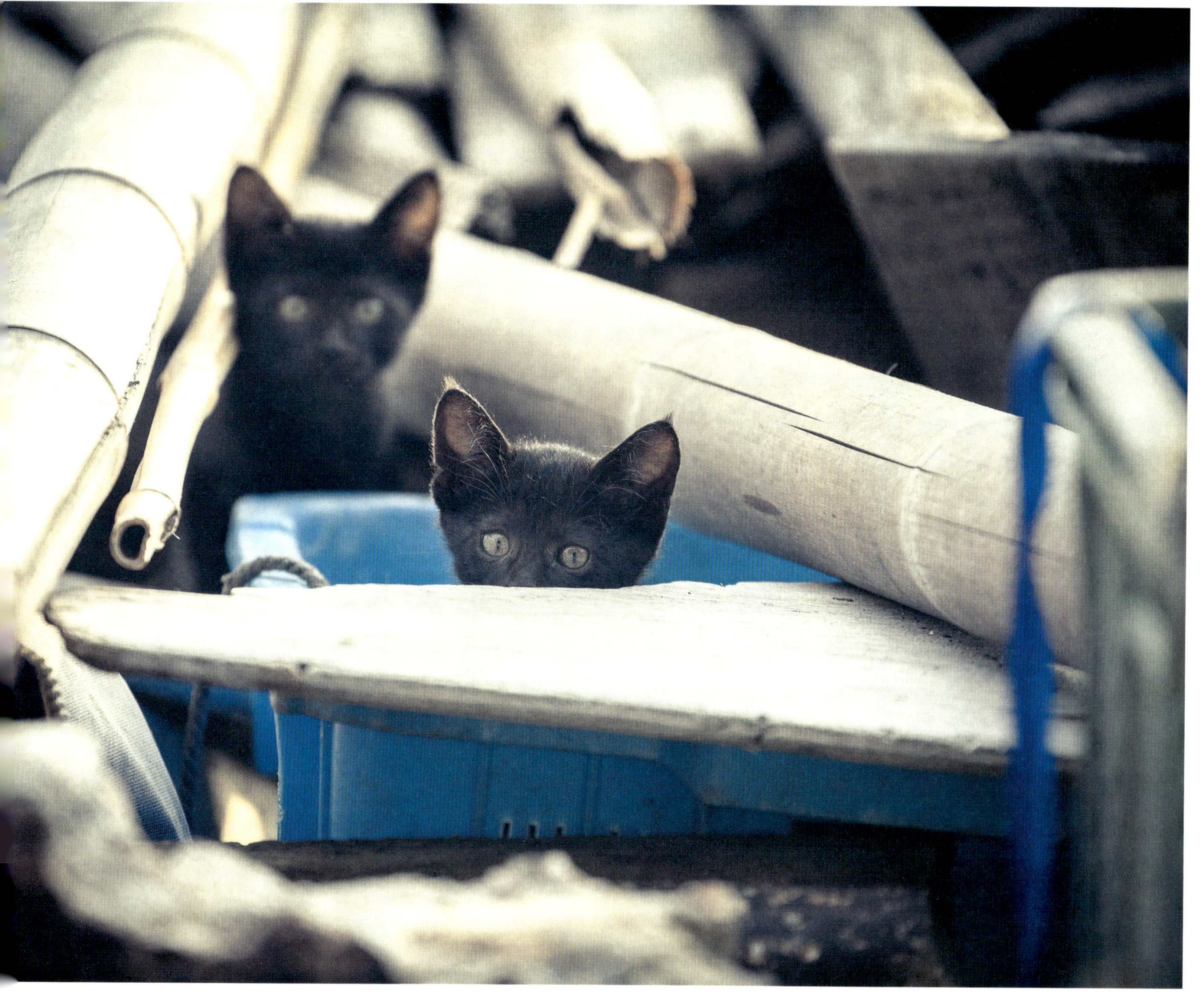

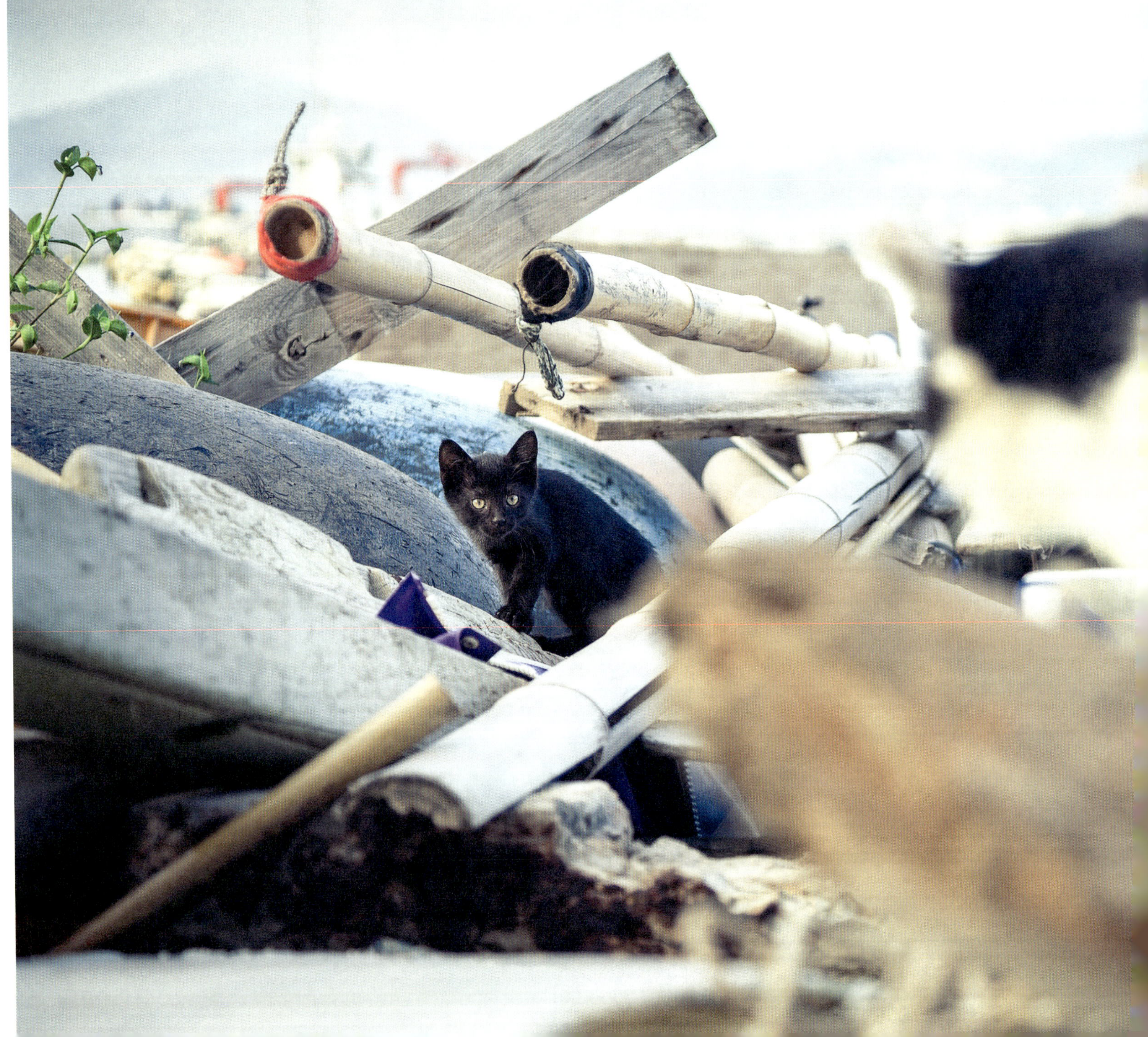

島猫
SHIMA NEKO ・

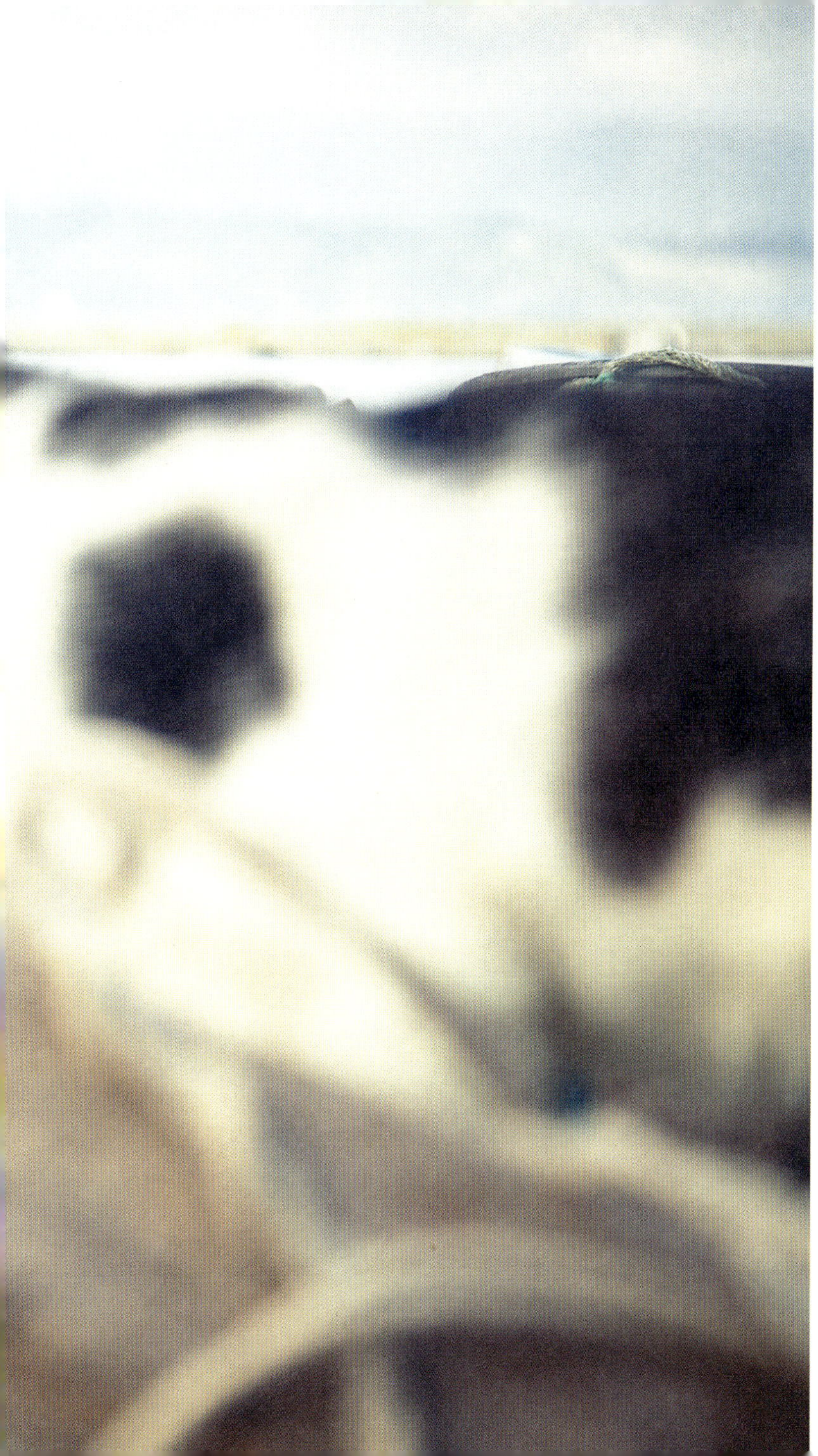

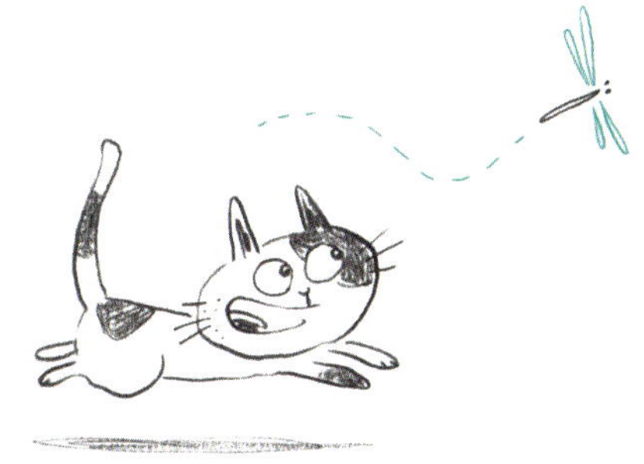

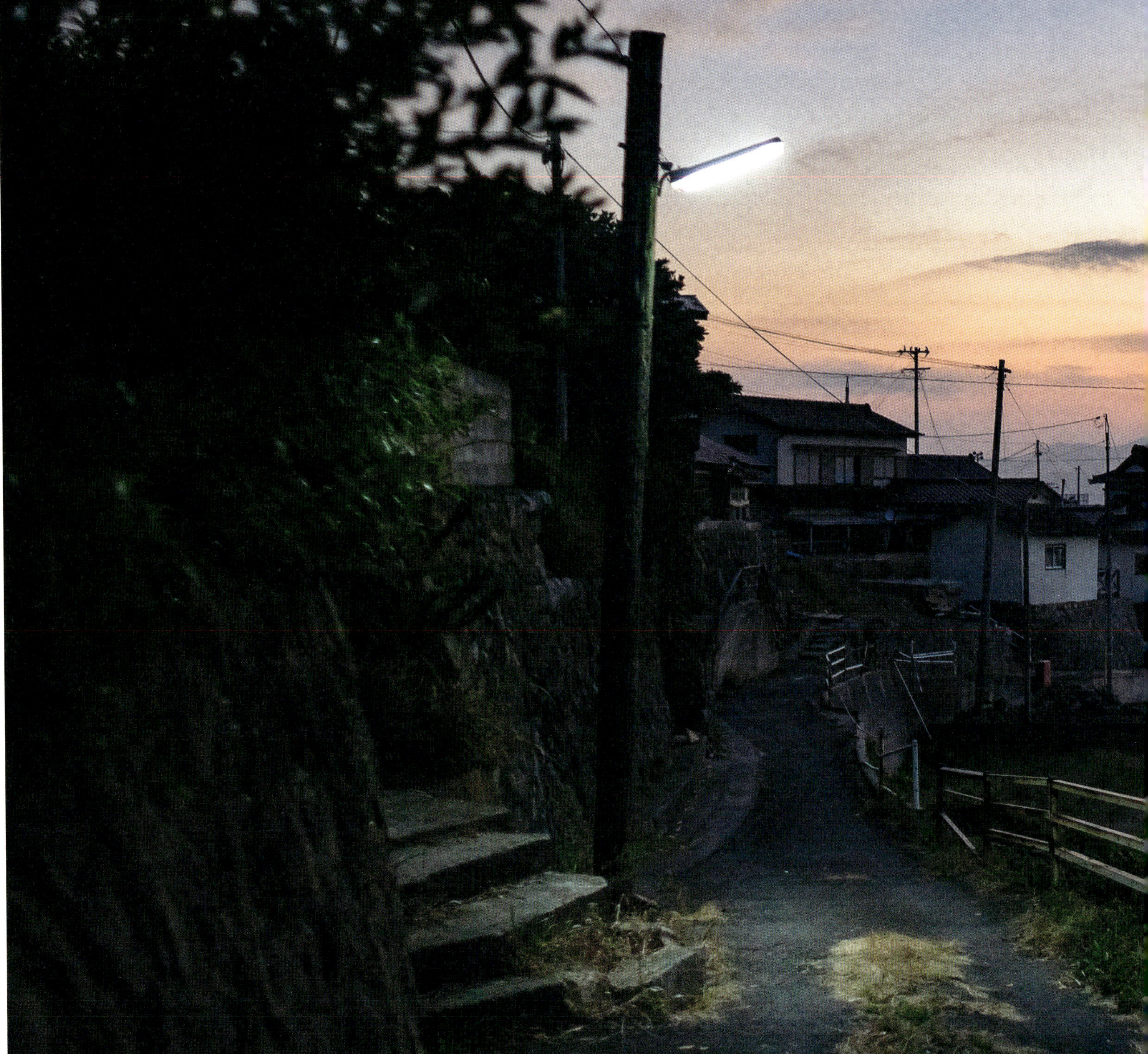

島猫 ・ SHIMA NEKO

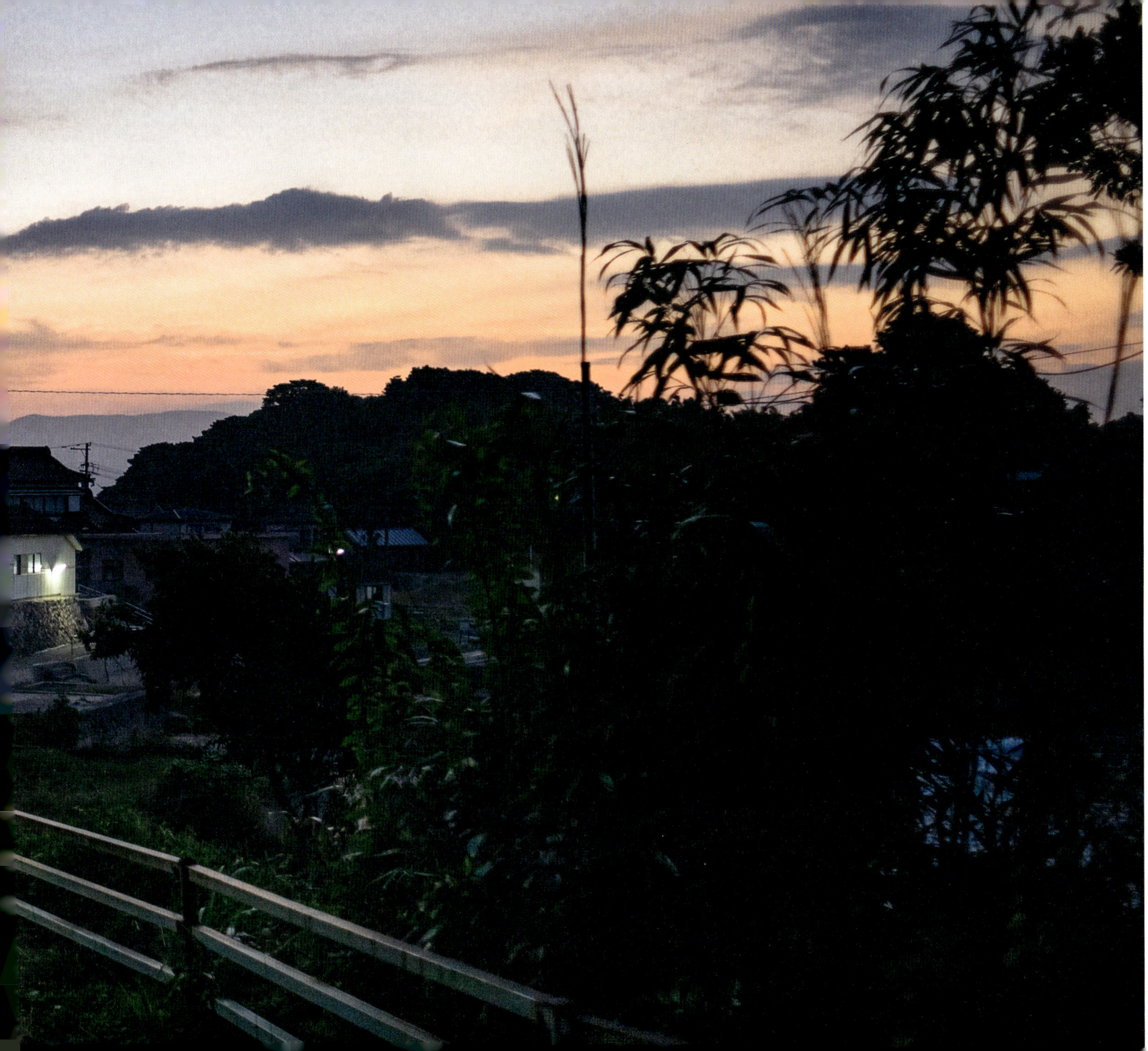

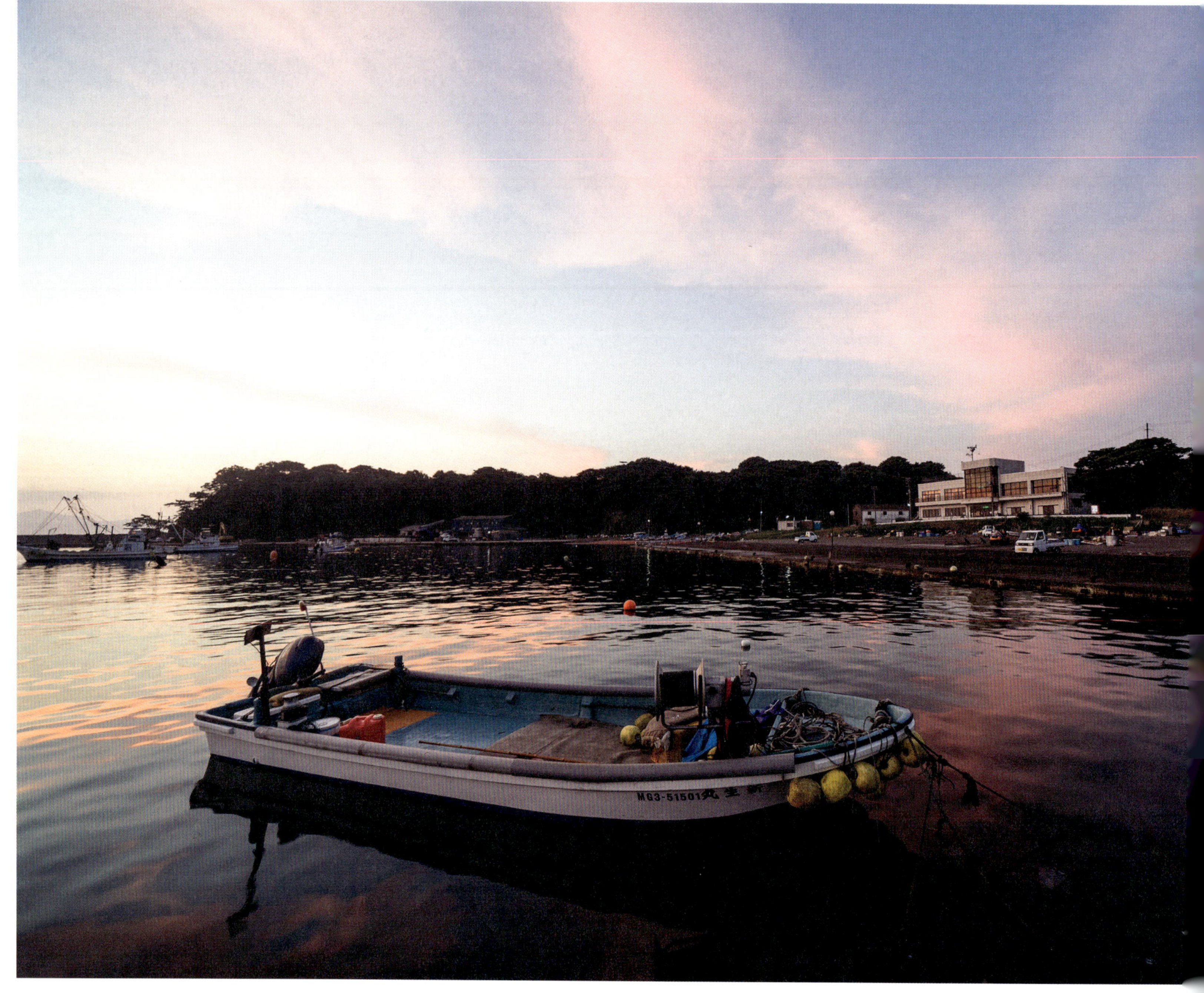

島猫
SHIMA NEKO ・

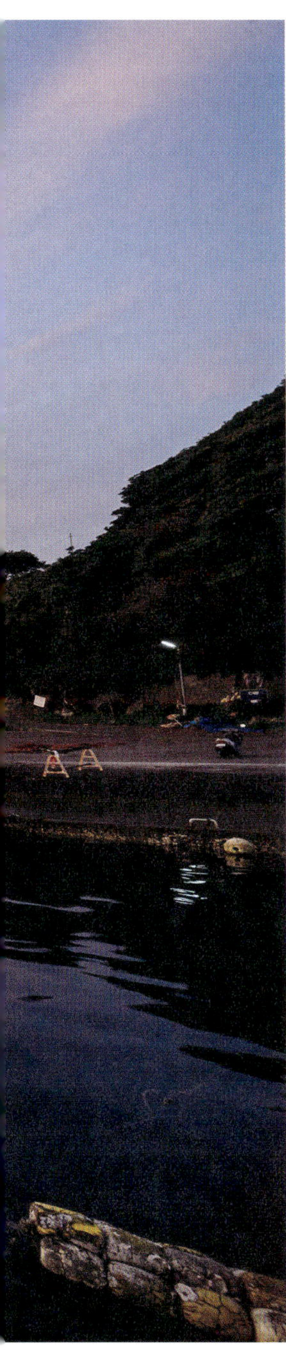

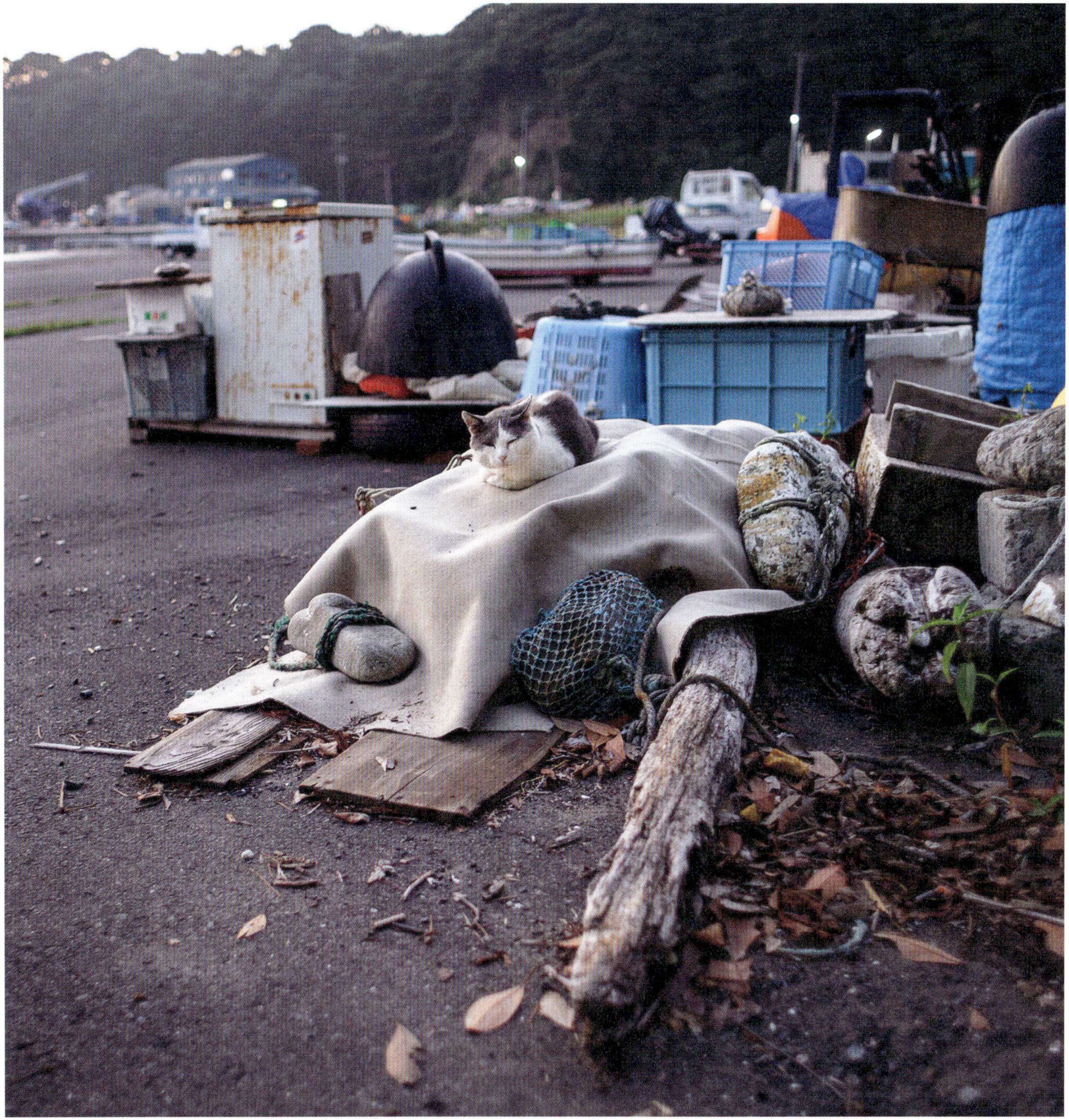

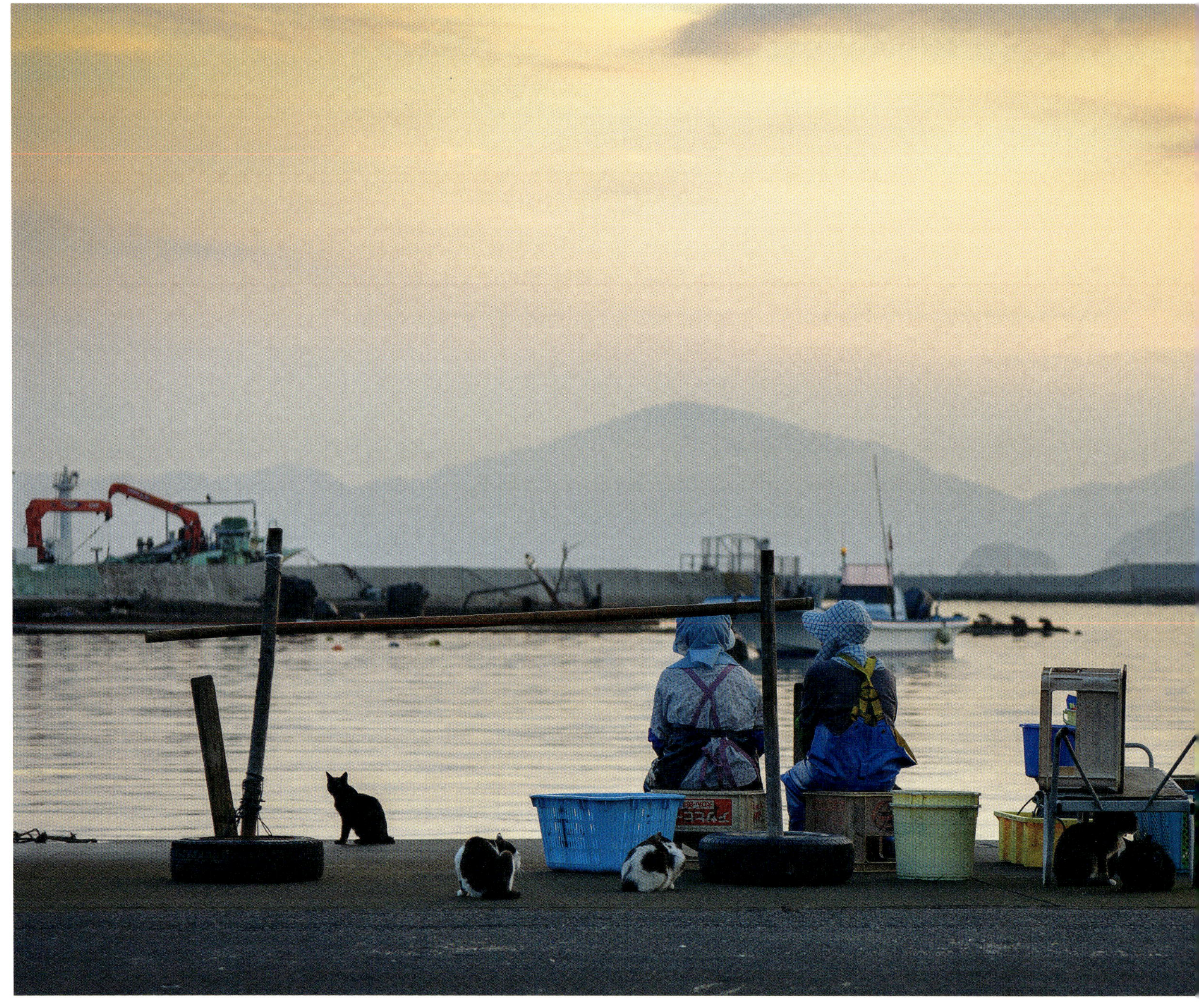

島猫
SHIMA NEKO

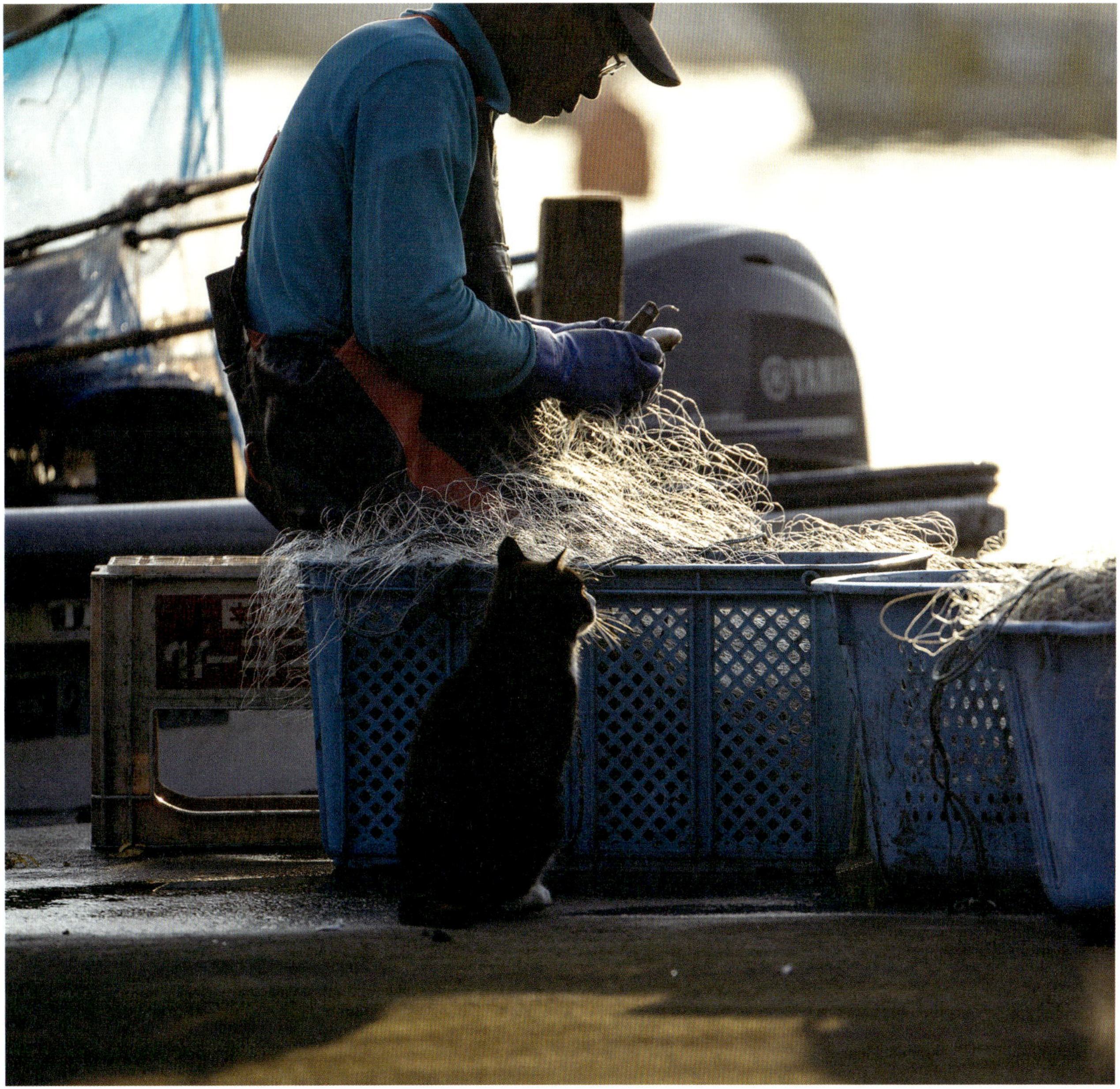

田代島 Tashirojima, Miyagi: *Fünf Uhr morgens. Die Fischer kommen zurück. Die Netze werden geleert, der gefangene Fisch wird sortiert. Die Katzen sind pünklich zur Stelle, um etwas von dem Fisch zu ergattern, der nicht nicht in den Verkauf kommt.*

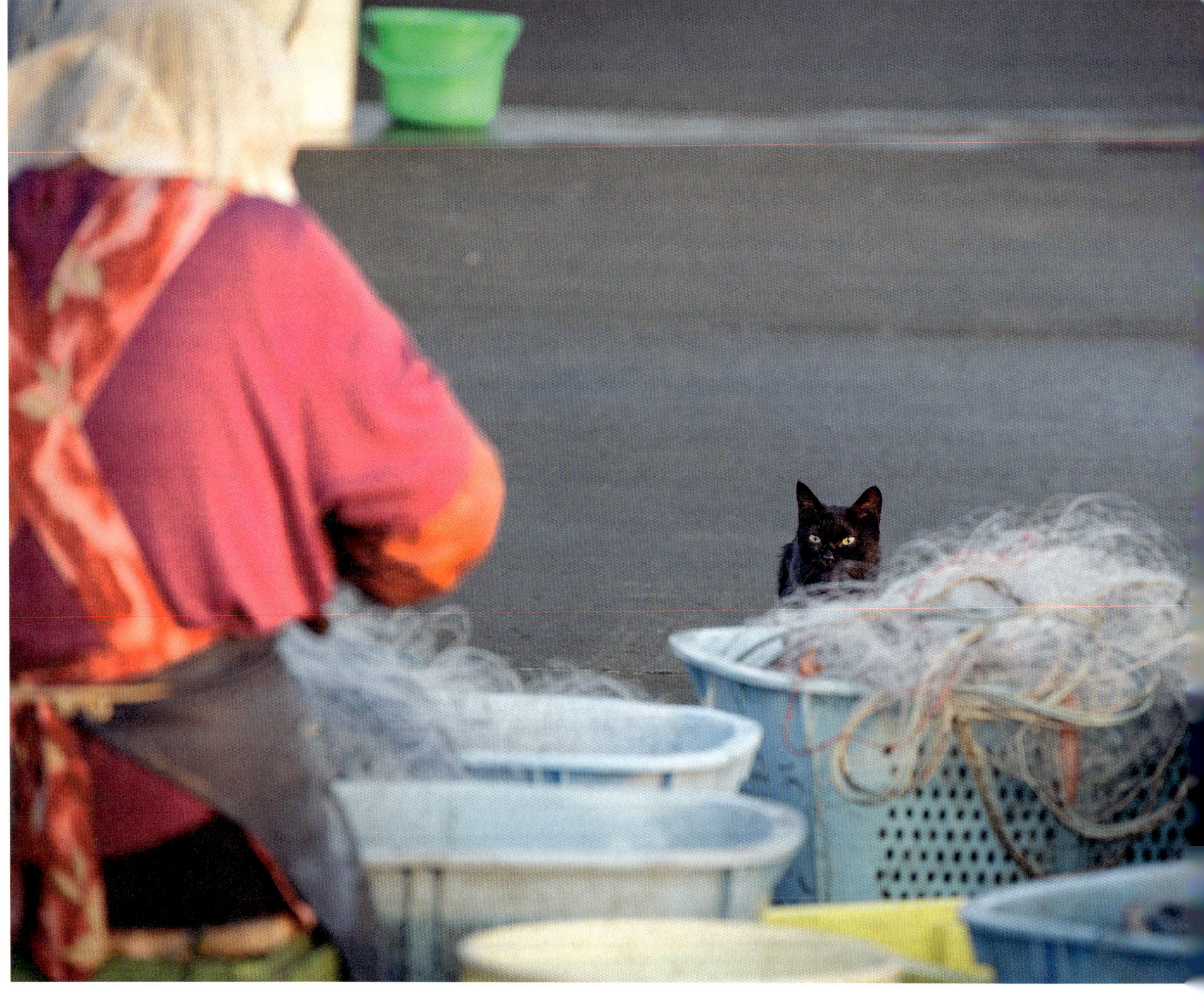

SHIMA NEKO · 島猫

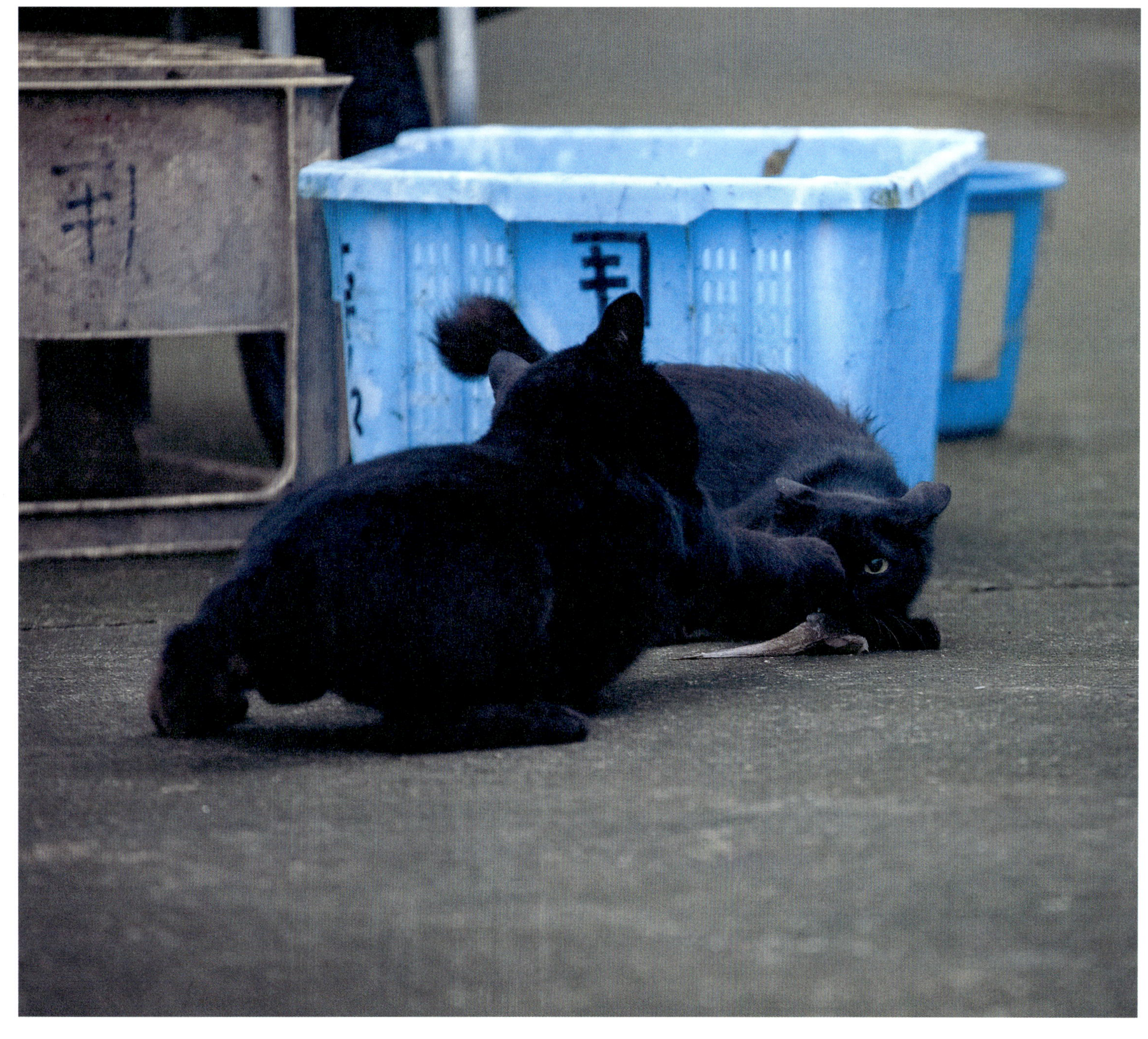

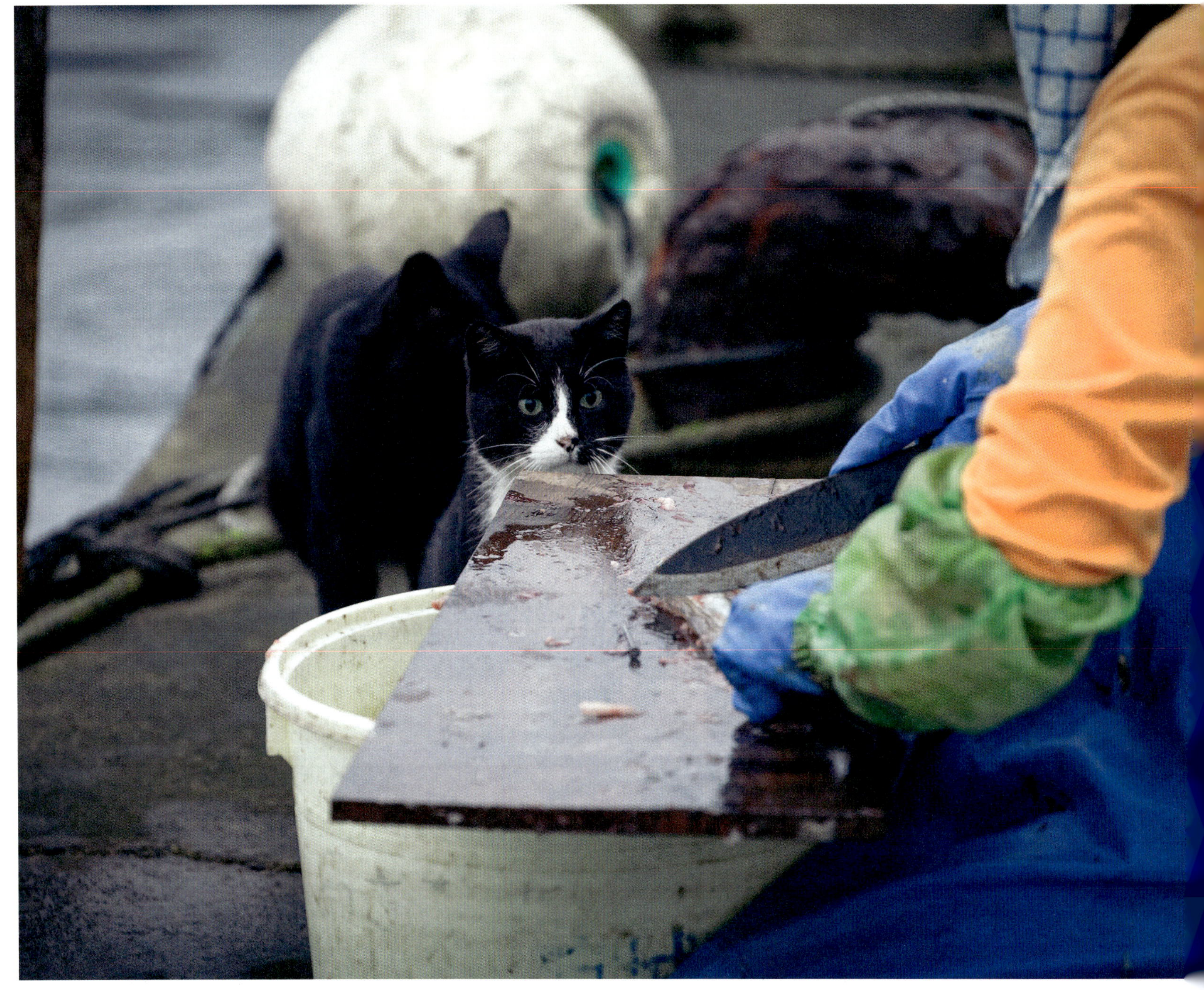

SHIMA NEKO · 島猫

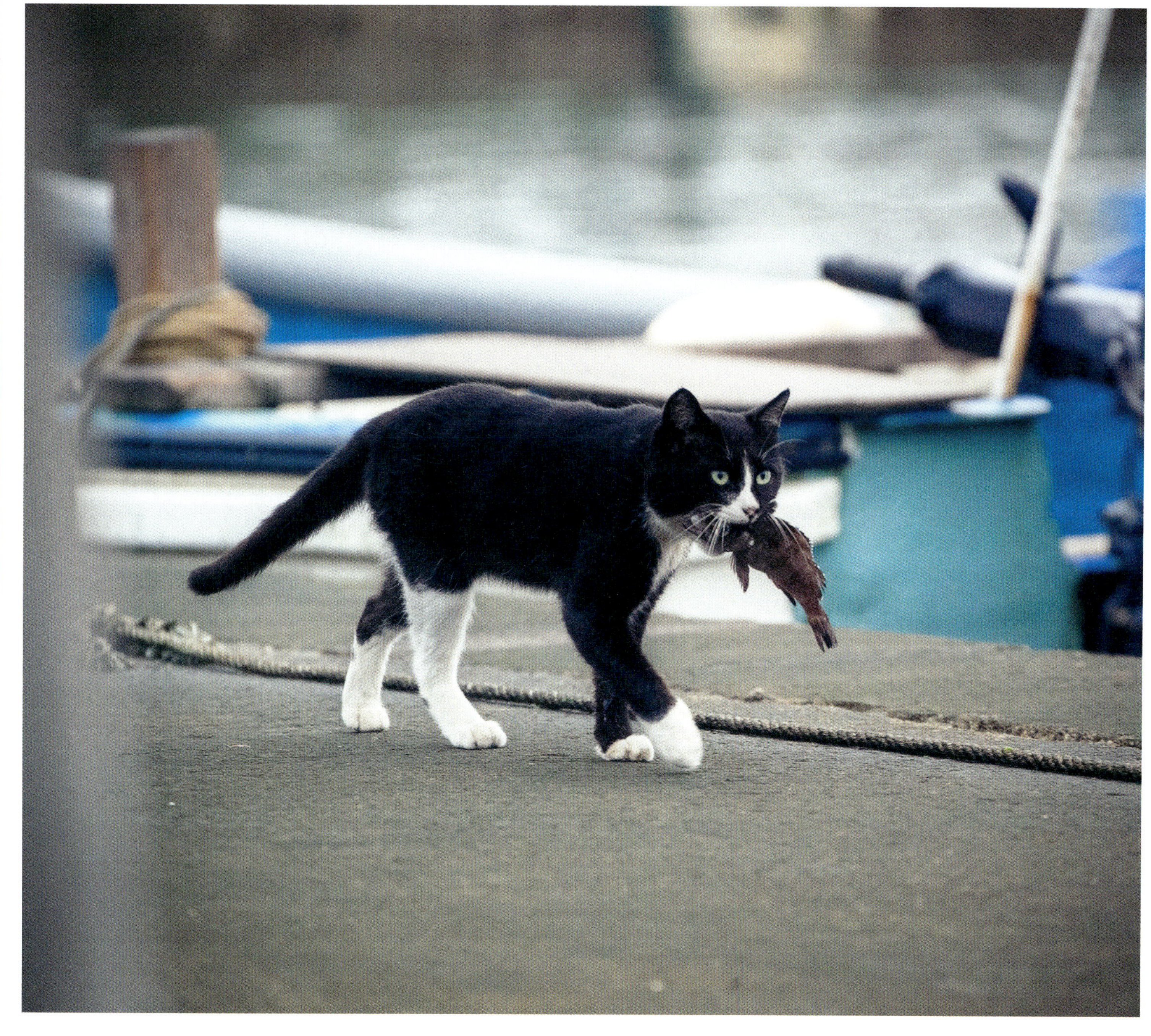

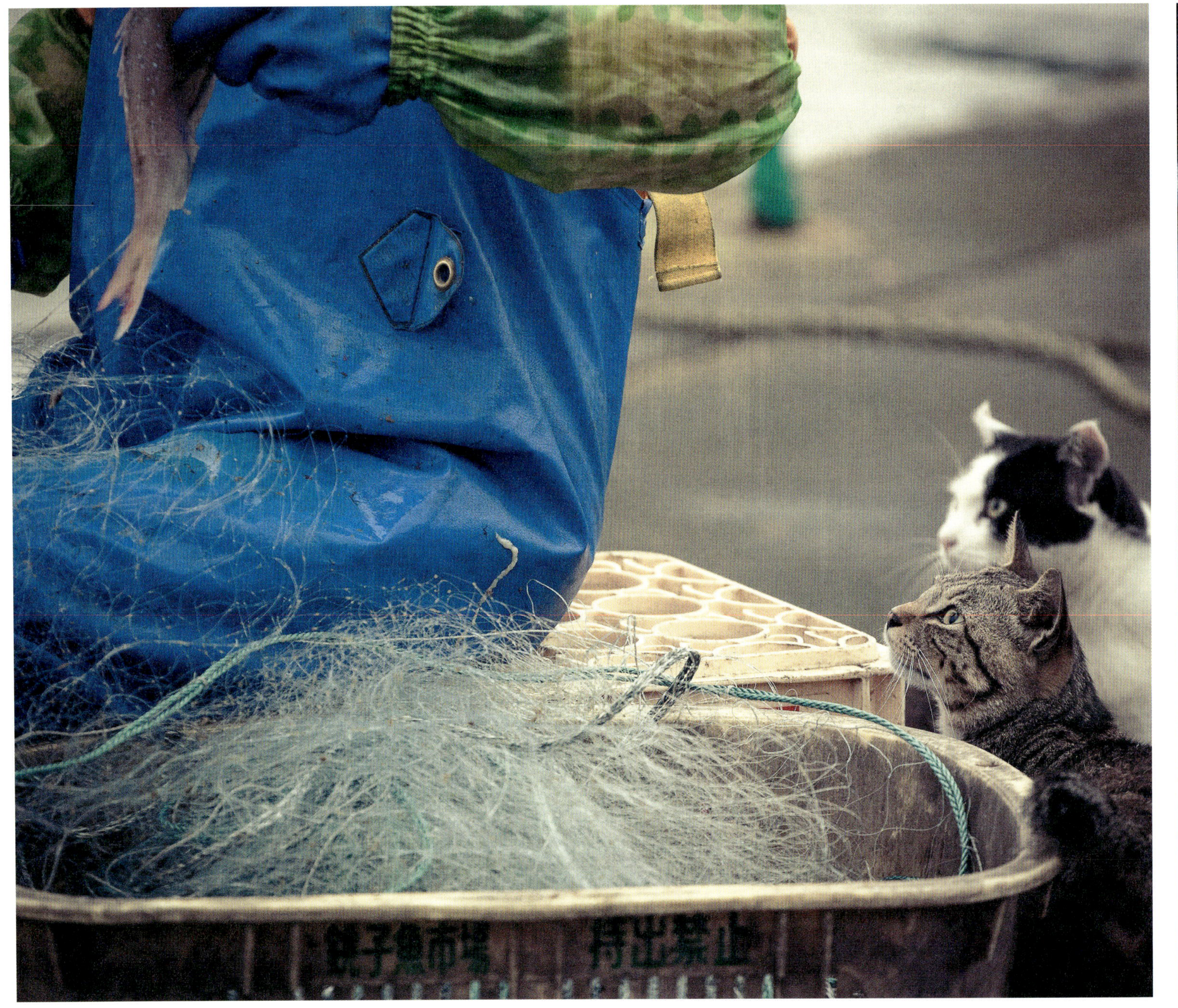
島猫・SHIMA NEKO

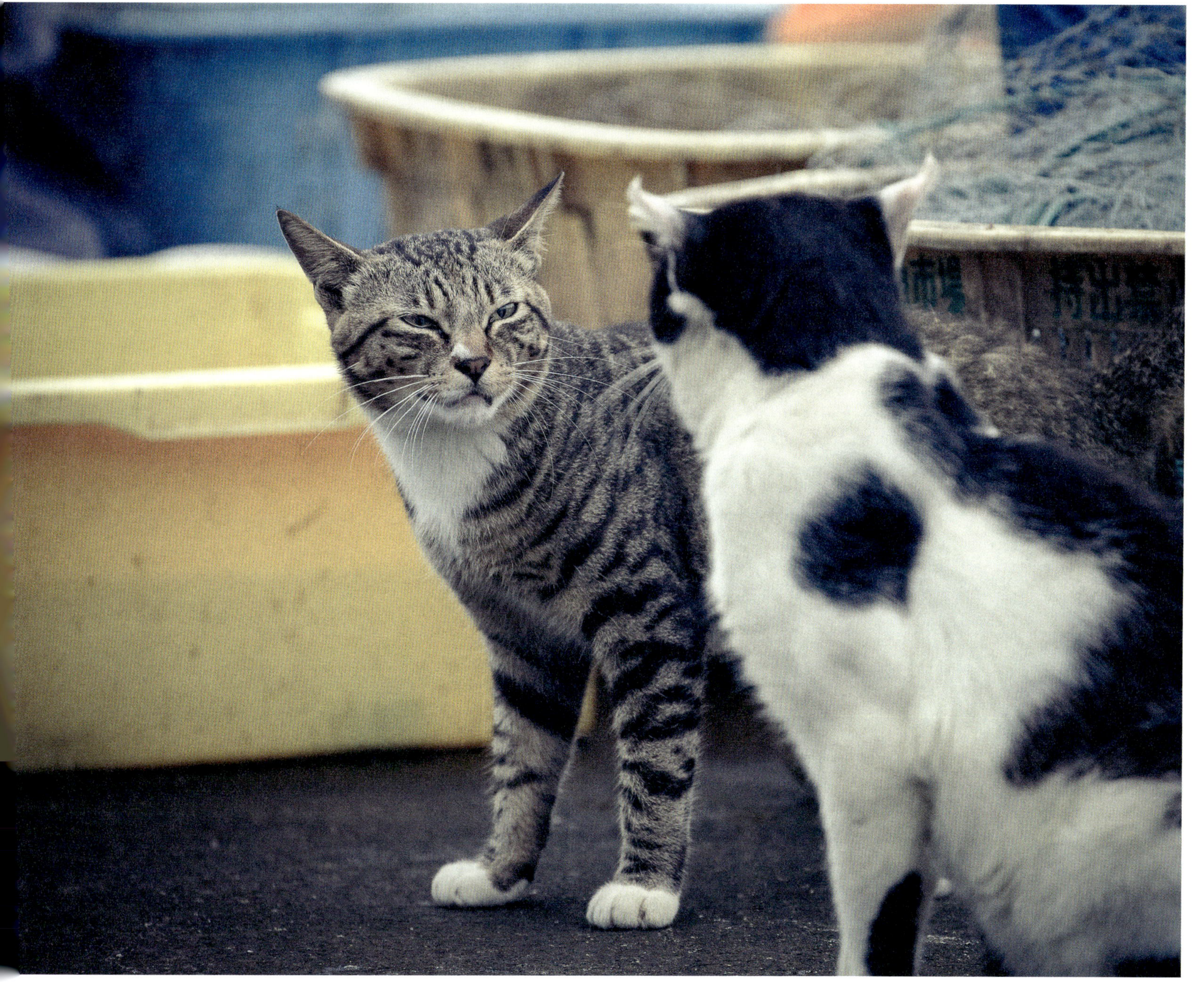

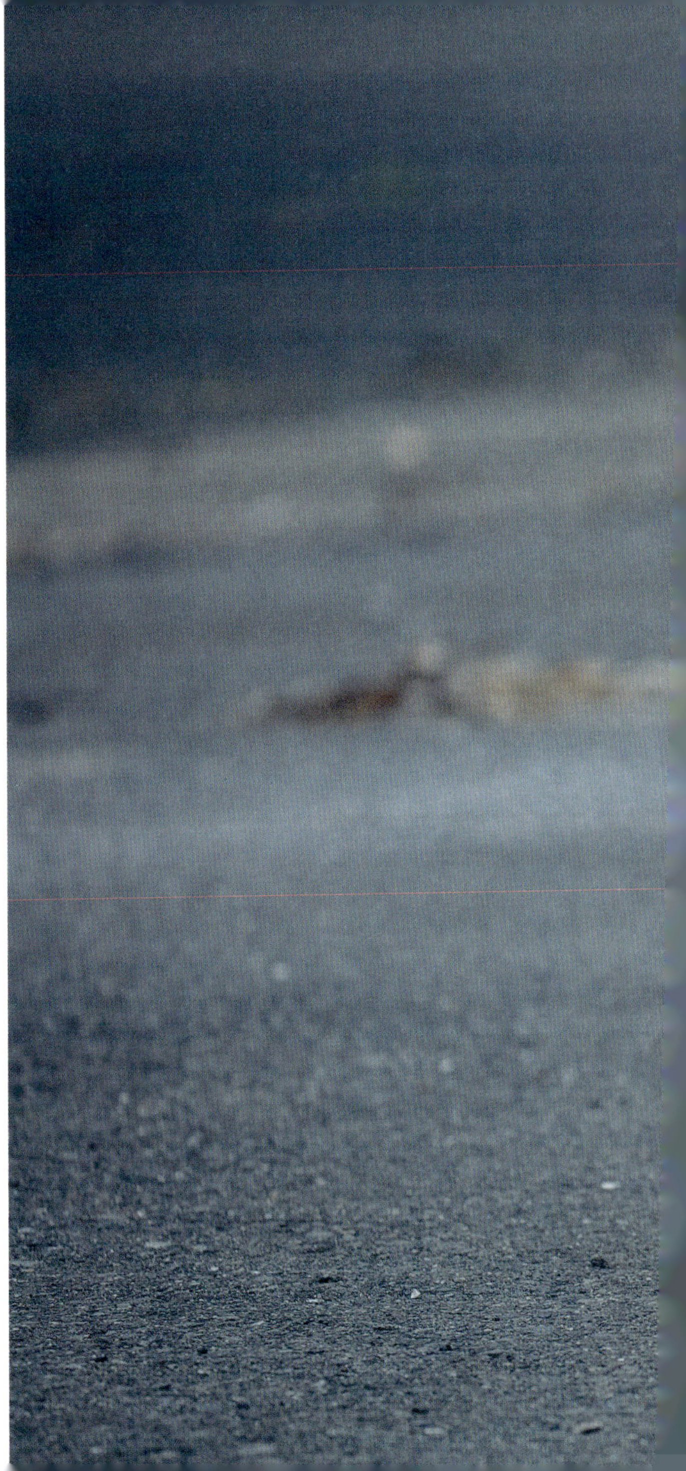

島猫 · SHIMA NEKO

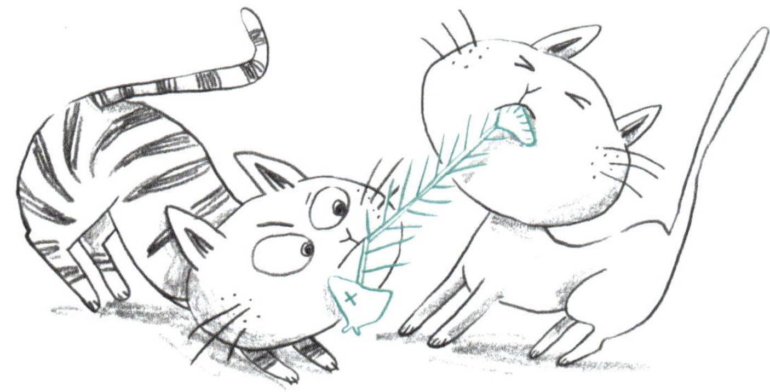

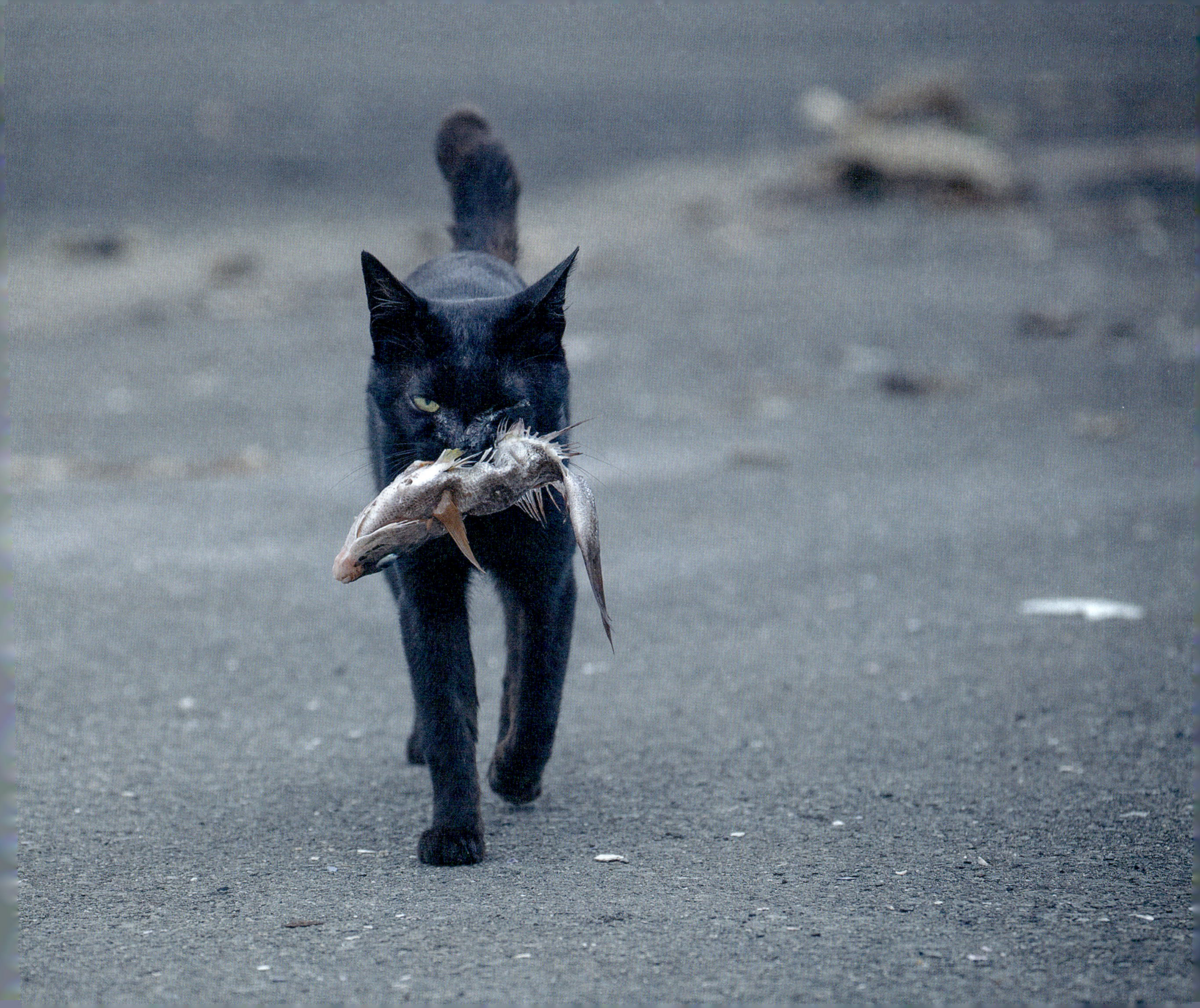

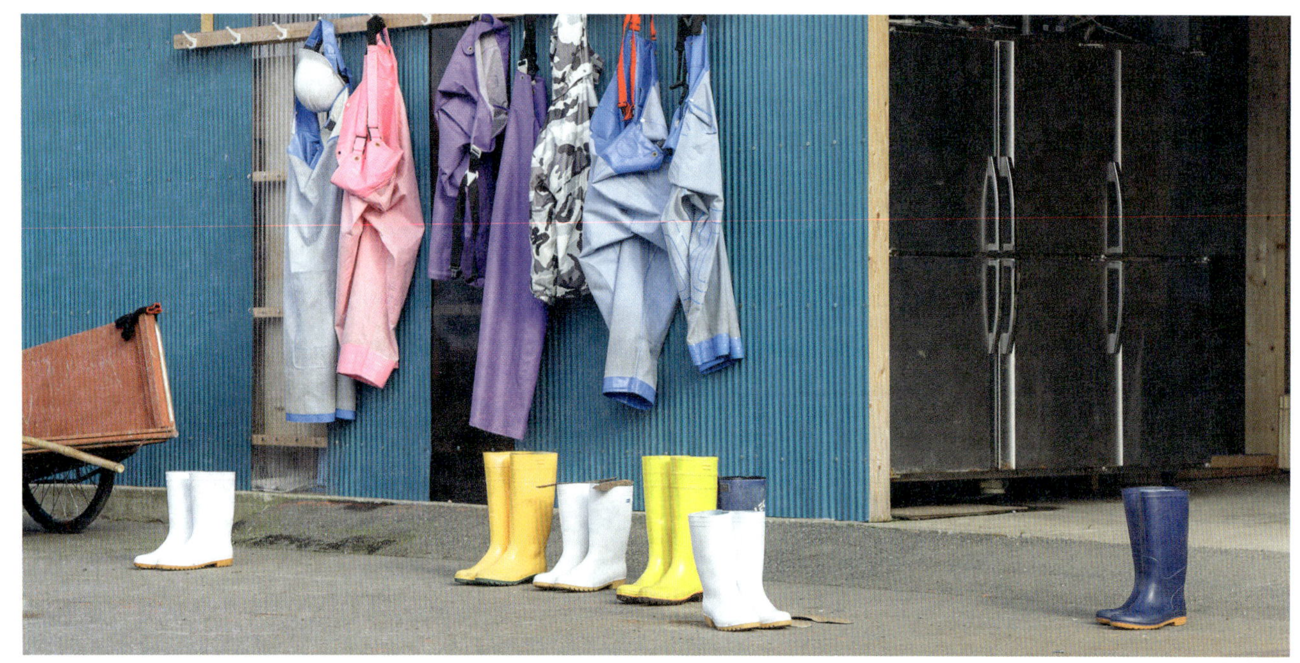

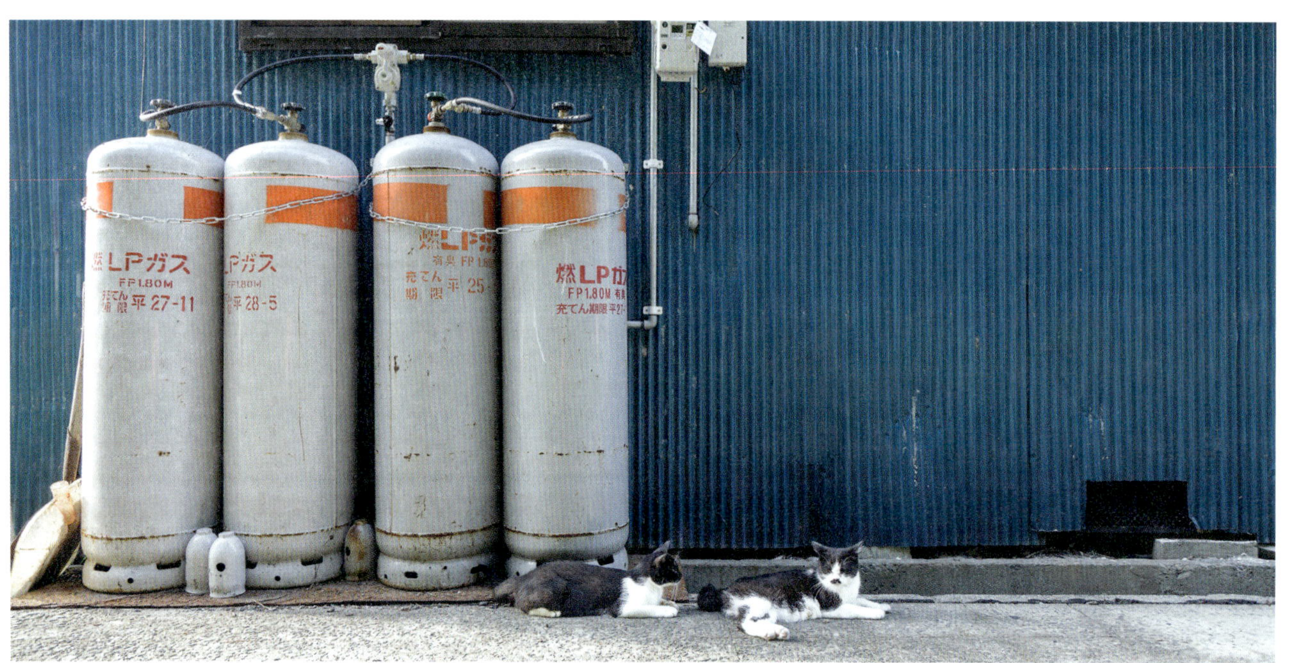

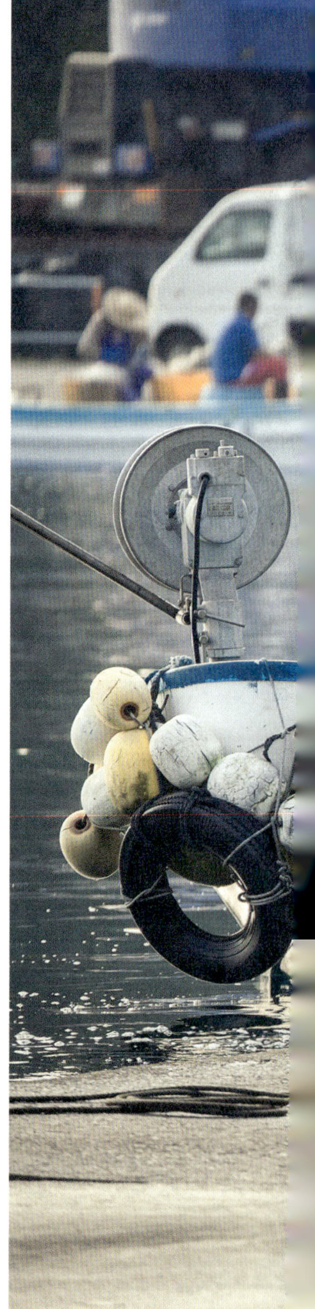

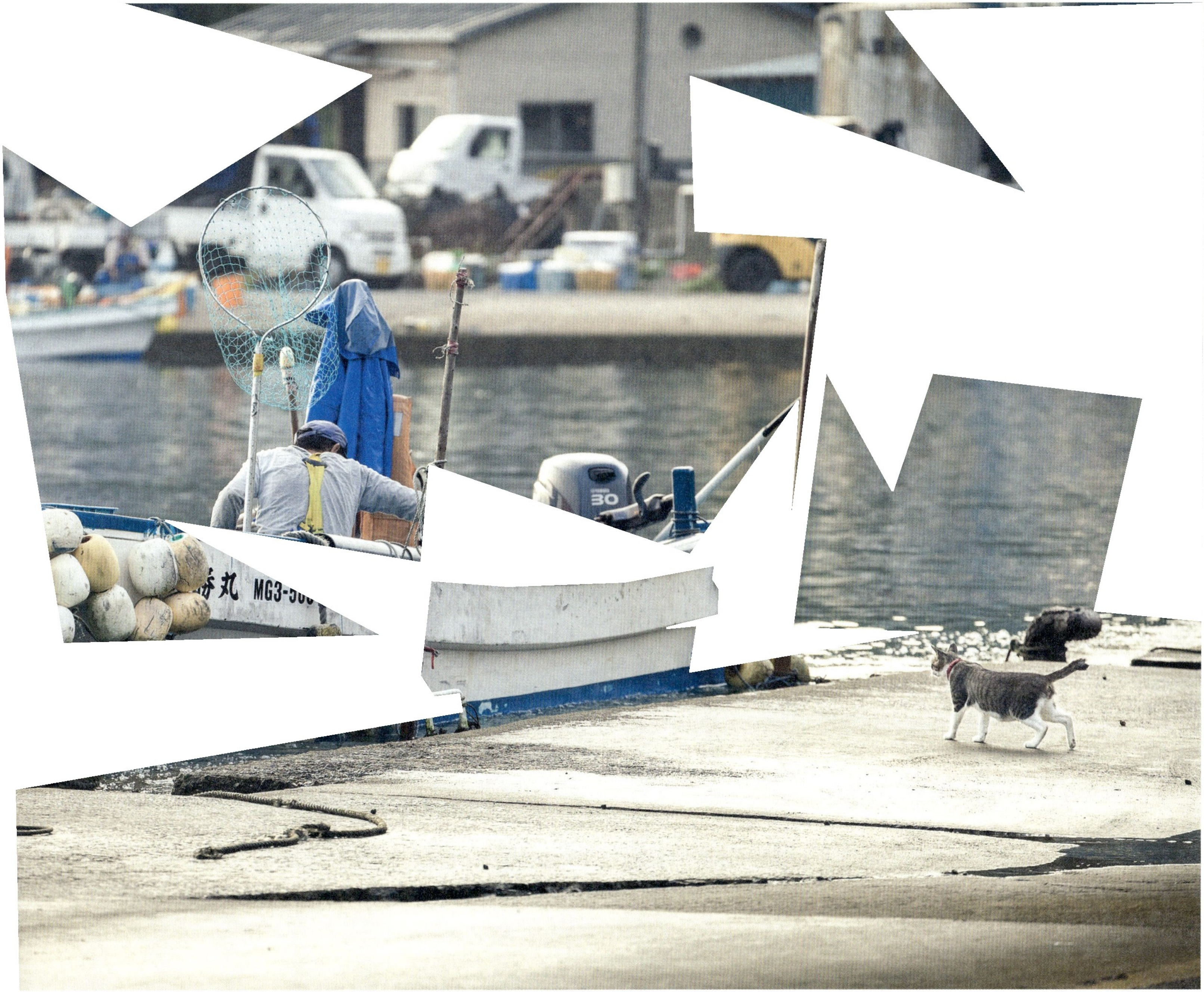

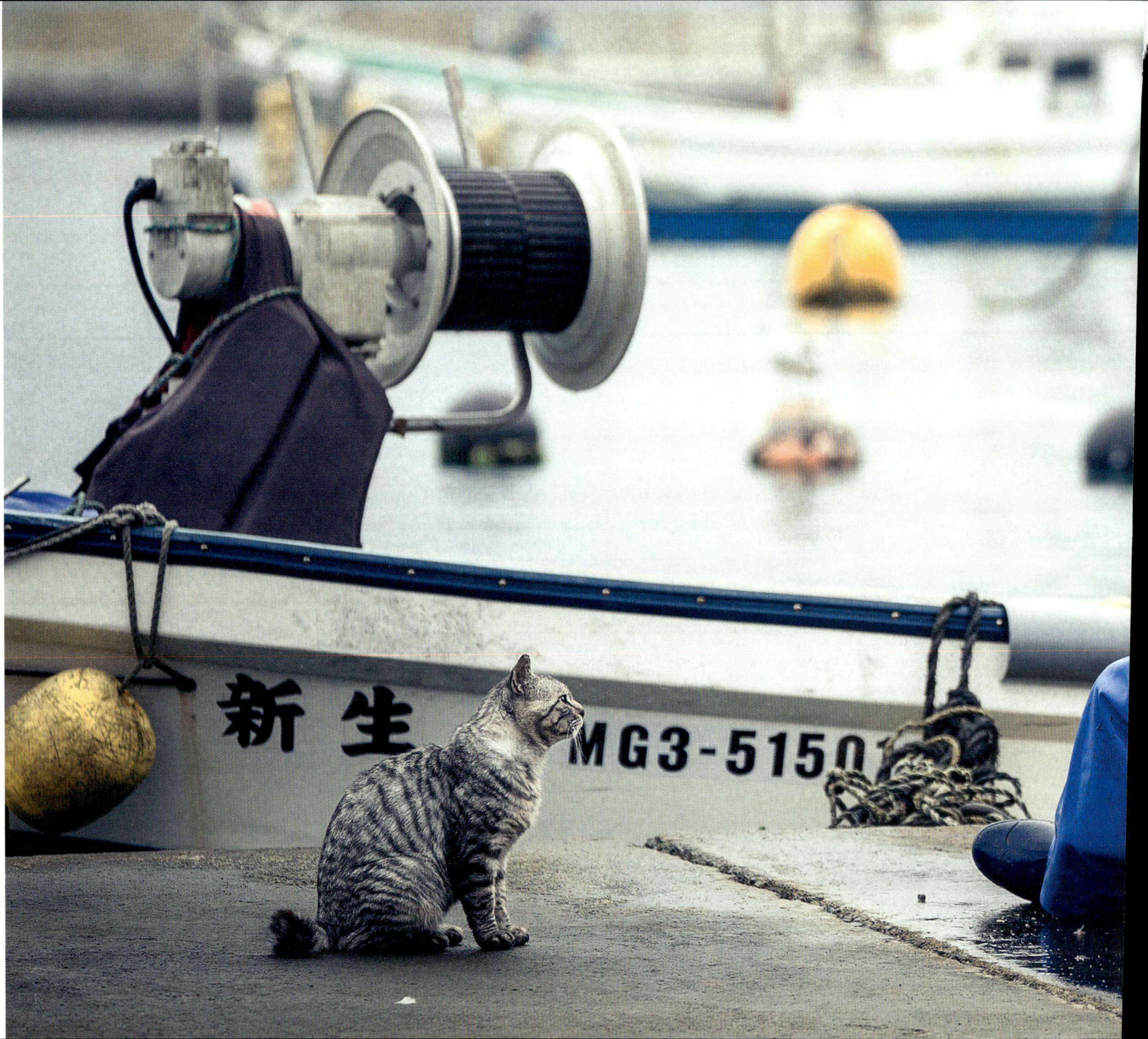

島猫 ・ SHIMA NEKO

新生　MG3-51501

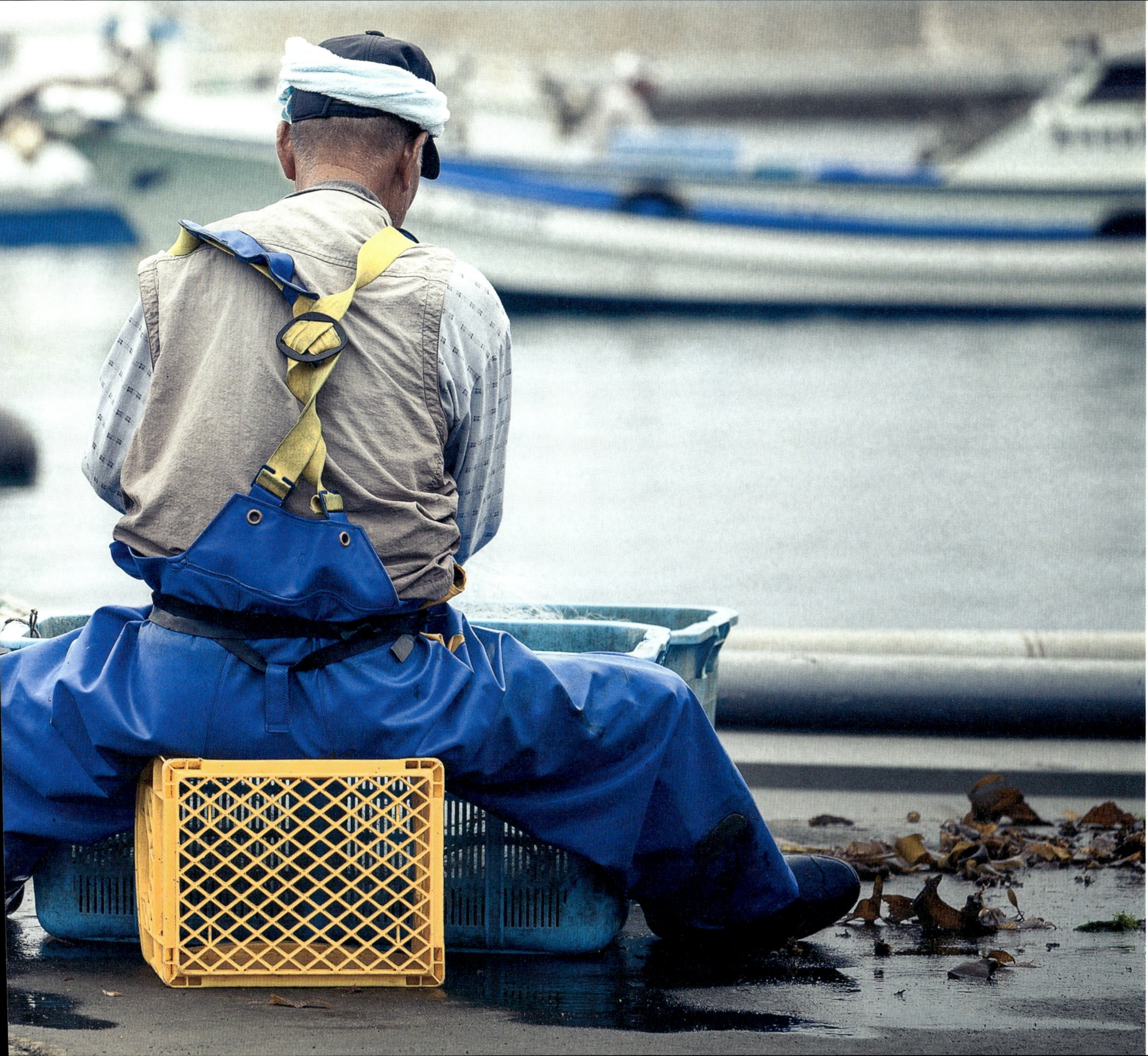

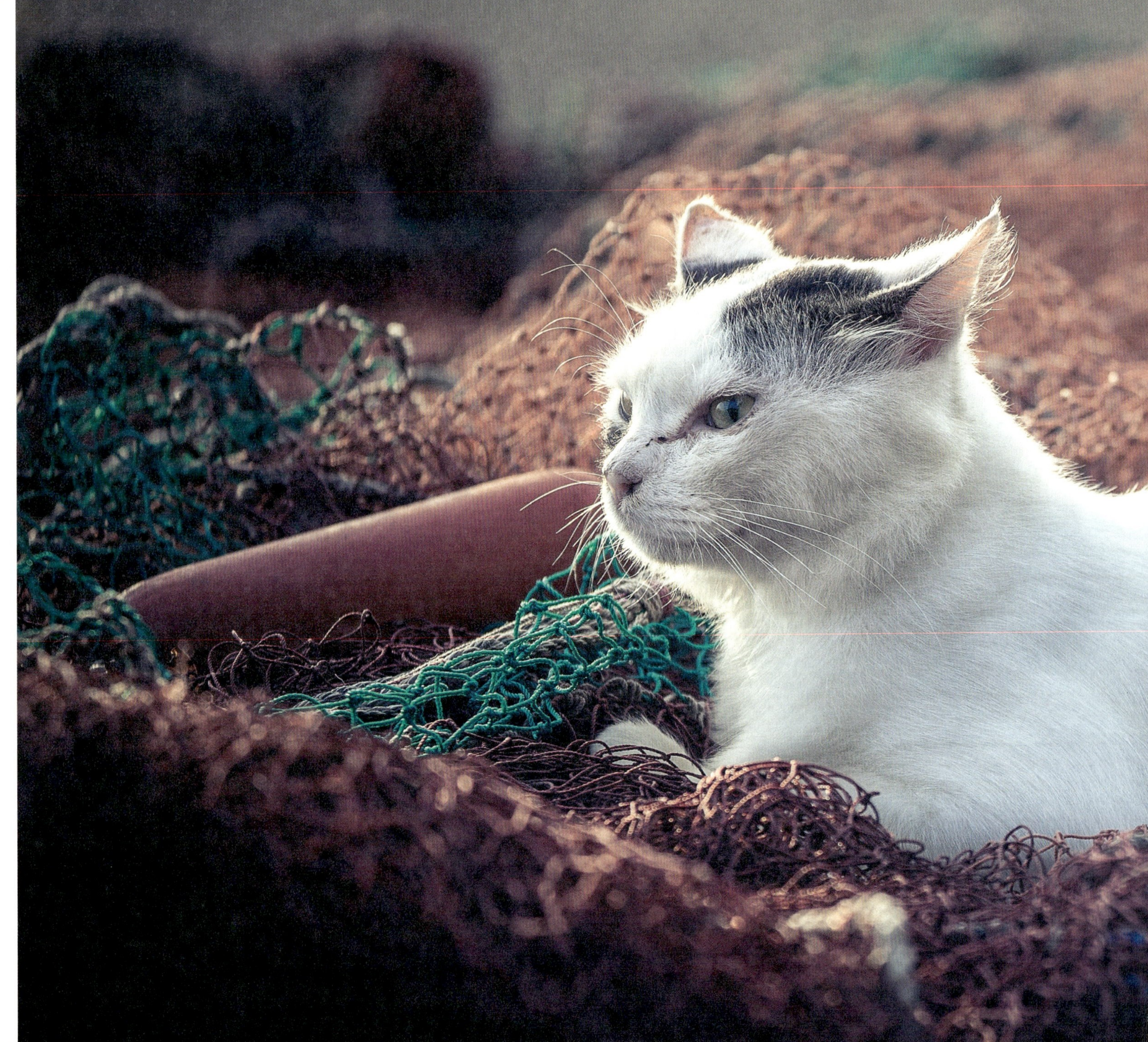

SHIMA NEKO · 島猫

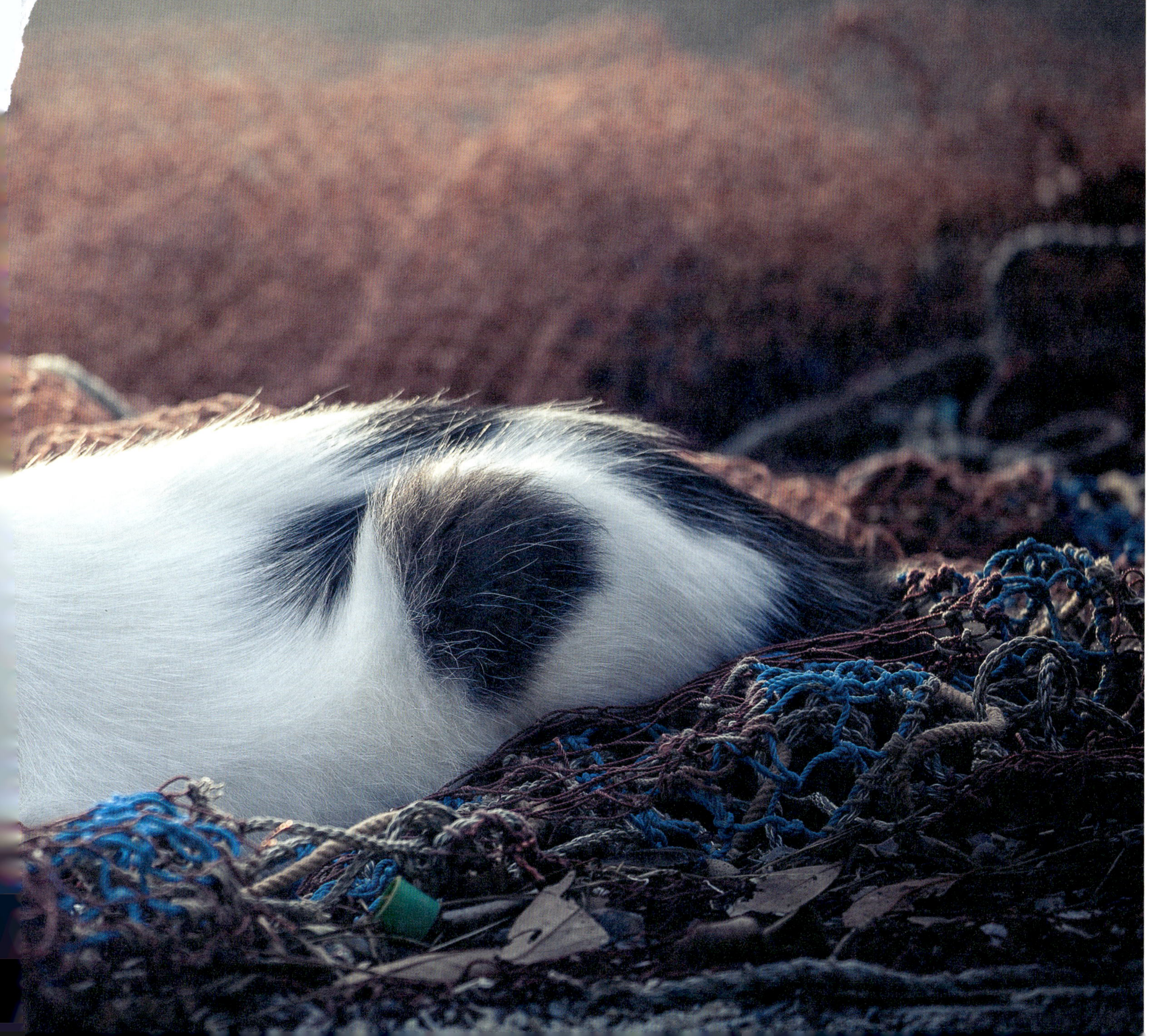

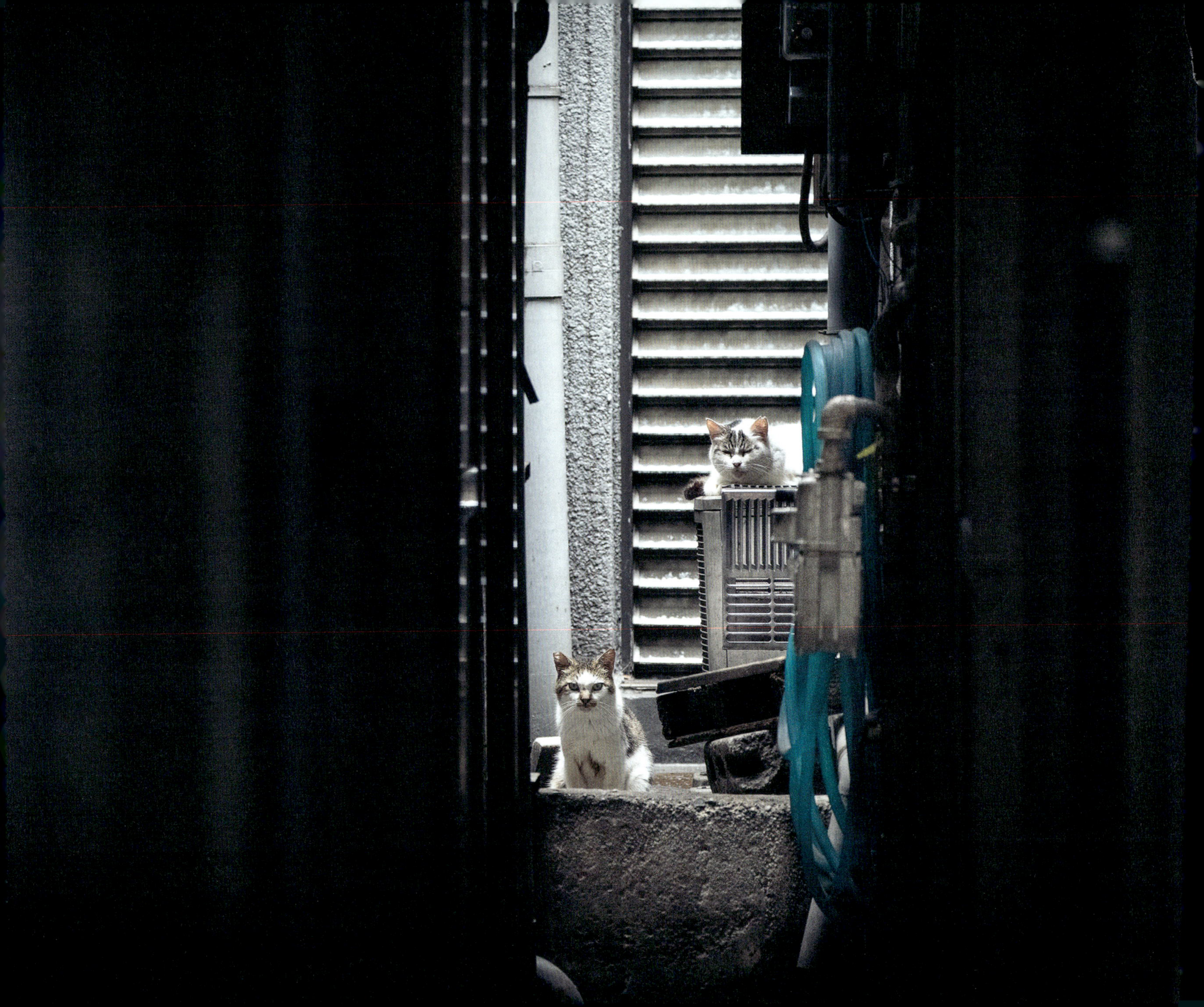

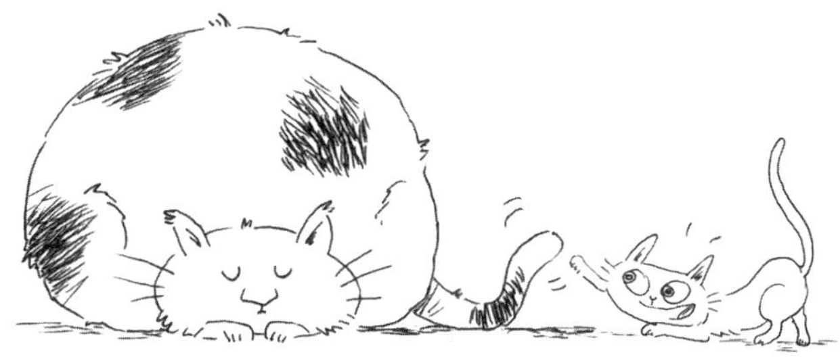

ALEXANDRE BONNEFOY
Text & Fotografie

Alexandre war als Grafiker in einer Agentur für Kommunikation und als Zeichner in einem Animationsstudio tätig. Anschließend hat er sich 2003 als frei-beruflicher Illustrator selbstständig gemacht und für zahlreiche Magazine und Jugendbuchverlage gearbeitet. Er nutzte seine zweijährige Tour durch Japan dazu, seine fotografische Arbeit zu perfektionieren. Im dokumentarisch-journalistischen Stil lichtete er das Alltagsleben und Straßenszenen ab.

DELPHINE VAUFREY
Illustrationen

Delphine hat an der Kunsthochschule in Strassburg Grafikdesign und Kinderbuchillustration studiert. Als Illustratorin arbeitet sie abwechselnd für Märchenbücher, dokumentarische Werke und Jugendromane für Verlagshäuser wie Milan, Lito und Hachette. Sie liebt es, sich morgens ordentlich auszuschlafen, bevorzugt Tee und kleines Gebäck mit Nüssen und Kokos.

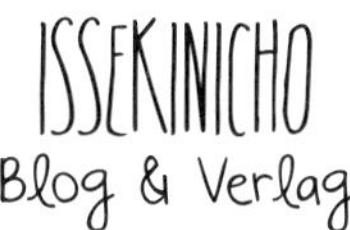

ISSEKINICHO
Blog & Verlag

Im Jahr 2010 haben Alexandre und Delphine beschlossen, nach Japan zu gehen, um dort zu leben – um die Zeit dafür zu nutzen, dieses Land näher kennen zu lernen. Sie blieben zwei Jahre dort. Ihren Tagesablauf haben sie mit Fotos und Zeichnungen im Comicstil dokumentiert und auf ihrem Blog Issekinicho (www.issekinicho.fr) d'une pierre deux coups veröffentlicht. Nach dem Erfolg der ersten Auflage von Neko Land – die durch unzählige Vorbestellungen der Leser ihres Blogs ermöglicht wurde – wurden für die Neuauflage die Illustrationen noch erweitert.

Insel der Katzen - Hydra - Island of Cats

Die Inselkatzen von Hydra! Erleben sie mit diesem Bildband eine fotografische Reise auf die griechische Mittelmeerinsel Hydra – ein Geheimtipp für Katzenfreunde. Hydra ist ein magischer und verträumter Flecken Erde mit wilden Katzengangs und schmusigen Samtpfoten. Katzen gibt es hier einfach überall – in allen Farben und Schattierungen, am Hafen, in der Stadt und in der freien Natur. Sie gehören zum Alltagsleben der Inselbewohner dazu und erfreuen sich allergrößter Beliebtheit bei Touristen. Es war „Liebe auf den ersten Blick" als die Fotografin und Katzenliebhaberin Gabriela Staebler zum ersten Mal Hydra besuchte und dem bezaubernden Charme der Inselkatzen erlag. Auf ihren fotografischen Streifzügen lichtete sie die Katzen in beeindruckenden Momentaufnahmen ab und schuf stimmungsvolle Porträts.

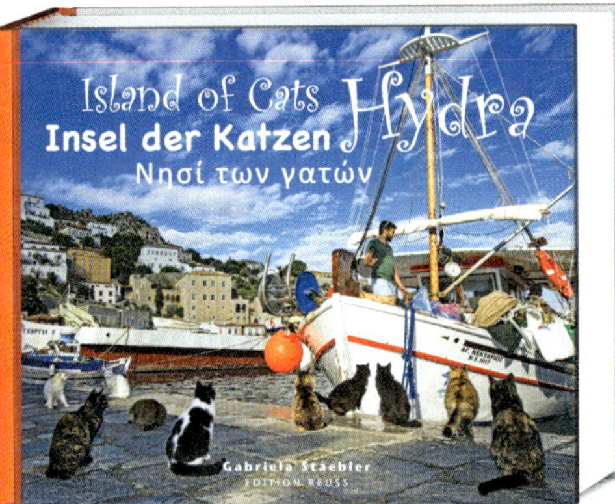

Die besten Fotos sind nun in diesem wundervollen Bildband zu bewundern. Der Katzenfan bekommt zusätzlich weitere, interessante Informationen – etwa die herzergreifenden Geschichten der Katzen- und Tierhilfsorganisation HydraArk. Der selbstlose Einsatz für das Wohlbefinden der Straßenkatzen auf Hydra und das liebevolle Engagement freiwilliger Helfer sind Lichtblicke für alle Katzenfreunde. Man muss die Schmusetiger von Hydra einfach lieb haben: Wer einer Katze Liebe gibt, wird mit tausendfacher Zuneigung belohnt!

Hydra Island cats! Embark on a photographical journey to the Greek island of Hydra in the Mediterranean Sea with this photo book—this island is a hot tip for all cat-lovers.

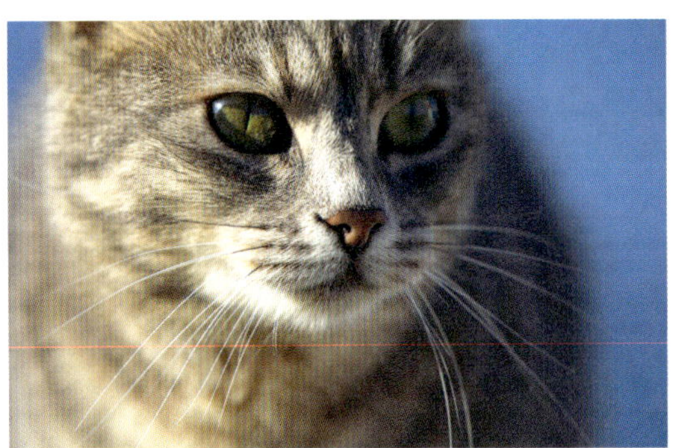
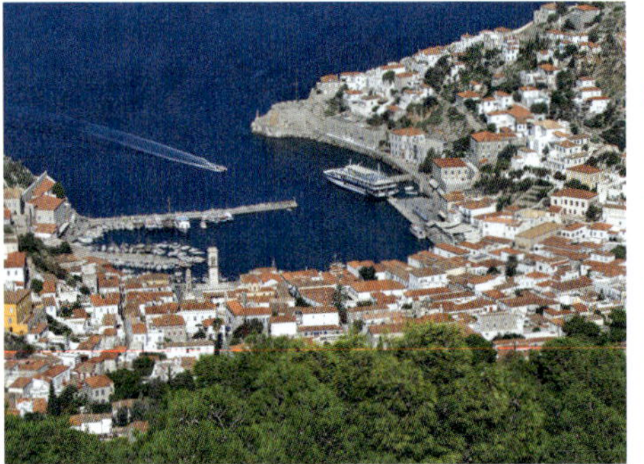
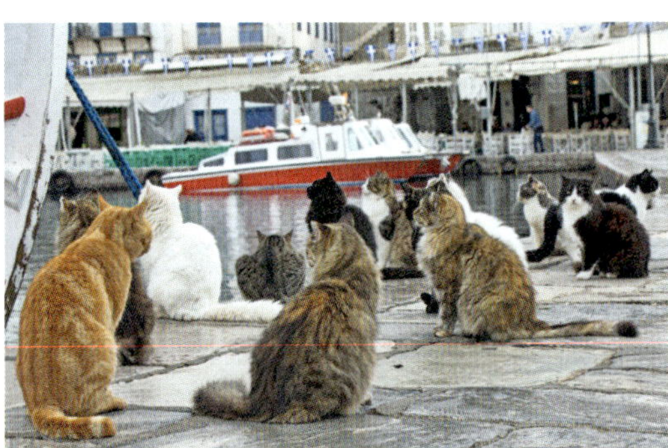
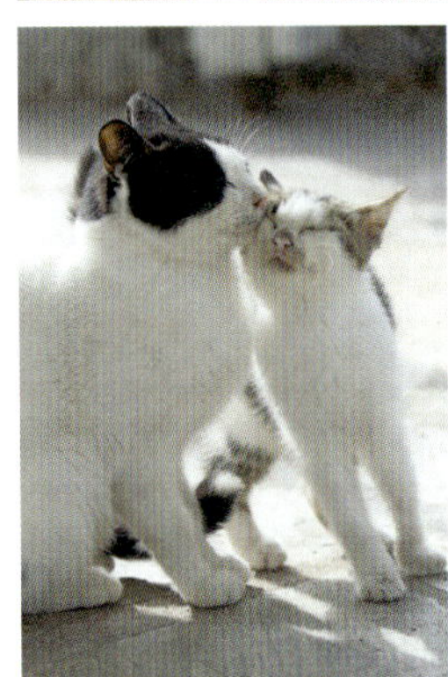
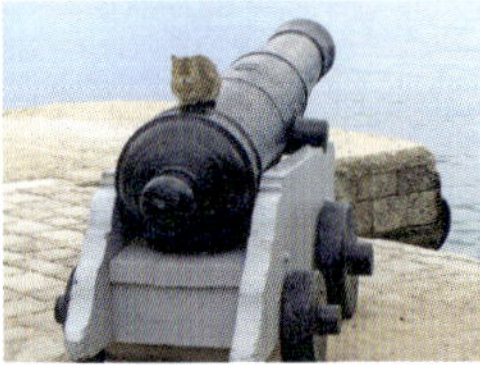
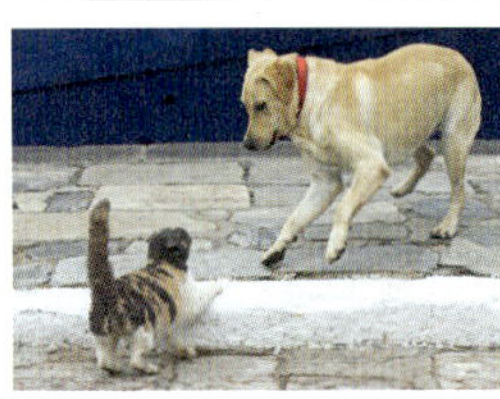
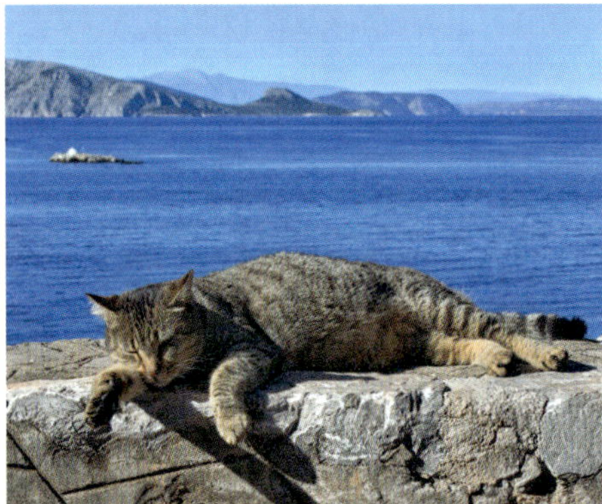
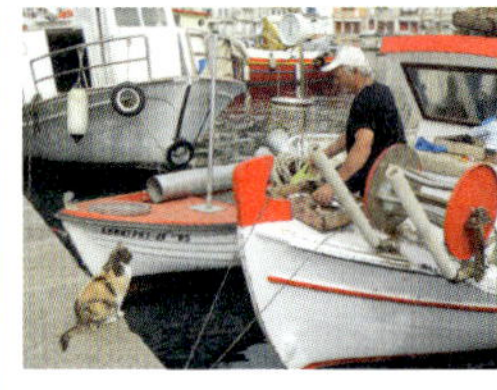
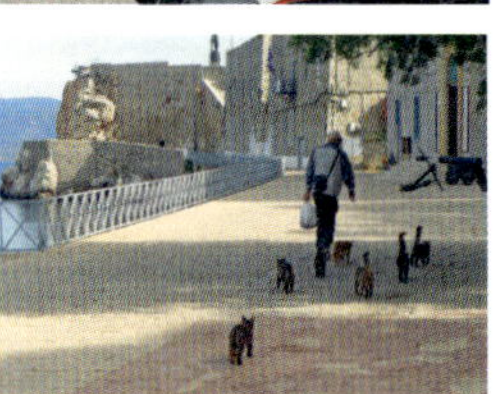
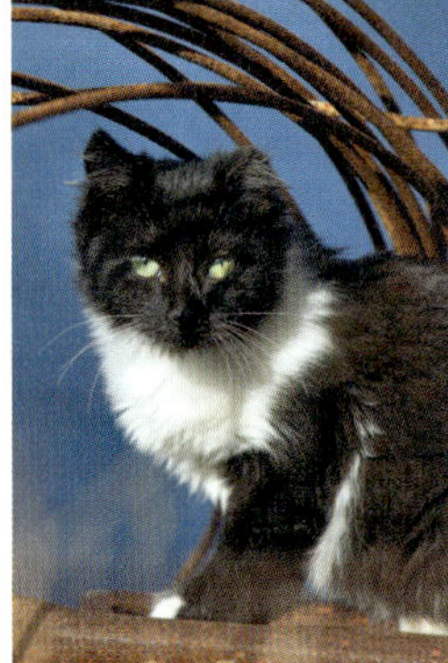

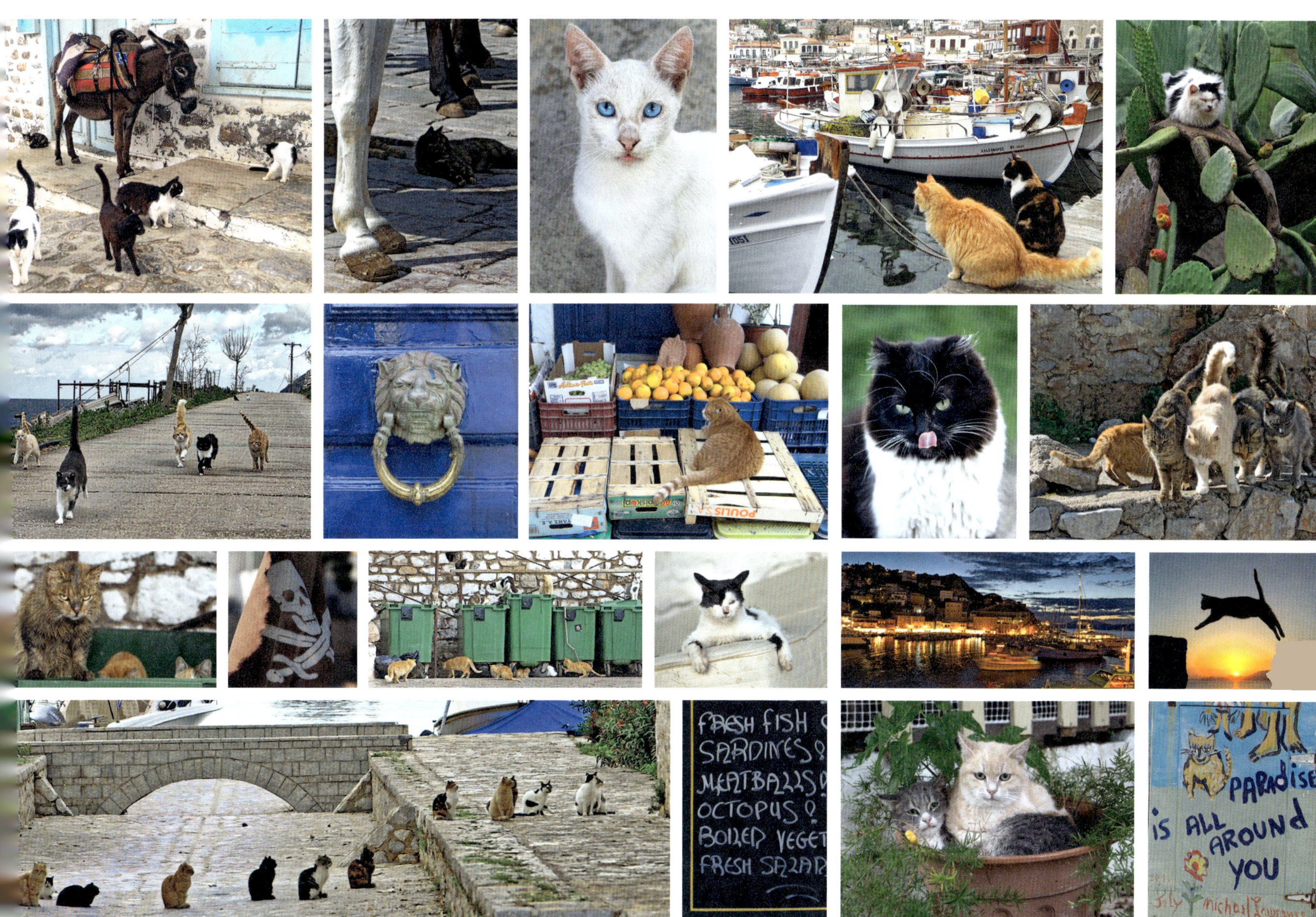

INSEL DER KATZEN - HYDRA.   EDITION REUSS   ISBN 978-3-943105-34-6
Format 24 x 19,5 cm, 240 Seiten stark mit 320 Fotografien. Texte in Deutsch, Englisch, Griechisch. Hardcover-Einband.
Format 24 x 19,5cm, 240 pages with 320 photographs. Texts in English, German, Greek. Hardcover thread-bound.

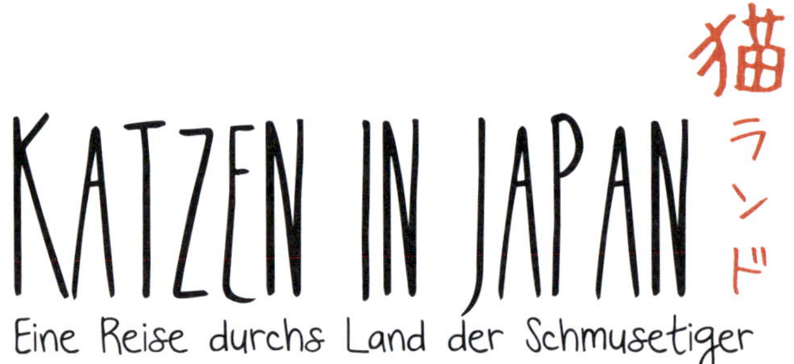

KATZEN IN JAPAN
猫ランド
Eine Reise durchs Land der Schmusetiger

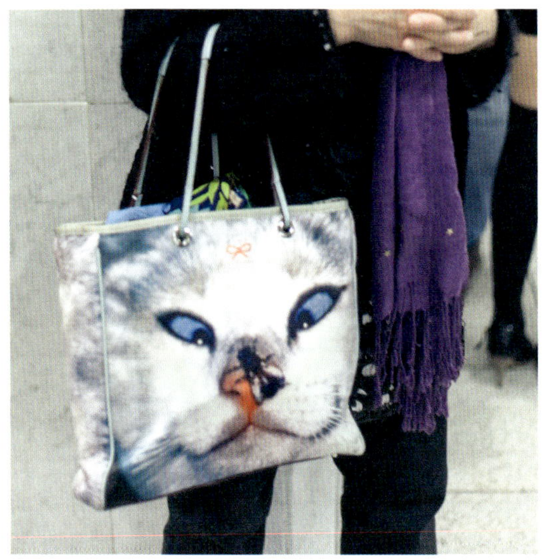

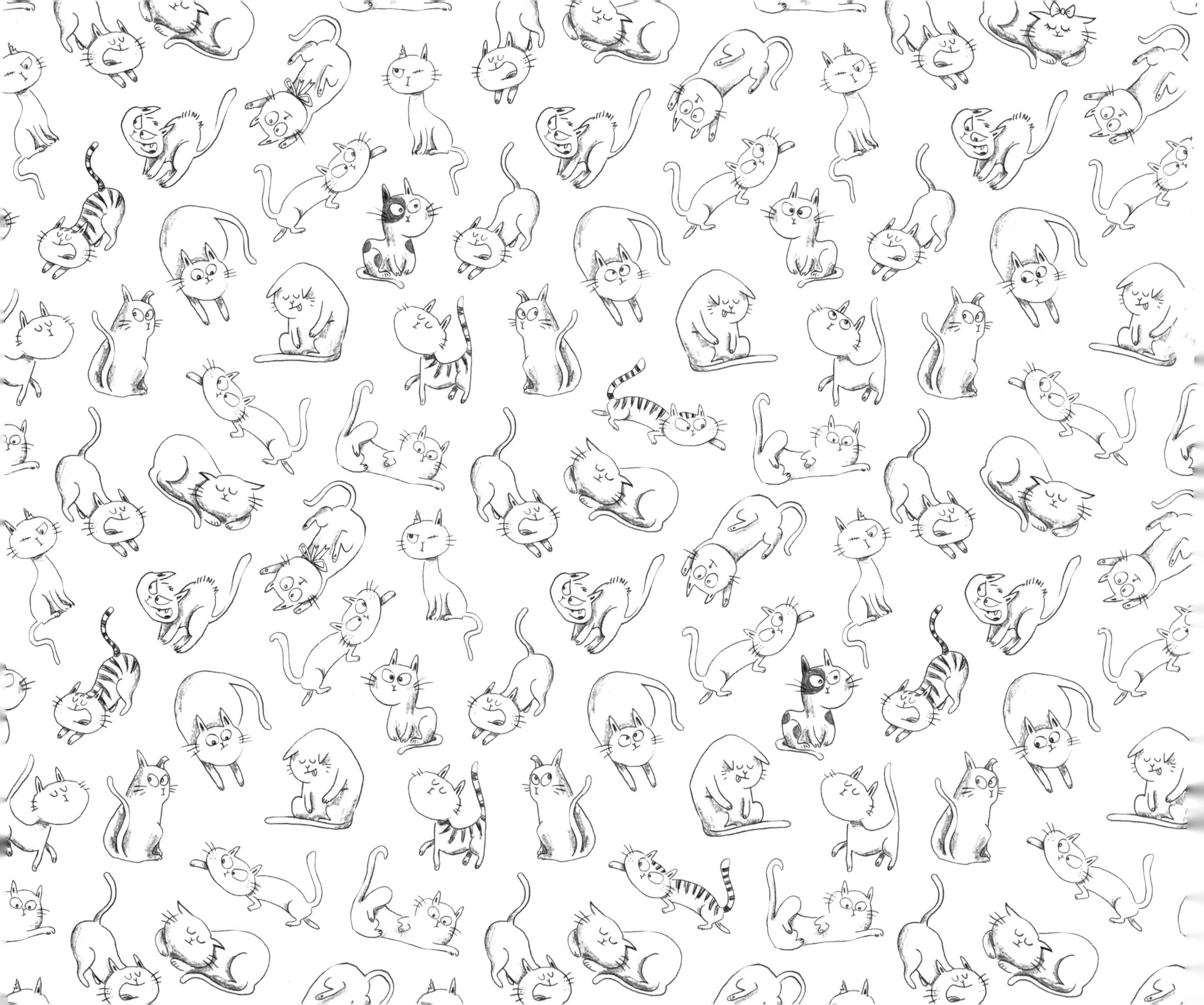